出版的品质

增订本

贺圣遂 姜华 主编

商务印书馆
The Commercial Press

商务印书馆（上海）有限公司 出品
The Commercial Press (Shanghai) Co.Ltd

目 录

弁　言 ································· 1

辑 一

张元济
中国现代书业第一人　/ 周榕芳 ············· 13

陆费逵
以出版为终身事业　/ 王建辉 ··············· 29

王云五
梦萦中的迷离影像　/ 俞晓群 ··············· 45

章锡琛
章锡琛和开明书店　/ 章雪峰 ··············· 57

邹韬奋
韬奋先生留下的财富　/ 温泽远 ············· 75

胡愈之
一生与出版结缘　/ 王一方 ················· 87

张静庐
在文化与商务的平衡中不懈追求
　　/ 范　军　吴永贵 …………………… 101

冯雪峰
古今中外，提高为主　/ 潘凯雄 …………… 113

巴　金
个人生命的开花结果　/ 孙　晶 …………… 123

邵洵美
有钱人做出版　/ 金良年　汪耀华 ………… 143

赵家璧
书比人长寿　/ 芦珊珊 ……………………… 159

周振甫
学者型编辑的人生风范　/ 范　军　曾建辉 …… 175

陈　原
我读陈原　/ 胡守文 ………………………… 193

范　用
卓尔不群的出版家　/ 叶　芳 ……………… 205

刘振强
难能可贵的文化出版典范　/ 贺圣遂 ……… 219

钟叔河
自己的点子和音色　/ 陈明晓 ················ 231

辑　二

雷克拉姆
雷克拉姆出版社的故事　/ 丁　甲 ············ 253

绥　青
为书籍的一生　/ 汪家明 ···················· 267

野间清治
"杂志王"野间清治　/ 李长声 ················ 277

加斯东·伽利玛
半个世纪的出版传奇　/ 胡小跃 ·············· 299

岩波茂雄
岩波茂雄和他的岩波书店　/ 李长声 ·········· 311

珀金斯
天才编辑　/ 周百义 ························ 327

西尔维亚·毕奇
"为乔伊斯工作,所有的乐趣都是我的"
　　/ 姜　华 ······························ 341

贝内特·瑟夫
贝内特·瑟夫与兰登书屋　／李庆西⋯⋯⋯⋯⋯ 359

艾伦·莱恩
明心见性：真正出版人的造就和养成
　／张　宏⋯⋯⋯⋯⋯⋯⋯⋯⋯⋯⋯⋯⋯ 383

翁泽尔德
世纪出版家　／马文韬⋯⋯⋯⋯⋯⋯⋯⋯⋯ 397

罗伯特·戈特利布
生涯一蠹鱼　／贾　骥　叶　新　周丽锦⋯⋯⋯ 411

汤姆·麦奇勒
一位特立独行的出版家　／章祖德⋯⋯⋯⋯⋯ 435

安德烈·西弗林
出版业：向美国学习，还是从美国的错误中学习
　／甘　琦⋯⋯⋯⋯⋯⋯⋯⋯⋯⋯⋯⋯⋯ 451

见城彻
行动第一，向死而生　／姜革文⋯⋯⋯⋯⋯⋯ 467

附　录
作者简介⋯⋯⋯⋯⋯⋯⋯⋯⋯⋯⋯⋯⋯⋯⋯ 479

增订本后记⋯⋯⋯⋯⋯⋯⋯⋯⋯⋯⋯⋯⋯⋯ 489

弁 言

1944年,韬奋先生不幸病逝,抗战中心延安、重庆社会各界举行了隆重的纪念活动,表达了人们对韬奋先生以出版为武器激励中国人民坚持抗日的敬仰之情;1948年,张元济以高票当选国民政府中央研究院首届院士;1962年,艾伦·莱恩,一个连大学都没有读过的高中生,被英国女王伊丽莎白二世封为爵士;2002年,西格弗里德·翁泽尔德去世,全球数十名著名学者、作家和德国地方政府部门及国家最高首脑出席葬礼。张元济、邹韬奋并非著述等身的学问大家,却受到社会各界一致拥戴,莱恩和翁泽尔德也非声名显赫的文艺巨子,同样获得举世称道。他们的荣耀源自同样的身份——卓越的出版家。

一

印刷和出版是人类最重要的发明,是人类的精神之光与智慧之源。中国五千年文化绵延不断、惠及四方,这与印刷术带来书籍流播的便利,满足了社会各个层面的需求,是有直接关系的。尤其是唐代发明的雕版印刷技术,对于中华文明的繁盛与思想文化的传播、阅读,更是起到至关重要的作用。而它对于东西文化交流乃至西方文明的兴起也有不容忽视的价值。可以说,如果没有当时领先世界的造纸工艺、印刷技术和发达的出版业,中国文化的发展进步将会大打折扣,世界文化之林也必将因此而失去应有的光辉。中国印刷技术为何未能进一步改进并对社会的发展起到更积极的作用,是汉字复杂结构所限,抑或是囿于社会制度、观念等因素,是学界众说纷纭的话题,迄今仍无定论。但中国首创发明的印刷术对世界文明的发展所做的贡献应是举世公认的,正如英国著名科技史专家李约瑟所言,在整个人类文明史中,再没有比纸和印刷的发明更重要的了。在西方,从古希腊、古罗马时期开始,人们就将通过阅读提升修养放在重要的地位。此后一两千年,欧洲创造了辉耀世界的文明,但由于技术条件的束缚,文化的传播仍显滞后。至15世纪中期,谷登堡发明金属活字印刷技术,恰如尼尔·波兹曼所言,印刷机从此"打开了一扇欧洲文化多年来一直焦急叩响的门。当这扇门终于打开时,整个欧洲文化便蜂拥而入"。而在伊利莎白·爱森斯坦看来,印刷术的发明和运用使欧洲的社会、经济、文化环境发生了天翻地覆的变化。西欧的社会生活结构得以经历了从破碎到重构的过程,形成了近代模式的雏形;社会、文化、家庭和工业随之而发生剧烈变革,文艺复兴、宗教改革和科学革命由此肇始。

  印刷术和出版对人类文明发展的影响无疑是巨大的。原有的雕版印刷、手抄本抑或羊皮书随印刷机的轰鸣走入历史,快速化、规模化生产的印刷书就此呈现在社会大众面前。正如麦克卢汉所言:"印刷术把浩如烟海的信息传输给个体的人","谷登堡使一切历史同时展现:便于携带的书籍把死者的世界带进绅士的藏书室","印刷术推倒了修道院社会研究和团队研究的墙壁","西方机械文化的一切方面都是由印刷术塑造的"。由印刷术造成的书籍出版的传播,致使社会文化发展出现了新的趋势。波兹曼指出,由于对印刷术重视程度的不同,欧洲的文化知识版图就此发生了逆转,在中世纪时,地中海沿岸国家的文化要远远高于北欧国家,但到17世纪末,由于北欧国家对印刷和出版的重视,这种局面完全颠倒过来。与此同时,印刷术所包含的不可抗拒的革命性力量也引起了欧洲君主们的慌张和严酷的压制。正如哈罗德·伊尼斯曾指出的,从15至17世纪,英格兰和德、法都对印刷出版业采取了严厉的管制,使得荷兰的印刷业成为欧洲文化的加工厂。但无论处境多么艰难,印刷术使人类的优秀思想和文化在更广阔的范围内得到传播,因印刷和出版带来的书籍推广和知识普及,使欧洲黑暗的中世纪走到了尽头。

由此看来,印刷和出版对于人类告别野蛮、走出愚昧、脱离专制起着异乎寻常、难以估量的作用。人类的文明和文化借此得以传播和发展;人类认识与改造自然、社会的能力,自身精神世界的丰富,亦端赖于此。有了印刷和出版,人类的知识体系得到更加系统化的梳理,知识的传承如虎添翼;人类的文化版图大大拓展,原本只有少数贵族精英才能习得的文化与知识,开始向一般社会大众播撒;地区间的文化交流使原本封闭的区域性文化日渐丰富和多元;不同种族和民族间的思想开始相互激荡,产生出更多熠熠生辉的新知……出版将人类世代集聚的智慧和发现、思想和情感薪火相传,发扬光大。虽然每一时代的局限的个人受限于生命都会随着时光流逝而退出历史舞台,但其中出类拔萃的卓越之士的精神却可穿越历史,泽被深远。出版活动就是留意采撷人类精神的奇卉丽葩或缤纷落英,维护人类的骄傲和尊严。

而出版活动的意义,是由执着献身于传薪继火事业的优秀出版人擘画实现的。出版人的品格与追求,决定了出版的品质与成就。优秀出版人永远是那些崇尚文化、志趣高洁、德才兼具的人类精英。他们心怀理想,身肩使命,以窃火播光的虔敬和热忱,造就了出版的辉煌,推进了社会的进步。中外古今的出版先贤,其事业彪炳千秋,其德性足为楷模,其嘉言懿行尤为引人深省。概而言之,出版是为公众阅读服务的,社会中的个体,通过阅读,不仅可以积累知识,而且可以形塑人生理想与价值观念,进而为社会的发展进步做出更大贡献。于社会而言,阅读事关国民素养、国家发展与社会文明,更显独一无二之价值。虽然每一时代面临的社会环境和技术条件各不相同,但优秀的出版人总能自觉地为公众阅读提供形态最完美的书籍,并想方设法以最便捷的传播方式满足阅读需要。

书的品质是由出版的品质决定的,而出版人的品质又最终决定着出版的品质。克里斯托弗·瑟夫在回忆其父——兰登书屋创办人贝内特·瑟夫时写道:"完美无瑕的文学趣味;不可思议的商业本能;用之不尽的精力与激情;天才的公关与销售技巧;坚定而又兴致勃勃地把握每一次机遇的决断;充满孩子气的魅力;令人信赖的诚实;在逆境中仍不失风趣幽默的惊人才智;不偏不倚的公正与慷慨;迫切受人欣赏、喜欢的强烈愿望;不让自己板起面孔做事的坚持;对自己的好运气总是感到高兴的满足。"英国企鹅出版公司的创办人艾伦·莱恩早年曾是一家出版公司的职员,有感于书店里销售的便宜图书,都是些既缺乏想象力,又没有知识含量的消遣之作,于1935年创办了企鹅书屋,相继推出了"鹈鹕丛书""国王企鹅系列""企鹅古典系列""海雀图画书系列"等影响深远的图书,为文化的普及做出了持久而卓越的贡献,莱恩本人也在服务大众的过程中书写了一个出版业的传奇。20世纪60年代初,当企鹅公司的总编辑戈德温为牟利而推出一本充满血腥和罪恶的漫画书《大屠杀》后,莱恩怒不可遏,率人冲入书库,将所有还没来得及上市的《大屠杀》全部销毁,戈德温也因此被辞退。莱恩对戈德温说:"你可能是一个商业奇才,但你却不知道一本书不是一听黄豆。"眼光好、精力充沛、诚实可信、有魄力、深具社会责任感……瑟夫和莱恩体现出的个人品格也是所有优秀的出版人应该具备的品质。

概而言之，一名优秀出版人应该是这样的：学历无论高低，必须有良好的修养，对文化和出版充满热爱、憧憬之情，从某种程度上讲，他们是拥有理想和浪漫情怀的文化人，是真正的文化至上主义者，文化和理想在其心中永远是第一位的。他们还有自觉承担启迪时代精神的社会责任感，有将文化的圣火通过自身的出版活动播撒到更广大的民众中去的雄心与抱负；往往能敏锐地捕捉到作者灵光一现的创意洞见，凭借自身的独特眼光、出版卓见与职业热诚，激励、呵护尚在"孕育"中的"文化精灵"，使其完美地降临人世，不致"胎死腹中"，从而催生出有价值的真理和思想，并使其广为传播，对社会发展起到巨大的推动作用。此外，他拥有精准而独异的鉴别力，特别擅长发掘和培养优秀的文化人才，始终将作者放在最重要的位置，甘心做第二小提琴手，努力为作者提供最周到的服务；立足于文化，善于通过创新性工作促进优秀图书的普及，同时又具备非凡的商业才华，使文化的价值发挥出最大的效力。

二

在所有的品质中，如何处理好商业与文化的关系，是检验一位出版人是否优秀的试金石。优秀的出版人总是以文化追求作为出版活动的终极目标，商业价值仅仅是实现文化目的的手段；优秀的出版人大都能够以独特的眼光，将商业价值与文化目的巧妙地融合在一起；当二者发生矛盾不能兼顾时，他们又会不约而同地选择文化。

出版是将作品传诸社会的活动，正因为此，出版的着眼点是书籍的内容及其所承载的文化，是书籍如何在社会上传播并产生影响。出版经济是为出版文化服务的，出版的本质属性是文化，所有出版活动都要以文化本位为最终指向。兰登书屋前总编辑贾森·爱波斯坦认为："图书出版始终都是依赖投资者的慷慨大方以及员工和老板的无私奉献,它从来不会给投资者带来预期的正常回报。"美国学者、芝加哥大学博士,原哈佛大学出版社人文学部执行主编的林赛·沃特斯对西方出版业研究后得出结论:在西方,出版业自谷登堡以来的财政记录显示,书一向是很少赢利的买卖。任何东西都比书赚钱,过去如此,将来仍会如此;"我追求的是收支平衡,同时保持思想和书籍的尊严"。邹韬奋先生说:"我们这一群的工作者所共同努力的是进步的文化事业。所谓进步的文化事业是要能适应进步时代的需要,是要推动国家民族走上进步的大道……但是在经济方面,因为我们要靠自己的收入,维持自己的生存,所以仍然要严格遵守量入为出的原则。……如果因为顾到商业而对文化食粮的内容不加注意,那也是自杀政策。……在不违背我们事业性的范围内,必须尽力赚钱,因为我们所赚取的钱都是直接或间接用到事业上面去。"哈珀·柯林斯出版社资深编辑沃尔夫也认为:"书籍从一开始就兼具思想论述和市场商品两种功能","我个人并不相信利润是最重要的衡量因素。……假如你的兴趣是不计任何代价,求取暴利,那你干脆去卖鞋子算了。至少卖不出去的鞋子,你还可以留着自己穿"。

出版业的文化属性,要求出版人必须有文化使命感和社会责任感,不能唯利是图,以赚钱作为首要目标而放弃文化职守。陆费逵在《书业商之修养》中说:"书业商的人格,可以算是最高尚、最宝贵的,也可以算得是最卑鄙、最龌龊的……如以诲淫诲盗的书籍,供献于世,则其比提刀杀人还要厉害。盖杀人不过一人,恶书之害,甚于洪水猛兽,不知害多少人。"张静庐在《在出版界的二十年》中也表达了类似的思想:"钱是一切商业行为的总目标。然而,出版商人似乎还有比钱更重要的意义在上面。以出版为手段而达到赚钱的目的和以出版为手段,而图实现其信念与目标而获得相当报酬者,其演出的方式相同,而其出发的动机完全两样。我们——一切的出版商人——都应该从这上面去体会,去领悟。"他还认为"出版家的精神堕落,这趋势比纯以赚钱为目的更可怕、更可忧虑"。

优秀的出版人总是自觉地摆正出版文化和出版经济的位置,他们当然也看重出版的经济回报,但在他们心中,文化始终处于中心地位。19世纪,俄国还处于沙皇统治下,漫长的农奴制度使普通民众处于思想贫瘠的无知中。在这样的社会背景下,绥青进入一家书铺工作,出版了很多价格低廉通俗有趣的读物,进入职业生涯的第一个高峰期。一个偶然的机会,他认识了列夫·托尔斯泰,开始了从"生意人"向"文化人"的转变。在此后的数十年间,绥青主持出版了托尔斯泰、契诃夫、高尔基等作家的优秀作品,并把它们推向俄国普通平民。从提高全民族的文化修养出发,绥青出版的图书定价都非常低廉,以期使更多的人能够买得起、读得到。如创造了10万册平装本销量的《列夫·托尔斯泰全集》没有盈利,但它却为俄国民众奉献了丰富的精神食粮。20世纪初期,绥青出版的图书已经占到整个俄国出版物四分之一的市场份额,但他仍以启迪时代精神、提升民众素养为其事业的中心目标,为俄国的文化普及和提升做出了卓越的贡献。我国台湾出版家、三民书局创始人刘振强是一位喜谈文化、钟情文化而又敏于行的实践家。他主持的两项大工程为世人瞩目,赢得文化界交口称赞:一为《大辞典》项目;一为"汉字字库"工程。《大辞典》的编纂,始于1971年,迄于1985年,前后历经十四载,聘请专家及参与的工作人员逾二百人,铸字六万余个,用铅超过七十吨,创造了当代出版史的奇迹。"汉字字库"数字化工程起于1988年,三民依托当时《大辞典》的铸字经验,每年延请近百名专业人员撰写能够体现"中国汉字美感"的字体。经过15年的不懈努力,终于在2003年完成了由楷体、黑体、仿宋、长仿宋、明体、小篆六套字体组成的汉字字库。刘振强凭借对文化的热爱，以一己之力，终于完成了本应由公共事业机构承担的文化盛举。

还可以举出许多著名出版家，他们也都是处理文化与商业关系的典范。在中国，有张元济、王云五、陆费逵、舒新城、邹韬奋、章锡琛、徐伯昕、胡愈之、巴金、冯雪峰、陈原、范用等长长一列先贤；在国外，创造了半个世纪法国出版史传奇的加斯东·伽利玛，创办了英国布克奖的出版人汤姆·麦奇勒，书写了美国出版辉煌历史的贝内特·瑟夫，造就了日本岩波文化的岩波茂雄，也都是文化出版的典型代表，他们各有所长，但有一点是相似的，即都培养了许多誉满全球的作家，其中有不少人还荣膺诺贝尔奖。这些作者曾经籍籍无名，出版家推出其作品的时候，也并未指望能赚钱，看重的是这些作品中所蕴含的文化力量。

三

2011年，复旦大学出版社迎来两项重要活动：一是庆祝建社三十周年；二是参与筹建复旦大学出版专业硕士点，并与复旦大学中文系共建复旦大学文化产业研究中心。为将上述活动和机构筹备好，我们拟编辑出版若干出版物以志纪念，亦为出版专业硕士及文化产业研究中心的发展提供助力，《出版的品质》是其中的一本小书。2011年4月，我们拟定了本书主题和出版家人选，向海内外出版同人约稿，有幸得到朋友们的支持，每位作者选择自己熟悉的出版家，撰写了精彩的篇章，最终成稿21篇。当然，限于条件，所选传主仅仅是现当代优秀出版家中的一小部分，但他们或以自身的努力，引领了出版潮流；或以主持出版的优秀图书，影响了社会思想的变迁。他们是时代的骄子，是出版的楷模。现代出版业因他们而熠熠生辉，值得认真研究，洗发其人格之光彩。在内容编排上，考虑到现代出版业最先兴起于欧美，其图书市场的发展也相对成熟，我们将有关国外出版家的篇章以传主出生年月为序作为辑一，中国出版家以出生年月为序作为辑二，这也符合中国人一贯的待客礼让之道吧。本书各位作者均是业内对出版史卓有研究的行家，也是对出版业心怀感情的行业精英，我们期望这部"出版人写出版人"的小书的推出，能够为当代中国出版业的发展提供一种视角，希冀有更多的出版人能够继承优秀传统和品质，踏着贤达的足迹，砥砺精神，慨然而行，为开创出版业新的辉煌而不断努力。我们也希望通过这部凝结着海内外多位出版同人心血的著作，能够为已经进入和即将进入编辑出版业的朋友们尽快找到"前行航标"提供一点帮助。最后，我们要对参与撰写此书的作者致以崇高的敬意，没有大家的鼎力支持，就没有今天这部书；也要向大家表示歉意，约稿将近一年才出书，虽然主要原因在于我们想寻找更多宜放入本书的图片，使书更臻完美，但毕竟耽搁久了些，这是要向大家致歉的。编选过程中，承蒙汪家明、汪耀华、彭伦、西弗林诸先生以及苏尔坎普出版社、三民书局提供了部分图片，在此一并致谢。

编者

2012年3月

辑 一

张元济

中国现代书业第一人

周榕芳

张元济(1867—1959),字筱斋,号菊生。原籍浙江海盐。1867年10月25日生于广东。光绪壬辰(1892)进士。曾任总理各国事务衙门章京,戊戌变法失败后被革职。1898年冬任南洋公学(交通大学)管理译书院事务兼总校,后任公学总理,1902年7月后辞职。1901年,投资商务印书馆,并主持编译工作。1903年任商务印书馆编译所所长,1916年任经理,1920年至1926年改任监理。1926年任董事长。1949年被特邀参加中国人民政治协商会议,被选为全国委员会委员。后被选为第一届全国人民代表大会代表。1959年8月14日在上海逝世,享年92岁。

他在主持商务印书馆期间,组织编译出版大批西方学术名著,形成汉译名著丛书,介绍西方新知识、新思想;编辑新式教科书,昌明教育,获得巨大成功;实施书刊并举战略,开启民智,组织出版《说部丛书》,创办《东方杂志》《小说月报》等标志性刊物;创办涵芬楼和东方图书馆,保存民族千年文明;整理、校印古籍,延续中华文化,影印出版《四部丛刊》《续古逸丛书》《百衲本二十四史》等;组织编辑出版了中国第一部新式辞书《辞源》,开创了中国现代工具书出版的先河。著有《涵芬楼烬余书录》《宝礼堂宋本书录》《涉园序跋集录》《中华民族的人格》《校史随笔》《张元济日记》《张元济书札》《张元济傅增湘论书尺牍》等。被誉为中国现代书业第一人!

1948年3月,张元济以高票当选国民政府中央研究院首届院士。当选的理由之一是因他"主持商务印书馆数十年,辑印《四部丛刊》等书,校印古本史籍,于学术上有重大贡献"。当年的中研院首届院士选举,竞争激烈,参与其事的胡适、傅斯年、萨本栋等人为此颇费心思。而张元济的入选,则基本没有争议。1947年5月22日,为院士提名事,胡适曾致函傅斯年和萨本栋,陈述提名张元济的理由:"他对于史学的最大贡献是刊行史籍与史料,他主持的《四部丛刊》与百衲本《廿四史》等,使一般史学者可以容易得着最古本的史籍与古书,其功劳在中国史学界可谓古人无与伦比。我曾想,百衲本《廿四史》的印行,比阮元的《十三经注疏·校勘记》还更重要。所以我也希望孟真、济之两兄考虑此老。"其实,早在1936年,胡适就曾赞誉献身出版40余年的张元济是"富于新思想的旧学家,也是能实现新道德的老绅士"。可以说,一代学术领袖胡适的评价,代表了中国学术界对张元济以传承文化、繁荣学术为追求的不朽出版功绩的一致看法。1949年9月,毛泽东邀请赴京参加新政协会议的张元济与程潜、陈明仁、李明灏、李明扬、刘伯承、陈毅、粟

1949年9月受毛泽东邀请游天坛

裕等同游天坛。毛泽东向张元济表示,"商务出书有益于民众",他自己读过商务版《科学大全》,从中获得不少新知识,张元济及其主持的商务印书馆之影响由此可见一斑。

自1899年离京赴沪主持南洋译书院、1902年进入商务印书馆,张元济再也未曾离开出版业,一生心力全部奉献给现代中国传统文化与新思想、新知识的传播上。1913年9月,他的老朋友熊希龄任内阁总理,曾盛邀他入阁担任教育总长,为其婉拒。在他看来,以出版促文化、助教育显然比做几年教育总长来得更实在些,更何况自维新变法失败后他已弃绝出仕之念。1949年春,他借用清代学者梁同书对联"世间数百年旧家,无非积德;天下第一件好事,还是读书",为新成立的香港三联书店撰写了"数百年旧家无非积德,第一件好事还是读书",既是对三联同人的鼓励,也是对自身大半生出版生涯的写照。张元济一生读书、编书、出书、校书、藏书……凡是与书有关的活动,都与他结下不解之缘。

张元济手书对联

下面我们就从张元济的家世和被他视为"第一件好事"的读书说起吧。张元济的祖籍在杭州湾北部的海盐县。张家在当地曾是名门望族、书香世家,很出过几位名人。如张元济十一世祖大白公张奇龄,举人出身,学问道德高尚,曾主持杭州虎林书院。他立有家训:"吾宗张氏,世业耕读;愿我子孙,善守勿替;匪学何立,匪书何习;继之以勤,圣贤可及。"十世祖螺浮公张惟赤,清顺治进士,著名谏官,他的立朝奏折,汇刻成《入告编》三集。去官回乡后,他将祖上所筑读书处"大白居"拓建,名为"涉园",是江南著名的藏书楼。可海盐不是张元济的出生地。1867年,张元济出生在广东,其父张森玉当时在那里做官。他7岁入私塾,苦读圣贤诗书,14岁那年,随母亲回到海盐故里。在这片土地上,张元济深得祖上贤德教诲、遗泽熏陶。他牢记大白公的家训,后来将它镌刻在自家客厅门上,天天警示自己和家人。他读了螺浮公的《入告编》后慨然说道:"开卷庄诵,乃知吾螺浮公立朝大节,有非常人所能及者。"益发追寻祖上的足迹,把读书、积德作为生命的第一要务。15岁那年父亲病故后,张元济与张元煦弟兄二人,在母亲谢太夫人苦心孤诣的照料下,更加发愤读书,"继之以勤"。三年后即1884年,18岁的张元济与兄长同时考中秀才,他还拔得头筹。又过五年,张元济乡试中举。1892年壬辰年恰逢会试,时年26岁的张元济赴京赶考,离开海盐。进京后,通过会试,张元济中了进士,并与蔡元培成为"同年",入翰林院,被授庶吉士。庶吉士的任务还是读书。两年后,1894年,年纪轻轻的张元济当上刑部主事,官居六品,级别比当下部委的处长还高些。照理他可以安身立命,走"修身齐家平天下"的仕途。然而,张元济却选择走了另一条道路。其原因,除了有当时的世事剧变因素外,和张元济的与时俱进、喜读"西书"也不无关系。

鸦片战争后,清王朝日渐衰败,到19世纪末20世纪初,已处于风雨飘摇之中。以日为师、维新变法,是一部分中国知识分子选择的救国图强之路。在时代潮流面前,张元济没有置身事外。他一方面与维新人士交往、议论时政,一方面广读"西书",了解"西学"。为了方便读"西书",30岁的张元济开始学英语。1886年,张元济被抽调至清廷专门处理外交事务的"总理各国事务衙门",官位更显赫了。可不过三个月,他就想离开,盖"因不能再读西书"矣!可见他把读书看得比当官更重要。张元济从小饱读古代圣贤诗书,旧学底子十分厚实;如今西学东渐,他又勤读"西书",把握新学,很快就成为京城士大夫中"湛深实学,博通时务之人"。连光绪帝要读的新书,都由他去张罗,去"凑集进呈"。张元济一辈子不知读了多少书,以至达到痴狂的程度。"第一件好事还是读书"正是他晚年对人生的总结。

作为有良知的一介书生,张元济深知读书不能仅仅独善其身,更要发挥书籍的功用:传播新知,开启民智,促进社会进步和民族复兴。为了让更多的中国百姓读到新书、好书,在离开官场之后,他选择了出版作为毕生的事业,并为之而奋斗不已。

戊戌变法失败后,张元济因曾上书维新变革,受到了革职处分。在李鸿章的关照下,他来到上海,进了南洋公学。1899年3月,他被聘为南洋公学译书院院长。结合当时中国的国情,他主持翻译出版了亚当·斯密的《原富》、勃克鲁的《英国文明史》等西方的政经、法律、兵学、教案、商务类图书;为了让国人了解外国情况,知己知彼,从而战而胜之,他又与蔡元培等人联合创办了我国第一张面向普通国民、介绍国际动态的旬刊《外交报》。在印刷译著和《外交报》创办的过程中,张元济结识了商务印书馆主人夏瑞芳,并得到过后者的支持,从而为他加盟商务印书馆、共同开创我国的现代出版事业奠定了基础。

商务印书馆是夏瑞芳与鲍咸恩、鲍咸昌兄弟等人于1897年合股创办的小印刷厂。由于经营有方,渐渐地在上海印刷业中脱颖而出。当企业发展到一定规模时,夏瑞芳萌生了介入出版的想法。但他深感自身学识有限,渴望借重文化人。学识渊博的张元济的出现,让他寻找到了最好的合作伙伴,因此力邀张元济加盟商务。而此时的张元济因难以忍受南洋公学监院、美国人福开森的欺侮,也正想辞去南洋公学职务,另辟一项新的事业。两人正所谓意气相投。1901年,张元济应邀入股商务,第二年,他辞去南洋公学职务,正式加盟商务印书馆,这一年张元济35岁。

张、夏二人的结合,是中国出版史上的一件幸事,它促成了商务印书馆的崛起和百年出版品牌的诞生,也是张元济人生道路上的重大转折。正当年富力强的张元济加盟商务,犹如龙归大海,得其所哉。在此后的57年岁月里,他主持商务编译所,掌管商务馆务,退出管理层后专心古籍校勘,抗战和解放战争期间又以年迈之躯重理商务……导演出彪炳中国出版史册的一幕幕精彩活剧。下面,我们通过几幕片段静静地体味一代出版大家的理想与追求。

第一幕:策划汉译名著丛书,"为中国开发急务"

早在南洋公学译书院,张元济就主持翻译出版了一批西方名著。入股商务的当年,他力荐好友蔡元培主持商务编译所。1903年6月,蔡元培因避"《苏报》案"牵连离开后,张元济接任编译所所长。主持编译所后,他改变了早期商务以主要编译英语教科书和词典的出版方针,将介绍西方新知识新思想的学术著作,作为编译的重点,宗旨是"为中国开发急务"。他倚重严复等著名翻译家,作者阵容蔚为壮观;他广为延聘人才,编译所兵精将强。于是一部部西方学术名著《天演论》《法意》《社会真诠》《群学肄言》……编译出版,形成了汉译名著丛书,成为当时社会上的标杆性出版物,成为商务印书馆绵延百年、独具特色的品牌。数十年后,尤其在"文革"刚结束不久,后辈的商务人又重新出版了汉译名著丛书,依然是"为中

严复译《天演论》,后被收入"万有文库"

《法意》　　　　　　　《群学肄言》

国开发急务"。它的出版对当时解放思想、改革开放起到了推波助澜的作用。直至今天,不少读者在选择商务印书馆的图书时,汉译名著丛书仍被列为首选,在读者心中享有无可替代的极高声誉,而张元济正是这套丛书最早的策划者和组织者。

第二幕:编辑新式教科书,昌明教育

20世纪初,我国知识界掀起"国民教育"的浪潮,"教育救国"成为一批有识之士为实现救亡图存而选择的良方。张元济是其中的积极推动者和践行者。早在翰林院时期,他就创办了通艺学堂,嗣后在南洋公学任职期间,他又积累了办教育的经验。早期商务以出版第一部英文教科书《华英初阶》而声名鹊起,加盟商务时,张元济就明确提出"吾辈当以扶助教育为己任",这也成为他与夏瑞芳合作的契合点。不过,此时张元济的教育思想发生了深刻变化,由倡导精英教育转为平民教育。他认为:"国民教育之旨,即在尽人皆学,所学亦无需高深,但求能知处今世界不可不知之事，便可立于地球之上。"为了一改传统蒙学读物的内容和格局，适应时代潮流的需要，商务聘请蔡元培、杜亚泉、包天笑等具有新思想、新学识的专家、学者以及日本教育家担任编写者和顾问，又通过编译所同人对每一部教科书甚至每一篇课文集体"轮流阅读，或加润色，或竟改作，相互为之"，严谨认真，精益求精，从而确保了教科书的质量。商务陆续推出的《文学初阶》《最新国文教科书》《最新小学教科书》等，在社会上大受欢迎，大获成功，并取得可观的经济效益，从而奠定了商务教科书出版的优势和地位。时至今日，图书市场上再现当年商务的教科书，人们仍然对它的内容和编排质量大为赞赏。"昌明教育生平愿，故向书林努力来。此是良田好耕植，有秋收获仗群才。"这是张元济 85 岁时写给商务同人的一首诗。它既表达了张元济热爱教育出版事业的心声，也充分说明了张元济是开创这个事业的掌门人。

第三幕：书刊并举，开启民智

张元济加盟商务后，对凡是有利于开启民智、有利于社会进步的作品，他总是积极组织出版。1903 年，商务出版了《说部丛书》。其中收入了不少林纾由他人口述、以文言文翻译的欧美小说名作。尽管与林纾某些观点不同，但张元济尊重林纾的文章学问，私交甚好，因此林纾将他翻译的许多小说都交给商务出版。考虑到"林译小说"受读者欢迎，商务又将它从《说部丛书》中全部抽出，以《林译

《东方杂志》

小说》为名,单独印刷,整套发行,销路甚好。1902年10月维新人士梁启超发表了《论小说与群治之关系》一文,提出了"小说革命"。他将新小说的作用提到"新一国之民"的高度,大加推崇。半年后,商务由李伯元主持的《绣像小说》问世,构筑起发表新小说的平台,陆续发表了《文明小史》《活地狱》《老残游记》等一批反映时代之变革、开启民智、有利进步的社会小说。与此同时,在张元济的组织下,商务创办了《东方杂志》《小说月报》等标志性刊物,加上《教育杂志》《妇女杂志》《学生杂志》《自然界》《英语周刊》等一系列期刊的出版,在中国期刊史上写下光辉的一页,也体现了商务"书刊并举、书刊并重"的经营方略。为了保持刊物的高品位,保证刊物与时俱进的旺盛活力,张元济十分注意引进新人担纲刊物主编。例如,1920年,在张元济的大力支持下,起用文学新秀沈雁冰(茅盾)改组《小说月报》,担任主编。改组后的《小说月报》,刊物面貌焕然一新,倡导"为人生的文学",迅速成为新文化运动中最有影响的刊物之一。张元济的这一开明举措,难道不值得当下刊物创办者学习、借鉴吗?

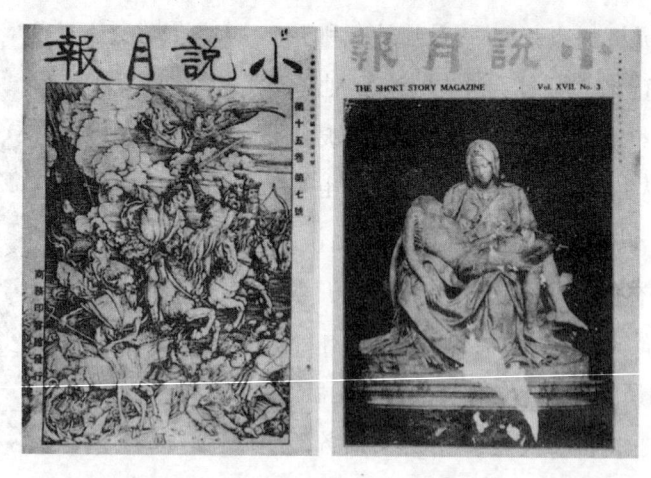

《小说月报》(第十五卷第七号、第十七卷第三号)

第四幕：创办涵芬楼和东方图书馆，保存民族千年文明

前文提到，张元济出身书香世家，祖上就有读书的传统、藏书的雅好，建有江南有名的藏书楼"涉园"。读书、搜书、藏书的观念从小就植根于张元济心中。然而，近代中国战乱频仍，古代文化典籍和著名藏书楼常常毁于兵灾战火之中，珍本善本散落民间，甚至漂流异邦，张元济对此深感痛心。1906年，著名藏书家陆心源的后人打算出售陆氏"皕宋楼"藏书，多为珍贵的宋版书。张元济闻讯，立刻亲往，设法将这批国宝留住。但因资金不足，国宝还是被日本人买走了。张元济终身以此为耻辱，他在给友人的信中说："今悔之无及，每每追思，为之心痛。"他曾经这样说过："吾辈生当斯世，他事无可为。惟保存吾国数千年之文明，不致因时势而失坠。此为应尽之责……不能不努力为之也。"加盟商务印书馆后，张元济人到中年，在组织出书的同时，搜书、藏书的欲望益发强

东方图书馆

烈。同时，现实的问题也摆在面前，编译所同人在编译书稿时，遇到疑问，常苦于无资料可查。如能建立属于商务的图书资料室，既可藏书，又可提供查询资料场所，还有利于编辑平日研习，一举数得。在夏瑞芳的支持下，1909年，当位于上海宝山路的编译所大楼落成时，将三楼辟给了资料室，取名为"涵芬楼"。为了不断充实涵芬楼的藏书，张元济常去书肆坊间搜罗，并登报求购古籍图书。他还在自家门前挂上"求买旧书"的牌子，以求得民间书贩上门售书。1918年夏，张元济两次进京，公干之余，特地前往琉璃厂等地选购了一批善本书。到1924年时，涵芬楼藏书已达46万多卷。其中，尤以古籍珍善本的收藏为世人所瞩目。1926年，涵芬楼迁入新建的五层大楼，更名"东方图书馆"。图书馆的一间大阅览室，长达40多米，两壁多层的书架上陈列的工具书、百科全书和常用图书有2万多册，可见规模之大。如今不少出版社也多有资料室，可是，有哪一家能与涵芬楼和东方图书馆媲美呢？这就是张元济保存民族文明的胆识与魄力！

第五幕：整理、校印古籍，延续中华文化

在张元济生活的那个动荡的时代，传统的文化因国家日益衰落而被丢弃、破坏甚至沦丧，因而辑校整理、出版古籍，是"保持国粹"、延续中华文化的一件大事。加盟商务之后，从第一种《涵芬楼秘笈》开始，张元济陆续主持编校、辑印了《四部丛刊》《续古逸丛书》《百衲本二十四史》《四库全书珍本初集》等，其中绝大部分是他在1926年退出商务领导层之后完成的，是他在学术上的重大贡献。在张元济整理影印的各种古籍丛书中，用力最勤、费神最多的当属《四部丛刊》和《百衲本二十四史》。《四部丛刊》前后印了初编、续编、三编，近500部书，汇集了中外的宋元

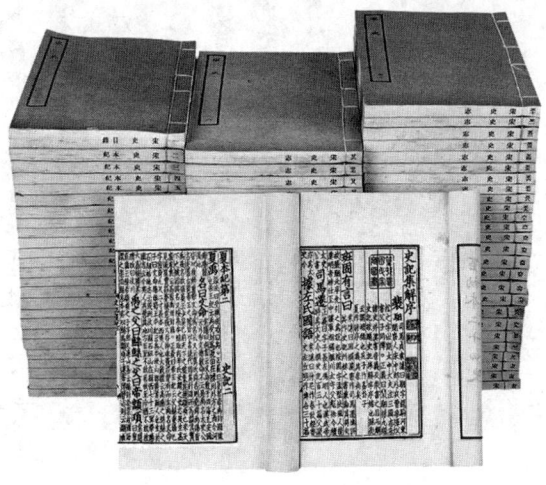

张元济主持影印的《百衲本二十四史》

明善本及一些精抄本,从1915年开始酝酿,到1922年初编出版,费时七年,堪称中国现代出版史上一项重大的工程。而《百衲本二十四史》的编校、出版更经历了血与火的洗礼:正当《百衲本二十四史》编校就绪,即将付印时,"一·二八"淞沪战争爆发,日军飞机向位于上海闸北的商务印书馆投下了六枚炸弹。顷刻间,厂房倒塌,机器被毁,五层大楼成了空壳,大量文稿被焚烧殆尽。东方图书馆也被日本人纵火,50万册藏书化为灰烬。"廿年心血成铢寸,一霎书林换劫灰。"面对这场浩劫,张元济悲痛欲绝、潸然泪下。但年届66岁的他并没有倒下,就在东方图书馆被焚毁的当天,张元济重返商务,主持商务复兴的工作,并从头开始校勘《百衲本二十四史》。他说:"平地尚可为山,元济一息尚存,仍当力图恢复。"表现了中国知识分子可贵的骨气和延续中华文化的不懈追求。

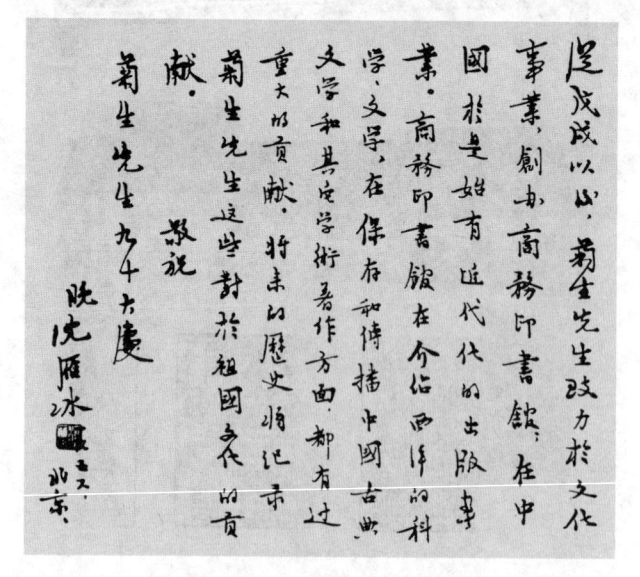

茅盾致张元济的九十寿辰祝辞

张元济在中国出版舞台上何止导演了上述五幕片段,例如他还组织编辑出版了中国第一部新式辞书《辞源》,开创了中国现代工具书出版的先河,等等。张元济一生嗜书如命,但他的一生也是一部读不完的书。他的学识素养、他的人格魅力、他的文化追求、他的敬业精神、他的报国情怀、他的卓越贡献,无不证明了一点:他是当之无愧的中国现代书业第一人!他的理想与风范影响了几代中国知识人,广受世人赞誉,也必将永留青史,激励后来人!

陆费逵

以出版为终身事业

王建辉

陆费逵(1886—1941),字伯鸿,号少沧,原籍浙江桐乡,生于陕西汉中。中国近代著名出版家、教育家,中华书局创始人。

陆费逵因家庭原因,早年几乎没受过任何正规学校教育,全靠自学成才。1902年春,陆费逵在南昌创办正蒙学堂,自任堂长兼教学工作,是为踏入社会之始。1905年春,在武昌与刘静庵等发起组织日知会,并起草章程。1906年冬,进入上海文明书局任编辑员。1908年秋,进入商务印书馆国文部任编辑员。1909年,改任商务印书馆出版部部长兼交通部部长、师范讲义社主任,创刊并主持我国第一个教育专业刊物《教育杂志》。

1911年武昌起义后,陆费逵预料革命必成,而中小学教科书将有变革,在建议商务当局未果后,与戴克敦、陈寅、沈颐等自行编写并秘密排校《中华教科书》。以此为契机,陆费逵于1912年1月1日在上海创立中华书局,从此主持中华书局事务达30年之久。在其主持下,中华书局编辑出版了《中华教科书》等多套中小学、师范学校、职业学校、华侨学校教科书和教学参考书;翻译出版了《物种原始》《国富论》等中外学术名著;整理出版了《四部备要》《古今图书集成》等古代典籍;出版了《辞海》《中华大字典》等工具书;创办了《大中华》《小朋友》等著名期刊,建成了国内先进、亚洲前列的印刷厂,建设了遍布全国的40多处分局,一跃成为中国近代与商务印书馆并驾齐驱的出版重镇。

1941年7月9日,陆费逵病逝于香港,享年56岁。

陆费逵服务社会近40年,服务出版业38年,任中华书局局长、总经理达30年,并长期担任上海市书业同业公会主席。陆费逵一生对我国文化教育事业贡献良多,对传播科学文化知识、促进文化和教育近代化发挥了积极作用。

每个时代都有这样一批知识分子,他们深切地感受到自己所面临的困境与问题,总觉得这些问题与困境需要他予以关注、思考与批判,不这样做他就会觉得于心不安。陆费逵就是一个这样的人。他的职业是出版,他的思考是教育和社会,可以说他的一生都在紧迫追赶着时代。陆费逵从1912年创办中华书局起,担任局长、总经理整整30年,1926—1929年还兼任编辑所所长。但出版只是他实现理想的一个平台。他需要这样一个平台来施展他的抱负。他本来可以是一个旧式知识分子,但他不愿如此,他成为转型时代的知识人物。更准确地说,清末民初易代之际,陆费逵是与时俱进的一代创业者。

一

陆费逵曾说过他"自己一生只付过12元学费"。曾自述其青年时代的自修,说他儿童时代,读书七年,其中母教五年,父教一年,师教一年。他的母亲教他阅纲鉴,习珠算,讲故事,进步得很快。13岁时,略阅《时务报》及新书,颇受新法影响,便要求不再照旧式读书。母亲就让他自修,他自己定课程,每日读古文、看新书各两小时,史地各一小时,并做笔记,读日报先看《字林西报》及《申报》,后来看《中外日报》。他看报无论新闻、论说、广告,都一字不放过。有不解者,即查字典及类书,查不着即记入小册,问父母及亲友。陆费逵自言道,他从小没有作文造句,母亲主张多读多看,后来随便作文,被四川名士朱虹文见到后说:"你很有意思,文章也不错,不过不甚简练。你如高兴作文,我可以给你改。"于是他动笔写文章,其中有一篇《伯夷论》,内说:"伯夷并非反对革命,而仅反对武王'以暴易暴'。武王之暴,何以不见史籍,则以周代有天下八百年,无人敢记载之故。"旧时作文,以循规蹈矩中合程序为主,此篇翻历史之案,一语惊人,他的师友争相传阅,认为这孩子前途无限。到了主持中华书局,陆费逵"职务甚忙,不克努力自修,但每日总读书一二小时。遇编辑上有问题时,多与同人共同讨论,或检阅有关之书。现虽年逾半百,患肠病及心脏病,然不求甚解之书,固仍未间断",他多次强调自己的这种读书精神,多次将这种经历写刊发在中华书局的《中华月报》以及《进德季刊》这些刊物上,以此告诫中华书局的同人。这种读书的勤奋,对于一位成功人士是难能可贵的,在业界竞争持久力的源头上增强了自己的学养。终身学习是这位出版人与时俱进的一个内在动力。

他是一个实践精神很强的出版家,具有创业者的胆识和魄力,雄心与才干。他在少年时期就"不肯以第二等人自居"。早年参加辛亥革命时期的重要团体日知会,重要文牍都亲自起草。在商务印书馆的时候,他结婚不声张,婚后第二天即照常上班。商务的旧臣蒋维乔对此感叹说:"于此小节,可见陆氏为人之奇突,其能创造中华书局,非无因也!"陆费逵从事出版后,在出版界有"见事明,处事敏"之称。给人的印象是"精明强干,秉性刚强,大权独揽,办事有决断,有魄力"。用人信任不疑,下面的重要职员都由他亲自选任,下级有了错误,他也勇于承担责任。陆费逵长期担任上海书业公会主席、监察,在同业中有一定威望。这是一位求实精神很强的人,在中华他参与或主持的大型工具书,几乎没挂过主编的名。曾经参与《辞海》编辑出版的人当中,就有人说"伯鸿先生乃《辞海》之真正主编者也"。但他并没有在《辞海》上署过名。陆费逵一生事业全在出版业,对于出版各部门之知识,如编辑、印刷、发行各方面都能窥其堂奥,舒新城赞其在书业界堪称全能。在经历实践的磨砺后,能做到胆识与审慎的结合更为难得。1929 年,陆费逵先生在给同事的信中说:"十八年来,公司之外患内乱,时局之外患内乱,总算尝饱了,'大头'额角高,总算没有跌倒。现在同业的压力减少一点,本身的生存力增多一点。我想我们审慎从事,不必因为时局乐观而猛晋,亦不必因为悲观而停顿,仍旧审慎其所审慎罢。"形势比人强,形势让这位1912年的创业青年终于有了一种处事的"审慎"态度,所谓"审慎"即是一种审时度势的经营策略。"大头"是他根据自己的头大特征的自称,书局中人也常这样称呼他。能做到胆识与审慎的结合,这可能是他创业成功的主要原因。

他是一个有文化并极具文化精神的商人,又是从事商业而有商业精神的文人,亦儒亦商是他的出版企业家的品质。这是近代时势造成的,近代以来确有一批这样的"言商仍向儒"的实业家。作为商人,他具有两条人所难及的优长。其一,他是有敏锐判断力的商人,善于识人,识形势,从而善于捕捉商机,尤其是他对于时局有较好的把握力,这是他的过人之处,也是现代编辑出版家可以学习的地方。识势方面,他说过:"观察力为吾人做事最要之条件。"他在辛亥前夕对于形势的准确预料,创建中华书局推出新教科书,是世所周知的。另如自30年代初他即认定第二次世界大战势所难免,需要停办一切不急之务,集中全国财力人力"快快备战"。抗战爆发前夕,在日益紧张的时局下,中华于1936年、1937年分上下册抢出《辞海》,主编者沈颐曾主张《辞海》的每条单词和复词,都加注词性,但这一工作不简单,因陆费逵为抢时间坚决反对而作罢,陆费逵的指导思想是抢在战争到来之前出版这部大书。他一面督促定稿,一面登报发售预约。如果不是陆费逵的这一决断,再晚一两年,在旧中国《辞海》就不可能出版了。教科书和《辞海》都是极有说服力的事例。识人方面,如对中华重要员工张相的评论:"献公是君子,是儒者,不过欠魄力耳。……公如以视献者视×,误矣。×气量狭……不能视献之雍容宽大也。前后同事多人,我认为友者已不多,而献则是我师也。其学问道德,我佩服之至。"他物色人选,必事先亲自接谈,招考人员,也要亲临面试,谈吐举止,都在考察之中。中华网罗了一大批优秀人才。对于陆费逵的善于选择人才,舒新城等是很服气的。如舒新城在日记中就中华招考人员的情况有过记载:"拟定广告时,伯鸿于后批语:'编辑所以用缮校及学习员为宜,练习生程度低,编辑用之,在我不相宜,在人反误终生。'确系至言,但前时大家都说不出来。过去编辑低级职员与其他各所不分,文理不通之少年至编辑所为学生,终身无出路。"又说:"这次录取标准,第一为对人对事之态度,以忠实为主(不知以为知者,是作人治事之大忌);第二是中文精通;第三是常识丰富;第四是服务经验;第五是专门知识。专门知识列于最末者,以此次需要之人,不需多专

中华书局总公司旧址(原上海四马路棋盘街)

门知识也。"其二,他有百折不挠的创业精神,有亲历亲为的实干精神。如也曾在中华工作过的陈伯吹说:"中华书局在人力、财力等各个方面,初期都远不如商务印书馆,但是创办人陆费逵的知难而进、克服困难的这股创业精神,在任何时候,对任何人来说,都是一种经验教训,一座工作的座右铭。"对于重大项目,他总能抓住不放,像《辞海》本有编辑所长和总编辑直接抓,但他对重大决策都拿在手里,对重要稿件都亲自审阅,如舒新城日记就有记载,辞海有关条目,"遂决定由子敦看初校样一次,并嘱打二份分送伯鸿与我"。作为决策者他听得进意见。这是企业发展很重要的一条。如30年代初期,中日民族矛盾激化,陆费逵想用《中国和中国人》为名称,办一个杂志。编辑周宪文提出中华以前出版过《大中华》杂志,新杂志不妨用《新中华》,既包含了同样的意思,也照应了以前的名刊。陆费逵接受了这个建议。《辞海》编纂了很长时间后由舒新城接手,舒提出重新定位另起炉灶,陆费逵爽快接受,所以有人说,如果陆费逵担心旧稿报废不接受建议,《辞海》出版就可能变成不成功的跟风。正因为陆费逵所具有的这样两个优长,使他成为时代商机的驭手,所以在他身上"既体现了读书人匡时济世的抱负情怀,也不乏生意人持筹握算的精明能干",既有文化追求,又不失商业旨趣,凸显出近代出版人自觉参与文化创造与实现文化性追求的一种境界。

陆费逵以出版办教育,以教育促出版,将教育与出版捆绑在一起,是近代以教育救国,以出版强国的一个典型。教育与出版,是知识分子的传统道路,这两条渠道在传统知识分子的活动中只是辅助性的,而在现代知识分子实现其理想的人文活动中则成了主要的渠道。到了现代,这两条渠道合流,是一个很显然的特点。从20世纪开始,许多知识分子都是集学问、教育、出版于一身,在三方面同时为现代文化做出贡献。而以出版界为职业的一批知识分子,更将教育与出版结合来履行知识分子的文化使命,提升到一个相当的水平。1902年张元济投身商务时就与夏瑞芳有约:"吾辈当以扶助教育为己任。"以教育与出版的结合点作为他从事出版的切入点,成为近代出版的一个富有典型意义的出版家。出版作为近代最主要的大众传媒形式之一,它的主要功能就是教育。美国学者韦尔伯·施拉姆将它列为大众传媒对于社会发展的最重要的作用。特别是在社会变革时期,大众传媒的教育功能,往往被突出到一个主导位置。在中国近代社会出版这一功能被充分显现出来,成为近代觉醒的中国人进行思想启蒙、去塞求通、教育国民的最有力的工具,陆费逵对于教育问题有着一份不可更易的执着,对于教育市场有着准确的把握,了解和熟悉各级学校的课程设置及教学情况,关注国家教育政策的变化与教育改革的动向。因此由他这样的出版家来从事出版与教育的结合,正可谓得其人哉,得其所哉。陆费逵的以出版办教育,以教育促出版的思想实践产生了多方面的影响,而将教育与出版连在一起,对于教育和出版的推动是有形的。1931年《世纪杂志增刊十年》内乐嗣炳所撰《十年的国语运动》一文有一段这样的话:"以国语运动为发财事业的书店方面的努力,其功也不可埋没。中华书局经理陆费逵当国语运动发生之初,早知国语教育势必实现,所以参加国音推行会,创办国语专修学校,制造国音留声机片,出版大宗国语用书,赶造国语教科书,不遗余力。商务印书馆表面上稍稍落后,而追踪的结果,成绩至少不下于中华。1925年世界书局发行国语教科书,意外卷起了一个推销国语用书底大波澜。当时三个书局互相竞争,只求把国语书推销出去,蚀本奉送不算,有时奉送了还有倒贴。结果三家书局因此亏耗百余万元,而促进国语教育的力量,事实上比无论那项国语运动都浩大。"叶圣陶说,"就广义说,出版工作也是教育工作"。经过陆费逵等前辈的不懈努力,将出版与教育结合的思想成为一种共识,30年代前期,浙江流通图书馆创办了一份《中国出版月刊》杂志，出版者的追求就是"谋教育界与出版界之联络"。由此开通的教育与出版相结合的路，时到今天仍然是出版的一条主路线。

陆费逵早年参加革命，是一个民主主义者。辛亥革命前几年他在武昌参加重要革命团体日知会，这一段经历对他以后的政治倾向和创办中华书局都很有影响。在筹备中华书局的时候，他还帮助一位学生参加了黄花岗起义，失败后将他藏在家中。面对日本侵略，他是一个爱国主义者。他较早认识到日本的侵略性，也能对战争做出正确的判断，早在1932年春上他就对舒新城说，东北在日本卵翼之下，成立"满洲国"，将有几年大乱，以后出版方针非重新安排不可。他在1933年初的《新中华》创刊号上发表的《备战争》一文是有影响的，得到军界和政界人士的广泛注意。此文分析了国际形势，认为太平洋风云变幻，一天紧似一天，第二次世界大战在所难免，中日两国全面战争一触即发，一旦战起，中国以弱国对强敌，要准备长期作战，才能取胜，他疾呼，必须停止一切不急之务，集中全国财力物力人力，"快快备战"。对建设空军、武器弹药和汽油等军需物资的准备和粮食的储存，交通设施的修筑和运用，以及后方工作等都提出自己的建议和意见。针对1932年3月日本帝国主义成

中华书局部分期刊

立的伪满洲国,他在《新中华》杂志发表《东三省热河为我国领土考》,根据大量历史文献证明东北三省和热河省为中国固有领土,帮助青少年正确认识历史,他还在中华的《小朋友》周刊上编辑了《提倡国货》《抗日救国》和《淞沪战事纪略》等专刊。陆费逵的政治敏锐性和政治态度,也影响到他的出版取向。中华书局代销售的《武昌革命真史》(日知会会员曹亚伯著),是国民党执政后查禁的第一本书。中华书局出版的"少年中国学会丛书""少年中国学会小丛书""新文化丛书""国民外交小丛书""东北小丛书""东北研究丛书"等,表明中华书局和陆费逵与社会各方面的接触比较广,而且不怕"在商不言商"。1932年"一·二八"淞沪战争,中华出版了《淞沪抗日之役庙行镇战纪》《淞沪抗日战事始末》《淞沪御日战史》。1937年"八一三"事变后,11月上海沦陷,中华书局出版了《中日的旧恨与新仇》《沦陷后的上海》。这种紧贴国家命运的出版风格,是商务印书馆所没有的。1938年7月,国民党中常会通过《修正抗战期间图书杂志审查标准》及《战时图书杂志原稿审查办法》,8月邹韬奋以生活书店名义发起"中性"出版社联合抗议,陆费逵、王云五首先签名响应,全国出版界要求撤销此项审查,陆费逵与王云五都积极表态。陆费逵还赞成中国共产党提出的"一致对外"的主张,认为"多难兴邦",对战争的胜利充满信心。1940年他在重庆应董必武之请,在香港和上海等地调拨一批图书,赠送延安中山图书馆,热情支持解放区的文教事业。他在重庆听周恩来说解放区缺乏墨水、钢笔等文具的情况,设法通过中华开封分局将这些文具送去以支持解放区。

二

近代中国知识分子开始了新的职业化历程,陆费逵是最早一批职业出版家当中的一个。是他开创了一个伟大的事业,中华书局"首创之者先生,扩大之者先生,中经蹉跌而复兴之者亦先生","一手经营资本数百万元,员工数千人之大企业者,亘三十年之久,而身后所遗,乃不如一寻常之商贾"。金兆梓先生感叹"当今之世,又复有几人"。以现代图书出版业而言,鲁迅自办或合办了七个出版社,巴金等创办了文化生活出版社,老舍等创办了晨光出版公司,胡风创办了希望社和南天出版社,陈望道等办大江书铺,施蛰存等办第一线书店、水沫书店,曹辛之等办星群出版社,邹韬奋办生活出版社,另外创造社有创造出版部,太阳社有春野书店,以胡适为中心的新月社有新月书店。很多文化人办起了出版社,但真正能发展起来的并不多,因为其重心不在出版,而在文化而在学术。

陆费逵把出版作为职业与职志,在最困难重重的时候,也"抱定有始有终的宗旨,不肯中途离开"。陆费逵对于出版是有雄心壮志的。在编辑出版了《中华大字典》《辞海》这样的大工具书之后,他还发愿要编辑出版更大的项目。"吾行年五十,从事出版印刷业三十年矣,天如假我以年,吾当贾其余勇,再以一二十年之岁月,经营一部百万条之大辞书也!"晚年他还试图兼并商务、开明。战争爆发后的1938年春,陆费逵在致舒新城的信中,多次提到乘此机会兼并商务等,倒是舒新城在致陆费逵的信中说,公欲合并商务,弟以为尚非其时,如再经营相当时期,施相当策略或有可望,此时未达山穷水尽,因人人都有自尊心,纵使心有此意,亦不能自下面子。陆费逵身居要职却自奉甚俭,家中虽有四个保姆,也属于资本家之列,薪水上对自己却要求很严,初定200元,但1917年危机后,他自减薪金只支公费100元。至公司情况好转,1921—1931年月支200元,仍低于当时编辑、印刷、发行三所所长的月薪,"仍非其应得之薪"。1932年后月支300元。1936年议局中普加薪水,舒新城等向董事会提议总经理薪水加至500元。陆费逵认为若公司情形不好,股东等

中华书局书店内景

或以干部支薪太多所致，反使办事困难，故谦辞只接受加至 400 元。这些情况和当时上海新闻出版业总经理一级的水平大体相当，戈公振的《中国报学史》记当时上海报馆总经理薪水约在 300 元左右。经营主持全国第二大出版机构 30 年，陆费逵身后所遗"不如一寻常之商贾"。

陆费逵 56 岁而逝，仅得中寿，而服务社会和出版界三十七八年，主持中华书局 30 年，自视出版业为终身职业，毕生精力与心血尽瘁于出版事业。他说过，"我有许多机会可以做别种商业和入政界，但我始终不为所动"，在 38 岁时他写过这样的话表达了这样的心声："我从十九岁起，投身书业，一直到现在，大概是我的终身事业了。"这是一种对于事业的执着。陆费逵对自己在中华的经历也十分重视，中华书局成立 12 年时他写了《弹指十二年》，20 周年时他写了《中华书局二十年回顾》。他具有良好的职业道德，发起和主持了中华的许多大项目，从未挂过主编的虚名，这一点，也让中华的同人怀念。陆费逵很重视这种创业精神，在濒临澳门路编辑所的大门一侧墙壁上曾立有一块铜牌，上面刻着由陆费逵写出的创业经过。这家仅次于商务印书馆的大出版公司，在30年间编辑出版了许多有利益于社会的书刊，为传播文化知识促进我国的近代化进程做出了贡献。陆费逵虽然不一定是一个伟大的思想家，但绝对是中国近代化历程中的一个智者，因其头大曾有"大头"的绰号，如前面所引信中他也曾自用这样的绰号，这大头也正是智者的象征。陆费逵是兼出版家与教育家于一身的实践家，中国缺少和需要这样的实践家。

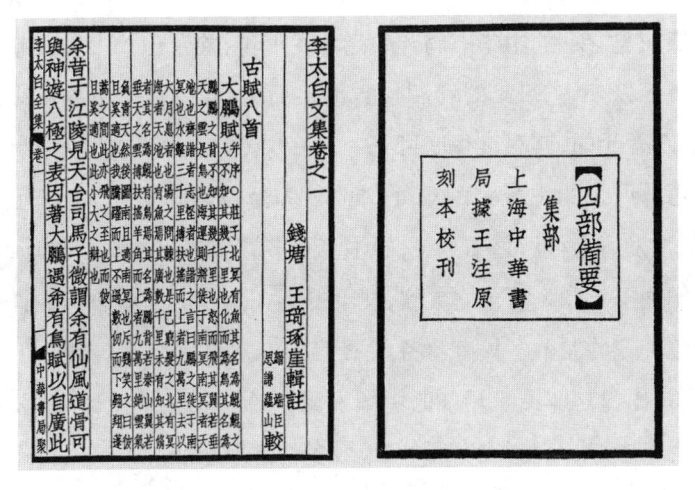

中华书局《四部备要》聚珍仿宋本书影

曹聚仁说："一部近代文化史，从侧面看去，正是一部印刷机器发达史。"在近代中国这样一个动荡时代和转型社会，新的印刷媒介的兴起，对于现代民族国家的构建确实有着不可替代的作用。印刷媒介创造了许多不同的社会群体，快捷的印刷技术和兴起的出版商业，促使文化具有放大器的功能，不仅创造了社会的受众，也创造了像陆费逵这样的出版人。

在他去世五年后,他的十几年的主要搭档舒新城写道:"三十年间,中华书局出版新旧书籍近二万种,皆先生主持之力。其一生事业,固全在书业。"但在那样一个时代做出版并不是一件轻松的事,开明书店夏丏尊在陆费逵下世四年后还在说:"书店的机构庞大如是,非有巨大资本不能应付。可是按之实际,书店的资本薄弱得很,在战前全国最大的书店如商务印书馆资本只五百万元,中华书局是四百万元,其他的各书店只不过数十万元而已。以如是薄弱的资本,要想转动其全部机构,来实现文化上的使命,当然力有未逮。"号称中国最大最重要的出版机构之一的中华书局苦心经营几十年,除了出的书以及新增的固定资产以外,它每年的利润其实也并不高,除个别年份外从来没有越过25万元的,其艰难程度可见一斑。"欲问山中事,须问打柴人",如夏丏尊所说的出版家的难处:"或以为薄待著作者,一定肥了发行者,但是发行者得利之书很少,蚀本者很多。每一书坊开若干年,只剩些不销之书籍和无着落之欠款,便不得不关张了。前清末年的许多书坊至今存在的差不多只有商务印书馆和广益书局几家。其余不是关门,便是出盘。即民元开办的中华书局,艰难备尝,慎重紧缩,股东在近十七年中,或无利,或得利一二,最多一年只四厘。办事人待遇也很薄,苦了二三年,总算勉强站住了。其他与中华书局先后开办的,现在一家都不存在了。试问此种情形,资本家和事业家谁肯来经营这种事业呢?"

这是一番诉衷肠。历史的写照如此,但历史又幸有陆费逵,才有了中华书局和近代出版精彩的一幕。张元济和陆费逵们的业绩表明,出版人不仅仅是一个时代的感应者、被动者,同时也是一个时代文化的创造者、激荡者。"张元济不可追",对陆费逵也应作如是观。陆费逵的当代意义还在于,尽管他和张元济们一样给现代出版人树立了一个几乎不可再现的高度,但人们仍然会去不断地研究他,追寻他的足迹,虽不能至,心向往之。

（本文在撰写过程中参考了俞筱尧、刘彦捷编《陆费逵与中华书局》,王震《陆费逵年谱》,钱震寰《中华书局大事纪要》,陈思和《现代出版与知识分子的人文精神》,汪家熔《近代出版人的文化追求》,曹聚仁《文坛五十年》《天一阁人物谭》,韦尔伯·施拉姆《大众传播媒介与社会发展》,黛安娜·克兰《文化生产》,《陆费伯鸿先生年谱》,《回忆中华书局》等文献,一并致谢。）

王云五

梦萦中的迷离影像

俞晓群

王云五(1888—1979),祖籍广东香山,生于上海市。20世纪中国声名卓著的学者、出版家、教育家、政治家之一。王云五是一位有多方面贡献的奇人,他一生最为人称道的事迹如下:一、自学成功:王云五幼年家境清寒,体弱多病,7岁起由兄长在家中教读数年,一生几乎未受过正规学校教育,他的身份证上学历栏记录的是"识字",全凭自修成为学问渊博的学者。在政治大学指导博士生写论文,获"博士之父"的尊称,为自修成功的榜样。二、出版巨擘:王云五自1921年出任商务印书馆编译所所长以来,与商务印书馆结缘长达40年之久,历任商务印书馆总经理、台湾商务印书馆董事长。商务印书馆在现代中国出版界赢得声名显赫的地位,王云五实功不可没。三、发明四角号码检字法:四角号码检字法是王云五扬名中外的发明,在电脑未发达之前,是中文检索最方便、最有效之方法,不仅许多字典使用,图书馆、档案馆、文化中心亦多采此方式检索书目。四、首创中外图书统一分类法:此为王云五为致力推动图书馆事业所创作之分类法,除在自设"云五图书馆"中使用,各大学图书馆之馆藏分类亦多采用之。

屈指算来,我从事出版工作近30年了。曾经有记者来采访,她问我:"在你编辑生涯中,哪套书最让你难忘?"我毫不犹豫地答道:"新世纪万有文库。"她说:"我知道,这套书是对老商务印书馆'万有文库'的传承。那么,你最敬重的出版家一定是王云五了?"她给我设定一道选择题,我只能回答是或不是。我回答什么呢?

实言之,王云五先生一直是我梦境中的常客。入梦的原因很多,首先是当我清理自己思想存储的时候,竟然发现,我对于这样一位著名的人物,了解得真是太少了。王云五先生的一生是那样的丰富,那样的生动,甚至是那样的传奇,正如1999年,金耀基在一篇怀念他的老师王云五的文章《壮游的故事——怀念一代奇人王云五先生》中写道:"王先生自十四岁做小学徒起,就一直没有停止过工作,一生做了别人三辈子的事。他在中国二十世纪的大舞台上,扮演了各种不同的角色,大出版家、教授、民意代表、社会贤达……"其次,伴随着社会的进步与开放,我也不断地发现,在世界上,王云五先生的名声真是太大了。外国人在评论现代中国大出版家时,总会把王云五先生的名字列在前面;许多著名人物谈到中国出版,都会不由自主地提到王云五先生。

20世纪30年代,王云五先生以商务印书馆总经理的身份考察美国出版业,《纽约时报》以半版的篇幅介绍,文章的标题是"为苦难的中国,提供书本,而非子弹"。

1996年,我们受到王云五先生出版理念的启发,编辑了一套"新世纪万有文库"。董桥先生对此书大为赞扬,他撰文《点亮案头一盏明灯》,开篇就谈到王云五:"早岁家中书房集藏好多商务印书馆的'万有文库',包罗万象,朴素实用,确是跟我一起走过成长之路。后来到了台湾,又买了许多那边商务补印的'丛书集成',粗粗的书皮,淡淡的墨色,翻阅轻便,仿佛夜雨秋灯,故旧重逢,剪烛闲谈,惬意得很。'万有'当是'万物'之意,徐渭《坐卧房记》说的'一室之中可以照天下,观万有,通昼夜,一梦觉而无不知'。读这些文库、丛书,我常常会想起王云五在商务的业绩,觉得这样的读书人,实在体贴周到得可爱。我十一二岁学会他的'四角号码查字法',背熟了那首《对照歌》:'一横二垂三点捺,点下有横变零头;又四插五方块六,七角八八小是九',省却部首查字的苦事。"

近读黄仁宇先生回忆录《黄河青山》,其中有一段故事也很有趣。有一次,一位美国学生批评黄仁宇的学说美化国民党,其实国民党是腐败透顶的。黄先生反驳说,蒋介石也不是一无是处,不然,他的身边为什么会集聚了那样一些优秀人物?像王云五,"他是一流的出版家,甚至可能是中国首屈一指的出版家"。

作为一个中国文化人,听到上面的故事,当然会产生梦幻般的感觉。那梦是一种追求,是一种境界,也是在政治时空隔绝的时代背景下,对于一个零碎的文化形象的思想修补。梦是一种超自然的艺术,当现实的刀锋划破一个民族心灵的时候,刀尖上滴下的鲜血,会在理想的睡梦中化作遍野鲜花。

其实,在现代中国的文化史上,王云五先生是避不过去的,除非我们无视历史的裂痕。大话不说了,即使是我们一些小小的出版人,也会常常感叹,在现实的出版工作中,你想过的事情,王云五先生几乎都做过了。

20世纪90年代,我整天梦想编辑一些人人当读的丛书,迟迟找不到下手的门径。有一天,离我们出版社不远的一家古旧书店处理当年王云五主编的"万有文库",几毛钱一本。我们几个编辑一摞摞地捧了回来,摆满了一间房子。面对那些题目,面对那些简朴的设计,面对那些泛黄的纸张,我们一下子就找到了"丛书"的感觉。

王云五策划主编的"万有文库"

更大的震撼产生于王云五先生撰写的《印行"万有文库"缘起》一文,他写到,编辑"万有文库"的目的是"使得任何一个个人或者家庭乃至新建的图书馆,都可以通过最经济、最系统的方式,方便地建立其基本收藏"。论规模,"冀以两年有半之期间,刊行第一集一千有十种,共一万一千五百万言,订为二千册,另附十巨册"。论范围,"广延专家,选世界名著多种而汉译之。并编印各种治学门径之书,如百科小丛书,国学小丛书……"论市场经济,"一方在以整个的普通图书馆用书贡献于社会,一方则采用最经济与适用之排印方法,俾前此一二千元所不能致之图书,今可以三四百元致之"。论参与者,胡适之、杨杏佛、张菊生等均在其中。论编辑,"更按抽作中外图书统一分类法,刊类号于书脊;每种复附书名片,依抽作四角号码检字法注明号码"。读到这些文字,我真的无话可说。我知道,当年美国《纽约时报》称赞王云五先生的举动:"在界定和传播知识上,最具野心的努力。""万有文库"也被认定为当时世界上在编的最大规模的丛书。我只有默默地把王云五先生《印行"万有文库"缘起》一文抄录下来,贴在出版社的墙上。

有时，我好说王云五先生是一个"出版狂人"。这样说似乎有些不恭敬，在我的心中却是"大敬之辞"。在王云五先生的名单上，网罗了当时的大批人才，在商务印书馆的作者、编委等阵容中，"名人"太多了；他出版了大批名著，许多著作已经成为各个学科的经典，至今还在不断再版；他出版的图书数量多不胜数。当时的王云五先生真是太厉害，仅以"万有文库"为例，在短短的几年之内，共推出一、二集1 700多种，4 000多册。回想我们1996年旨在追随王云五，编辑"新世纪万有文库"，也只是喊出"十年千书"的目标；最后只出版了600多种就草草收兵了。据统计，在20世纪30年代中叶，商务印书馆的年出书总量，几乎占到全国出书总量的50%还多。这里有时代的因素，更有人的因素。

我专门做过一个统计，上面记录着20世纪30年代商务印书馆的书目，它们大多是经王云五先生之手出版的；由于数量太大，在这里我不能一一列举。但我可以告诉你，每当一些学术思潮袭来的时候，无论它多

沈钦韩著《春秋左氏传补注》收入王云五策划主编的"丛书集成"

么新潮、多么怪异、多么贯通中西,你只要翻一翻那些书目和著者名录,都会找到这些文化源流的蛛丝马迹,几乎一个都跳不出去。

记得20世纪80年代,李一氓先生曾经将古籍整理的结果划分为文学、哲学、经济、艺术等10个门类,包括43个书目,如《中国文学史》《中国音乐史》《中国绘画史》《中国小说史》《中国佛教思想史》,等等。他深情地说:"假如有一天这40来种研究著作都出版了,我们的古籍整理的局面将大为改观。"有趣的是,当年王云五也出版了一套"中国文化史丛书"共42种,其中有蔡元培《中国伦理学史》,顾颉刚《中国疆域沿革史》,胡朴安《中国文字史》《中国训诂学史》,李俨《中国算学史》,白寿彝《中国交通史》等。直到今天,这些书还在再版,还是某些学科领域的必读书或里程碑。两相比照,书目是类似的;但在作者的环节上,一定会引起今人更多的思考。

20多年来,我编辑"国学丛书""中国地域文化丛书""书趣文丛",直至"新世纪万有文库",数量已逾千种。返身与王先生比照,总有一种"大不及"的感觉,不仅数量不及,理念的延拓也始终难以跃出王先生早年划定的范畴。在王云五惊人的出版构建面前,我时常陷入沉思;甚至想到,在现代出版的意义上,王云五的许多思想,好似一汪清泉,终日喷涌,不舍昼夜;我们这些后来人,取一瓢饮,就会汲取很多营养。

表面上看,王云五先生只是"一个小学徒出身,受正式学校教育不过五年"。作为一个出版人,他的学识底蕴和知识结构大有超群之处。不然,为什么胡适会极力举荐他出任商务印书馆编译所所长?为什么张元济、高梦旦等人会对他信任有加,并把他一步步推上商务印书馆总经理的高位?当时,胡适在日记中写道:"王云五是一个完全自学成功的人才,读书最多、最博。家中藏西文书一万二千本,中文书也不少。他的道德也极高,曾有一次他可得一百万元的巨款,并且可以无人知道。但他不要这种钱,他完全交给政府。……此人的学问道德在今日可谓无双之选。"

读王云五先生《八十自述》我才知道,早年王云五先生没有在正式学校读书深造是有原因的。此前,他们家十几世未出一个秀才。王云五的大哥才学极高,18岁投考童子试,居然一试得中;但两三个月后突然病逝。父母误以为家运与风水均不适于子弟读书上进,所以为他们设定"经商为主、读书为辅"的人生道路,白天学习经商,晚上或业余时间读书,学习重点在为经商所需的英文。但是,王云五的天赋才智是无法遏制的,他未满14岁时参加社区楹联征集,上联为"菊放最宜邀友赏",王云五给出的下联为"苏来奚后慰民思",引据《孟子》的"后来其苏"与"奚为我后"之意,最终竟获冠军。后来,王云五读书热情超出常人的想象,他18岁开始翻译西方作品在报纸上连载;19岁受聘于中国新公学,与宋耀如一同教授英文,他们的学生中有17岁的胡适;20岁开始分期付款订购原版《大英百科全书》,并且用三年时间通读全书。胡适赞扬王云五是"有脚的百科全书",学识广博,都与他这一段畸形的读书生活或曰"无师自通"密切相关。

在《八十自述》中,王云五先生谈到家庭环境的影响,使他未能得到正规、系统的教育,惋叹之情溢于言表。他说:"接连约三年内,几乎每日都把《大英百科全书》翻读二三小时,除按各条顺序阅读大概外,通常系从索引方面,将某一题材与其相关题材,作较有系统的阅读。这样的读书,博而不专,原是很愚拙的。现在回想一下,不仅把这二三年自己读书时日的重要部分占据了,而且由于博而不专的习惯养成,使我以后约莫二十年间常常变更读书门类的兴趣,结果成为一个四不像的学者;否则以我对于读书的兴趣,自问理解与记忆都还不差,虽无机会进大学之门,至少也可藉自修而专攻一科,或可勉厕于专家之列呢?"

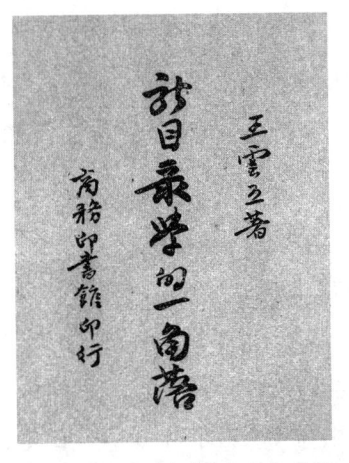

《新目录学的一角落》商务印书馆1946年版

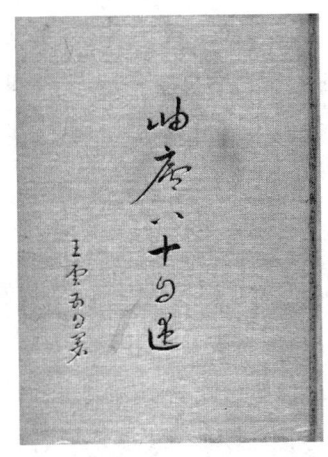

《岫庐八十自述》台湾商务印书馆1967年版

不过"天道酬勤",客观环境并没有淹没王云五先生的天赋与勤奋,他的这一段知识积累一旦与出版工作结合起来,"杂家"的底蕴迅速地迸发出无穷的力量。曾经有人将王云五对文化出版事业的巨大贡献概括为三个字——"四百万"。其中"四"是四角号码检字法;"百"是百科全书;"万"是"万有文库"。略通学理的人一眼就会看出,王云五先生的出版理念正是根源于早年的文化积淀。像它对于文献检索的重视和研究,当然是受到西方百科全书的影响。

王云五先生还是将西方现代企业科学管理理念引入中国的第一人。1930年,他在出任商务印书馆总经理之时,首先出国考察半年,到了九个国家。回国后,他立即向商务印书馆董事会提交《科学管理计划》,他写道:"本馆对于同人之待遇,虽尚有可增进,然在世界各国中实居上乘,而管理方法实居下下。因只知待遇,不知管理,结果必致待遇不能持久,爱之适以害之。救济之道,舍从速采行科学管理方法,别无他途。科学管理法系对于社会,对于雇主,与对于被雇者,三方兼利之方法,现已为欧美各国劳资两方公认,甚至过激如俄国,近亦积极采行。"前不久,我把王云五先生的这份"计划"整理出来,装订成册,时常翻看。它很有价值,起码很有欣赏价值,即使在今天,许多内容依然会让我们汗颜不已。

读《八十自述》,还有一段故事让我震动。他在1919年32岁时创办公民书局,自译出罗素的名著《社会改造原理》,并且以此为发端,组建"公民丛书"。他在"公民丛书旨趣"中提出,作为一个"公民",他必须具备七个方面的知识,即国际的、社会的、政治的、哲学的、科学的、经济的、教育的。"凡此七端,有一或缺,则为人之道不备,而在一国中,亦不得谓为公民。"王先生的类分极具文化启蒙的深蕴,今天我们大力倡导的"公民意识"教育是否可以从中得到启示呢?总之,王云五先生是一个极富思想创新的人,了解他,认知他,正是现时代的责任。

更值得一提的是,1932年,日军发动"一·二八"事变,轰炸上海。他们的目标直指商务印书馆,使总厂全毁,东方图书馆几十万书籍片纸无存,焚书的纸灰在空中飘浮,仿若云雾,持久不散。这是自火烧圆明园以后,最令人痛心的文化惨剧。一位日军司令不无得意地说:"烧毁闸北几条街,一年半年就可以恢复。只有把商务印书馆这个中国最重要的文化机构焚毁了,它则永远不能恢复。"此时,王先生没有倒下。他后来在回忆中写道:"敌人把我打倒,我不力图再起,这是一个怯弱者。他又一念,一倒便不会翻身,适足以暴露民族的弱点,自命为文化事业的机构尚且如此,更足为民族之耻。"经过半年多的努力,商务印书馆终于宣告复业。最鼓舞人心的是,商务很快实现"日出一书"的奇迹,破了日军司令的预言,也成为商务至今沿袭的传统。为"两年苦斗"的胜利,张元济先生致信写道:"去年公司遭此大难,尚能有此成绩,皆属办事人之努力,极当佩慰,特代表股东向办事人致谢。"

我常想，在中华民族的意义上，我们面对王云五先生，可以找到哪些共识的基点？有民族性的自强不息，"他是一个符号象征，象征了一个贫苦无依的人的奋斗成功的故事"（金耀基语）。有民族性的外御其侮，在日寇入侵之际，他高喊出"为国难而牺牲，为文化而奋斗"的口号。还有在民族的也是在世界的意义上，王云五先生对于中国现代出版的贡献。对此，王先生的头脑是清楚的，他在《八十自述》的"结语"中说，自己一生中最重要的工作就是出版，然后是教育；而其他社会活动，"公务政务殆如客串"。

写到这里，王云五先生的形象在我的脑海中逐渐清晰起来。这当然还不够。多希望能有一天，我们轻松地走出梦境，挽起手，共同为我们民族中的英才与伟业欢歌！

章锡琛

章锡琛和开明书店

章雪峰

章锡琛(1889—1969),字雪村,浙江绍兴人。民国时期出版机构开明书店的创始人,著名出版家。

1909年,章锡琛毕业于绍兴山会师范学堂,后任中小学教师。1912年进入出版界,担任《东方杂志》《妇女杂志》编辑,并从此供职上海商务印书馆长达15年。1926年8月,创办了开明书店。

章锡琛创办的开明书店,是民国时期中国出版业为数不多的几家大型出版机构之一,其规模仅次于商务印书馆、中华书局、世界书局和大东书局;开明书店同时也是一家给作者、读者留下"高尚""正派""严肃""光辉"形象的出版机构,其专注于"青少年学生读物"细分市场、苛求图书质量、讲究装帧设计、追求精细化管理等特点,在中国出版史上留下了浓墨重彩的一笔。

章锡琛执掌开明书店近27年之久,给读者们留下了一大批高品位、重量级的图书出版物:新文学出版物中,茅盾的《子夜》,巴金的《家》《春》《秋》等,均是产生了巨大影响的作品;开明书店的科普读物影响了整整一代人;学生用书及《中学生》杂志影响了一代又一代的青少年。

中华人民共和国成立后,章锡琛受邀赴北京出任中央人民政府出版总署处长、专员,后调任古籍出版社、中华书局副总编辑。

章锡琛学术精湛,著译有《文学概论》、《文史通义》(选注)、《马氏文通校注》、《助字辨略》(校注),还有散见于《东方杂志》《妇女杂志》《妇女周刊》《现代妇女周刊》《新女性》《一般》《开明》《中学生》等报刊的著译文章近700篇。

1926年8月1日，章锡琛在上海宝山路宝山里60号创办开明书店。从此，章锡琛和开明书店，就在中国出版史上留下了浓墨重彩的一笔。

而章锡琛作为出版家，尤其是作为开明书店创办人的一生，留给中国出版业、中国出版人的精神财富，是非常值得总结和铭记的。

与时俱进的新思想

终其一生，章锡琛都保持着与时俱进的新思想，一直到老年，他的思想都是敏锐的、进步的，从未僵化过、保守过。出版家如果不能紧扣时代脉搏，把握时代潮流，就谈不上引领所在的出版机构去生产与时俱进的出版物，从而满足新时代读者的精神文化需求。章锡琛与时俱进的新思想，第一次的突出表现，就在于他创办开明书店。

众所周知，开明书店是五四运动的产物。如果没有1919年的五四运动，就不会有1926年的章锡琛，更不会有章锡琛创办的开明书店。

开明书店标志　　　　开明书店营业部

这个关系，章锡琛的同事宋云彬曾经说得非常清楚："开明的产生，完全受五四运动的影响。没有五四运动就不会有人提出妇女问题来讨论，那么开明书店的创办人章锡琛先生，就不会因为谈新性道德和办《新女性》杂志而被商务印书馆解职，他将一辈子在商务当个编辑；而同时在五四以前，像开明这样的新型书店根本办不起来，即使办起来了，也不可能发展，更不可能长期存在。"

也就是说，新思想造就了章锡琛这个新人，而这个新人创办了新书店。

章锡琛与时俱进的新思想，第二次的突出表现，在于他和夏丏尊、叶圣陶一起，确立并坚持了开明书店"以青少年学生读物为出版重点"的出版方针。

在经营开明书店时，章锡琛接受夏丏尊的建议，综合考虑企业自身的经济实力、编辑和作者优势以及当时的市场实际，与时俱进地确立"以青少年学生读物为出版重点"的出版方针。正是在这个出版方针的指引下，开明书店开始涉足中小学教科书出版。可以说，没有进军中小学教科书出版市场这一重大决策，开明书店不太可能进入大书店行列。后来关于出版公司排名提出的"五大""六大""七大"之说，都是根据当时这些书局在全国教科书市场上的份额来排名的。而出版中小学教科书能够为出版机构带来丰厚的利润，也是行业共识。开明书店就是依靠这些中小学教科书的畅销，积累了足够的经济实力，出现了欣欣向荣的局面。

章锡琛与时俱进的新思想，第三次的突出表现，在于他首倡、主导了开明书店的公私合营。章锡琛在中华人民共和国成立之初，即敏锐地意识到：开明书店的中小学教科书这样的核心业务，即将面临收归国家统一编印发行的政策调整。而在此背景下，开明书店必须整体转型。为此,章锡琛开出的药方是:开明书店要么结束业务,清盘注销;要么交给国家。

章锡琛与时俱进的出版家特质在此时得到再次展现。半年之后的1950年2月16日,开明书店董事会正式向出版总署报送《开明书店请求与国家合营呈文》,在当时上海的出版机构中第一个正式向政府申请公私合营,后于1953年4月正式融入中国青年出版社。

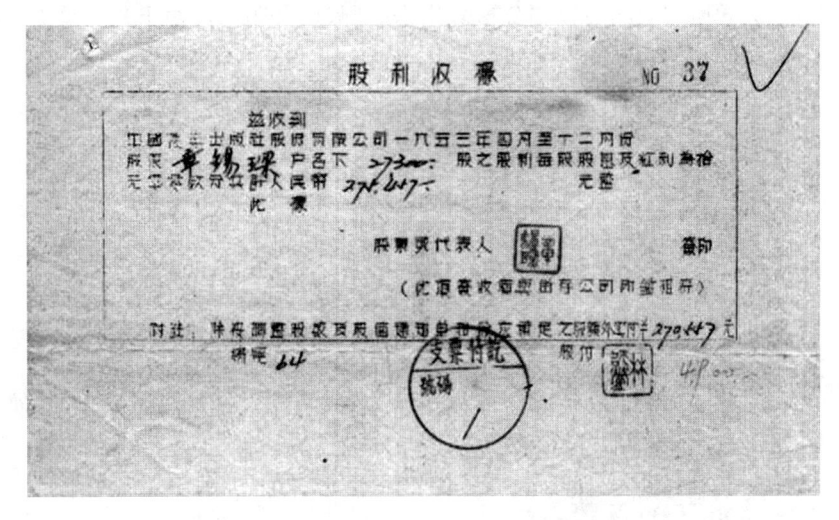

1953年章锡琛向中国青年出版社转让股票收据

在细分市场做到"专注、极致"的企业理念

民国时期,还没有"细分市场"的说法,但开明书店的经营者们,如章锡琛、夏丏尊、叶圣陶等人却已有了细分市场的理念。叶圣陶曾说:"书店有各种的做法。兼收并蓄,无所不包,是一个做法。规定范围,不出限度,是一个做法。漫无标的,唯利是图,又是一个做法。我们以为前一个需要大力量,不但财务要大,智力也要大,我们担当不了。后一

个呢,与我们的意趣不相容,当然不取。与我们相宜的只有中间一个,就是规定范围的做法。我们把我们的读者规定为中等教育程度的青年。"

叶圣陶在这里所说的"规定范围,不出限度",就是现代出版业所说的"细分市场"。换句话说,开明书店由于经济实力有限,编辑力量有限,不能像大型出版企业商务印书馆、中华书局那样"兼收并蓄,无所不包",去向所有的出版物细分市场出击。同时,开明书店由于是一群有良知、有追求的知识分子所办,也不能像世界书局、正中书局那样"漫无标的,唯利是图",甚至出一些坏书、淫秽书。所以,开明书店只能利用有限的财力和人力,瞄准既定的细分市场,"把我们的读者规定为中等教育程度的青年",精耕细作,深度开发,从而在一个或几个细分市场上形成产品优势和品牌优势。这才是开明书店等中小出版机构的生存之道。

因此,开明书店在"青少年学生读物"细分市场,做到了"专注、极致",比如《中学生》的创刊、开明版教科书的出版等,一直到开明书店的招牌摘下,从未改变过。

据《民国时期总书目·中小学教科书》统计,自 1926—1949 年,开明书店共出版中小学教科书 117 种,占开明书店总出书量 1 500 余种的 9% 左右。开明书店的中小学教科书虽然品种不多,但其占总营业额的比例却非常之大,"据 1949 年统计,教科书的营业额占全部营业额的 62%,所以只要春销或秋销一季的营业,就可坐吃半年"。可见,中小学教科书后来也成了开明书店的"吃饭书"。

《中学生》杂志

"人无我有、人有我优"的选题策划意识

在选题策划方面,章锡琛作为出版家,有自己独到的眼光。具体来说,就是八个字:人无我有、人有我优。

《开明活页文选》就是"人无我有"的选题策划,所以被同事们称为"章锡琛先生的一个创举"。

这个选题策划,在当时的出版界是首开先河的。而其最初,则来自章锡琛自身的教学实践。他从教学实践出发,考虑出版一种"单篇文章独立成页,事先不进行统一装订,待每个学校的教师任意选购组装成册后再行装订"的国文教科书,以减轻学校、教师和学生在国文教学方面的负担,这就是《开明活页文选》。

事实上,《开明活页文选》的出版,的确减轻了学校、教师和学生的负担,但却

《开明活页文选》

在编辑、校对、印刷、装订、发行上给出版机构增加了负担。这大概也是此前没有哪一家出版机构做过此类选题的原因之一。但是,章锡琛抓住了商机,也不怕麻烦,终于占据了"人无我有"的先机,把《开明活页文选》打造成了一种超级畅销书,以至于"那时候,开明栈房里专有一间楼屋,放置《活页文选》,同人戏呼之为'文选楼'"。

然而,必须正视的现实是,在出版业做选题策划,"人无我有"的选题毕竟只是极少数,可遇而不可求,大部分的选题,还是集中在"人有我优"上。比如开明书店的古籍出版,就集中体现了章锡琛的"人有我优"

的选题策划思想。

古籍出版是当时大书店所必备的出版门类之一。商务印书馆、中华书局之所以成为中外闻名的出版重镇，除了经济实力以外，还在于其古籍出版的大手笔。章锡琛为了"书店闯牌子"，让开明书店跻身大书店之列，早就有志于此，所以在稍具经济实力的时候，他就开始谋划在古籍出版方面有所作为。

但是，难度不是一般的大。仅在史书出版方面，商务印书馆已有《百衲本二十四史》，以底本珍罕取胜；中华书局则有聚珍仿宋版《二十四史》，以字体珍罕专美。珠玉在前，章锡琛的开明书店要第三个推出内容基本相同的历代史书，如何"人有我优"？章锡琛很费了一番心思。章锡琛在《二十五史》出版上的优化主要有五个方面。

开明书店辑印《二十五史》系列

一是优化了史书数量。商务印书馆、中华书局出版的都是《二十四史》，章锡琛为了创新，加入了柯劭忞的《新元史》，决定出版《二十五史》。数量上增加了一种，至少在宣传上可以先声夺人。二是优化了版本体例。经过综合比较和慎重考虑，开明书店最终选择武英殿版《二十四史》和退耕堂刊本的《新元史》作为底本。三是优化了影印方式。开明书店将武英殿版《二十四史》和退耕堂刊本《新元史》统一进行缩印，以大 16 开本装订了九册。比较此前《二十四史》动辄就是百册以上规模，可见《二十五史》仅仅九册的优势。四是优化了销售定价。由于开明书店版《二十五史》只有九册，用纸量少，成本较低，所以定价也得以降低，使得皇皇巨著，成为贫苦的青年读者也能买得起的图书。五是优化了衍生产品开发。开明书店推出《二十五史》之后，又相继推出了《二十五史人名索引》和《二十五史补编》，与《二十五史》形成产品系列，共同销售，给治史学者以极大便利。

于是，开明书店的《二十五史》在其他出版机构的同类选题中脱颖而出，被誉为"章老板的杰作"。

章锡琛"人有我优"的选题策划思想，还体现在《开明英文读本》和《爱的教育》两本畅销书的策划出版上。

《开明英文读本》出版前，市场上最畅销的是商务印书馆出版的、周越然编辑的《模范英文读本》。为了和《模范英文读本》竞争，做到"人有我优"，章锡琛采取了三个方面的措施：一是高薪聘请一流作者。他以每月预支 300 元版税的代价，请来曾在美国哈佛大学和德国莱比锡大学留学的林语堂，保证了内容质量。二是请丰子恺的大手笔绘制插图，助力装帧。以漫画融入英语教材，在当时也属首创。三是在内容上，作者

《开明英文读本》

林语堂贯穿了自己独有的外语教学理念，并很好地将语法学习融入课文之中，使得《开明英文读本》实现了语法学习和英文读物的有机结合，在激发学习兴趣的同时，可以让学生熟悉英语国家的生活场景，从而进一

步了解语言背后所承载的文化。

如此优化,保证了《开明英文读本》的高质量。出版之后,"全国中学纷纷采用,把当时畅销的商务周越然编的《模范英文读本》压倒了"。《开明英文读本》成为开明书店最畅销的一本书,一直畅销了20多年,林语堂本人从开明书店所获得的版税收入就约有30万元之巨。

《爱的教育》则是章锡琛从商务印书馆拿过来的一个选题。因为此前该书在商务印书馆出版时,市场反应平平。章锡琛拿过来之后,首先进行了文字优化,亲自校对全稿;其次进行了插图优化,请丰子恺绘制了封面和十幅插图;最后,还有针对性地加大了宣传力度。最终此书也一炮而红,成为新文学以来最畅销的儿童文学译作,几乎成为所有高小和初中的教材或课外读物,销量迅速达到数十万乃至上百万册,而且畅销几十年,"迄1949年3月止,《爱的教育》已印到30版以上,成为开明书店的'吃饭书'之一"。

1926年开明书店版《爱的教育》

作为出版家,章锡琛就是有这样化腐朽为神奇的本事。

"以质取胜"的市场竞争策略

作为出版家,章锡琛对于出版物的质量,到了几乎苛求的地步。从开明书店的出版物目录中,几乎找不出一本质量不合格的图书来。这是一个过去或今天的同业都难以企及的高峰。而这样的高峰,与章锡琛个人对于出版物质量的要求是分不开的。

在编校质量上,一方面章锡琛非常尊重作者,决不妄改原稿,特别是作品的观点和论断;另一方面,他又非常注重为作者改掉文稿中的错字舛句。他还特别注重校对工作,要求校对人员除了对原稿负责之外,还要能看出原稿上的差误脱漏,提出疑问供编辑考虑;同时要求编辑也应兼做校对的工作,在审读原稿时更加精细。这些编校工作的细节,被章锡琛作为对读者负责和对作者负责的大事来看待,所以开明书店出版的都是高质量的图书,没有什么病句、错字,连标点符号也一丝不苟。

除了编校质量以外,开明书店出版物的印装质量也是众所周知的。这也是章锡琛高度重视的结果。章锡琛领导的美成印刷厂在排版方面,引进日本新四号、新五号等新体字模,为国内第一家并创制了"开明标点",以使版面更加紧凑,达到节约用纸、降低书刊售价的目的;在用纸方面,章锡琛充分利用彩色封面纸以节省封面套色,并利用原来色泽较差的"次道林纸",要求纸商在其中加入颜料,从而试制出质高价廉、保护视力,并风行一时的"黄道林纸";在装订方面,为了克服一般小学课本采用铁丝装订极易生锈断散的特点,章锡琛首创用缝纫机进行装订的办法。他还创造了硬纸面布脊和软面精装等装订办法,用以代替昂贵的硬布面精装本。

章锡琛重视编校质量,是为了让读者开卷有益,不要受到错书、坏书的影响;他重视印装质量,则是为了最大限度地节省印装成本,以便更多的读者以较低的价格购买到更多更好的图书。

这就是章锡琛"以质取胜"的竞争策略。

团结一班人的领导能力

章锡琛为人颇具亲和力,好像天然具备团结一班人为了开明书店而共同努力的领导能力。这样的领导能力,引领着开明书店渡过一个又一个险滩,迎来一个又一个胜利。章锡琛团结在自己周围的这一班人中,既有作者,也有同事。

章锡琛团结作者的手法,颇有技巧。他主要是通过建立或参加与图书、杂志内容有关的学术研究会的方式,来联系和团结作者。

比如1921年1月,他参加了文学研究会,成为最早的会员之一。文学研究会的宗旨是"研究介绍世界文学,整理中国旧文学,创造新文学",文学研究会是新文学运动中成立最早、影响和贡献最大的文学社团。章锡琛在这里,结识了一帮朋友,如郑振铎、沈雁冰、叶圣陶、孙伏园、朱自清、夏丏尊、胡愈之等。这些人,先是成为他所编杂志、所办出版机构的作者;慢慢地,有的人还成为他的同事;后来,所有人都成为他的终生朋友。

1922年8月,章锡琛为了编好《妇女杂志》,在上海发起成立"妇女问题研究会"。当时在《妇女杂志》上列入十七人名单的,当然也是该杂志责无旁贷的作者。1925年3月,章锡琛又参加"立达学会",而立达学

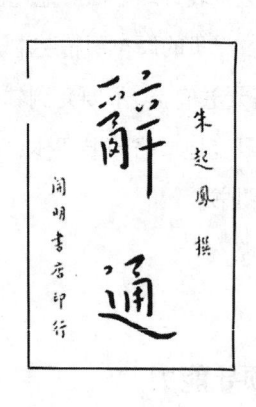

开明书店印行的《辞通》

《开明国文讲义》　　　1933年开明书店版《子夜》

会的会员,如匡互生、朱光潜、刘薰宇、刘叔琴、丰子恺等,又成了章锡琛的作者和朋友。

　　章锡琛通过这三个学会,联系和团结了一大批名作者。而这三个学会,也在章锡琛的不同人生时期,或多或少地直接给他提供过帮助。比如,在章锡琛从商务印书馆离职生计艰难时,郑振铎为了帮助他,就雪中送炭地把文学研究会的《文学周报》和"文学研究会丛书"拿来,交给新女性杂志社印行;再比如,1926年9月5日,在开明书店草创一个月时,立达学会创办《一般》杂志并交开明书店印行,为章锡琛捧场。

　　所以,章锡琛自己曾在不同场合多次说过:"开明书店的创办,并不是我的主动,完全靠着许多朋友的怂恿规划。能够

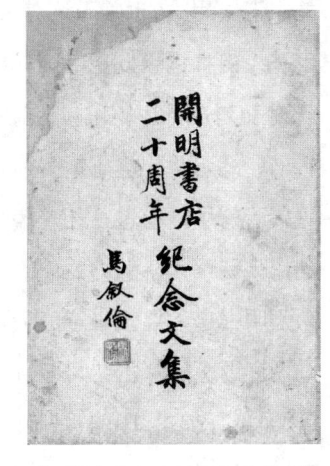

《开明书店二十周年纪念文集》

章锡琛　章锡琛和开明书店　　69

经过几次绝大的战乱，一直维持到现在，也还靠许多朋友的尽力。"这是他的真心话，也是大实话。

王伯祥《开明书店二十周年纪念献辞》　　叶圣陶题开明书店20周年纪念碑辞

在开明书店内部，章锡琛团结同事更是表率。终其一生，章锡琛都善于识人用人，也善于培养人。钱君匋是开明书店的第一位美术编辑，也是经由章锡琛发现、培养、锻炼，从一名教师成长为著名书法家、画家、篆刻家、书籍装帧家的。在钱君匋之后，章锡琛又大胆起用当时还是开明书店练习生的莫志恒，并将其培养成为专业的书籍装帧设计人才。开明书店前后共有过三任总编辑，分别是赵景深、夏丏尊、叶圣陶。他们都是在章锡琛人格魅力的感召下，加入开明书店的。其中的夏丏尊，不仅为开明书店发展做出了巨大贡献，而且为之服务终生。

章锡琛能够团结同事，首先在于他身先士卒的工作态度。在开明书店，无论是编辑、印刷、排版的哪一个环节，章锡琛都是身先士卒，冲在前面。而且，他在每一环节还都是行家里手，不是瞎指挥，而是有所创见和发明，比如编辑环节的"编校合一"、印刷环节的"开明标点"、发行环节的"以质取胜"等。换句话说，在章锡琛的手下做事，员工们听到的不是"给我上"，而是"跟我上"。

其次还在于他功成不居的个人气度。章锡琛的功成不居，突出的表现就在于他对开明书店总经理的两次让贤。在1929年开明书店成立股份公司时，在众望所归的情况下，章锡琛出人意料地没有出任总经理，而是推荐了自己的老师杜海生出任；在1946年，为了开明书店高层的团结，兼之为了尊重范洗人在抗战八年中长期主持开明书店工作的客观事实，章锡琛又一次推荐了范洗人担任总经理。

这样一来，章锡琛在开明书店27年的历史中，做总经理的时间很短，真正计算起来，大致为初创时期1926—1928年两年多时间和股份公司时期1934—1937年不到四年的时间，合计不到六年。比较一下，夏瑞芳任商务印书馆总经理约17年，陆费逵任中华书局总经理约29年，沈知方任世界书局总经理约17年，就可以看出章锡琛是比较少有的特例了。

1946年开明书店同人参观联华影片公司合影

1950年开明书店在北京召开第一届各单位负责干部会议

作为企业的创办人,章锡琛这种功成不居的个人气度,对于开明书店高层的团结,对于企业领导班子的凝聚力和战斗力,起到了不可替代的关键作用。

勤俭办企业的奋斗精神

1936年开明书店十周年时,开明书店为表庆祝,将总店迁入梧州路新址办公。但是,新址固然是新址,新址上却没有盖新大楼。由于章锡琛一贯的节俭作风,这个办公的新址,是由一家倒闭的丝厂修缮而成。由此可见章锡琛管理开明书店的作风。

实际上,开明书店精于管理,在业内是有口皆碑的。从章锡琛开始带头,开明书店各部门的中层负责人都是事必躬亲,认真管理,以最少的人员发挥最大的效率。章锡琛竭力压缩一切非生产性开支,尽力把资金用在生产和扩大再生产方面。如不去大规模买房建房,而是租房修缮,因陋就简;运货用手推车,不买汽车,必要时才租用卡车;不在外地广开分店,外地发行多委托书业同业代销;等等。企业的一切,都经过了章锡琛及其管理团队的精打细算。

作为企业负责人,"章老板"甚至精打细算到了自己的头上。终其一生,他自奉甚简,在开明书店没有拿过高于同事的高薪,没有享受过高于同事的特殊待遇。比如他爱抽烟,但以高档烟待客,以低档烟自用。"人谓开店即是老板,可惜我'这版不是那板',是为发展文化事业,不为牟利。我吸的是'老刀牌'香烟,又浓又辣,是黄包车夫吸的;抽屉里有白锡包、三炮台,是敬客的,谁看到过有这种穷老板。"家中吃饭,多是一碗绍兴黄酒、半碟花生。由于不讲究营养,他一直很瘦,加之穿着也不修边幅,章锡琛显得有点未老先衰。要知道,和他同时代的商务印书馆、中华书局的高层,有很多人是住别墅、坐汽车,家中有佣人伺候生活起居的。

章锡琛自己工作起来,也非常拼命:办公桌上长年累月堆着稿子,他都要一一抽空审阅,不过这个工作,一般是晚上做。白天则忙于接待众多的来客,有同业,有送稿和借稿费者,亦有因退稿而问责者,当然还有朋友如丰子恺、郁达夫、夏衍、沈雁冰、叶圣陶、周建人、

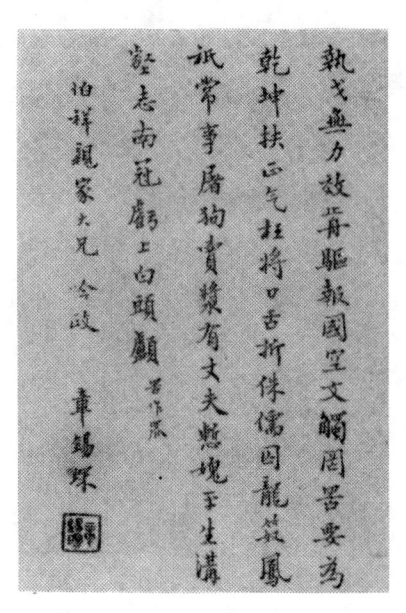

章锡琛题诗手迹

顾颉刚等的来访。从早到晚,川流不息。到了晚间,章锡琛就一支烟、一杯茶相伴,开始独自审稿到深夜。他是高度近视,近视眼镜宛如瓶底,看稿时鼻尖几乎要碰到纸面。如此审稿,可见辛苦。同事们次晨来上班,总能见到他的桌上烟蒂一缸,淡茶半杯。而规定要轮流打扫的办公室,早就被章锡琛一个人打扫得干干净净。

　　章锡琛和开明书店,永远值得中国出版人铭记。

邹韬奋

韬奋先生留下的财富

温泽远

邹韬奋(1895—1944)，中国新闻记者、政论家、出版家。1895年11月5日，生于福建永安，祖籍江西余江，原名邹恩润，韬奋为其笔名。1921年毕业于上海圣约翰大学。1926年任《生活》周刊主编，从此全身心投入新闻出版事业，终生"乐此不疲"。1932年创办生活书店，任总经理。1933年初参加中国民权保障同盟，不久被迫流亡海外。1935年8月回国，积极投身抗日救亡运动。先后在上海创办《大众生活》周刊，在香港创办《生活日报》等，其间担任上海文化界救国会和全国各界救亡联合会的领导工作。1936年11月23日，与沈钧儒、李公朴、章乃器等七人被国民党政府逮捕，成为著名的救国会七君子之一。1937年七七事变后获释，先后在上海、汉口、重庆创办和主编《抗战》《抵抗》《全民抗战》等刊物，积极宣传团结抗战，反对妥协投降。皖南事变后被迫流亡香港，1942年10月回到上海，11月从上海到苏中、苏北抗日民主根据地。次年因患癌症秘密回上海治疗。1944年7月24日病逝。中共中央接受其遗书中的申请，追认为中共正式党员。著作编有《韬奋全集》《韬奋文集》等。

仰望人类文明历史的苍穹,上面缀满了数不尽的耀眼星辰,他们是各类成名成家的人物,但因出版而闪烁其间的少之又少,而邹韬奋却是其中耀眼的一颗。这位中国现代出版史上最为无私无畏的出版人,在20世纪上半叶中国内忧外患的日子里,创办报刊,开设书店,不畏强暴,不顾己危,以纸笔为刀枪,怒斥强权,以报刊为响铃,唤醒民众。因为他所从事的新闻出版工作同民族的解放大业、人民争取民主的事业融为一体,所以他的事业领域、他的影响力和号召力、他所取得的成就,便远远超出了一般新闻出版从业者的范围和高度,具有更加深远的历史意义和社会价值。在此,笔者仅以出版这一视角,从三个层面,谈谈韬奋先生留给我们今天出版人的宝贵财富。

韬奋的出版理念

1895年11月,邹韬奋出生于福建永安一个没落的官僚家庭,少时贫困,求学刻苦,毕业于上海圣约翰大学。原名邹恩润,幼名荫书。1928年发表《喂!阿二哥吃饭!》一文时,开始使用"韬奋"这一笔名,他曾向人解释韬奋的含义,"韬",是韬光养晦的韬,"奋",是奋斗不懈的奋,并以此自勉。韬奋从事出版工作始于《生活》周刊,1925年10月,该刊由黄炎培先生领导的中华职业教育社创办。1926年10月,韬奋以职教社编辑股主任的身份自第二卷第一期起主编《生活》周刊。从此,韬奋先生与编辑出版结下不解之缘,全身心地投入,一生"乐此不疲""奋斗不懈",取得了在当时和今天看来都极为不俗的成就,同时也留下了许多当前做出版仍然值得借鉴的理念。

1938年4月，周恩来对即将到广州去办《救亡日报》的夏衍说："你要好好学习邹韬奋办《生活》的作风，通俗易懂，精辟动人，讲人民大众想讲的话，讲国民党不肯讲的话，讲《新华日报》不便讲的话，这就是方针。"

陶行知曾为《生活日报》写过诗，颂扬韬奋办报的创新精神："大报不像大报，小报不像小报，问有什么好处？玩的不是老套。"

生活书店的前身——《生活》周刊社址（原上海辣斐德路444号）

这是周恩来、陶行知对韬奋先生办报办刊的评价：一个是说《生活》周刊在内容和风格上贴近大众，讲究办报策略；一个是说《生活日报》不因循守旧，敢于创新。周、陶两位智者的评价绝非溢美之词，在办报办刊方面，韬奋先生的确具有过人的胆略和智慧。这从他接手《生活》周刊后的一些做法就能看得出。

首先，他认为刊物要吸引人，就要注意"生动的文字"和"有价值有兴趣的材料"的统一。《生活》周刊最初是一份指导职业教育的小型刊物，每期印2 800份，社会影响很小。韬奋接手以后，对刊物做的一项重要的改革，就是加强刊物的趣味性，在刊头上醒目地标出"有价值、有趣味的周刊"。韬奋认为"空论是最没趣味的，'雅俗共赏'是有趣味的事实"。他既"不赞成上海话所谓'板起面孔'，'搭起架子'，大发其'老生常谈'的'教

1937年邹韬奋在狱中致张元济信札

训',使人听了'讨厌'或是'打瞌睡';也不赞成上海话所谓'滑头面孔','瞎三话四'"。"要能够增加生活上的快乐,解脱生活上的烦闷,同时所谈的东西,又是'进德修业'上极有价值的材料。"他对于当时的一些小报,以"淫词秽语,引诱青年"非常反感。他说:"小报之所以盛行,'闲时的消遣'确是大原因;其次的原因,就是小报里面多说'俏皮话',或不易听见的'秘密消息'。大足以'寻开心'。再次的便是极不好的原因了,这原因就是近于'海盗海淫'的材料,迎合一般卑下的心理……那就是无疑的应在'打倒'之列!"那么,如何才能获得既有价值又有趣味的材料呢?韬奋先生认为,作为一个编辑,"要用敏锐的眼光、深切的注意和诚挚的同情,研究当前一般大众读者所需要的是怎样的'精神食粮'"。怎样才是"生动的文字"呢?韬奋先生主张文字大众化,尽量用语体文写作,要让贩夫走卒看得懂,"力避'佶屈聱牙'的贵族式文字,用明显畅快的平民式文字"。从中足可看出他当时的办刊倾向,其中的一些观点在当下的中国也还是存在着一定的针对性。

其次,严格选稿,不讲情面。他曾在《经历》中说,(对稿件)"不管是老前辈来的,或是幼后辈来的,不管是名人来的,或是'无名英雄'来的,只需是好的我都要竭诚欢迎,不好的我也不顾一切地用。在这方面我只知道周刊的内容应该怎样精彩,不知道什么叫情面,不知道什么叫恩怨,不知道其他的一切!"有这样严格的稿件录用原则,何愁刊物的文章质量不高?

邹韬奋主编的报纸和刊物　　　　1935年出版的《生活全国总书目》

再次,树立为读者服务的经营理念,这也是韬奋先生最重要的办刊原则和宗旨。他在1928年11月《生活》周刊第四卷第一期中就明确提出：办刊要"以读者的利益为中心，以社会的改进为鹄的"，而不是以营利为目的。他从办刊一开始就决心"帮助读者解决种种困难，凡是在自己力量内所能勉力办到的事情，必须尽忠竭诚为读者办到"。为此他设立了"读者信箱"专栏，每天花整个半天的时间读信、回信，最多时一天收到一千多封来信，最长的回信达到数千字。"把读者的事看成自己的事，与读者的悲欢离合、甜酸苦辣，打成一片"，甚至代读者办事、购物，这在我国的办刊史上可能也是首创。这种"鞠躬尽瘁的服务精神"是贯穿韬奋先生一生的工作态度，也是《生活》周刊取得成功的关键因素。在短短七年内，《生活》周刊越来越受到读者的欢迎，发行量和影响力日益扩大，最高销量达到创纪录的十五万零五份，拥有当时最广大的读者群，为提高青年职业素养，宣传和鼓动中国人民的抗日救亡运动发挥了巨大的作用，从而在中国的报刊史上有着特殊的地位，其影响力延续至今。而他依托《生活》周刊所创办的生活书店，秉持周刊的一贯宗旨，采用合作社形式、民主化管理、集体化经营、赢利归全体的运行原则和制度，几年的工夫，在全国各地就扩展到56家分支机构，成为国内外有影响的连锁书店，到抗日战争全面爆发前夕，生活书店除《生活》周刊外，还出版了《大众生活》《生活日报》《生活星期刊》《抗战》《全民抗战》等多种报刊和一千多种图书。当时的生活书店团结了鲁迅、茅盾、郑振铎、陈望道、巴金、郁达夫、叶圣陶、老舍、张天翼、夏衍、夏征农、章乃器、胡愈之、胡绳、艾思奇、戈宝权等一大批进步作家和知名学者，成为传播进步文化、批判反动思想的重镇。生活书店一直所坚持的"努力为读者服务，竭诚谋读者便利"的理念，以及韬奋先生归纳的致使书店走向成功的"最可贵的八种传统精神"，即坚定、虚心、公正、负责、刻苦、耐劳、服务精神、同志爱，一直是中国出版界最可宝贵的精神财富。

韬奋的人格魅力

作为一位深受后人景仰的出版人,韬奋先生有着超凡的人格魅力。他在出版事业上所取得的巨大成就,之所以能成为后来出版人之典范,又同他的人格和品行密切相关。韬奋先生一生推崇"认真""负责"四字。大学毕业后,他曾在《申报》实习三个星期,他后来回忆,在实习阶段,"学得办事的认真态度,却是无价之宝"。在《工作与品行之关系》一文中,他说:"初任事时,即立意凡事之经吾手者,无论大小,必以全副精神处之,以求得最完美之成绩为鹄的,必竭吾心力,至不能再有所进而后已。如此缜密准确之习惯,日积月累,能使全部精神为之增强,能使全部品性为之改变。"他还曾说过:"我觉得我们做事,要做到使人觉得少不了你。这并不是要包办或有所要挟的意思,是说我们要尽我们的心力把职务上应做的事,做得尽量好,使人感到你确能称职,为着这个职务起见,不肯让你走开,或至少觉得你走开是一件很可惜的事情。"正是有着这样认真、负责的态度,韬奋走上了《生活》周刊主编的岗位。在工作中,他以全部的心力对待每一篇稿件,对待每一份读者来信,对待每一个管理细节。在经营生活书店时,他对每一位员工的基本要求是,做事"总是要认真,要负责",绝对不能马虎。他告诫员工说:"与其敷衍,不如不办;如其要办,绝不敷衍。"这种认真、负责的做事做人的态度,贯穿了韬奋先生一生的从业和为人,以至于在他一生中不同的阶段、不同的场合都予以反复提及和强调,他甚至在《经历》中说:"我自己做事没有什么别的特长,凡是担任了一件事,我总是要认真,要负责,否则宁愿不干。"可见他本人对这种品格是多么的重视。对于一位取得大成就的人物来讲,"认真"似乎是一种很普通的优点,但韬奋先生则将之作为一生的坚守,成为他始终如一地做事为人的底色。正是这种求真尽职的品格,加之"推母爱以爱我民族与人群"的大爱之心与诚意,才有了他对出版事业、对读者、对作者的真诚之爱,才生发出办刊办店不为一己私利,"全心全意为人民大众服务"的从业宗旨。

　　人有大爱,才生诚意,有诚意才敢于担当,在韬奋先生则表现在办刊办报时,对当时社会上的不合理现象与黑暗面的勇敢揭露和抨击,对百姓疾苦的深切同情,对抗日救亡运动的大声疾呼,对民主政治的奋力抗争。面对当局的报刊审查制度、禁止邮寄令、查封令及政府代表的个别约谈,甚至铁窗的幽禁,韬奋先生的表现是"软硬不吃",始终保持着有良知知识分子"富贵不能淫,威武不能屈"的骨气和"大公无私的独立精神",他说:"我深信只有大众有伟大的力量,只有始终忠实于大众的工作才有真正的远大效果。我个人无论如何,必始终坚决保持这个信仰,决不投降于任何和大众势不两立的反动势力。"1933年11月,当局以"言论反动,思想过激,毁谤党国"的罪名,查封了办了七年之久的《生活》周刊。韬奋先生被迫流亡国外。他在《生活》周刊最后一期刊出的《与读者诸君告别》一文中说:"本刊自东北国难发生以来,愈痛于帝国主义的侵凌和军阀官僚的误国,悲怆愤慨,大声疾呼,希望能为垂死的中华民族唤起注意与努力,不料竟以此而大招政府当局的疑忌,横加压迫,愈逼愈厉。""现在所受压迫以致封闭地步,已无继续进行之可能,我们为保全人格报格计,只有听其封闭,决无迁就屈伏之余地。"可以看出,在韬奋身上,那种"宁为玉碎不为瓦全""虽九死而犹未悔"的人格,已经与他所主持的报刊的"报格""刊格"浑然一体。

　　做新闻出版的通常有这样的共识,什么样的编辑出什么样的书,什么样的记者写什么样的文章。正因为韬奋先生有这样的人格才有了《生活》周刊等这样的报刊。当然《生活》周刊等报刊的成功并不是韬奋一人之功劳,还有一批像他一样为理想而奋斗的战友,如胡愈之、徐伯昕、

"七君子"合影。右起：邹韬奋、李公朴、沙千里、沈钧儒、章乃器、史良、王造时

杜重远、艾寒松、王永德等，以及一群志同道合的作者和朋友。韬奋曾说："我们好像是一个'短小精悍'勤奋迈进的军队，在此黑暗的旧社会到光明的新社会的过渡时期，共同为大众努力，希望能尽其一个小小支流的贡献，倘若社会认为我们的工作不是毫无意义的话，这不是我们里面任何一个人的劳绩，是我们这一群兄弟姐妹们的共同血汗的结晶，同时也是由于社会给予我们的鼓励和直接或间接的种种赞助。"这种谦虚的态度和他一直十分强调的大众力量、集体力量最伟大的观点是一脉相承的。

韬奋的不朽精神

1944年7月24日7点20分，韬奋先生逝世于上海医院一间普通的病房里,遗体火化时用的是"季晋卿"的名字。临终前他以笔代言,写下了几句话,其中一句是:"你不要怕!"这是写给身边的妻子沈粹缜的,告诉妻子和孩子不要怕敌人,不要怕迫害者,不要怕困难和挫折。一句话是:"一切照办,不要打折扣!"这是写给同事们的,希望他的同事们在他走后能够坚决执行他的遗嘱,沿着他所开拓的路"奋斗不懈"。

1944 年 11 月,在延安举行的追悼韬奋先生的大会上,毛泽东同志题词指出:"热爱人民,真诚地为人民服务,鞠躬尽瘁,死而后已,这就是韬奋先生的精神,这就是他之所以感动人的地方。"这是 60 多年前毛泽东同志对韬奋精神的概括和阐释,直到今天仍为大家所接受。毛泽东同志曾经说过,人是要有一点精神的。这种精神是指一个人的志向,一个人做事情的"魂"或底蕴。古今中外,凡做成大事业者,往往胸怀大志向、大境界。韬奋先生就是心胸廓大、立志高远的人,无论是办报刊、办书店,他心里装的总是民生、国家、民族这些大的字眼。韬奋先生一生办过多份报刊,所办报刊的名称虽有不同,但"全心全意为人民大众服务"的宗旨却始终未变,而且他所主持的报刊能够紧贴时代的脉搏,关注当时民众最为关心的事物。从职业教育指导到抗日救亡运动,从对社会黑暗的揭露到民主政治的呼吁,始终与时代的主流息息相关。正如他所说的:"尽一人的心力,使社会上的人多得到他工作的裨益,是人生最愉快的事情。"他写的发刊词、编后记或自己阐发的办刊宗旨中,大多有"为读者""为社会""为大众文化""为民族解放"这样的词语。人们常说,无私才能无畏。正因为怀着这种"为人民""为民族"的大境界,他才能在屡次面对反动势力的阻挠、压力、威逼、利诱时,始终保持孤傲而独立的品格。他在《立报》发表的《同道相知》中说:"时间过得真快,我这后生小子,不自觉地干了 15 年的编辑。为着做了编辑,曾经亡过命;为着做了编辑,曾经坐过牢;为着做了编辑,始终不外是个穷光蛋,被靠我过

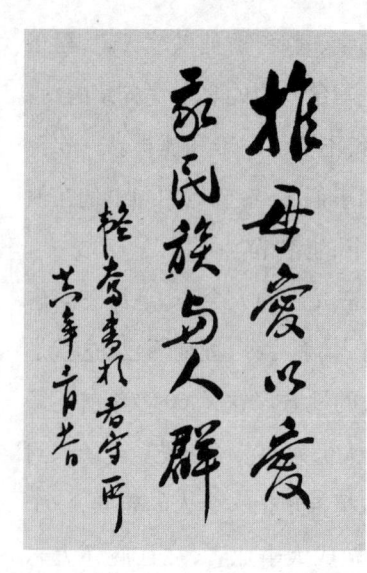

题字述志

活的家族埋怨得要命。但是我至今'乐此不疲',自愿'老死此乡'。"可见,他的这种为大众,不为私,不畏死,为追求真理而战斗不屈的精神在其一生经历中是一以贯之的,真正称得上鞠躬尽瘁,死而后已,足为今天出版人之楷模。

1946年6月22日,韬奋先生逝世两年后,遗体被安葬在上海虹桥公墓。在祭祀大会上,沈钧儒先生激动地说:"韬奋先生,你安息吧,你虽然离开了我们,但是我们依然一样的在一起,我们要继着你的遗志努力到底的——韬奋先生,你并没有死,一个人的躯壳的存在与否有什么关系呢?没有关系的!我们不知道什么时候再会,然而我们始终没有分开,我们紧紧的在一起……"诚哉斯言!尽管韬奋先生离开我们近70年了,但他所从事的事业正在蓬勃发展。时过境迁,虽然我们所处的时代和韬奋先生所处的时代相去日久,所处的环境、面临的形势也已截然不同了,但他的出版理念、他的品格和精神却没有随时间流逝而消失,而是被后来的一批批有志出版人继承和发扬,相信也将不断地被传承下去。

胡愈之
一生与出版结缘

王一方

胡愈之(1896—1986)，原名学愚，字子如，浙江上虞丰惠镇人，作家、翻译家、出版家。早年在上海商务印书馆当练习生，后出任《东方杂志》编辑，1931年，与邹韬奋共同主持《生活》周刊，主编《东方杂志》等刊物。后又筹办《世界知识》《妇女生活》等杂志。1936年协助邹韬奋创办《生活日报》及生活书店。1937年抗日战争全面爆发后，任上海文化界救亡协会国际宣传委员会主任，主持出版《团结》《上海人报》《集纳》《译报》等报刊，进行抗日救亡宣传。在极端困难条件下，组织编译出版了埃德加·斯诺的《西行漫记》，并首次编辑出版了《鲁迅全集》。中华人民共和国成立后，出任出版总署首任署长，《光明日报》总编辑，文化部副部长，第一届中国出版工作者协会名誉主席，中国人民外交学会副会长，中国文字改革委员会副主任，第五届全国政协副主席，第六届全国人大常委会副委员长，中国民主同盟中央委员会副主席、代主席。1986年1月16日，胡愈之在北京逝世，享年89岁。生活·读书·新知三联书店出版了六卷本《胡愈之文集》。

引　言

　　尽管愈之先生毕生为新文化运动、为民主建国事业而奋斗，经历了许许多多的历史事件，赢得了大大小小的头衔与桂冠，但究其职业生活的起点和本色，他是一位出版文化人，更准确地讲是一位编辑。自从1914年考入商务印书馆编译所当练习生开始，他的自学、他的著述、他的文名显赫都是在一系列编辑室里功毕其成的，可以说，编辑室是愈之先生的精神圣地。据说，愈之先生生前珍爱的照片是1931年初端坐于德国柏林《国际主义者》编辑部工作台前手持文稿微笑矜思的那张。正是这一刹那定格了他精神风采的永恒。尽管后来他由编辑室走向更广阔的政治与文化舞台，但在历史的长河里，人们谈论起他，仍然更喜欢将他的形象、他的性格、他的气质定格在编辑职业上，将他视为近代中国一位由编辑室走出来的文化巨匠。

　　1914年夏，18岁的胡愈之由家乡浙江上虞来到十里洋场的上海，经他父亲的一位朋友介绍，给当时商务印书馆编译所所长张元济送去几篇文章，得到张的认可，同年10月录取为商务印书馆练习生，于是，胡愈之踏入职业编辑的门槛。愈之先生回忆说，"做编辑出版工作，我是非常满意的"，更何况是在商务印书馆这样一家著名的出版机构。随后的几十年里，愈之先生与编辑室里的文字工作结下不解之缘，在商务印书馆前后近20年（1914—1928年为第一阶段，旅法求学期间仍为《东方杂志》撰稿，1931年回国后重返商务主持《东方》，1933年离开），之后帮助邹韬奋创办并管理生活书店，还参与了开明书店《月报》的编辑工作，上海沦陷期间，他择机编辑出版了《西行漫记》、《鲁迅全集》（20卷本）等重要著作,抗战中期的大转移中,他主持桂林文化供应社的出版工作,在流亡香港、南洋期间,依然以笔为剑,办报办刊,开办上海书店,创立南洋出版社,这一时期,他的全部生活几乎都活跃在编辑台前。中华人民共和国成立后,他成为第一任出版总署署长,主管全国的出版事业。

对于愈之先生来说,横亘40年的编辑、出版生涯,真算得上他人生的一份机缘,一种职业本色。正是这份机缘使得他厚积薄发,成为名重一时的国际问题专家、翻译家,也使他纵横捭阖,成为中国当代显赫的社会活动家、革命家。愈之先生的道路对于我们许许多多中青年编辑来说,是一面历史的镜鉴,透过它,我们会从编文辑章中历练一双洞悉国运民瘼、学风思潮的睿目,一股引领风骚豪迈的激情,以及一套商业上的机敏和谋断。

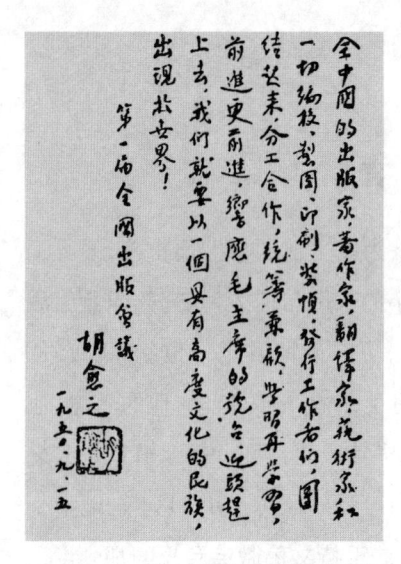

胡愈之为第一届全国出版会议题字

职业编辑

愈之先生在他晚年的回忆文章中多次提到他早年工作与生活的地方——商务印书馆。比较聚焦的文章是两篇谈话录,一篇记于1958年,题为《回忆商务印书馆》,另一篇记于1985年,是口述自传《我的回忆》的一部分(同刊于《胡愈之文集》第六卷)。第一篇主要介绍商务的历史,很少述及自己的生活,且受当时《联共(布)党史简明教程》修史风气的影响,下笔难以客观公允(1978年10月15日,愈之先生在文末补记中声明"有不少事实和观点可能是不正确的")。相形之下,1985年的口述自传比较实事求是。

愈之先生是怀抱理想走进商务的,但练习生(相当于编务)的岗位与待遇都难酬心愿。于是,他像海绵一样吸纳知识。首先是在编辑杂务中学习,练习生的工作十分驳杂,他所在的理化部主要编撰教科书,理化部主任杜亚泉还兼任《东方杂志》主编,这就为胡愈之撑开了广博

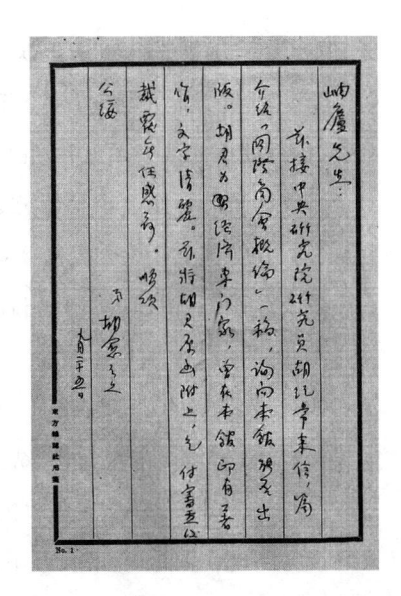

胡愈之致信商务印书馆的王云五,推荐胡纪常的著作

的视野,他既为理科教科书、工具书编写索引,又要为《东方杂志》翻译背景资料,做读者服务工作,还要管校对,与印刷工序对接,往来于编译所与印刷所之间,承担了大量事务性、辅助性工作。30多年后胡愈之做了出版总署的署长,对出版各个环节都熟知,这就得益于他早年的练习生训练。后来谈起编辑的培养时,愈之先生主张从编务、校对做起,有利于打通多个工序,形成综合能力。

"五四"之前的商务不仅是一所著名的商业出版机构,同时也是一所著名的文化教育机构,翰林出身的张元济像办大学一样经营商务的文化品牌,建构商务的企业文化,他不仅拥有与北大、清华、燕大齐名的人才队伍,而且十分注重编学研结合的人才培养。当时商务每天的工作时间只有六个小时,东方图书馆藏书丰富,夜校、刊校服务大众,既有良好的读书环境,又有进修、实践的机会。愈之先生的杂学之旅就起步于商

务,他将大部分业务时间用在读书上,晚上还上夜校补习英文。加之《东方杂志》是一本大型政治、经济、历史、哲学、文学、社会、时事综合性刊物,这就促使他读书无边界,花气力熟知、研究各种问题,然后用于校对、翻译、编辑与写作之中。胡愈之编辑出版的第一本小册子是《借贷利息表》,由于其实用性强大受读者欢迎。一年以后他就在《东方杂志》上发表长篇译作(1915年8月出版的第十二卷第八号《英国与欧洲大陆间之海底隧道》)。随后一发而不可收,编译、撰写了大量有关国际局势、各国社会进展的观察与评论。后来成为这一领域的专家。愈之先生的成长走的是一条目标驱动型,先综合后专精,知识与能力并进的路子,这在一般大学里都是不容易做到的。究其根本,还应说起商务当年的人才环境与制度。张元济、王云五不是一般意义上地提倡学习,而是鼓励员工学编结合,知行共进,在待遇升迁上不计学历,只看学识。胡愈之刚进商务时是支薪4元(银元)的练习生,一年后升为14元,五年之后就成为月薪120元(不包括稿费收入)的高级编辑(愈之先生供职商务期间不仅供养两位弟弟上学,还偿清父亲留下的万余元债务)。即使在胡愈之因政治上"左倾"被迫远走巴黎的三年里,商务还与之签约以优惠的稿酬支付专栏文稿,事实上是资助他在法国的学习。因而,愈之先生三年后仍回到了商务服务,出任《东方杂志》主编。

　　自学并非孤军奋进,商务的师友对于胡愈之的发展非同小可,他在《东方杂志》的两位前任杜亚泉、钱智修不仅学有专长,而且治学严谨、办事踏实、为人诚信,杜亚泉(与愈之先生有乡谊)在科学方面的学养亦完全来自自学,他读书极广,无论是物理、化学、博物、医学、药物学,还是政治、法律、哲学,尤其是科学哲学,都深入研习,且通晓日文。钱智修早年毕业于复旦公学,是陈寅恪的同学,在校时即有文名,国学方面堪称专家,其英文造诣也精,翻译过不少欧美名人传,译笔优美,得其严复校长信达雅之真谛。两人主持《东方杂志》时都十分信任胡愈之,放手任事,且遇事指点,使之空间较大,编、学、研、著、译、校自如。愈之先生的同事,历数起来无一不是文坛巨匠,茅盾、郑振铎、杨贤江、俞颂华、章锡琛等与愈之先生一样由编辑职业走向更广阔的社会文化舞台,成为名震一时的作家、学者、记者、出版家。他结交的作者中有多少名流才俊一时就难以计数了。叶圣陶先生曾说过愈之先生有四个长处,一是他的自学精神,二是他的组织能力,三是他的博爱精神,四是他的友爱情谊。细细追溯,与愈之先生早年在商务的历练是分不开的。

愈之先生离开商务的时间是 1933 年春,事由是 1933 年 1 月号《东方杂志》中开辟了一个"新年的梦想"专栏,文章对当局多有挖苦讽刺。审清样时王云五提出"有的文章最好不要用,或是改一改",胡愈之便搬出半年前的约定,根据他与商务的约定,胡愈之以主编的名义承包《东方杂志》,商务只拨给一定的编辑费用,其他事务商务均不得干涉。但这一次遇到杂志内容认定与取舍上的分歧与冲突,王云五决定收回承办权。愈之先生由此被迫离开商务,后来鲁迅先生曾批评愈之当时的"刚",认为没有必要搞这么一个"梦的专栏"。愈之先生自我反省了一番,也觉得《东方杂志》是一个很有影响的刊物,失去这个阵地是很可惜的。也许历史就是由许多偶然性来书写的。由于这一段不愉快的经历,愈之先生对商务心存一些"隔",对杜亚泉、王云五的评价都近乎"酷评"。1947 年初钱智修逝世,俞颂华认为"胡愈之先生在《东方》与钱先生同事最久,我希望他也有纪念文寄来国内发表"。愈之先生终于未能动笔。

隐 身 编 辑

愈之先生离开商务之前(1931 年 10 月)便由早年的朋友毕云程(后

来一直担任胡与生活书店的联络人)介绍认识了《生活》周刊的主编邹韬奋,最初的印象是他为人天真而热情,但对一般问题的理解不够深刻,且交友缺乏选择,周刊的内容还带些"低级趣味"。最初只是应约为周刊写些国际局势的文章,宣传抗日主张,逐步从内容上拉动《生活》周刊凸显出时代的大关怀。相交日深,愈之看到韬奋儒雅的外表下有着对国家民族的真正热情,而且骨头是硬的,于是才较深地介入《生活》周刊的策划与编辑工作,但愈之先生并未在《生活》周刊中担任明确的职务,所以亦不曾在《生活》周刊的编辑室里端坐过。当时的策划会一般在饭馆茶楼里开,边吃边聊,每一期刊物大盘子就定下来了,文章在家中写,写好了由毕云程来取。

随着《生活》周刊的政治姿态越来越明朗,影响越来越大,来自国民党当局的压力也越来越大,愈之预感到形势的严峻,于是建议韬奋创办生活书店(出版社),有了书店就可以出版书籍和其他刊物,即使《生活》周刊被封禁,阵地还在,可以改换名目继续出版刊物。愈之应约起草了生活书店章程,帮助韬奋于1932年7月创办了生活书店。他在回忆录中这样写道:"这以后,我参加了生活书店的许多店务活动和编辑事务,1933年我还协助韬奋进一步把生活书店改组成为出版合作社,规定经营集体化、管理民主化、赢利归全体的原则,使生活书店的组织形式更适合于革命文化出版事业的需要。""不过,我虽与生活书店有着密切关系,但始终

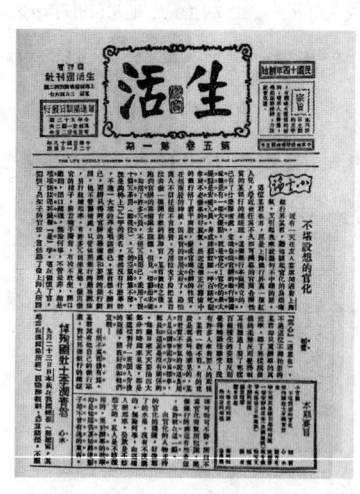

邹韬奋创刊的《生活》周刊,胡愈之曾参与编辑事务,并撰写大量的"小言论"

没有在生活书店担任实际的正式职务。"杨杏佛事件后韬奋流亡国外，胡愈之实际上负起了《生活》周刊的主编之责，原来由韬奋撰写的"小言论"也改由愈之操笔，依旧不计名分。他当时的身份是法租界"哈瓦斯"新闻通讯社的编辑。

不出愈之先生所料，1933年12月，因为一则《民众自己起来吧》的言论，《生活》周刊被查禁停刊。两个月之后，《新生》周刊继续出版，这之前，生活书店还创办了《文学》《太白》《译文》《妇女生活》等一系列刊物，愈之还主编《世界知识》杂志。迟至1938年底，在重庆的生活书店工作会议上，胡愈之被选为编审委员会主席。这是他第一次公开在生活书店任职，韬奋在《店务通讯》第72期上写了一篇热情洋溢、且幽默诙谐的短文《我们的胡主席》：

> 胡主席是本店的最有功勋的一位同事。他在生活周刊时代，就经常替我们写国际文章。最有趣的是当时他用的笔名就是照呼（顾）他的一个茶房的大名——伏生。他参加本店创办时的计划，等于本店"大宪章"的《社章》就是由他起草的。他对本店的重大贡献不仅是编审，在实际上是包括了我们的整个事业。但是他总是淡泊为怀，不自居功。他的计划力极为朋友们所心折，所以有"诸葛亮"的绰号。我们请得一位"诸葛"来做我们的主席，是再欣幸不过的事情。他的特征是脑袋特大。他的特长不仅文章万人讽诵，而且对出版营业无所不精，他的特性是视友如己，热血心肠。他是我们的事业的同志，患难的挚友。胡愈之在本店同人中威望很高，在社员改选理事、人事委员中是得票最多者之一，当选为理事。

说来奇怪，胡愈之没有生活书店名分之时做了大量务实的工作，包括主持编政。但真正名正视事之时局势又不假机会了。生活书店重庆会议后不到两个月,胡愈之就去了香港,以后远赴南洋,出任《南洋商报》编辑部主任。等到胡愈之再次关心生活书店之时,已满目皆是新中国旭日初升的霞光了,此时,生活书店与读书、新知书店合并为三联书店。当年的胡主席则出任中华人民共和国第一任出版总署署长,上任伊始就召开了两次三联书店的工作会议,仍然怀抱着当年的那股激情,为三联书店的发展殚精沥血、深谋远虑。而且,在晚年的忆旧文章中,愈之先生更乐于谈及生活书店的早年岁月。

飞 行 编 辑

如果说愈之先生于商务属职业编辑,生活书店算"隐身"编辑的话,上海沦陷后,他还充当了一段时间的"飞行"编辑。所谓"飞行"编辑,指的是经营上的悬空状态,即在没有经济组织支撑的情形下从事编辑出版经营活动。这当然是在十分特殊的时期,特殊主题的出版,但它的意义和影响却是创造了历史,也创造了愈之先生出版生涯中最耀眼的光环。这一时期的业绩便是《西行漫记》的翻译与出版以及后来《鲁迅全集》(20卷本)的出版与发行。

1937年11月11日,日军攻陷上海,英法租界宣布中立,成为一块孤岛,此时,美国记者埃德加·斯诺送给愈之先生一册他写的由英国戈兰茨公司出版的新作《红星照耀中国》(即后来的《西行漫记》)。这是一本记述他赴延安采访红军将领和军队的纪实文学,第一次向西方社会介绍了毛泽东等一批中共领袖的拔群风采和卓越奋斗,在沦陷区、国统区也是一本惊世之作。胡愈之当即组织力量翻译刊行。此时,大部分出版社、书店都内迁或歇业了,再说这种冲破反动当局新闻封锁的书也难以委托给一般商业出版社。于是,胡愈之决定自组班底来完成这一工作,

埃德加·斯诺及其《西行漫记》。1938年，胡愈之主持出版了此书中文版

至于出版机构，胡临时想了"复社"这个名称。所谓"复社"就是在胡愈之家中聚事的招牌。当时参加翻译审校工作的有王任叔（巴人）、梅益及在《申报》工作的胡家小弟仲持与学恕。由张宗麟当经理，胡愈之则负责统筹。在当时的上海印力、纸张都不难解决，最缺的是资金，于是他们几人商定采取预约征订、预收书款的办法集资，分次印发，滚动扩张。这些思路和操盘能力都得益于他当年在商务当练习生时穿梭于印厂与编辑部之间的经验。按照这一模式，资金投放量不大，书钱预收，每本银洋一元，先付纸款，后付印费，利润滚入下一轮印刷。就这样成功地运作起来了，两个月后，第一批书出版，第一次印刷1 000册，很快售完，紧接着运作第二次印刷，"雪球"滚起来了，而且越滚越大，仅半年时间就印了六次，发行了8万—9万册，不仅供应了内地、沦陷区，还远销香港及南洋。作为"飞行"编辑，愈之先生初战告捷，信心倍增。

有了《西行漫记》出版发行的成功经验，胡愈之心中想到一个更大的出版项目《鲁迅全集》。这一文化工程早在鲁迅逝世周年纪念会上即提出，也曾与商务印书馆洽谈过，但因为上海陷落，商务内迁而中断。当时上海的形势很危急,日军随时可能占领租界,而鲁迅先生遗作文稿卷帙浩繁,经许广平初步整理达 600 万字之巨,这些文稿、已刊本既不能内运,恐遭国民党禁止,又不能就地珍藏,恐被日军收缴,最好的办法迅速组织出版。这一任务便由愈之先生独力支撑起来。鉴于《西行漫记》"飞行"出版的经验,仍然决定采用预约征订、预收书款的办法来操作。但 20 卷的《鲁迅全集》不是一个小数目资金能印出的,每部预卖银洋 20 元,是《西行漫记》的 20 倍,时值战乱,一般知识分子都面临失业或半失业,这笔钱不容易拿出。于是,经愈之先生计算成本,决定在价格上做文章,分印普及本与精装纪念本两种,前者低定价,每套 8 元,仅够工本,让更多的人能买得起,读得到;后者装订考究,备专用书箱,请蔡元培先生题签,每套定价 100 元(成本为 20—30 元),以纪念本之丰厚利润来支撑经营,因减少筹资对象降低了筹资风险。当时富商多避居香港,愈之先生就亲赴港九,以座谈会、恳谈会等方式筹资预订。这一形式收到良好的效果,很快筹资 4 万元,立即启动编印工序。此次未用复社这一虚拟名义,而改用鲁迅纪念委员会的名义(蔡元培、宋庆龄任正副会长)。为加快出版进度,愈之先生动员了 100 余名学者、作家参与编辑、校对,仅用四个月的时间就突击印装出这套 20 卷、600 万字的《鲁迅全集》,并很快分发到预订者手中。许广平在全集编校后记中这样写道:"幸胡愈之先生本一向从事文化工作之热忱,积极计划全集出版事宜,经几许困难,粗具规模……六百万言之全集,竟得于三个月中短期完成,实开中国出版界之奇迹。"当然,以和平年代的境遇,以专家的眼光看 20 卷《鲁迅全集》,存在诸多遗缺和谬误,但它毕竟成书于抗日烽火连天之际,由临时组合的志愿者队伍共襄其成。诸多差谬只好留待后来者去订正了,但愈之先生的组织之功不可磨灭,近代出版史将记下这一勋业。

1938年,胡愈之主持出版的20卷本《鲁迅全集》

　　愈之先生终身打理文字,编文辑章,仿佛是一种宿命的安排。早在童年时期,他就经常读父亲带回家的时政报刊,并与两位弟弟一起将报上的文章分类辑抄、缩写,编了一本家庭杂志,分小说、论文、插图几块。这项儿时的爱好居然坚持了三四年,出了四五十本自编的《家庭》,后来,胡愈之兄弟均进入传媒业从事编辑工作。

　　完成《鲁迅全集》的编辑出版工作之后,愈之先生离开了上海,颠沛于西迁道上,在武汉,在桂林,在重庆均重操编辑出版之业,其中主持过桂林文化供应社,筹划了一系列战时知识丛书,在武汉、重庆皆从事进步的新闻事业。1940年奔赴香港,后去新加坡,大部分时间以笔为剑,为实现其改造社会、抗战救国的理想而工作,即使时局骤变,也紧握手中的笔,从事著译活动。1943年,流亡印尼时创作了小说《少年航空兵》,编撰了《汉译印尼语辞典》《印度尼西亚语译法研究》,可见其多年编辑工作所养成文字表达癖与创作欲惯性难掣。从这个意义上说,愈之先生是一位终生怀抱文化理想的人,一位精神世界里充满追求的人。正是这些理想与追求成就了愈之先生永恒的职业价值。

郑川谷绘

张静庐

**在文化与商务的
平衡中不懈追求**

范 军 吴永贵

张静庐(1898—1969),中国出版家、民盟盟员。1898年4月7日出生于浙江镇海县。1911年在龙山演进国民学校毕业后当学徒。1915年任天津《公民日报》副刊编辑。1920年任上海泰东图书局编辑、出版部主任。1925年与人合资创办光华书局,任经理。1929年创建上海联合书店,任经理。1931年与洪雪帆合办现代书局,任经理。1934年创建上海杂志公司,任总经理。任内经营出版不少进步期刊,其中有:郭沫若主编的《洪水》、蒋光慈主编的《拓荒者》、田汉主编的《南国》、郁达夫主编的《大众文艺》、艾思奇主编的《读书生活》、黄源主编的《译文》、孟十还主编的《作家》、黎烈文主编的《中流》、丁玲主编的《战地》、胡风主编的《七月》等。这些期刊在当时产生了积极影响。1949年在上海任联营书店总经理。中华人民共和国成立后,他先后任中央人民政府出版总署计划处处长,古籍出版社编审,中华书局近代史编辑组组长。主要著述有《中国的新闻记者与新闻纸》《革命外史》《在出版界二十年》,编有《中国近代出版史料》初编、二编,《中国现代出版史料》甲、乙、丙、丁编,《中国出版史料补编》等。

张静庐这个名字,除了一些出版史的爱好者和研究者,当今的人们,包括许多出版人并非都很熟悉。作为一代著名出版家和出版史家,张静庐留给了我们众多的财富,也给我们今天的出版人诸多的启示。

说张静庐是一个职业出版家是比较恰当的。让我们来看看他的编辑生涯和出版履历:张静庐从1915年任天津《公民日报》副刊编辑开始,在长达半个世纪的岁月中一直从事编辑出版及新闻工作。1920年任上海泰东图书局编辑、出版部主任。1925年春与人合资创办光华书局,任经理。大革命失败后,曾与洪雪帆等合办现代书局,任经理。1929年,创建上海联合书店,任经理。1931年,再次回到现代书局,任经理。1934年,独资创建上海杂志公司,任总经理。抗日战争全面爆发后,上海杂志公司分别在武汉、广州、桂林、重庆设立分店,出版进步书刊。1943年,在重庆任新出版业联合总处总经理(董事长是黄洛峰),在开展出版界统一战线工作方面,发挥了积极作用。新中国成立以后,任出版总署计划处处长、专员等。1955年,任北京古籍出版社编审。1957年任中华书局近代史编辑组组长。

其实,有关张静庐早期的出版经历,从他本人1938年写的自传——《在出版界二十年》,我们可以看到更加生动丰富、富有启发的叙述。这个本子抗战初期刊行于武汉,20世纪80年代上海书

20世纪50年代,张静庐在北京家中

店影印再版,前些年,江苏人民出版社又印行了一个新的重排本,值得好好一读。当我们今天重新捧读这本书,从作者的娓娓道来中,可以真切地感受到那个时代的出版氛围,也不难体味到张静庐在书业活动中的理想与追求、激情与梦想、个性与才华。我们说,一个从事出版的人,如果有才干、有个性、有想法,具备了这三点,说他是个出版家,应该是很适合的了。作为名副其实的出版家,张静庐带给我们的启示是多方面的。

启示之一:做一个热爱读书的出版人

张静庐出身贫寒,小学毕业后的第二年,即从家乡慈溪龙山镇赴上海谋生当学徒,先是在酒行,后转入洋纸行。这个十几岁的小酒保对卖酒心不在焉,却十分迷恋看书。当时,有专门租借书籍的书贩子,他们上门服务,每一套书只要花三四个铜子就能让人看个够。短小的三天一换,大部头的可以搁上半个月甚至一个月。这些以笔记小说为主的所谓"小书"把张静庐引进了一个新的天地。半年以后,当他看到商务印书馆出版、恽铁樵主编的《小说月报》,更是如获至宝,阅读兴趣也随之有了很大变化。

由于喜欢小说,发展到喜欢"书"。张静庐最初梦想到商务印书馆当一名练习生,可以经常接触书,后来又进一步产生做一个出版家,自己出书的愿望。每天烧酒行收市后,他从天潼路走到棋盘街(今福州路、河南中路、山东路一带,十字交叉,所以称为棋盘街,其实不是一条街);那里书店林立,书香四溢,张静庐就在每一家书店的玻璃橱窗外站立欣赏片刻,对五光十色的杂志、书籍封面发愣,因此被同事嘲笑为棋盘街"巡阅使"。后来在洋纸行当学徒,张静庐依旧不改"巡阅使"的本色,对洋纸的买卖没有兴趣,而对用纸张印刷出来的杂志书籍如痴如醉,恋恋不舍。他开始尝试写一些文字,向报刊投稿,同时进一步做了大量记录,这些都成为他后来编辑出版史料的重要源头。

白天学徒做工,晚上则熬夜苦读,凭借对书的迷恋和对文学的执着,张静庐打下了出版人的坚实基础。张静庐的人生历程,给我们的第一个重要启示就是:大凡一个好的出版人,首先必须是一个爱读书的人,因为爱屋而及乌,因为爱读书而事出版,两者之间正有着某种天然而必然的联系,至于学历之高低,职称之有无,倒还在其次。旧俄时代的绥青,我国近代的陆费逵、王云五,当代的范用、沈昌文等人,都和张静庐一样学历不高,有的也是学徒起家,但皆好书成癖,手不释卷,终至自学成材,一生读书、藏书、出书不辍。

当代出版大家陈原在他的《总编辑断想》中,曾经说过这样一段话:"所有伟大的出版家(或者自己愿意成为一个伟大的出版家)都自幼就'嫁'给或'娶'了书这个行当。他不是天主教神父,他也结婚,但他确实将灵魂嫁或娶了书这事业。他爱书胜过一切。他为书而生,他为书而受难,甚至为书而死。这种人是十足的书迷。没有这种痴情,成不了气候。打开中国近代出版文化史,举凡张元济、夏粹方、高梦旦、胡愈之、邹韬奋、叶圣陶、徐伯昕、黄洛峰、华应申,以及章锡琛、陆费伯鸿(即中华书局创办人陆费逵——编者注)、汪原放、张静庐无不是书迷。为书奋斗终生!"陈原本人也正是这样的书痴书迷,他的回忆录《我的小屋我的梦》就是最好的证明。他认为,真正的(如果暂不统称为伟大的)出版人,都应当成为"书迷"。

遗憾的是,今天像张静庐这样的书迷越来越少了。在时下出版界,官迷、财迷、股迷、牌迷、数字迷、"大船"迷、地产迷、上市迷比比皆是,唯独书迷成了稀有之物。或许过若干年,我们再回头来看,那些因爱书、迷书而献身出版事业者是何其可贵、何其有价值。

启示之二：做一个有文化追求的出版人

从前面的叙述我们知道，自1925—1934年不到10年的时间里，先后有四家书局在张静庐的筹划下面世。过去出版界进入的门槛较低，办书局不难，难得的是张静庐经手的每一家书局，几乎个个都有影响。这就体现了他的出版才干，也显示了他的出版韧性。读张静庐的自传，在跟随他体验出版道路上的风风雨雨和酸甜苦辣的同时，也不难深刻地感受到他对出版的一往情深和不甘平庸——"除掉业务上，我现在简直可以说与人无争。我有我的目标，我有我的信念，二十年生活在出版界，弯弯曲曲朝着这目标前进，千辛万苦为实现这信念工作。并不因为环境险恶而逃避；也不受生活艰难而动摇。"正是这样一种在兹爱兹的出版情怀，铸就了他不同流俗的出版人生。

在张静庐的目标和信念里，"文化"无疑占有十分突出的位置。他自我期许甚高，在自传中坦言，自己虽无缚鸡的腕力却有举鼎的雄心，甚至公开表白说，在当时上海的同业中，值得他钦仰、让他感到可爱的出版

张静庐著《在出版界二十年》书影，1938年初版后多次重印

家,寥寥无几。在他这种貌似桀骜的语句背后,其实有一杆大秤横在心里,秤砣下面,分别站着两排出版人——有一排,张静庐敬称为出版商,可爱,却少;另一排,则只能呼为书商,市侩,却多。虽然,从表面上看,两排人都同样地做着关于书的生意,都同样地关心着出版后的利润,"钱,是一切商业行为的总目标。然而,出版商人似乎还有比钱更重要的意义在这上面。以出版为手段而达到赚钱的目的和以出版为手段,而图实现其信念与目标而获得相当报酬者,其演出的方式相同,而其出发的动机完全两样。我们——一切出版商人——都应该从这上面去体会,去领悟"。正因为张静庐不是仅仅以赚钱为目的,而是图实现其信念与目标而获得相当报酬,所以他敢自信满满地宣布:"我是一个'出版商',二十年来生活在这个圈子里,姑不论对文化工作做到如何成绩,对于社会影响达到怎样程度,但是,我是'出版商'而不是'书商',希望认识我和不认识我的朋友们对于我有这最低限度的了解!——这是'差之毫厘谬以千'的分界线。"从这些看似咬文嚼字的话语背后,表现的是张静庐的文化自觉;他将这种文化自觉和文化理想付诸实践,确实取得了不俗的成绩,所以阿英先生早在20世纪30年代就充分肯定了他在新文化出版上的贡献,并说"要编纂一部比较详尽的中国新文化运动史",是不应该忘记张静庐的。

可见,出版商与书商都以出版为手段,为途径,但追求不一样,目标不一样。前者以文化建设为己任,后者以获取利润为目标。张静庐的这个观点,对于当今出版有着直接的启示。这也让我们想到法国学者戴仁的观点:"出版社有两副根本面目,理想的一面和商业的一面,一家出版社的声名在很大程度上取决于两者的调和程度。"张静庐并非只是一个理想主义者,他经营管理方面的才干和劳绩同样引人瞩目。

启示之三：做一个长于经营的出版人

刘杲说，出版，经济是手段，文化是目的。因此，我们今天迫切呼唤文化人办出版。我们说的"文化人"，不仅仅是有文凭的人，有高级职称的人，有各种名头的人，而是像张静庐那样可能学历不高，但是有文化自觉、文化理想的人。当然，要达到文化的目的，出版人懂经营善管理是必不可少的。在这方面，张静庐同样给了我们有益的启示。

张静庐很早就步入了出版界。而1925年与人合办光华书局，才是他出版生涯中自主办出版的开始。无论是在光华书局，还是1927年与人合资的现代书局、1929年独资经营的上海联合书店，以及1934年几乎白手起家创立的上海杂志公司，张静庐始终担任着统管全局业务的经理职务，殊为不易。自己当家，无须受制于人，自然是快意之事，但无形中，肩上的担子也加重了许多。需要他投入精力的，除了出

张静庐及友人主持出版的部分书籍和刊物

版流程的各个环节以外,还有融资、同业竞争、人事管理、发行网络建设等方面的问题。这些问题都必须认真面对,全盘考虑。上述种种,张静庐都有不俗的表现。这里,我们重点说说他经营上海杂志公司的经历。

上海杂志公司白手起家,最初的创办费仅为20元,然而在他的努力经营下却取得了非凡的成功。在经营杂志一年多取得明显成效,稍有资本积累后,张静庐开始把业务拓展到图书出版领域。那是1935年9月,古籍的出版在中国出版界方兴未艾。"中国文学珍本丛书"就是在这个时期出版的。张静庐邀约施蛰存、阿英等名家负责编辑校对,以"珍本大众化"和"丛书杂志化"相号召,广泛征订,预约出书。所谓"珍本大众化",就是将一些较为罕见的古籍,用低廉的价格将它们选印出来,供应给一般大众读者;所谓"丛书杂志化",就是规定该丛书的刊行,每逢星期六出版一部,其情形类似于定期出版的周刊杂志。同时,为避免读者阅读时感到枯燥和单调,更有意将诗词文曲调剂出来,错时出版。在当时,商务印书馆、中华书局、开明书店等大书局都在大张旗鼓出版古籍的兴头上,张静庐将"中国文学珍本丛书"做这样的选题安排和出版策略,从商业竞争的角度来说,应该是别具匠心的。虽然该丛书在编选校印上还有一些不足,但仍获得了成功,产生了不错的效益。后来,张静庐还策划了一套"贝叶丛书",专收作家散文新作,扩大了散文的视野,创意很好,计划庞大,可惜未能完成。

张静庐的经营才干,在当时的出版界就相当有声名。他的朋友沈松泉在追忆他的文章中,多次提到张静庐在书业经营中的开拓精神。施蛰存也说,张静庐是30年代"四马路出版界的两位霸才"之一。出版业同人都知道张静庐精明,然而他之精,有品、有节、有理,所以也就特别有力、有效。

启示之四：做一个有学术兴趣的出版人

通俗地说，出版家要有想法；用学术性的语言表达，就是要有出版理念、出版思想。而想法也好，思想、理念也罢，既来自实践经验，更来自不断的学习、思考和深入的研究。我们说，一个好的出版家，不一定是大学问家，但一定要有探究学问的兴趣，有写作和研究的愿望。善于总结、热爱学习、喜好研究，是张静庐取得成功的重要因素，也是他留给后人的重要启示。

吴道弘在为《中国出版史料》（10卷15册）所写的"编辑后记"中说，这套史料"无疑是继20世纪50年代著名出版家张静庐先生主编《中国近代出版史料》（初编、二编）、《中国现代出版史料》（甲、乙、丙、丁编）和《中国出版史料补编》之后又一部比较有系统的史料汇编"。新的史料汇编是在宋原放倡导下，集合多位出版史研究者共同完成的，"追念20世纪中期，张静庐以一人之力毅然完成大型出版史料汇集，开风气之先，其功甚伟"。

这个评价无疑是恰当的。我们今天知道张静庐，首先还是因为这套史料翔实、编排有序、注释完备的八大卷的《中国近现代出版史料》（2003年上海书店出版社再版）。该史料问世半个多世纪以来，一直受到近现代文学史、教育史、文化史、学术史等领域的研究者的重视，将之列为重要参考书；而对近现代出版史研究者来说，自然更是不离案头左右，随时准备翻检和引用。全书收录了自1862年京师同文馆创立至1949年中华人民共和国成立87年间我国出版事业的重要资料，包括图书、报纸、期刊、教科书、印订技术、出版法令等，还有三四百幅图片和书影，保存了大量丰富的第一手资料。这些内容，有的辑录于当时的图书期刊，有的是未经公开发表的，还有的资料是特约编写和专门调查的，极为难得。这套书在旧书网上价格奇高,也从一个角度说明了它的经久不衰。顺便提及的是,张静庐20世纪50年代后期、60年代前期还发表了几篇出版史论,包括《戊戌变法和出版事业》《戊戌变法前后报刊作者字号笔名录》《辛亥革命时期重要报刊作者笔名录》等。他计划编写《中国近现代出版大事记》和《中国近现代出版史》,可惜天不假年,留下了永久的遗憾。

张静庐这套大书是晚年之作,其实他写作和研究的兴趣自少及老,不曾削减。还在当学徒时,张静庐就经常给报刊投稿,并陆续发表了一些作品(主要是文学性的)。他后来能进入新闻界、出版界,与此爱好和兴趣有很大关系。他早年的文学创作以《新体短篇小说集》为名,1922年在上海洋左书局(该书于1922年4月出版,版权页作"民立图书公司出版",封面误印"上洋海左书局发行"。——编者注)刊行。这之前的1920年,就有《中国小说史大纲》由泰东图书局出版。二三十年代,张静庐还撰写刊出了《革命后之江西财政》《中国的新闻记者》《中国的新闻纸》《新闻学概要》《中国的通信社》等专著,编辑校注了《杜威、罗素演讲集合刊》《红叶集》等专集,校点了古籍《光绪朝东华录》等。一个只有小学学历的出版人,在出版工作上取得不俗实绩的同时,还有等身的著述,这是极为难得的。在张静庐那里,读书、写作与研究,不仅仅是一种个人雅趣,更是与出版实际工作相互促进的。

今日之出版界,大家都忙忙碌碌,除了极少数的几位,已经没有多少人还有写作和做学问的兴趣。事实上,出版人什么都可以不爱,但不能不爱书;出版人什么都可以不追求,但不能不追求学问。张元济若没有对古代文献的精深研究,上海商务印书馆的古籍整理与刊行不可能取得辉煌的成绩;陆费伯鸿若不是具备教育专家的深厚素养,中华书局的教育出版也不可能后来居上;而邹韬奋之于生活书店,叶圣陶之于开明书店,巴金之于文化生活出版社,等等,无不是学问与出版的良性互动。张静庐一类学者型出版家的渐行渐远,让人留念之余更平添了几分无奈,几分遗憾。

张静庐是一座富矿,留给我们的启示还有很多。当代出版家赵家璧崇尚的是"书比人长寿"的境界,张静庐可以肯定地说是归入这个行列的大家了。一本《在出版界二十年》,一套《中国近现代出版史料》,就够我们反复咀嚼了。倘若有人写一本《出版家张静庐传》,我想毫无疑问是值得的,也将是很有价值的。

冯雪峰

古今中外,提高为主

潘凯雄

冯雪峰(1903—1976),现代著名作家、诗人、文艺理论家。原名冯福春,浙江义乌人。受五四新文化运动的影响,1921年加入晨光社,1922年与应修人、汪静之、潘漠华等人组织湖畔诗社,合出诗集《湖畔》《春的歌集》。1927年加入中国共产党,1928年结识鲁迅,成为鲁迅的挚友,是党与鲁迅的联系人。他翻译介绍了大量马克思主义文艺理论著作。1930—1933年间负责上海左翼文化工作,任"左联"党团书记。1934年参加长征,1936年被派回上海做抗日民族统一战线工作。1941年被捕,关押在上饶集中营。1942年被营救出狱,到重庆从事统战和文化工作。这期间,著有《鲁迅及其他》《乡风与市风》《上饶集中营》等作品。抗战以后写有大量杂文、寓言。中华人民共和国成立后,历任上海文联副主席、《文艺报》主编、中国作协党组书记等职,1951年任人民文学出版社首任社长兼总编辑。

用今天时髦的话说,雪峰同志的身份很"复合":作为诗人的他,早在20世纪初就以"湖畔派"的代表人物之一而已有定论;作为杂文家、理论家的他,也都有其杰出的代表作而为业界所尊重;作为革命家的他则更是为两万五千里长征的辉煌所照耀;作为普通人,他那桀骜不驯的个性不知为他一生带来多少坎坷……然而,作为出版家的他,似乎还为人重视不够、研究不多。

我之所以视雪峰同志为出版家,当然不会因为他是中华人民共和国第一家文学专业出版社——人民文学出版社的重要创始人之一,并曾任它的首任社长兼总编辑这样一种职业身份。事实上,历史的荒诞与血腥早就无情地压缩了冯雪峰这一职业身份的时间,壮志未酬,含冤而去。事实上,在我的心目中,判断能否称之为出版家的标准既非看他的职业身份也不看他从业时间的长短,而是要看其作为出版人的种种从业实践以及这种实践是否创造性地遵循并丰富了人类的出版规律和文化规律。从这个意义上看,冯雪峰同志作为一位出版家当是实至名归,特别是在当下,回顾他的出版实践,研究其出版行为更是具有不可低估的现实意义和极强的现实针对性。

1951年初,新生的中华人民共和国呱呱坠地不过一年多的时间,在一片长时间战乱后的废墟上,百废待兴、百业待举,出版业也不例外。就是在这样的背景下,冯雪峰受命出任人民文学出版社的首任社长兼总编辑,七八个人,三四条枪,中华人民共和国第一座文学出版的大厦究竟当如何搭建?

"古今中外,提高为主。"上任伊始、建社之初,冯雪峰就鲜明而简洁地提出了这八字办社方针及出版理念,到1952年初,又具体化为:

"一、当前国内创作及'五四'以后的代表作;二、中国古典文学名著及民间文艺;三、苏联及新民主主义国家文学名著及世界其他各国现代进步的和革命的作品;四、近代和古代的世界古典名著。"尽管后面这具体化的四条不可避免地要打上那个时代的鲜明烙印,但"古今中外,提高为主"的八字方针和理念则无疑不仅为冯雪峰取得了出版家的"职业资格证书",更为人民文学出版社埋下了一块坚硬不朽的奠基石,今天,人民文学出版社60年基业长青的秘诀中,这八字方针及理念当居功至伟。

古今中外,展示的是出版家的一种胸怀、一方视野。在我看来,宽广的胸怀、辽阔的视野是一个成功出版家的必备素质,特别是文学出版更应如此。众所周知,文学的阅读、鉴赏与批评从来就是一种高度个性化的精神活动,所谓"见仁见智",所谓"有一千个读者就有一千个哈姆莱特"说的就是这样一种情形。而这样一种情形于个人而言没任何问题,再正常不过;但对出版家而言,如果囿于个人阅读鉴赏的偏好,故步自封、刚愎自用,就显然不是一个职业的出版人,更不会成为一个成功的出版家。

提高为主,体现的是出版家的一种视点、一种责任。特别是在20世纪50年代初冯雪峰就鲜明地以此作为一种出版理念与方针当更显其可贵与勇气。从那个年代过来的人都应该不会忘记,那是一个讲求普及、提倡"下里巴人"的年代,面对当时客观存在着的数以亿计的文盲,不能说这种讲求没有它的合理性,但冯雪峰则明确主张"提高为主",所谓普及也是在提高基础上的普及,这样一种与"下里巴人"相对的"阳春白雪"式的主张显然更符合出版的本质。我所说的"一种视点",指的是出版所应有的高品位、高立意和高质量,而"一种责任"则是认真切实履行出版即选择的本质属性。从这两个角度看,提高为主,不断追求卓越永

人民文学出版社出版的"中国古典文学读本丛书""中国人民文艺丛书""外国文学名著丛书""四大名著"以及《鲁迅全集》《鲁迅译文集》和当代红色经典

远应该成为成功出版家的一种追求,也是一个成功出版家所应该具备的一种能力。

正是秉承这样的出版方针与理念,人民文学出版社建创伊始就开始了文学出版全面而高品质的布局,我们稍稍罗列一下它的若干书目便可见出一斑:"中国人民文艺丛书""解放军文艺丛书",注释本中国古典文学名著《水浒传》《三国演义》《红楼梦》和《西游记》,外国文学古典名著《神曲》、《吉诃德先生传》、《莎士比亚戏剧集》(12卷)以及《瞿秋白文集》《鲁迅全集》《沫若文集》《茅盾文集》《巴金文集》和《叶圣陶文集》等,而"中国古典文学读本丛书""外国古典文学名著丛书"和"中国古典文学理论批评专著选辑"等三套大型丛书也进入全面筹备之中。"古今中外,提高为主"这八个字饱含的冯雪峰睿智的出版理念在这份并不完整的书目中形象而具体地呈现出来。

现在,无论是业界同行还是广大读者都高度评价人民文学出版社在文学出版领域的贡献与成就,充分认同并十分信赖人民文学出版社所出作品的质量与品质,视其为中华人民共和国文学出版的第一品牌。面对这样的盛誉,再回过头去看一看想一想冯雪峰在60年前为其确定的八字出版方针与理念,就不难估量其沉甸甸的分量与价值了。

可以说,有没有、有什么样的出版方针与理念从根本上决定了一个有着出版职业身份的人能否成为出版家以及成为一个什么样的出版家,在这一点上,冯雪峰的实践无可挑剔,而且在我看来,这样一种文学出版的方针和理念在新中国的文学出版史上迄今还无人企及。

如果说科学的出版方针与理念还只是为一个出版家的成功提供了一种理论上的可能性的话,那么,一支成功的专业团队的组建则为这种可能搭建了一座从理论通向现实的大桥。建社不久,巴人、楼适夷、聂绀弩、张友鸾、舒芜、顾学颉、王利器、周绍良、陈尔冬、周汝昌、林辰、孙用、杨霁云、绿原、牛汉、孙绳武、刘辽逸、蒋路、许磊然、伍孟超、赵少候、金满成等一大批专家学者纷纷归结到人民文学出版社的麾下,一时间人才济济,蔚为壮观。为了延揽这些顶尖的专业人才,冯雪峰不惜与当时文艺界的"大佬"周扬"顶雷干仗"。看着这份令人肃然起敬的名单,其间的任何一位都是文学某一领域中顶尖的专家级学者,几乎可以毫不夸张地说,这样的专业人才高度密集地聚合在一家出版社,不仅在全中国的出版社中绝无仅有,即使放眼全球出版业大约也是凤毛麟角。这是作为出版家的冯雪峰的慧眼所在,更是他独特的人格魅力所致。也正是有了这样一批高端的专业人才的聚集,才保证了"古今中外,提高为主"这八字方针与理念的有效实施。

作为出版家的冯雪峰不仅有着对文学出版格局的宽广胸怀与高远视野,有着延揽人才的慧眼与魅力,同时他自己也在身体力行地付诸实践。以他的资历与身份,以他当时工作之繁重与任职之多,他制定好科学的出版方针与理念、组织好专业的出版队伍,也就足以无愧于出版家的称号了。然而,冯雪峰并不满足于自己只是这样的出版家,他也像一位普通编辑那样看稿改稿与作家谈稿,老作家杜鹏程在他的《雪峰同志和〈保卫延安〉》一文中对此就有着生动翔实的记载:那是1953年的冬天,看完了《保卫延安》初稿的冯雪峰十分兴奋,立即信约当时才32岁且并未成名的杜鹏程到自己家就稿件的进一步修改交换意见,他在充分肯定了这部长篇小说的种种长处后也坦率地一一指出尚需改进的地方,包括很具体很细微的地方,比如作品第六章第一节第一句话写无定河,针对杜鹏程原稿上的"无定河呜呜地向东流去",雪峰说:"你去看看中外的那些好作品,人家绝对不会这样去写一条历史上有名的河流。"这场谈话一直持续到凌晨3点。在雪峰同志的亲

冯雪峰与鲁迅

自关心下,《保卫延安》一次比一次修改得好,最终顺利出版。不仅如此,雪峰还亲自撰写了洋洋两万言的《评〈保卫延安〉的地位和重要性》一文。尽管今天的读者可能会对《保卫延安》提出这样或那样的看法,但它作为新中国第一批长篇小说创作的重要成果则是不争的事实。处于高位时的雪峰是这样对待青年作者,身处逆境后的他依然没有改变,对此,朱正先生在他的《遗札盈箱有泪痕》一文中也有过记载,那是1975年,生命留给身处逆境的雪峰时间已不多,但他在读到朱正的《鲁迅回忆录正误》一稿后还是抱着病体且全然不顾朱正当时的身份依然给他写了信,从这封信中,我们清晰地看到雪峰同志既指出了朱稿中的不足,也充分考虑到了朱正当时的处境。如此两例再清晰不过地呈现出这样一个事实:作为出版家的冯雪峰,无论自己身居高位还是身处逆境,无论作者是年轻还是年长,是知名还是无闻,他都是一如既往地亲自看稿,不是一般地浏览而是认认真真地细读,读过后还要坦率地和作者交换意见,好处说好,不足处说不足。这样的出版家在今天我不敢说绝无仅有,但恐怕也真是屈指可数了吧。

作为出版家的冯雪峰自然还可以从其他方面考察,也绝非我目前之能力所能完成,但我特别强调他在制定出版方针理念、组织专业队伍和身体力行三方面的所作所为,实在也是有感于我们当下的出版人在这三方面实实在在的欠缺。

"古今中外,提高为主"八个字,看上去质朴无华,但说起来容易做起来难,坚持下来更难,尤其是"提高为主"难上加难。我不时在想,如果我们现在的出版人且不说始终不渝地坚持"提高为主",哪怕只是基本坚持,那当下的图书市场上还会有那么多的平庸之作甚至是文字垃圾吗?还会有不胜其数的跟风与"克隆"之作吗?在不少出版人的心里,出版即选择的责任与本质早已被置于一旁而唯有孔方兄在那作怪了。

我能理解当下做出版之艰难,但既然做了总得应该守住一些底线、坚持一些操守吧。

现在的确很难想象哪家出版单位还能组织起人民文学出版社在20世纪50年代那样强势的专业团队,但强调一点专业知识与职业态度总还是不可或缺的。一个外语编辑都没有竟然就能出译著,一点专业背景都没有就能执掌一个出版团队,这样的怪现象在今天早已见怪不怪了。

至于像雪峰那样居高位而照样亲自认真地读作品改作品与作者谈作品的出版家在今天更是少而又少了,现在对出版家的要求除去政治上的基本线外,其余恐怕多是"懂经营会管理"了,这不能算错,但我实在想不通的是如果连起码的专业背景都没有,他究竟懂的是哪门子经营会的是哪门子管理?

本文写作过程中,我的脑子时不时闪现出这样的镜头:如果雪峰同志今天依然在世,如果雪峰同志九泉有知,当目睹今日出版及"出版家"之种种怪现象时,他那桀骜不驯的个性一定又会大爆发了吧!这也是我不揣浅陋写下这则短文的动力之所在。

(本文在写作过程中参考和学习了人民文学出版社2011年版《怀念集》中的部分篇什和王培元《永远的朝内166号:与前辈灵魂相遇》,在此一并表示谢忱。)

巴 金

个人生命的开花结果

孙 晶

巴金(1904—2005)，中国现当代著名作家、出版家。原名李尧棠，字芾甘。1927年初赴法国留学，写成了处女作长篇小说《灭亡》，发表时始用巴金的笔名。巴金创作了大量优秀的文学作品，主要代表作有长篇小说《激流三部曲》(《家》《春》《秋》)、《爱情的三部曲》(《雾》《雨》《电》)、《寒夜》等；中篇小说《憩园》《第四病室》等；随笔集《随想录》等。

在文坛取得丰硕成果的同时，巴金还是一位极具编辑热情与编辑天赋的出版家。他曾说："能够拿几本新出的书送给朋友，献给读者，我以为是莫大的快乐。"1935年9月起，巴金出任文化生活出版社总编辑。14年里，作为出版家的巴金，以天才的眼光与职业的敏感主编了"文学丛刊""译文丛书"等诸多出版物。其中"文学丛刊"，历时10余年，先后出齐10集160本，成为现代文学史上一套具有持久生命力、深远影响力的大型丛书。这套丛书除了编入鲁迅、茅盾、王统照等著名作家的作品外，更大量编入曹禺、萧军、萧红、周文、沙汀、艾芜、张天翼、何其芳、李广田等20世纪30年代成长起来的文坛新秀的作品，使得"推荐新人"成为这套丛书的显著特色。"译文丛书"出版了世界各个民族的优秀作品，选目精当，编辑严谨，在现代翻译史、文学史上具有重要的意义。因此，有论者对于巴金的出版才能由衷赞叹，评价说："巴金以文名太高，掩盖了他在出版事业方面的贡献，其实后者对新文学的贡献远比前者重大。"

从作家到编辑家

1935年8月,巴金一生中一个重要的转折点到来了。

巴金早年是个安那其主义者,当中国安那其主义运动失败后,巴金从国外回来,感到前途渺茫,不得不用笔写作,倾诉自己的苦闷与反抗。不过,他只是把写作视为他的社会政治活动的延续,所以别人越是称赞他的小说,反倒越使他深深陷于不被理解的痛苦之中。因为在他看来,凡是一个主义者,思想、言论、行动三者必须一致。对于主义,只是想想、谈谈而不见诸行动,或者行动和思想、言论相反,决不能认作一个主义者。他觉得自己就是这样,有安那其主义的思想,行动上却干别的事,写小说去了。于是他不断地"忏悔",用沉默来传递自己的困惑。

1934年里他几乎有半年不曾提笔,而是到一些昔日的同志、朋友那里去旅行,寻找自己适合的位置。这段时间巴金先后去了江苏南京、浙江台州和长兴煤矿,去了山东青岛,还曾三次南下福建,还去了一次广东、香港,他也曾三次北上平津。其中尤以三访泉州留下的印象最深。

30年代初期的福建泉州和广东新会等地,一度曾是年轻的安那其主义者们的活动中心。这些年轻人在海外侨胞的捐赠支持下,创办了两所中学。巴金十分留恋这里,他的新老朋友吴克刚、卫惠林、陈范予、叶非英、郭安仁、陆

青年时代的巴金

巴金(左)、靳以1933年合影于北平圆明园

蠢等都先后在这里工作过,他们的口号是"坦白",他们的目标是"群",是"事业"。巴金说,他的朋友们用工作征服疾病,用信仰克服困难,他崇敬他们。回到上海,他被那许多执着于自己的理想和信念的朋友深深感动,于是便写下了小说《爱情的三部曲》。写完全书,巴金感到了欣慰,但同时更感到了失落。他认为自己与那些朋友不同,他依旧是一个旁观者,他渴望做更多的事来发散它们。

而一家在中国出版社史上有着特殊地位的出版社的出现,从根本上改变了巴金此时的生活状况和心理状态。这就是文化生活出版社。1935年5月,留日学生吴朗西、伍禅等人创办了文化生活出版社。由于吴朗西等认为"巴金在当时已是拥有广大读者的有名作家,他有搞编辑工作的经验,他做事认真、负责",便邀请巴金回国主持文化生活出版社的工作。出任文化生活出版社的总编辑之后,巴金对政治的热情完全转换成一种新的实践兴趣。如果说,写作仅仅是他政治社会理想不自觉的宣泄,被他视为社会政治活动的延续,30年代已经开始的部分期刊编辑活动使他的热情有所寄托,那么,在文化生活出版社的编辑出版工作则成了他完成知识分子自我转型的新岗位。

这主要取决于文化生活出版社的性质。文化生活出版社不同于一般商业性质的出版机构,也不是某种政治团体的出版机构,它是一个安那其主义社会理想的实验机构。在这里,政治激情转换为伦理激情,传统的庙堂政治价值转换为民间的文化工作价值取向。出版社的主要成员都不是以义务工作的方式来体现安那其主义的互助和奉献精神,而是为了一个共同的理想,把自己奉献给社会和文化。这种实验与当时泉州等地的安那其主义者从事教育的实验一样,充满了崇高的理想色彩和献身精神。王辛笛评价说,巴金在文化生活出版社的编辑工作中"不但找到了人格理想与文学事业相一致的道路,而且确定了自己文坛上的位置"。

这样,巴金从事编辑的意义便与其他杰出的编辑们区别开来了。其他的杰出编辑,如陈独秀编《新青年》,是为宣传他的启蒙理想,唤起整个国民的伦理觉醒;又如胡风编《七月》和《希望》,是为了贯彻他的文学理论主张,在文坛上凝聚起一股新的力量。而巴金从事编辑却没有仅仅局限在他的安那其主义者的政治理想之上,而是将政治理想转换为工作精神,去建构新的知识分子的民间价值系统。由于其政治理论及时转换为伦理上的工作精神,所以巴金所编辑的出版物并不受其政治信仰的影响。尽管也有一些宣传安那其主义的书籍和含有安那其主义精神的书籍,但总体上则是受到出版事业一般规律的制约,以文学创作为主题,以中外文学名著为对象,也正源于此才为30—40年代的中国文学发展做出了极其重要的贡献。作为一个文学编辑,从文学的意义上,巴金坚持出版了一大批优秀的具有艺术价值的作品,来抗衡当时污浊的文化空气;从出版意义上他从事平凡的文化积累工作,坚持用好书来抗衡险恶的现实环境。正像他自己所说的:"我们谈理想,是要努力地把理想变成现实;我们要为理想脚踏实地做些事。"

"文学丛刊"

陈思和教授曾经指出:"很难设想,如果没有文生社,我们的现代文学史将会是怎样一种写法。"理解了编辑工作在巴金人生道路上的意义,才能进一步理解他的编辑思想及其特点。由于巴金将他的政治信仰转化为工作精神,使他主持的编辑出版工作超越了一般职业编辑的意义,形成了中国文坛一股虎虎有生气的新生力量;又因为他不是将政治热情贯穿到具体的编辑工作中去,而使编辑工作能够成为一种较纯粹的文字工作。巴金不是个理论家,对文学理论也没有兴趣。这对一个文学编辑倒不是坏事,他对图书的选择标准更多的是取自潜在的艺术本能。巴金本来就是个艺术感觉敏锐的作家,几乎是无师自通地走上写作道路,而且一举成名,这不能不归功于他的语言艺术天才。但长期的政治热情使他在理智上遮蔽了对艺术的关注,他在相当长的一段时间里,对自己的创作成就不屑一顾,而且故意贬低艺术技巧的作用。但是一进入文化生活出版社的编辑出版领域,他的政治意识就自觉地退避三舍,而艺术感觉明显地占了上风。这表现在他主编的大型丛书"文学丛刊"中。这是 20 世纪 30—40 年代一套极其重要的文学丛书,在战争的磨难和文化萧条的岁月里,它几乎独立支撑了纯文学的创作,推出了一大批优秀作家的作品,甚至可以说,缘了这套丛书,才使许多中国作家在文学史上留下名字。巴金为这套丛书定下的编辑宗旨是"这丛刊里面没有一本使读者读了一遍就不要再读的书"。这样的自信恰恰来自他对艺术的自信。

若以"文学丛刊"为个案,我们倒不难看出巴金编辑思想的一个重要特点:善于发现和推荐新人新作,发掘彰显无名后进。

善为伯乐本来是职责的标志之一,任何优秀编辑都会做到这一点。巴金这一特点便是从他的第一位责任编辑叶圣陶先生那儿继承过来的,他在晚年曾满怀深情地回顾说,叶圣老"作为编辑,他发表了不少新作家的处女作,鼓励新人怀着勇气和信心进入文坛"。巴金最为崇敬的鲁迅先生在编辑活动中也是如此。鲁迅常常留心发现新作家、发现人才，但巴金的特别之处是，他把坚持发现和介绍新人的处女作作为自己编辑的风格追求，这在一个重名人名作的商业社会里不能不冒很大的风险。

巴金曾断言："编辑的成绩不在于发表名人的作品，而在于发现新的作家，推荐新的创作。"在1935年的"文学丛刊"的发刊词中，他直言不讳地说："我们编辑这一部'文学丛刊'，并没有什么大的野心，我们既不敢捐起第一流作家的招牌欺骗读者，也没有胆量出一套国文范本贻误青年，我们这部小小的丛书虽然也包括文学的各部门，但是作者并非金字招牌的名家，编者也不是文坛上的闻人。"这里，巴金有意将"第一流作家""名家"甚至是"国文范本"统统作为"攻击"的目标，表示出他与之对立的立场。其实这并不全是事实。"文学丛刊"里打头的有鲁迅、茅盾等大作家，巴金自己当时也被人称作是文坛的"巨子"，当然不像他所说的都是无名小卒。但他的话却表达了某种现实的针对性。当时一些与新文学关系比较密切的出版社，都有明确的文学圈子，如生活书店，出版《文学》《译文》等都不脱文学研究会的老牌作家圈子，开明书店也是以文学研究会与"白马湖作家群"为主，也兼有编教科书的工作（即"国文范本"），北新更是以"五四"一代的老作家为主，现代书局和良友图书公司都是后起的出版社，编辑也都是年轻人，他们出于对文坛著名作家的尊敬和打开销路的商业目的，或多或少都有以名家为招牌的意思。资深的商务印书馆同样是把名家和古籍作为主打的重头戏。

而巴金编"文学丛刊"毕竟出手不凡，第一集中便有三分之一是新人（至少在上海文坛上是陌生的名字），他干脆以"新人"为招牌来与"老牌""名家"对立，同样自然也是为了取得某种商业上的效应。这样做势必要冒一定的风险，但很快证明他获得了成功。巴金后来回忆说："我当年编'文学丛刊'，就是靠着一股理想，那时也有人反对，说编这类书

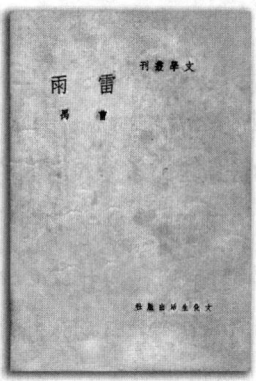

"文学丛刊"收有名家著作，但更多的是新人新作，这些作品大都成为现代文学史上的经典

不赚钱，结果我还是编了，不但没赔本，还销得很好。这说明好书总是有人读的……"这套丛书的第一集推出的年轻作家都是当时文坛最优秀的人才，他们的集体亮相令文坛耳目一新，使得"推荐新人"成为这套丛书的显著特色。

在巴金的主持下，"文学丛刊"挖掘了一批新人新作，仅出版新作家的处女作就达36部，包括：曹禺的《雷雨》、芦焚的《谷》、何其芳的《画梦录》、罗淑的《生人妻》、刘白羽的《草原上》、端木蕻良的《憎恨》、何谷天（周文）的《分》、卞之琳的《鱼目集》、艾芜的《南行记》、丽尼的《黄昏之献》、陆蠡的《海星》、毕奂午的《掘金记》、柏山的《崖边》、袁俊的《小城故事》、方令儒的《信》、郑敏的《诗集·一九四二——一九四七》、吴伯箫的《羽书》、汪曾祺的《邂逅集》，等等，几乎占到"文学丛刊"作品总量的四分之一。这为这些年轻人提供了纵马扬帆的良机，也为现代文学输入了新鲜的血液。可以说，"文学丛刊"通过出版作品而形成了自己的作家群，它虽然不是什么文学团体，但实际上参与了三四十年代作家群（尤其是青年作家）的培养与建构。

倚借"文学丛刊"的助力,一个个文学青年登上文坛,与读者见面;继而扩大影响,为读者所喜爱。扶植、奖掖新作家是"文学丛刊"的风格,但"文学丛刊"绝非是为造某种风格而特意标新立异,而是怀抱促进文学发展的心愿,尽一份自己的职责,因而其所出版的新人新作都经过严格选择精心编辑,质量上乘,很少水准不够的作品。1936年9月,《大公报》设立文艺奖金,由杨振声、朱自清、叶圣陶、巴金、凌叔华、沈从文、朱光潜、靳以、李健吾、林徽因组成评委会。评选结果是:戏剧奖归属曹禺的《日出》,小说奖归属芦焚的《谷》,散文奖则是何其芳的《画梦录》。这三部作品都是三位年轻作家的处女作,也都是由"文学丛刊"推向市场的。巴金主编"文学丛刊"的眼光与实力,从这桩文坛盛举中可见一斑。

"文学丛刊"成为青年作家成长的摇篮,它不但为那些后来在文学史大放异彩的作家(如曹禺、李健吾、何其芳、吴组缃等)开辟了道路,也为一些不幸夭折如流星一般飞逝文坛的年轻人留下了宝贵的生命痕迹。出于对这些默默笔耕的青年人的一份纪念,巴金替他们整理文稿,结集出版。如青年女作家罗淑颇具才情,1938年2月患产褥热不幸去世,留下一大堆残稿碎笺。为了回忆与哀悼,为了"罗淑的作品活下去,她的影响长留,则她的生命就没有灭亡,而且也永不会灭亡",巴金不但编出了《生人妻》,还怀着悲痛的心情把遗稿修整编辑,分别以《地上的一角》《鱼儿坳》为题,收入另外一套"文学小丛刊",并写下了情感真挚的后记。其他如在浦东塘口战役中牺牲的宋槃,

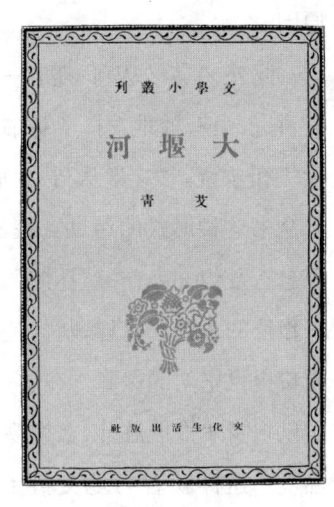

艾青以《大堰河》名满天下,20世纪30年代,此书由文化生活出版社收入"文学小丛刊"出版

在贫寒与磨难中不幸早逝的郑定文等人的遗稿,巴金都以这种方式收入了"文学丛刊"。"文学丛刊"中集存下来的不只是这一些年轻人的作品,更是他们不屈不挠的精神。巴金通过文字记录了他们的人生经历,刻下了他们的生命印迹。这不仅使文学史更为丰富与真实,同时也使文学这项神圣的事业带有一份更为浓厚的人文色彩。

需要指出的是,巴金即使强调了以"新人"为主的编辑特色,并收集编辑了一些不幸青年的遗稿,但他始终强调的是作品的艺术质量。如文学青年郑定文溺水而死后,他的友人王元化、丁景唐、魏绍昌等人为出版他的遗稿而奔走,巴金接受了遗稿,感怀于这位文学青年"写作的才能与良心",根据其友人提供的作品,巴金做了认真的阅读和筛选,出版了单行本《大姊》。在《大姊·后记》中,巴金说:"其中两篇类似文艺杂论而又写得不好的东西,我没有采用。"从这种严格的编辑态度中,我们可以看到"文学丛刊"为什么既突出了"新人"主体又不失艺术水准的原因。

此外,"文学丛刊"还有一些十分显著的特点,比如它的编辑方式十分讲究,最有效地发挥了丛书这一整体编辑形式的优越性,体现出一种大气和才智。"文学丛刊"大胆推举新人,发表新作,很大程度上是得到了丛书这种形式的帮助。在出版新作家作品的时候,"文学丛刊"每一集总有几位知名作家"压阵"。例如第一集中便有鲁迅、茅盾、郑振铎等老作家的加盟。这样,既为这套丛书做了很好的宣传,又为这套丛书的质量提供坚实的保障。在这一前提下,每一集中大量推出的新人新作除了以自身水准取胜外,在客观上借助老作家的带动,迅速扩大影响与知名度。这样就有力地支持了青年作家的成长,同时也有利于丛刊的经营。

此外,"文学丛刊"还有效地借助了期刊与图书的互动,通过期刊做先行的宣传,再迅速地推出图书的单行本,收到了很好的推广作用,巴金这一理念也为"文学丛刊"的脱颖而出奠定了基础。而"文学丛刊"作为丛书的整体编辑形式也有助于推动文学各门类的发展。在"文学丛刊"的发刊词中,巴金专门提到,这部丛书"包括文学的各部门"。确实,"文学丛刊"最大可能地包容了现代文学的各种样式。小说、散文、诗歌、戏剧、书信、评论、报告文学、电影文学,等等,举凡现代文学发展中所生成的各种文体,"文学丛刊"都有收录。事实上,当时也有其他丛书收入多种文学体裁。比如生活书店的"创作文库"即称"包含长短篇小说、剧本、诗歌、散文、批评,举凡文学之诸部门,无不应有尽有"。但就所涉及的文学样式而言,"文学丛刊"除"创作文库"所包含者之外,尚有报告文学、电影剧本诸种形式。其涉及之广,涵盖之全,堪称三四十年代丛书出版执牛耳者。这又是另一种的博大。"文学丛刊"所包容的多种文学体式,既使这套丛书显得生动活泼,有助于读者得到不同类型的阅读体验与感受,也有力地带动了诸多非小说体裁的发展,对推进现代文学各种门类的整体前行起到了十分重要的作用。尤其是散文、诗歌、戏剧这些经济方面获利不大的体裁,以及报告文学、电影剧本这样新生的样式,"文学丛刊"对它们的重视,自然是因为巴金做出版不唯利润的胸襟,因为他的气魄与胆识,而客观上"文学丛刊"对这些门类的成功运作,使其产生巨大的影响力,则与巴金巧妙地借用了丛书形式分不开。

封面与广告词

除去精神层面的无私奉献之外,巴金还是一个罕见的全能型编辑。

在担任文化生活出版社的总编辑期间,因为人手不够,巴金除了组稿、审稿外,还做诸如校对、跑印刷所等具体的工作。他曾经逐字校对过

《人生采访》那样的五六百页甚至更大部头的书。对于译作，他必定会对照原文仔细校订，如孟十还译的果戈理、普希金的作品和许天虹译的《大卫·高柏菲尔》的译稿，都被他认真地校改。编辑工作中，他事必躬亲，对文生社出版工作中的每个环节都一丝不苟地对待。他曾经回忆说："我还记得为了改正《草原故事》（高尔基原著）中的错字，我到华文印刷所去找排字工人求他当场改好。那个年轻人因为下班后同女朋友有约会，显得很不耐烦，但是我缠住他不放，又讲了不少好话，终于达到了目的。"

除了看校样，巴金连图书的装帧设计、插图和排版格式都要负责。他喜欢藏书，热衷于收藏名家名著的各种版本，并收集了一些国外图书装帧设计方面的资料，以便在工作中做参考。他很重视插图，有时为了替一个译本搜集几种版本的不同插图，他不惜花许多时间在自己的藏书中细细寻找。比如说，巴金主持编辑的"文学丛刊"的封面、装帧设计，也别有新意。该丛书32开本，纯白色带勒口的封面，外加褐色护封。封面印上书名、作者、丛刊名称，字体、颜色不同，显得醒目、大方。又如"现代日本文学丛书"，另在封面上加一黄色书腰，介绍书的内容等，显得新颖别致。"译文丛书"则设计为25开本，版式大而略呈方形，封面有作者画像和内容介绍，这一有特色的设计出版后受到好评。翻译家李文俊青年时期爱读文生版的"译文丛书"。他回忆说："'译文丛书'开本短而宽，而且往

"译文丛书"设计古朴大方，别有新意

往是厚厚的一大册,像个脾气和蔼的矮胖子,给人一种敦实可靠的感觉。"范用曾说:"我想起巴金先生的文化生活出版社,他印的书,'译文丛书'《死魂灵》的封面就只有黑颜色三个字。'文学丛刊',曹禺的《雷雨》《日出》,封面简简单单,除了书名、作者名,没有更多的东西,一直到现在,也还觉得非常好。"范用还谈到台湾作家痖弦曾经说过,"直到现在我还觉得20年代文化生活出版社出版的书'文学丛刊''文化生活丛刊'是最美的"。

在图书的整体设计方面,巴金经常会及时借鉴一些国外的出版经验,例如《贵族之家》一书附赠的两枚小卡片,一是人物简介,一是人物表,便"是从日本出版物里学来的"。巴金曾说:"欧美的出版物对二十年代的上海出版界有影响,但不大,主要是吸收了日本出版物的影响。"

谈起封面的装帧,巴金在致姜德明的一封信中说:"您问起文学丛刊及小丛刊、文季丛书的封面的事,分别答复如下:文学丛刊是我设计,由丽尼修改决定的。小丛刊和文季丛书都是我参考《少年读物丛刊》的封面设计的。……《烽火》丛书是我设计的。字是请钱君匋写的,图是从别的书上找来或者是《烽火》上用过的图。"由于巴金的努力,文生社的书在装帧设计上显得自然、朴素、大方,形成了自己独具的风格。

不唯如此,巴金还亲自过问图书的宣传推销。文化生活出版社除了在书后环衬、版权页、封套、勒口等处刊登新书预告、内容简介外,还印制图书目录和其他宣传品。文化生活出版社所出图书的内容介绍及广告词,大多出自巴金、丽尼等人之手。巴金撰写的广告词,语言精练,文笔优美,颇吸引读者。诚如姜德明所说:"我原以为文化生活出版社的书刊广告都是作者或译者们自己顺便写出来的,没想到巴金为丽尼、陆蠡、曹禺、高植等人的译作都写过广告。这既表现出他对新文学事业的热心,也是对朋友们的一种友情。"

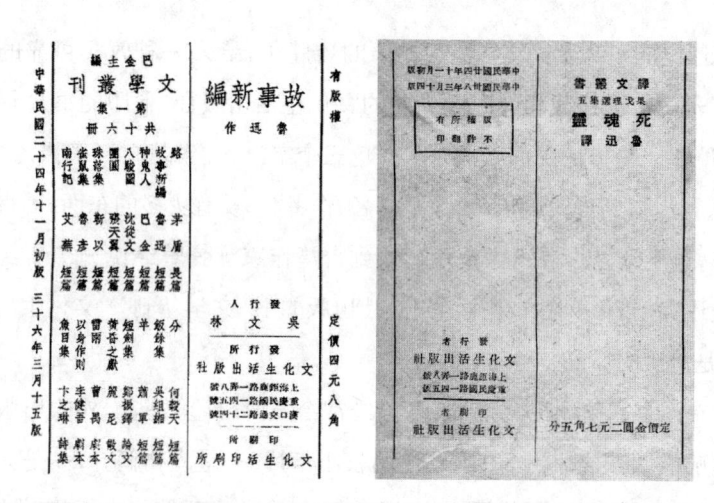

文化生活出版社所出图书版权页简约大方且多有丛书书目，既宣传了图书，也方便了读者

丽尼翻译出版的《田园交响曲》，是文化生活出版社早期出版的极具影响的图书之一

现代作家中为作品写广告的不少，如鲁迅、茅盾、胡风、黎烈文、孟十还、李霁野，等等。而像巴金和文化生活出版社的同人如此密集地为图书撰写广告的倒是并不多见。巴金曾为《屠格涅夫选集》的六部长篇、冈察洛夫的《悬崖》、托尔斯泰的《安娜·卡列尼娜》、王尔德的《快乐王子集》、库普林的《亚玛》……写了数十则广告词。丽尼不仅替自己《田园交响乐》写广告，还模仿鲁迅文笔替别的图书撰写介绍。田一文替李霁野翻译的《简·爱》写的简短介绍，好像一首散文诗，曾受到老记者黎丁的赞赏。对此，李济生分析说："像文生社这样一个民间创办的小出版社，不经常利用各种宣传手段介绍自己的出版

136　　出版的品质

物,怎能让广大读者知道并取得他们的信任?不如此又何以面向大众,为新文化争夺阵地,为文化建设和积累作出贡献,以达到产生社会效益的目的?书也是一种商品,也要面对市场,能不去适应那个时代、那个社会的市场经济?否则又如何取得经济效益?书卖不出去,出版社岂不要关门?何言其他。所以巴金笑说:作家和读者是我的衣食父母。"

据范军的统计,收入《巴金全集》第18卷"集外编(上)"的图书广告文章,共计26篇。"其中,1929年6篇;1935年5篇;1937年2篇;1938年4篇;1940年1篇;1942年1篇;1944年1篇;1948年3篇;1949年3篇。""另据纪申选编的《巴金书话》,收录了《全集》中没有的图书广告5篇,分别是刊载于1936年12月《罗亭》初版本护封上的《屠格涅夫选集》(小说六种),刊载于1946年1月《文艺复兴》创刊号的《憩园》,刊载于1949年4月出版的屠格涅夫的《春潮》第九版护封二上的广告,刊载于1949年2月出版的屠格涅夫的《文学回忆录》护封上的该书广告,刊载于1948年出版的库普林的《亚玛》护封上的该书广告。这样,我们现在能看到的巴金写作的图书广告文案就有31篇。"

其实,巴金所撰写的广告文字还要更多一些。《刊行"文化生活丛刊"的缘起》等一类文字应该也可记入巴金的广告文字。除此之外,一些文化生活出版社出版图书的护封上,还有一些巴金所写的文字。如巴金为《伪币制造者》(纪德著,盛澄华译)所写的广告便刊于1943年版《地粮》沪三版护封,为《莫洛博士岛》(威尔斯著,李林、黄裳译)写的文字刊于1948年《莫洛博士岛》初版护封。此外,一些研究者的书中也散落有一些巴金的广告文字。相信随着对民国时期报刊资料新的检阅,还会发现巴金这一方面更多的佚文。

结　语

　　巴金说过这么一段话："我们工作,只是为了替我们国家、我们民族作一点文化积累的事情。这不是我自我吹嘘,十几年中间经过我的手送到印刷局去的几百种书稿中,至少有一部分真实地反映了当时我国人民的生活。它们作为一个时代的记录,作为一个民族发展文化、追求理想的奋斗的文献,是要存在下去的,是谁也抹煞不了的。这说明即使像我这样不够格的编辑,只要去掉私心,也可以做出好事。那么即使终生默默无闻,坚守着编辑的岗位认真地工作,有一天也会看到个人生命的开花结果。"这"个人生命的开花结果",来自法国居友的学说,也正是安那其主义社会的伦理学基础之一,由此可以见出,巴金是怎样将信仰伦理化,并与具体的编辑工作无缝地结合起来了。

　　在文化生活出版社的工作实践中,巴金感受到了作为一个精神播火者的意义,在行动中体会到了这是一件同样值得为之长期奋斗的创造工程。他沉浸在释放自我燃烧自我的兴奋与快乐中,融入了默默垦植与建树的生活中。巴金晚年曾对自己在文化生活出版社14年的编辑生活有过回顾,他说："我在文化生活出版社工作了十四年,写稿、看稿、编辑、校对,甚至补书,不是为了报酬,是因为人活着需要多做工作,需要发散、消耗自己的精力。我一生始终保持着这样一个信念:生命的意义在于付出、在于给予,而不是在于接受,也不是在于争取。所以做补书的工作我也感到乐趣,能够拿几本新出的书送给朋友,献给读者,我以为是莫大的快乐。"萧乾曾说："看到巴金的文集长达十四卷,有人称他为'多产'。可是倘若他没从1935年的夏天就办起文化生活出版社(以及50年代初期的平明出版社),倘若他没把一生精力最充沛的二十年献给进步的文学出版事业,他的文集也许应该是四

1949年夏,(左起)沈从文、巴金、张兆和、靳以、李健吾在一起

十卷。"巴金是在新的编辑的岗位上实践着自己人生的理想、人生的梦。

1947年巴金为他的朋友安那其主义者卢剑波编辑了一本散文集《心字》并代作了后记。他说:"他自己愿做一个为理想献身的革命家……可是他始终找不着牺牲的机会。……后来他改变了生活方式……做了十几年的中学教师,生活在四川的一个角落里,几乎与外面的世界隔绝……他的生活变得更简单,更平凡,身体更衰弱,观察也更透彻。……他不再被人称为'才子',他也不再显露那火花一现似的锋芒。他的眼界,他的四周扩大了。他的脚步稳定了。正如他自己所说,'一个人的生命有限,而"人"的生命无限,时间无限'。瞭望着将来,他'存蓄着无限的希望'。"这是在写朋友,写朋友在实际的工作中践约了自己的人生。这何尝又不是巴金自己此刻心态的自况呢?的确,巴金从事出版是一种岗位意识的切实显现,他是要在平凡的岗位上,朴朴素素地传衍文明。因此,文化萧条时他坚守自己的事业,漫天烽火中依然坚守自

2011年,巴金故居改建为巴金纪念馆,人们在此可深切感受到这位世纪老人一生的文化追求

己的岗位,以自己的方式去放散个人的生命,照彻更广的人生。

在《知识分子在现代转型期的三种价值取向》一文中,陈思和提出了知识分子"岗位意识"的概念。所谓岗位意识,是指知识分子在自己的岗位上守持一份学术责任与社会责任;并通过这一系列努力,进而去维系一份文化的精血。这是现代知识分子人文价值自我守持、自我实现的一种尝试,是现代知识分子独立价值体系得以确立的一种方式,其存在向我们展示了现代知识分子的一种人生境界以及这种境界具体的现实依托。我们从巴金的编辑事业中深深地感受到了这一切。搞出版、办教育、著书立说都是知识分子对社会的一种贡献,是他们自我人格成全的一种方式。尤其是搞出版,巴金他们弃绝商品利润的诱惑,以自己的实际行动进行文化精神的传衍。他们绝不是为了金钱利益才搞出版,他们恰恰是在文化大萧条时走上这个岗位的。他们也没有要做文坛霸主或出版巨子的心,而是出于一种理想的支持,要为时代留下文明的火种、刻下艺术的印痕。也正因此,即使在战争的烽火硝烟之中,他们仍然踏踏实实地为文学事业做贡献,为人生为社会为青年做些事情。不论在何种境况之下,他们心头的那点真那点火始终长存。他们是把人文精神在实际的行动中体现出来,使之不再虚浮,而人格之伟大、人文价值之真切也正是在这一过程中得到体现。这是一种积极入世的人生态度,又是一种实实在在的人生奉献。今天,我们面对的是一个正处于历史转型期的社会,此时从事人文事业的确可以说是一件很寂寞的事。不过,今天的知识分子虽然也有这样那般的一些困扰,然而其生存境遇实已有了很大变化。从某种意义上说,现今知识分子的危机不来自物质而来自精神,不来自外界而来自本我,倘不留意,就会自陷庸人的巢穴而不自知。在这样的时代,尤其是物欲日渐膨胀的时代,知识分子更应守持一份自己的理想。作为一个知识分子,精神家园不应丢失,内心应该保有强大的自信。但更重要的是,这种自信绝不应只是一种空泛的言说,而应在具体的工作中展示出来,应该像巴金那样使自己的理想在平实的岗位得到实现、得到践约,贡献自己的专业知识,发挥社会良知的作用,从而去传衍精神火种,使之永生。也正是从这一角度来讲,巴金他们的编辑生涯与编辑精神为今天的知识分子提供了很好的参照和重要的启示。

徐悲鸿作

邵洵美

有钱人做出版

金良年　汪耀华

邵洵美(1906—1968),著名作家、出版家、翻译家。原名邵云龙,浙江余姚人。早年先后就读于圣约翰中学、南洋路矿学校,1925年春留学剑桥大学,次年因经费困难而肄业。回国后定居上海,曾于1927年在上海市政府短暂任职,旋即辞职,于1928年开始创办书店,出版书刊,曾主编《狮吼》《金屋》《诗刊》等杂志。1932年前后创办时代印刷公司(后改组为时代图书公司),编辑出版《新月》《论语》《时代画报》《万象》等刊物及"新诗库"丛书、"自传丛书"、"论语丛书"等,在社会上影响很大。这一时期还发表过许多诗作,是"新月派"重要成员。1938年在"孤岛"创办并主编《自由谭》月刊,宣传抗日,期间曾秘密印发英文版《论持久战》。1939年《自由谭》月刊被迫停刊,不久"孤岛"沦陷,遂在家隐居。抗战胜利后,恢复时代图书公司,并复刊《论语》(1949年被勒令停刊)。上海解放后,与他人合股开设时代书局。1950年迁居北京,准备开设时代书局分店。1951年因开设分店计划受挫,迁回上海,不久书店歇业,遂为人民文学出版社翻译、校订外国文学作品谋生。1958年以"帝特嫌疑"被捕入狱,1962年4月释放(1985年获正式平反),此后一度为上海译文出版社翻译外国文学作品。1968年5月5日病逝。

邵洵美，这位在中国现代文坛上活跃了数十年的名人，在他的人生旅途中，出版家是贯穿一生、留名于今的职业，他先是诗人，也是作家，既是集邮家，后来又是翻译家，但如果没有"出版家"这一头衔，就如同失去了钻石的戒指，大为逊色。对于与他隔代的人来说，得知邵洵美之名，不外乎两件事，一件是他与鲁迅的争执公案，一件是由他经手创办的《论语》杂志。前一件事，他因为被鲁迅"骂"过而知名，后来搞清楚不过是一场误会；而后一件事才真正显示他的本色。邵洵美做出版在中国现代出版史上是个特别的个案，因为喜欢，也是因为有钱、有朋友，于是，当年的商务印书馆号称有十大杂志、中华书局有八大杂志，邵洵美鼎盛时也有七大杂志，其在出版史上的地位，由此可见一斑。

初 试 出 版

邵洵美曾有《我的三个祖父》一文，说的是自家祖父邵友濂、嫡亲外祖父盛宣怀、嗣外祖父李鸿章。祖父邵友濂1882年任上海道，1891年任台湾巡抚，1894年任湖南巡抚，曾是上海显赫的地方长官。邵友濂长子原配李氏是当时直隶总督兼北洋大臣李鸿章的女儿；次子邵恒与邮传部大臣盛宣怀的四女儿盛稚惠结婚，生下长子邵洵美。邵洵美1923年17岁那年毕业于南洋路矿学校，1924年冬赴英国留学。赴英前与盛宣怀长子的五女儿盛佩玉订婚。盛佩玉是邵洵美母亲的侄女，与邵洵美是表姊弟。1926年7月邵洵美学成回到上海，即于当年12月2日与盛佩玉在大光明舞厅举行婚礼。这个既显贵且优裕的家庭背景，为邵洵美做喜欢的出版事业，奠定了雄厚的财力支持。邵洵美此后能凭着自己的兴趣"做出版",与此有很大的关系。

1926年归国途中,邵洵美在新加坡的书店里看见了一本上海出版的《狮吼》杂志,当即心有所动,到上海后就与《狮吼》编辑滕固、章克标相交,并成为一生的朋友。1927年8月,邵洵美的第一本诗集《天堂与五月》收入狮吼社丛书,由光华书局出版,此书分"天堂""五月"两辑收诗33首,是作者旅欧期间和归国途中的心言。

1927年春,徐志摩、闻一多、罗隆基、胡适、饶孟侃、梁实秋、潘光旦等在上海办起了新月书店,胡适任董事长。邵洵美是新月书店的股东,初次涉足出版但没参与书店实际工作。等到徐志摩撑不下新月书店时,是邵洵美拿钱接盘,担任了新月的经理。上海新月书店是后期新月派的主要阵地,邵洵美对于后期新月派的文学活动多有襄助。

1927年4月国民政府在南京建立,邵洵美受邀担任上海市政府秘书,但只做了四个月就退出了。虽然祖上和戚友中不乏从政者,且政绩显赫者也不少,但邵洵美毕竟是一介书生,他能写诗、想做书,却于政坛"水土不服"。

开办"金屋"

1928年春,邵洵美独资创办了一家金屋书店。如同当时的众多书店一样,金屋也出书。据邵洵美女儿后来介绍,金屋出的书籍是当时"最精致、最考究、价钱也是最昂贵的"。金屋出了滕固的《唯美派的文学》、陈白尘《漩涡》等。邵洵美自己也在金屋出版了个人的三本书:译诗集《一朵朵玫瑰》、诗集《花一般的罪恶》和论文集《火与肉》。从这些书目中可以看出,金屋出书完全遵从邵洵美喜好的文学风格,唯美是尚。

邵洵美从此尝到了出版的好心情,不受钱之累,不忧销之难,想出就可以出了。看见徐志摩等人出版了《新月》月刊，颇有影响，邵洵美也想"试水"杂志了。恰巧《狮吼》资金周转不灵，他就出钱将《狮吼》收入金屋书店麾下出版。1928年7月1日，《狮吼》半月刊复刊号出版，这是邵洵美亲手编辑的第一份杂志。《狮吼》到1928年12月16日出版了12期后改版为《金屋月刊》，在1929年1月问世，由邵洵美、章克标编辑。这本杂志的广告上写着："有严谨的翻译、优选的创作、精美的图画，有忠实的介绍、公正的批评、诚恳的讨论。"然而，《金屋月刊》办至第七期，却停了半年，在继续出版的第七期上，编者不得不承认说："本杂志销场其实不大好"，但"我们的杂志决不比别的坏"！可惜这话声还未落音，第七期也就成了《金屋月刊》寿终期。金屋书店出书虽然畅销，但书账难收、资金周转不灵，不久就因邵洵美投资其他的出版项目而歇业。

《金屋月刊》和《诗刊》是邵洵美创办刊物的开端，但都因故只刊了几期即停刊

在新月书店这一头，1931年1月20日，徐志摩、邵洵美、陈梦家等在上海办起了《诗刊》，由新月书店出版。《诗刊》开始由徐志摩主编，邵洵美基本不参与，前后只出了四期，其办不下去的原因并非是技术上的，而是"不可抗拒"的外因——1931年11月19日徐志摩因飞机失事而身亡，因此，《诗刊》第四期即是"志摩纪念号"。《诗刊》因徐志摩而生，也因徐志摩而亡。邵洵美说，志摩一去，谁能负得起《诗刊》的责任呢？徐

志摩只有一个。此后邵洵美虽然还帮着《新月》的出版，是其发行人，但志摩一去，《新月》的凝聚力和生命力也就慢慢散落了。为了能解决新月书店的事，邵洵美夫妇在1932年4月专程去了趟北平与胡适等股东做了详谈，决定结束《新月》，将新月书店出让给商务接盘。

金屋、新月相继收盘，但邵洵美的出版事业却并未停止，因为他又开辟了新的阵地，而且已在酝酿《论语》半月刊了。

《时代》和《论语》

《时代》画报最初由漫画家张光宇、张振宇和叶灵凤联袂在1928年10月创办、中国美术刊行社发行，销路虽然不错，但资金不够周转，不到一年就求助于邵洵美，邵洵美和堂兄邵柳门投资5 000元加入了《时代》画报和中国美术刊行社。邵洵美在《画报在文化界的地位》中写道："办画报的目的，是使人感觉到这是一种快乐（指读这种读物），而不是一种工作。"

这次邵洵美准备大干一场。先是花5万美元向上海一家德商洋行定购了一台德国海德堡出品的最新影写版印刷机，打算办个印刷厂，不仅解决自己的需求，还准备承接第三方印刷业务。《时代》画报在1930年10月第十二期上宣布将实行三大革新：第一，印刷及图版之改良，"添加双色版三色版等，纸张向外商定造之影写版专用纸"；第二，编制及材料之革新，"漫画为本刊之特点，兹特精益求精，加添时事新闻及照相，以副'时代'之名"；第三，努力于文字之创建，"特请国内外名家撰著关于政治、社会、文艺上之稿件，以资建设时代之大贡献"。

同时，邵洵美还在《时代》画报第十二期刊发了一则广告：金屋书店所出版新文艺及政治、科学书籍数十种，小说、诗歌、论文研究等类均为国内第一流作家大著,自 10 月份起交由中国美术刊行社代理发行。自 1930 年 11 月起,邵洵美正式参加了《时代》画报的编辑工作,在该期封底的"编辑者"项下,邵洵美赫然与张光宇、张振宇、叶浅予、郑光汉等共同列名。邵洵美担任画报编务首尾近两年,至 1932 年末才从此脱身。

1931 年夏,定购的全套影写版印刷机运到了上海,邵洵美特地在平凉路 21 号租了一排平房作为厂房,还请了一位印刷专家从事制版(拍照、修片、拼图、晒网纹,等等)等印刷全过程的调试。可是,请来的专家却不是高手,邵洵美硬着头皮靠着从国外买回的几本影写版技术的书,边看边翻译边解释,表弟盛毓贤和两个青年工人则边听边照着做,居然获得成功。1932 年 9 月正式成立时代印刷厂,1933 年 1 月成立时代图书公司。有了独一无二的先进影写版印刷机,《时代》画报从发稿印刷直到出版发行一路顺风,邵洵美的个人出版事业由此渐入佳境。

1932 年 8 月,邵洵美与林语堂、李青崖、全增嘏、潘光旦、沈有乾、章克标、孙斯鸣、张光宇、张振宇等朋友决定,出本幽默刊物,这就是名闻遐

《论语》《时代》和《十日谈》在当时出版界产生了较大影响

迩的《论语》。9月16日,《论语》正式创刊,这本半月刊由时代印刷公司印刷,中国美术刊行社总发行,邵浩文(即邵洵美)为发行人,初期林语堂、邵洵美各出了钱,第十期后由邵洵美独资经营。

1933年8月邵洵美模仿英国新闻大王北岩爵士创办《十日谈》,由章克标主编,但推出后没有打响,经常脱期,遂于1934年年底宣告结束。

拥有七大杂志

办刊在邵洵美的编辑出版生涯中占有重要地位,他虽然也编书、出书,后来还曾译书,并经营过出版、发行和印刷,但在所有成绩中,办刊无疑是最值得表彰的部分。据说邵洵美从小就爱办刊物,12岁时就在家办过家报,有人因此说"好像有预兆似的",不过这也印证了孔夫子的一句话:"爱之者不如好之者。"

1933年12月,邹韬奋主编的《生活》周刊被国民党政府密令查禁。之前的《生活》是由时代印刷厂印刷的,当其遭查禁而陷入经济困境时,是邵洵美出手帮助生活书店善后的。1934年2月邵洵美创刊了《人言》周刊替代《生活》,他以"郭明"笔名任《人言》主编,由自己所办的第一出版社出版,《十日谈》结束后,《人言》归入时代图书公司出版。

同时,邵洵美还创办了《时代漫画》《万象》等刊物。1934年1月创刊的《时代漫画》为讽刺幽默月刊,由鲁少飞主编,张光宇做发行人;1934年创刊的《万象》由张光宇、叶灵凤主编,《万象》只办了两期就因"销路不好,格外失望,第二期虽稍有起色,也不好,决暂时停刊",1935年6月勉强出了第三期,也只是"回光返照"。

1935年9月,邵洵美创刊了一份中英文对照的《声色画报》,请项美丽担任主编。项美丽是美国记者,1935年初为了写作来到中国,与邵洵美相识相熟进而相爱。1936年2月12日改名为《声色周报》,由陆钟恩任主编,项美丽为英文编辑,陈福愉当中文编辑。不过,因为不认识中文的外国人只能看半本《声色画报》,不认识英文的中国人也只能读半本,中英文通识的人又无须读两遍。通过吸引读者看书来推动文化进步,是邵洵美经营出版事业的一贯主张,在化为实际行动过程中,既有成功的案例(如《论语》杂志),也不乏失败的教训,《声色画报》就是一例。《声色》的编辑设计虽然有创意,但因为走得太远了,没有找准定位,终于成了"先烈"。

1935年10月,邵洵美创刊了电影文艺月刊——《时代电影》。隔了半个月,又创刊了《文学时代》的文艺月刊。《文学时代》标榜是一本"纯文艺"月刊,主编储安平说:"我们并没有这种企图,想使读者从这一个刊物里看到有任何一种集体的流动——不管是感情的或是理性的。我们都尊重思想上的自由。我们容许每一个在本刊上写他自己在文艺上的立场和见解,除了对文艺的本身忠实这一点之外,我们没有更大苛求。"《文学时代》出了六期,因为储安平要去英国留学,向邵洵美辞职,1936年4月便终刊了。

上海时代图书公司出版的《万象》《时代漫画》《声色画报》等刊物

邵洵美　有钱人做出版　　151

到1935年底,上海时代图书公司已拥有《时代画报》《论语》《时代漫画》《人言》《声色画报》《时代电影》《文学时代》七大刊物,其中,《论语》是最重要的。为了扩大推销,实行"订一赠一":订《时代画报》者赠《文学时代》,订《文学时代》者赠《论语》,等等。与商务印书馆的十大杂志、中华书局的八大杂志相比,邵洵美的时代图书公司居然也拥有七大刊物,且大多是"市场化"运作而非同人刊物,这标志着邵氏的出版事业进入了鼎盛时期。

做"第一流之出版"

1933年12月,邵洵美还办了一个意在出版纯文艺书刊的第一出版社,他曾颇为踌躇满志地说:"第一出版社者,盖吾人以第一步之努力为第一流之出版也。草创伊始,壮志凌天,尚祈海内识者不以狂妄目之。"在这件事情上,邵洵美又显示了他作为编辑而与经营者不同的侧面。作为经营者,他讲究市场效果;而作为编辑,他却以自己的爱好作为出书的标杆。他首先计划出版一套"自传丛书",请12位当时的著名作家写自传,先出了《从文自传》《巴金自传》《资平自传》《庐隐自传》,第五本《钦文自传》是在第一出版社结束之后的1936年由时代图书公司出版的。第一出版社还出了胡适的《新文化运动》、潘光旦的《人文史观》、章克标的《文坛登龙术》,邵洵美在《人言》连载的《一个人的谈话》也出了单行本。

1936年9月,时代图书公司从福州路300号迁入霞飞路(今淮海中路)240号,除了依托《论语》出版"论语丛书"外,邵洵美还计划出版一套"时代科学图画丛书",为此还成立了一个由他和鲁少飞、王敦庆、张大任、曹涵美、邵云骏六人组成的"时代编行委员会",可惜只出了第一集《现代战争的秘密》、第二集《航空的秘密》,就因为时局动荡而"后不

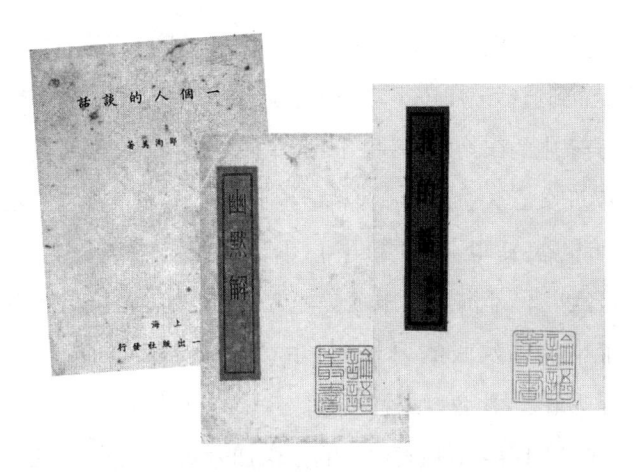

第一出版社、时代图书出版公司出版的林语堂、邵洵美等人的作品

见来者"了。

在1936年年内,他还出齐了"新诗库"第一集10位诗人的诗集:方玮德的《玮德诗文集》,梁宗岱翻译歌德、雪莱等欧美名家诗作的《一切的顶峰》,陈梦家的《梦家存诗》,金克木的《蝙蝠集》,朱湘的《永言集》,罗念生的《龙涎集》,侯汝华的《海上谣》,徐迟的《二十岁人》,孙洵侯的《太湖集》,再加上邵洵美自己的《诗二十五首》。

时代图书公司还出版了阿英编校的《晚明十八家小品》、袁中郎著《瓶花斋集》(万历抄本)以及《上海轮廓》等。

形势看来不错,但侵略者的炮声,却使邵洵美的事业迅速从巅峰跌落……

出版《论持久战》英译本

"八一三"事变后,邵洵美创办的所有刊物和时代印刷厂、上海时代图书公司先后停工歇业。多亏项美丽帮忙,在美国领事馆、英国巡捕行的帮助下,弄到通行证雇了十多个俄罗斯工人,分几次把影写版印刷机连同邵洵美家中的家具、书籍和几百令白报纸等,抬上插着美国国旗的卡车,共17车分五次通过外白渡桥给抢运出来,邵洵美在徐家汇租了一处房子安装机器,使印刷厂重新开业,承印《中华画报》《良友画报》等。

1938年9月,邵洵美说服项美丽合作,在大美晚报馆老板的资助下,出版了中英姊妹版的月刊《自由谭》、*Candid Comment*(《直言评论》),这是吸取了《声色画报》的教训之后推出的两本内容同样的中文、英文版。具体工作都由邵洵美担当,项美丽署名发行人和主编。《直言评论》《自由谭》只生存了半年,就因租界当局受到日本人的压力要求取缔而停刊。不过,这本《直言评论》却做成了一件大事。

1938年5月,毛泽东发表了著名的《论持久战》,地下党组织要求杨刚翻译成英文,让全世界都能读到这部指导中国人民抗日的著作。杨刚是香港《大公报》记者,为了担负这一任务而到上海,经友人介绍住进了项美丽的家,也就认识了邵洵美。在翻译过程中,杨刚常请邵洵美一起斟酌译文字句。全文尚未译毕,即送《直言评论》连载。当时毛泽东还亲笔写了一篇序,是用毛笔写在毛边纸公文笺上的,由邵洵美译出。

这部译稿的印刷、散发是邵洵美一手承担的。邵洵美将译稿委托一家熟悉的印刷厂印刷,共印了500册,邵洵美开着项美丽的自备车把书运到项宅,分别由杨刚通过地下党渠道发行,项美丽托

毛泽东撰写的《论持久战》的英译稿,由邵洵美印刷、散发

人送发,邵洵美等人用"暗销"等方式发了出去。

1939年,邵洵美陪项美丽去了一次香港,为项美丽写作宋氏三姐妹传记收集资料。在香港待了一个秋天后,邵洵美由于夫人盛佩玉等人来信催归,也因出门既久思念家里,终于,邵、项两人各奔其途,邵洵美回到了上海,项美丽去了重庆……

1941年,租界沦陷,时代印刷厂也被迫停产了。心仪的事业暂时不能做了,开始时邵洵美可能有些失落,不过很快他找到了新的寄托——集邮,写出了一部邮学作品《中国邮票讲话》共60讲,1943年4月开始在《新申报》上连载达两个月之久。

重 新 起 步

抗战一胜利,邵洵美先是受托筹建《自由西报》;后与朋友陈继贞一起创办仿美国《时代》周刊的时事周报《见闻》,邵洵美自任总编辑。手里有了一份英文报纸、一份中文报纸,邵洵美又开始踌躇满志了。

1946年7月1日,《见闻》出版。7月下旬邵洵美接到为中国农业电影制片厂到美国采购摄影器材的任务。同时,邵洵美在美国也见到了项美丽,其时项美丽生活拮据,邵洵美就向一个在美国的中国古董商借了1 000美元给项美丽。邵洵美是当年圣诞后回到上海的,但他看到的《见闻》却已面目全非,出了第16期就收摊了。

时代印刷厂已在邵洵美去美国前由盛毓贤办理恢复营业,并开设了时代书局(设在时代印刷厂内),时代书局是时代图书公司的恢复和延续,新版和重印了一些"论语丛书"等图书。唯一使邵洵美感到喜出望外的,是盛佩玉在他回到上海时送的一份礼物——由李青崖受任编辑的《论语》半月刊在1946年12月1日(即第118期)复刊了。此时的《论语》，与前期一样销路很好，销路好就有盈利。就这样，邵洵美靠着一本《论语》，在动荡的年月里附带养活了时代印刷厂和时代书局。

《论语》出版第177期（1949年5月16日），被市政府勒令停刊，这一期成了这份著名刊物的终刊号。那时，解放军的隆隆炮声已经渐渐逼近，不久上海获得解放，一个新时代开始了。

惜 别 出 版

中华人民共和国成立前夕，叶公超、胡适都曾邀邵洵美和夫人去台湾，被邵洵美婉言谢辞了。邵洵美怕引来杀身之祸，将保存下来的包括毛泽东亲笔所写序言在内的全部《论持久战》英译本原稿都付之一炬了。上海解放之初，夏衍曾到邵洵美家谈了很久，后来又与周扬一起专程为《论持久战》英文版造访。邵洵美以实相告，周、夏感到十分惋惜。不过，随着经济的恢复，邵洵美又迅速开始了他的出版活动。

1949年的下半年，夏衍又到邵洵美家，这回是来谈政府要收购邵洵美那架德制影写版印刷机。在夏衍的再三劝说下，邵洵美以折价5.6万美元的人民币（这个价格是因为当初的进价5万美元，6 000美元是后来添置照相架和三原色滤色玻璃片等设备的折价）把机器卖给了北京新华印刷厂，连操作工人一并迁到北京，用来印刷《人民画报》等。有了这笔款子，邵洵美将时代书局迁到四川中路、南京路口，以很快的速度出版了一批他认为是进步的图书，其中包括一些俄文著作的翻译作品，以应读者之需。

1950年元旦后，邵洵美带了全家移居北京，打算在北京开设时代书局分店，他找了出版总署徐伯昕（时任总署办公厅副主任兼计划处处长）等谈过，徐答应帮助他在北京开店。可是，《人民日报》却在此时一连七天每天以半个版面载文批判上海时代书局出版的苏联文学著作译文粗制滥造和出版"托派分子"作品。其实，邵洵美原本想抓住机遇"做大"自己的事业，可惜他自己不懂俄文，又是赶出书而没有"把关"，至于"托派"之类，作为一介文人也不知道它与正宗马列的区别。这时，据说是周恩来总理通过罗隆基与邵洵美谈话，提出上海时代书局如能改组与政府合作经营或是社长由党委派，还可以继续经营。邵洵美迅速与投资时代书局的两位银行家商量，但那两位不同意合营，宁可关门。如此，时代书局就解散了。这件合作事宜告吹后，自然也未见有当局邀留北京之迹象，加之气候不适，邵洵美只能怏怏南归。

《论语》停刊，时代印刷厂卖掉，时代书局关门，曾经辉煌的三块招牌落地，邵洵美执着经营的出版事业，就此画上了句号。

译书维生

出版虽然就此终结，但邵洵美与书的缘分尚未尽。不久，人民文学出版社聘请他担任社外翻译，翻译了雪莱的《解放了的普罗密修斯》，于1957年8月出版。后经老友秦鹤皋介绍，上海出版公司又约他翻译马克·吐温的《汤姆莎耶侦探案》，校订《彼得一世》《傲慢与偏见》等。

过了一段平静的生活之后，1958年10月，邵洵美突然被逮捕。据说，起因是邵家老六邵云骧因气喘病发作写信给邵洵美，要借钱治病。邵洵美想起项美丽过去借过他1 000美元未还，就在1958年春叶灵凤从香港到上海观光时，给项美丽写了封信，交托叶灵凤带回香港后寄往美国去。不意叶带信走后，一直没有消息。邵洵美在狱中交代出了这件事后，也就不再有人提审他了。

两年后，在狱中的邵洵美与复旦大学教授贾植芳相遇。贾植芳在

1989年2月的《上海滩》月刊上发表了《提篮桥难友邵洵美》,披露了邵洵美在狱中的自述,邵洵美提起当年与鲁迅的那段公案,说笔会宴请萧伯纳时的46元是他自费的,鲁迅说邵撰文是"捐班"实乃天大误会。

在此期间,作家协会上海分会书记处书记、上海文联副秘书长周熙良在北京开会时与周扬见面,周扬问起邵洵美的问题解决了没有,"如果没有什么问题,也不必了"。周回到上海向市委书记石西民做了汇报,"可能是石西民通知了上海出版局",1962年4月6日邵洵美带着一条"帝特嫌疑"的尾巴被释放出狱。不久,人民文学出版社上海分社编译所派人上门联系,社方决定每月发给邵洵美"预支稿费"120元。显然,此举出于有关部门或人士的特别关照。

这时邵洵美已患有严重肺源性心脏病、肺气肿等疾病。从1963年到1965年,邵洵美翻译了雪莱的长诗《麦布女王》、拜伦的长诗《青铜时代》,校读并加工修改《有色人种的世界》,审阅《美国文学史》等作品。1966年"文革"开始后,出版社停发了邵洵美的每月津贴。

1968年5月5日,邵洵美终因贫病交加而停止呼吸,时年62岁。

邵洵美,曾经的有钱人、出版家,就这样走完了"风流倜傥的少年、踌躇满志的中年、寂寞凄凉的晚年"的一生。邵洵美晚年的厄运约有十年,他死后正好也过了十年左右,春风再度,人们在梳理已经过去的文化往事时,他的业绩终于得到了应有的评价。

(本文撰写过程中,参考了林淇《海上才子邵洵美传》,盛佩玉《盛氏家族·邵洵美与我》,邵绡红《我的爸爸邵洵美》,王璞《项美丽在上海》,林达祖、林锡旦《沪上名刊〈论语〉谈往》,特此致谢。)

赵家璧

书比人长寿

芦珊珊

赵家璧(1908—1997),上海松江人,我国著名出版家、编辑家、翻译家和作家。他21岁加入良友图书印刷公司,主编《中国学生》、"一角丛书"(80种)、"良友文学丛书"(44种)、"良友文库"(16种)、"万有画库"(44种)、《中国新文学大系(1917—1927)》(10集)等多部重要丛书,结交了一大批当时最有影响力的作家。1946年,赵家璧与老舍共同创办晨光出版公司,出版了"晨光文学丛书""晨光世界文学丛书"等优秀作品。中华人民共和国成立后,他先后进入上海人民美术出版社和上海文艺出版社,继续出版事业。晚年赵家璧撰写了百万余字的出版回忆录,为后人留下宝贵的精神财富。1990年,赵家璧获得韬奋出版奖。

1990年11月，第二届韬奋出版奖颁布，位于获奖者名单首位的是赵家璧。一般读者鲜有知道他是谁，可是与他打交道的作者队伍光耀了整个新文学领域。这位从事了出版工作60多载的老人，到底靠什么获得了大家的肯定呢？

永远保持对出版工作的巨大热情

近代很多文人做出版，并且坚持了很多年，但是像赵家璧这样不论困境逆境、不管战争还是和平，甚至有时不去考虑到底能不能赚钱，只要能够做出版、做一辈子出版就甘之若饴的，实属凤毛麟角。

赵家璧出生于一个比较殷实的小康家庭，宽松的经济条件和母亲的疼爱为他提供了良好的成长环境，让他可以安心读书，度过了快乐的少年时光，为日后的出版事业打下扎实的基础。赵家璧的编辑生涯有个鲜为人知的起点：《茸报》。1923年，只有15岁的赵家璧受到新文学刊物的影响，与几位同学一起办了一份校报。虽然影响非常有限，但是点燃了赵家璧做出版的热情。

进入光华中学读书后，赵家璧积极参加了校刊《晨曦》的筹备和编辑工作。这个"学生编辑"阶段，是赵家璧经常提起的出版起点。赵家璧撰写发刊词，组织稿件，很快被推举为《晨曦》的主编，直到中学毕业。

因缘际会，赵家璧刚入大学不久，就得到良友公司老板伍联德的赏识，大胆提出了出版《中国学生》的想法并被采纳。从此，赵家璧开始半工半读办《中国学生》，从第二期开始就担任主编，杂志很快得到读者的青睐。不久后因为一篇文章，赵家璧被告诽谤罪。在良友公司的帮助下,赵家璧惊险渡过了难关,并且坚定了出版更加优秀作品的决心。

1931年,"一角丛书"在赵家璧的精心策划下隆重推出。可是前期效果并不如预想的好。恰逢"九一八"事变爆发,赵家璧立刻想到借此机会向名家约稿,增强丛书的影响力。随后便向胡愈之等名家约稿,呼应全民抗敌、鼓舞士气。胡愈之鼓励他:图书编辑工作是值得有志青年干一辈子的事业。赵家璧牢牢记住这句话,真的干了一辈子。

抗日战争全面爆发之前的上海非常繁华,文化氛围浓厚。赵家璧在这一阶段策划了"良友文学丛书"和《中国新文学大系》。这是赵家璧整个编辑生涯的最高峰,也是他作为出版家的最佳注脚。不料时过无多日军开始全面侵华,在无比动荡的时局里,赵家璧本人和良友公司都过着朝不保夕的日子,但他始终没有放弃出版。战争是"外患",股权纠纷是"内忧",良友公司宣布破产。失业后的赵家璧为了糊口,短暂做了一段时间的光实中学副校长。当《大美画报》邀请赵家璧去当主编的时候,

良友图书有限公司门市部旧影

良友复兴公司同人合影：前排，翁香光、赵家璧、陈炳洪、张沅恒、周华；后排，张沅吉、孙汝枚、李仰苏、王九成、丁君陶

心系出版事业的赵家璧立刻答应了。在《大美画报》工作期间，经赵家璧等人的多方奔走，于1938年底成立了良友复兴图书公司。赵家璧在新的简陋环境里延续着自己的出版梦，直到被日寇查封。

即便内心里十分热爱出版，但当日本人希望与赵家璧合作的时候，他平生第一次也是唯一一次对出版说不。为了摆脱日本人纠缠，赵家璧决定抛下妻儿避走他处。临行前，他让妻子将良友复兴图书公司的营业执照拍成照片缝在鞋垫里，一找到机会就重拾出版工作。

在此期间，赵家璧在桂林停留了一段时间，迅速挂出良友复兴图书公司的招牌开始出书。1944年，豫湘桂战争爆发，赵家璧带着刚投奔过来一个月的家人往贵阳转移。不料，托运良友公司全部存书、纸张的火车在金城江遭遇火灾，赵家璧几乎搏出性命也只抢救出纸型，其余所有都在大火中付之一炬。

转移到重庆后，条件更加艰苦了，合伙人决定放弃出版去经商，获得比较好的经济回报。赵家璧却依然执意做出版，家人为了支持他的事业不惜变卖生活用品。1945年3月1日，良友复兴图书公司在重庆民生路英年大楼复业，赵家璧既是总编辑也是总经理，在只有三间办公室的环境中开始继续出版业务。

抗战胜利后，良友公司又一次面临股权纷争，赵家璧黯然退出。退出良友不代表放弃出版。赵家璧从学生时代开始做出版，出版早已融入他的生命之中。他与老舍，一个编辑，一个作家，合作成立了晨光出版公司，办公地点就在家中的客厅，最初的雇员也只有一名。为了筹备足够的资金，赵家璧顶着族人异样的眼光，卖掉了祖产。这一时期国内物价疯涨，通货膨胀日益严重，连商务印书馆都过上了向银行借贷的日子，很少出版社出版新书。"晨光文学丛书"却在赵家璧的运筹帷幄之中与读者见面了。在赵家璧看来，一切艰难困苦都不足以与做出版的快乐相提并论。

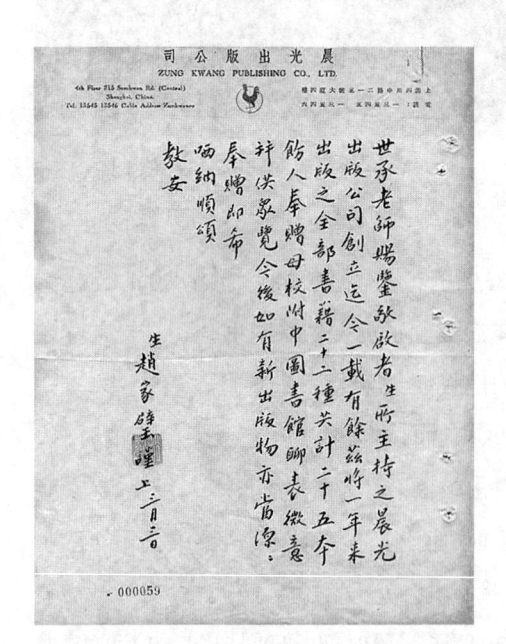

1948年，赵家璧致信母校光华大学附属中学，捐赠晨光出版公司书籍

公私合营后，赵家璧任上海人民美术出版社副总编辑和摄影编辑室主任，出版了许多新中国急需的图画书和摄影理论图书。1958年，赵家璧任上海文学出版社副总编辑。晚年的赵家璧虽然没有再从事实际的出版工作，但他孜孜不倦写了近百万字的出版回忆录，回顾了自己的出版岁月，也为近代中国出版史研究留下宝贵的资料。

20世纪80年代的赵家璧

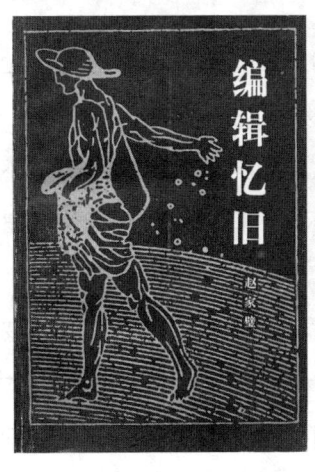

不同版本的《编辑忆旧》

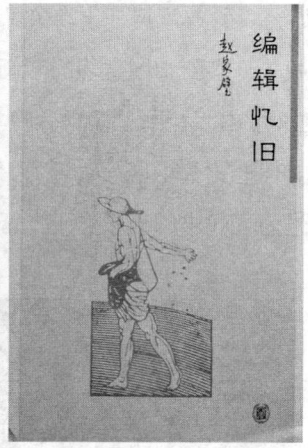

不同版本的《编辑忆旧》

回顾赵家璧的一生,是名副其实做出版的一生。他几十年如一日对出版事业的热情,值得每一位出版人学习。

始终坚持出版的品质和文化品格

对出版仅仅有热爱当然是不够的。赵家璧的成功还在于,他还将这份热情投注到出版的品质和文化品格之上。

早在良友时期,受到伍联德等人的影响,赵家璧就确立了不论作者来头门派、只以作品好坏作为编选标准的思想。因此,赵家璧出版的图书都保持有相当的品质和品位。

赵家璧在良友工作之前以及之后的一段时间,良友公司主要走都市休闲娱乐之路。赵家璧在文艺图书出版中,选择了许多左翼作家作品。这是良友公司的商业愿景、郑伯奇的政治诉求和赵家璧的出版理想结合的结果。如果仅仅为了赚钱,当时市场上充斥着许多内容平庸、质量低

与郑伯奇合影

劣、趣味低下的作品，跟风出版层出不穷，那些只求廉价、少有编辑的标点旧书更是大行其道。但赵家璧没有选择这条路，而是选择了出版积极向上、有文化价值、能够长久流传的图书。左翼文学集中体现了动荡年代释放政治焦虑、反抗文化专制、披露现实问题等特点，因此有良好的市场表现，虽然不断被审查依然销量可观，有着旺盛的生命力。美国学者费孝通后来在通信中跟他说：书比人长寿。赵家璧出版的图书的生命价值很好印证了这一点。郑伯奇在其中对赵家璧的指导提携也起到了十分重要的作用。

赵家璧在编辑《中国新文学大系》的时候，为了保证出版的品质和

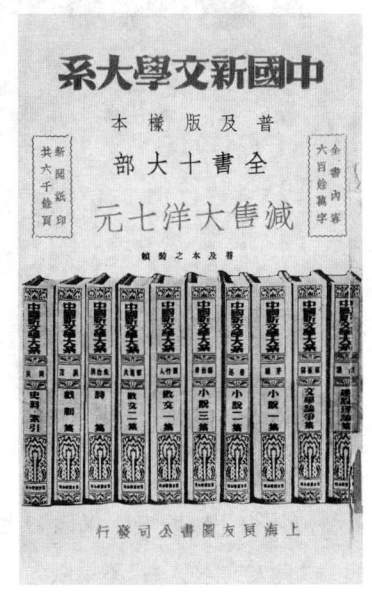

《中国新文学大系》的媒体广告

文化品格，对各集主编人选进行反复思量。对于《大系》这样的作品来说，选好了主编就等于选好了作品。赵家璧1934年开始主持《中国新文学大系》编纂工作，选择各集编选者。他选择胡适、周作人分别担任《建设理论集》和《散文一集》的编者，是引起了争议的。但最后赵家璧顶住了这些压力，确实勇气可嘉。不管是政治观点，还是人情世故，在赵家璧看来都不是选择编者应该考虑的问题。在他心里，选择的标准很单纯——资历。只要在某一方面确实堪称翘楚，他就努力去争取。赵家璧明白，新文学运动，是属于整个民族的历史。事实证明，这一决定最后得到了大家的理解。十位编选者中，无一人放弃自己的职责。

《中国新文学大系》各集选编者，可谓名家云集，均一时之选

赵家璧出版的书不仅内容上要求严格，在装帧设计上同样追求精良。"良友文学丛书"不单以内容取胜，书的包装也为读者青睐，而且为出版界所推崇，至今为藏书家乐道。一代文史大家、资深出版人金性尧

先生在1945年说："凡是称作丛刊的，不但在装帧设计上要统一或和谐，而且还得漂亮大方，摆在一起，自然得令人生出一种美术感——谈到这一点，似又不能不推良友的文学丛书和小型文库（这大约是模仿西洋的几种文库），而以今天的成本算来，那真近乎'豪华'了。即如它的封面以外的护书的纸张，锌板及印工，就是一笔浩大的工程。记得半年前路过四马路的一家旧书摊，见有此书全套，索价六千元，为之挠舌。"

赵家璧一生编辑出版了无数作品，许多都是传世之作，这与他始终坚持出版的品质和文化品格密不可分。

秉持不断思考和创新的精神

赵家璧本人也创作、翻译过作品，而他将自己最核心的思考力和创造力交给了出版。

早在《晨曦》担任主编之时，他就不断推陈出新：打破半中半西的刊物格局，扩大篇幅，彩印封面，将新闻纸改为道林纸印刷正文，让刊物从校园走向社会。这些体现了他善于思考、勤于思考、努力创新的精神。这种编辑工作方面的天赋和积极的创造性伴随他一路走向编辑出版事业的顶峰。

赵家璧喜欢逛书店，并且将逛书店的心得作为创造构思选题的重要来源。他看到"蓝皮小丛书"的时候得到启示，丛书不一定必须大部头或者无所不包，只要策划得当即可。他为丛书取名"一角丛书"，一语双关，一半是因为丛书售价一角，一半是因为他预备丛书的内容都是短小精悍的文艺作品或者只触及知识一角的经典。丛书定期出版，每周一期，内容独立。

赵家璧还别出心裁地为"一角丛书"做了出版标记。这种形式也是赵家璧在阅读西方成套图书的过程中借鉴过来的。他发现西方这类图书都有统一的出版标记，整齐划一便于识别。于是，他也找人设计了"一角丛书"的出版标记。画面是一个戴着宽边草帽的农民，在田野里播撒种子。此后，他将这个出版标记屡次应用到成套文学书的出版中。这个标记成为良友公司文艺书的标记，也是赵家璧出版图书的标记。

"一角丛书"中篇幅不够的《秋》遭遇徐志摩的突然离世，"良友文学丛书"的《母亲》尚未结局遇到丁玲被捕，本来是两本无法出版而只能让编辑自认倒霉的文稿，在赵家璧手里，却焕发出了异样的活力。他为了凑够篇幅自己创作了《写给飞去了的志摩》附在其后，又专门写了一篇《丁玲〈母亲〉编者言》巧妙交代了小说未完成的原因等，得到更多人的关注。这充分反映了赵家璧在突发事件面前超常的应对能力和变劣势为优势的编辑技巧。此时的赵家璧不仅仅是一个早已走出编辑部勇于

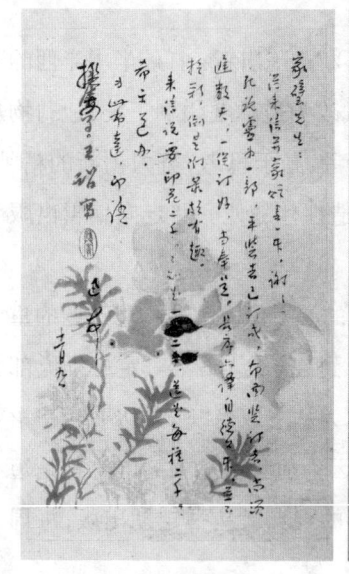

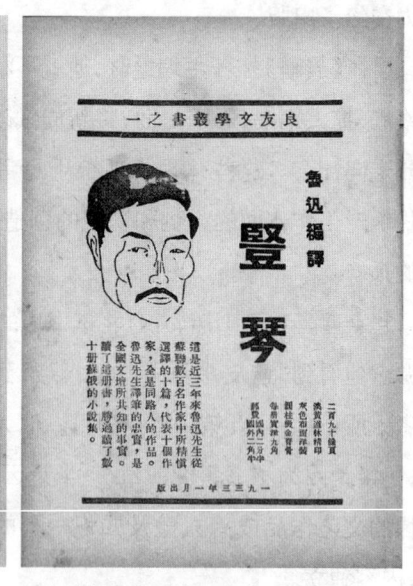

鲁迅致赵家璧书信　　赵家璧策划编辑的"良友文学丛书"，收入了鲁迅编译的《竖琴》

主动向社会名流组稿的编辑,而且已经成长为能够创造性地把握出版机会的高手。

《中国新文学大系》的出版是赵家璧不断思考和创新的代表之作。当时赵家璧正在做"良友文学丛书",四处找知名作家搜罗新作,充分体会到出版新作的艰难。赵家璧燃起了另外一个想法:既然出版已有作品困难重重,为什么不能通过自己的"策划"去"创造"一些经典呢?他仔细思索编辑是否可以自己多动些脑筋,发挥一些主观能动性,在编辑上变被动为主动,因而有所创造呢?编辑一般来稿是从有到有,把作家的创作成果,通过编辑劳动,变手写原稿为铅印书本,送到读者手中。但编辑也可以自己先有一个设想,要编成怎样一套书,然后主动组织许多作家来为这套书编选或写作;整套书完成后,不但具有它自己独特的面貌,而且这是作家应编辑的构想而创作的作品。也就是说,如果不真为了适应编辑的这个特殊要求,作家本人不会想到要自己去花时间编写这样一本书。这种编辑方法是否可以称为从无到有的创造性劳动呢?

编辑不应该只当加工的工匠,在社会化的大市场条件下,编辑应该有更广阔的发挥空间,主动策划一些选题,再组织合适的人来完成。一套书整个下来,从内容到形式,全凭编辑的推动和思想。作者只是被选定的、完成这个想法的人。这样一来,主动权都掌握在编辑的手里,既不用担心容易被模仿超越,也不害怕有人会横刀夺爱。

刚开始他并不清楚自己理想中的作品是怎么样的,就不断地去图书馆、书店查阅近年来的图书资料,研究近年来的作品。对各类资料进行比对后,他发现五四运动以来的作品非常多,小说、散文、诗歌等文学形式也十分丰富。他朦胧地意识到,自己即将编的作品会以这些为基本原料,然后分类编辑。每一类都找一位最权威的人士担当主编,由主编来编选。此外,主编还要在每一集前加一篇序言,说明这一门类作品的发展源流和编选标准等。对于一些因为篇幅没有入选的作品,也附上书目,以便读者查阅。每一集书的后面,还可以加入一些史料,比如人物生平、社团概况等,为读者最大程度保存史料。传世经典就这样一步步走到读者身边来。

这种积极主动的思考和创造意识在编辑工作中尤为可贵,贯穿了赵家璧一生的出版活动。

始终与作者维持亲密友好的关系

赵家璧性格随和,一生交友无数,很多人感念他的人格魅力,成为他的作者。

赵家璧最早一批作者是自己的同学和老师,徐志摩就曾经是赵家璧的老师,后来成为他的作者。随着他逐步打开出版局面,其他社会名流也相继成为他的作者。他很早就意识到,得不到作家的支持,编辑将束手无策,一事无成。

"一角丛书"前一阶段的许多著译者都是赵家璧的朋友、同学、同事、老师、同乡。比如老师潘序祖,在"一角丛书"中就分别以潘予且和予且为笔名,出版了《子平术》和《谈心病》两本书,列为第11种和第22种。恩师徐志摩意在贡献一本《秋》。他还为赵家璧介绍了陈梦家与何家槐两位青年作家,分别出版了《不开花的春天》和《恶行》两部小说,列为第3种和第40种。同学穆时英也出版了《被当作消遣品的男子》和《空闲少佐》两本,分别列为丛书的第5种和第27种。同学王家域的《芙小姐》列为第23种。同乡施蛰存则出版了小说《李师师》,列为第12种。与赵家璧在良友共事的同人也是重要的作者来源:马国亮著《生活之味精》和《绘画欣赏》列为第14种和第71种,梁得所创作《老毛的日记》和《烟和酒》分列第19种和第67种,郑伯奇以笔名郑虚舟著《日本的泛系运动》和《宽城子大将》分别列为第33种和第44种……不过,在丛书的后半阶段,这种情况发生了很大的变化,许多著名的左联作家和进步作家都成为丛书的作者。郑伯奇对赵家璧的编辑生涯有很大影响,其中一个重要方面就是介绍他认识了许多有影响力的作家,比如鲁迅、茅盾、周扬、阿英等,这些作家后来屡次与赵家璧合作,一路支持赵家璧成为一代出版家。

赵家璧编辑的《东北事变之国际观》《高尔基传》等一角丛书

赵家璧在编辑过程中深深体会到知名作者对市场的号召力,也认识到,要想编出一套高质量的文学丛书就必须有一份高水平的作者名单。在"良友文学丛书"的前39本里(第40本因战争爆发没有出版),几乎网罗了近代文学史上所有的名家:鲁迅两本,巴金三本,丁玲两本,茅盾两本,老舍两本,沈从文两本,张天翼三本,另外还有叶圣陶、谢冰莹、朱光潜、郑振铎、郁达夫等人的作品。正是这些流派不同、风格迥异、地域不一的作家共同把"良友文学丛书"推向辉煌。同时,也给沪上喧嚣热闹的出版风潮带去了一片清新的风景。

他在《中国新文学大系》的出版中就像一位运筹帷幄的元帅,放心让骁勇善战的将军们领兵各伐一方,绝不乱发号施令。不过,当"将军们"需要帮助的时候,比如,"粮草"(文献材料)不充足了,立刻及时代为补上。十位主编就有十种编选标准,赵家璧一概不干涉。每一卷由于编选者个人的学术观点和视野不同,有的甚至与赵家璧原来的宗旨有背离。周作人喜欢议论性文章,就很少选抒情性散文;郁达夫喜欢周作人和鲁迅的作品,就选了82篇,占了《散文二集》一大半的篇幅;茅盾、鲁迅、朱自清等人则相对比较客观,更具有史家眼光,但也不是绝对。比如鲁迅因为误会沈从文的为人,在《小说二集》中就没有选入沈从文的作品。虽然赵家璧与沈从文私交很好,也没有提出任何异议。

很多后来者包括同时代的人都羡慕赵家璧的运气,可以碰到这么多知名作家。就连他本人也常常自谦地以为,他有那样的成就得益于前辈作家们的特别关照。如果我们足够了解他对作者的态度,就会发现,不仅仅是他幸运,也不仅仅是作家们对他有特殊的关照,他的成功更多得益于自己不懈的努力。对于有的作家作品,比如茅盾的《烟云集》《四三集》,老舍的《离婚》《赶集》,他不停催稿直到完成,这是对这些知名作者的善意督促。但对于有些作家,如钱锺书,出版了《围城》之后赵家璧很少打扰,因为他了解这些潜心做学问的人,从内心深处想让学者有安静思考的空间。他能够结识知名作家,并且与他们合作,是因为在团结作家、服务作家的工作中,他比别人做得更细致、更深入。

丁玲的《母亲》出版45年后,当已逾古稀的赵家璧在丁玲的病床前,向作家清楚地说出她母亲蒋慕唐老太太的姓名的时候,这位经历过无数风霜雨雪的战士不禁老泪纵横。她知道,这个名字并不朗朗上口,而且时隔这么多年,赵家璧又接触了那么多的人和事,经历了那么多的风风雨雨,甚至几度出现了严重的精神障碍,却还能如此清晰地记得自己母亲的名字,着实让人感动、感慨! 如果这个编辑不是把作者牢牢地印在自己的心里,怎么可能有这样的好记性? 今天我们的编辑们经常说要与作者交朋友、尊重作者,而赵家璧却用他的行动告诉那些有志于编辑事业的后来人——作者永远都在编辑的心里!

周振甫

学者型编辑的人生风范

范 军　曾建辉

周振甫(1911—2000)，名麟瑞，字振甫，以字行。浙江平湖人，著名学者，古典诗词、文论专家，资深编辑家。1911年，周振甫出生于浙江嘉兴平湖县，6岁入私塾识字，此后辗转于稚川初小、东吴高小、稚川初中等处求学，勤奋刻苦，成绩优异。21岁时考入无锡国学专修学校，次年经徐调孚先生介绍，进入开明书店担任校对，从此开始了职业编辑的人生。

周振甫的编辑生涯历经民国期间的开明书店、中华人民共和国成立后的中国青年出版社、"文革"后期和改革开放后的中华书局三个不同阶段，经他手校对、编辑出版的有《辞通》《二十五史》《二十五史补编》《文心雕龙注》《唐宋词选》《古文选读》《历代文选》《李太白全集》《乐府诗集》《历代诗话》《楚辞补注》等大部头古典文史著作，并留下了为毛主席的诗词改字加注、责编《谈艺录》《管锥编》等编坛佳话。尤为难得的是，周振甫将编辑工作与学术研究、编审书稿与个人著述紧密结合，不断地编辑整理中国古典文献，为中国优秀传统文化的传承与普及工作做出了突出的贡献。他的《诗词例话》为代表的例话系列、《文心雕龙》系列、经典文献译注系列等都援引广博、校注精审、明晰浅易、娓娓道来，成为深受读者欢迎的"常销书"。周振甫将自身学识和职业特征相结合，几十年如一日耕耘于古典文史图书编辑出版领域，凭借扎实厚重的文史功底、踏实认真的工作态度、细致严谨的工作作风成就了学者型编辑的光辉典范，成为中华人民共和国编辑界的"大国工匠"，学术普及的一代大家。

1983年2月4日,立春。文化部出版局会议室人头攒动,掌声阵阵。屋外春寒料峭,室内则洋溢着浓浓的春意,周振甫从事编辑工作50周年的座谈会正在召开。来自中国出版工作者协会的陈原、王仿子,中华书局总经理陈之向、副总编辑李侃,出版协会科技出版工作委员会主任常紫钟等领导和嘉宾簇拥着周振甫坐在"祝贺周振甫同志从事编辑工作五十年"的红色横幅下面。

座谈会由国家出版委员会主任、中国出版工作者协会副主席王子野主持,中华书局副总经理王春介绍了周振甫的编辑工作经历及突出贡献,对他50年如一日,兢兢业业,不计名利的工作作风和精神表示敬佩,赞扬他是编辑、出版工作者的楷模。文化部出版局局长边春光也动情地回忆起自己和周振甫下放到干校,共同劳动、同甘共苦的日子,并总结评价了周振甫的为人品德,"一是实事求是的治学态度;二是孜孜不倦的学习精神;三是坚持真理的优秀品格;四是朴实无华的工作作风","50年来为他人作嫁衣,有生之年还要继续干下去,他对此甘之若饴,毫无怨言。在开创出版事业新局面的今天,我们提倡这种精神有特别的意义"。叶至善发言说:父亲(叶圣陶)曾著文写过"堂堂开明人,俯仰两无愧",周先生就是这样的"堂堂开明人",是开明人中的杰出代表,身上有着特殊的开明气味。启功先生和周振甫在点校《二十四史》时曾短暂相处过一段时间,他幽默地回忆起那段时光,"口窦大开"地说了与周振甫的交往,对他的任劳任怨、严谨认真的编辑精神称赞不已。就连平时轻易不肯"出山"的钱锺书也亲自到场,给予周振甫高度评价。他说:"我与振甫兄是至交,与他相处越深,越觉得他是真心利人,不为自己的。"

在领导、同事、朋友们热烈的掌声中,周振甫显得有些局促,他真诚地感谢了大家,谦虚地讲到自己在50年的职业生涯中,就做了两件事:编编书刊和写写文章。是的,周振甫确实只做了这两件事,但将这两件事完美地融合在一起,两项工作都卓有成就,将"学者型编辑"和"编辑型学者"集于一身。他既是中国编辑界的"大国工匠",更是中华文史普及的大师,80多部著作和编辑的数以百计的各种图书就是最好的证明。作为编辑出版后学,斗胆撷取这位大家内在特质的三大"闪光点"以缅怀和追慕他的事业、他的为人、他的风范、他的精神。

出席祝贺周振甫同志从事编辑工作五十年座谈会人员合影

实事求是、和而不同的编辑价值理念

同事黄伊曾问周振甫:"你最大的特点是什么?"周振甫笑眯眯地说:"我没有什么特点,我只是实事求是。"这并非空话,周振甫的编辑工作和学术研究经历充分地验证了这一点。

1957年《诗刊》的创刊号刊登了毛主席的18首旧体诗词,并公开发表了他1月12日亲笔写给"克家同志和各位同志"的信件。毛主席在信中提到"这些东西，我历来不愿意正式发表，因为是旧体，怕谬种流传，贻误青年；再则诗味不多，没有什么特色。既然你们以为可以刊载，又可为已经传抄的几首改正错字，那么，就照你们的意见办吧"。这封信证明毛主席诗词在《诗刊》刊登之前就已经做了修改，作为主编的臧克家曾当面询问过毛主席的看法。

臧克家心里掠过一阵难以抑制的欣喜，他灵机一动，趁机将他读《咏雪》词时发现的一个疑问提了出来，提问的方式是巧妙的：

"词中'原驰腊象'的'腊'字怎么解释？"

"你看应该怎样？"毛泽东反问了一句。

"改成'蜡'字比较好，可以与上面的'山舞银蛇'的'银'字相对。"臧克家回答说。

"好，你就替我改过来吧。"毛泽东的话语十分亲切。

这个"腊"字的改动，人们一度以为是臧克家所为，其实真正提出改字的是周振甫。他在注释《沁园春·雪》"山舞银蛇，原驰腊象"句时，认为"腊"可能是"蜡"之笔误，取白蜡之白，形容雪后的山体如奔驰的白象。而且山和原、舞与驰、银和蜡、蛇和象，摹状、比喻、对偶工整，用字严谨。于是他就写信给臧克家说：群山盖雪，用"银"字来形容，高原盖雪，应用"蜡"来形容，作"腊"解释不通。臧先生同意周振甫的意见，同意改"蜡"，但他又指出有人认为"腊"是指旧时的真腊，即位于东南亚的柬埔寨，解为"雪后的秦晋高原如真腊的大象在奔驰"。但柬埔寨的大象是否雪白色，能否与"银"字相对，周振甫还是持保留意见。臧先生也是主张修改。所以他在见到毛主席的时候才发"腊"字之问。但不知是什么原因，这首词在《诗刊》创刊号发表时并没有得到更正，直至当年10月中国青年出版社出版的《毛主席诗词十八首讲解》才第一次正式修改过来。

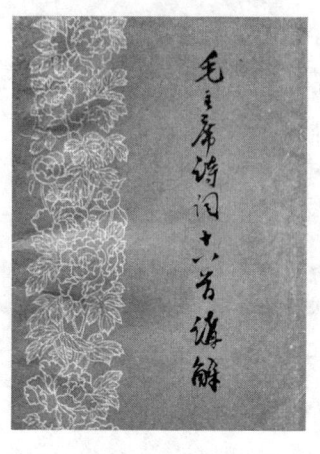

《毛主席诗词十八首讲解》

有趣的是,毛主席诗词中的另一处错误在随后加印的《诗刊》创刊号中立即就得以更正。这也是周振甫发现并告诉臧克家的。当时他利用《诗刊》上刊登的毛主席诗词文本为之作注,发现在《菩萨蛮·黄鹤楼》中,"把酒酹滔滔"的"酹"字印成了"酎",经过仔细研读推敲,周振甫认为这是个错字。他与臧先生商量,说苏轼《念奴娇·赤壁怀古》中有"一樽还酹江月"的句子,是以酒奠江月。毛主席词中之意也是把酒奠滔滔江水,应为"酹"字。臧克家指出"酎"字有人研究过,"酎"郑玄注为"重酿之酒也",西汉用水和酒药及粮食做酒,再用制出的酒及酒药和粮食再制酒,然后再用第二次的酒及酒糟和粮食制酒,这第三次制出的酒就是"酎",这种酒是用来祭祀祖先的。但这种祭祀先人的解释明显与毛主席诗词中涌动的胸怀江山的豪迈境界有较大距离。再结合下一句"心潮逐浪高",意思就更加清楚了,将酒洒在滔滔江水里,内心热切、激动、躁动的思潮就像江中不断追逐的波涛,翻腾起伏,生动地表达了毛主席对于他所处的时代的宏伟抱负和热切期待,也写出了对革命前途的焦虑,对未来充满信心和对革命抱有坚定信念的乐观。所以周振甫坚持词中的"酎"当改为"酹"。臧克家对于周振甫的意见非常重视,也很赞同,就去了解情况,结果发现是《诗刊》将字排错了。从这件事上可以看出,周振甫对毛主席诗词的注释是多么仔细和认真。而敢于指出毛主席的笔误更是不简单,这在当时的社会环境下更需要胆量和勇气,"此事展示的政治勇气和学术自信,足以令人叹为观止"。

对于当时地位甚高的大学者郭沫若所著《李白与杜甫》一书，周振甫认为"郭老书亦有未能使人信服者"，实事求是地提出了不同的评价意见。针对书中杜甫"茅草三重比瓦房还要讲究""怒骂贫穷孩子为盗贼""为读书人打算，并非是人民"等观点，周振甫有自己的看法：

> "广厦千万间"的可贵，在于首先不考虑自己，而考虑到"天下寒士"（当然是杜甫所属的地主阶级寒士）的需要。对于杜甫，我们不能要求他具有无产阶级的思想感情，否则，一切阶级斗争的学说都落空了。这里牵涉到一个怎样评价古人的问题。列宁说："判断历史的功绩，不是根据历史活动家没有提供现代所需要的东西，而是根据他们比他们前辈提供了新的东西。"用现代所要求的东西来要求杜甫，自然没有，这不是杜甫的过错，是我们忘记了时代。我们只能要求杜甫比他的前辈提供了什么新的东西。广厦千万间，不正是杜甫比他的前辈提供的新东西吗？

一位是国家领袖，一位是学术大家，面对他们，作为普通编辑的周振甫都能实事求是、敢发真言，不唯上、不唯书，只唯真理，难能可贵。后来，他对某部红极一时的著名历史小说也明确提出了对小说中人物形象描写的批评意见。

如果说"实事求是"体现了周振甫不迷信、不盲从、坚持真理的"刚硬"一面，那么"和而不同"则体现了周振甫谦恭虚己、宽容大度的"仁厚"一面。1988年，《人物》杂志请几位当代学人谈"我所喜欢和遵循的格言"和"我所喜欢的人物传记"，周振甫引用了《论语·子路》中"君子和而不同"和《左传·昭公二十年》中"君所谓可，而有否焉，臣献其否，以成其可；君所谓否，而有可焉，臣献其可，以去其否；是以政平而不干，民无争心"两句话，很直接地说："以上孔子和《左传》里的话就是我所喜欢的格言。"他是这样说的,也是这样做的。作为编辑,周振甫非常尊重著作者,不轻易改动原文。即使是和自己所持观点不尽相同,也保持原样。晚学张福勋曾经写了篇文章对毛主席诗词的赏析表达了些不同意见,对《毛泽东诗词鉴赏辞典》进行了点名批评。周振甫在审稿时将批评的内容全部划掉,并特意写信给他,说明这样做的缘由。信里说:"我认为按照党的'百家争鸣'的指示,对一些句子,可以有不同的理解。在私人通信中,可以批评别人。在公开发表中,最好各说各的,不要去批评别人。因为一批评,被批判者不高兴,认为既然是百家争鸣,你可以那样讲,我也可以这样讲。"周振甫的"仁厚"并非是无原则的,而是以"实事求是"为前提的。同样是对待《毛泽东诗词鉴赏辞典》一书,周振甫在提倡"百家争鸣"减少批评火力的同时,却也直截了当、毫不避讳提出了自己的批评,认为有的写得好,有的就写得很差,有的内容鉴赏文字中应该包含却没有,有的话语不当由鉴赏者来说的,反而说了。实事求是、和而不同的理念在周振甫的身上浑然自成,内化为他编辑工作和学术研究的精神追求和行为方式。

严谨认真、一丝不苟的编辑巨匠作风

编辑在旧时被称作"编书匠",编辑工作在一定程度上就是一个匠人的工作,各个环节、整个流程无不需要严谨认真,注重细节,一丝不苟。海尔集团的张瑞敏曾说:"什么叫做不简单?能够把简单的事情天天做好,就是不简单。什么叫做不容易?大家公认的、非常容易的事情,非常认真地做好它,就是不容易。"周振甫就是这样一个不容易、不简单的编辑,他以自己的精益求精的编辑实践活动,从"匠人"变成了"巨匠",从"编辑"变成了"编辑家"。他以自己的工作实绩很好地诠释了这种工匠精神的内核与价值。他早年在开明书店从事校对和编辑工作，不仅学到了很多文史知识，而且从夏丏尊、叶圣陶、王伯祥、徐调孚等老一辈编辑家身上学到了阅读书籍中辨其优劣、注释古籍中明其真义的严谨务实的作风。1936年在开明书店校编清代吕吴调阳《汉书地理志详释》时，周振甫发现书中对水道的描述有很多存疑和不妥的地方，"清吕吴调阳《汉书地理志详释》四卷无序录，释汉书地理疏略殊甚，而淆误实繁，与名不相称"，认为"河道变徙湮没，古今不同，不加考释而曰，不啻身亲见之，未为允也"，"吕氏不知博考旧说而务于乡壁虚造，妄矣"。逐条指出书中字面曲解、穿凿附会之处。如涿县的桃水，经周振甫考证先前读"桃"为"姚"，"姚"又读为"攸"，最后以"攸"为"涿"，所以桃水和涿水是同一条河流，而并非书中所言"二水"。他还特意写了一篇跋文详细地说明修改情况，王伯祥看了这篇跋文之后，大为赞叹，认为可以代表编者意见，特意叮嘱出版时一定要附在书后。

20世纪40年代周振甫编辑钱锺书先生的《谈艺录》时，除了认真细致地一一核对所引用的文字，订正里面的错误外，他还凭借着多年编校文史书籍的经验，认为这一大堆的读书笔记如果没有目录、标题，读者阅读起来非常不便。于是就在校对时注意厘清脉络，调整顺序，给每篇笔记标定篇目，编出目录。钱锺书对此甚为感激，在出版序言中表明"周君并为标立目次，以便翻检，底下短书，重劳心力，尤所感愧"，并亲笔赠言周振甫："校书者如观世音之具千手千眼不可。此作蒙振甫兄雠勘，得免于大舛错，得赐多矣。七月十日翻检一过后，正若干字，申论若干处，未敢谓毫发无憾也。即过录于此册上，以贻振甫匡我之所未逮，幸甚幸甚。"到20世纪70年代末，钱锺书又点名让周振甫责编他的《管锥编》四册，他于是又"编了一个目录"。周振甫口中轻描淡写的"编了一个目录"，其实是很不容易之事。行内人曾说过"像我们这些搞古典著作编辑的，工作看上去只添几个小小目题，圈几个小小句点，实际上要反复谙熟行文思路，查阅大量资料，工作的细琐与辛苦唯著书者知"。在周振甫的审读下，对《管锥编》初稿的意见竟有38页4万多字。钱、周二人因编书结缘数十年，成为学林和编坛传颂久远的佳话。二人去世之后，周家后人将钱锺书给周振甫的上百封私人信件原件交杨绛处理，自己连复印件都不留，体现出难得的君子风仪。

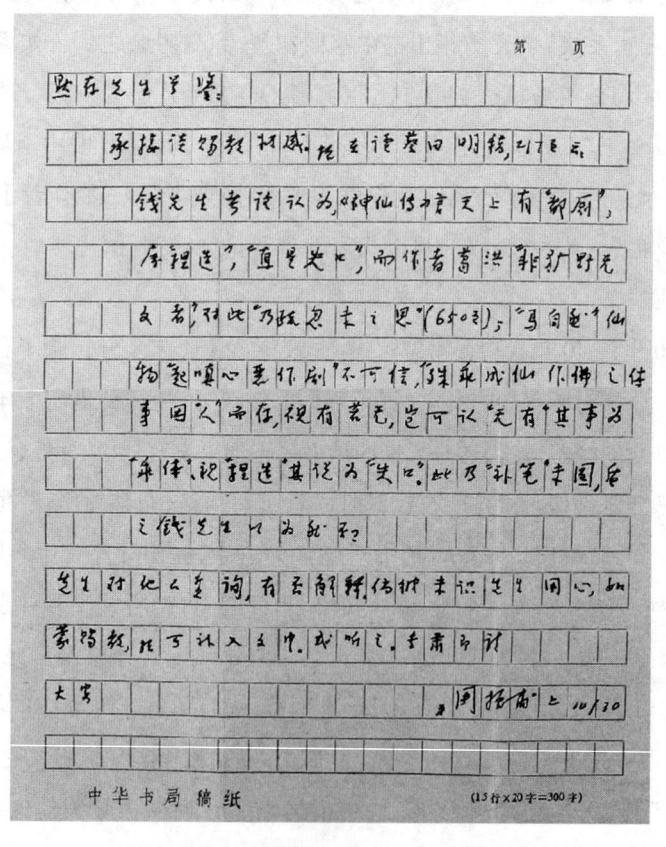

周振甫先生致钱锺书先生的书信

1985年11月23日,钱锺书先生(右)与周振甫摄于周宅书房

20世纪70年代,周振甫参加了《明史》的点校工作。相对于其他史书,《明史》的点校有些特殊,它成书较晚,最早的乾隆四年武英殿原刻本仍能看到,不存在版本对校问题。只需要在南开大学初校稿的基础上做修改补充,主要是消除歧异、修改舛误、补充遗漏。在进行改动的时候必须考证,提出充分的证据,使读者明了订讹补脱的理由。"充分的证据"就意味着一个微小的修改就要查找大量资料,做出许多考证条目。周振甫在致友人的一封信中曾提及自己发现错漏校的情况:

> 《明史》卷46第14页上2行南开校记:"'浦关',《史稿》志二二作'蒲关'。"南开只用《明史稿》来校《明史》,校出两书不同处,没有指出谁是谁非。振改校:"蒲关,原作'浦关'。《史稿》志二二、《明一统志》卷八七、《读史方舆纪要》卷一一八都作'浦关'。《嘉庆重修一统志》卷四八七'浦关'下注:'亦称蒲蛮关',是因蒲人得名。今据改。"比南开又多查了三种书,指出所以称"蒲关"的理由,作出《明史》错了的结论。

南开漏校的,如《明史》卷108页9下:"永定伯朱泰,本姓许。正德中,以义子赐姓封,十六年除。"下面11页下有个"安边伯朱泰。"振校:"永定伯朱泰和下文安边伯朱泰,当是一人,重出。这两个朱泰都姓许,都名泰,都是武宗义子,都赐姓朱,都是正德中封,都是十六年除。只是封号不同,一称安边伯,一称永定伯。《皇明功臣封爵考》目录卷七有永定伯许太,正文却作安边伯许太,可证是一人。宸濠起兵,武宗自称威武大将军,以安边伯许泰为威武副将军出征。宸濠失败后,王宪等请升赏随驾官,列许泰名,可能因而改称'永定伯',史或漏记。查《武宗实录》也只有一个许泰。"这条校记,查了三种书,又把《武宗实录》全部翻了一下,看看有没有两个许泰。

尽管只是"多查了三种书""又把《武宗实录》全部翻了一下"寥寥数语,但可以想见背后付出了多少心血和精力。而这一切,周振甫只淡淡地归结为"我们要做结论,孤证不立,要比它多查几种书"。"多查几种书"贯穿于周振甫近三年的《明史》点校工作中,这句话言近旨远,道出了编辑所必备的基本功,要时时向各种书籍著述请益求教,丝毫不能偷懒懈怠和自以为是。他把这条"经验"言传身教给了中华书局的青年编辑。不少同人在怀念周振甫的文章中,也都深情地回忆起他在这方面的教诲。

中华书局的同事柴剑虹应一家出版社之约撰写了一本《乐府诗名篇赏析》,选择了79篇乐府诗,并作注释和赏析,总共不到10万字,初稿完成后呈请周振甫审阅并作序。周振甫应允后,利用工作之余,逐篇细阅,提出的修改与补充意见用蝇头小字在稿纸上密密麻麻地写了几十页之多,认真仔细,一丝不苟,内行而专业。这就不仅仅是仔细认真、精益求

1973年4月,《二十四史》点校组成员与时任中华书局领导合影。后排左一为周振甫

精所能概括的,其间体现出的无私奉献、扶掖后进的精神更是让后人景仰。

赵伯陶在点校清代王士禛笔记《古夫于亭杂录》时,将卷四《王庭》中"昏愦中闻人语之曰:'吃小水。'果饮溺一盏而瘥。乃日饮之,渐愈"中的"吃小水果"断在一处。周振甫审读时,发现不对劲,就叮嘱他"再查一下",有确凿的文献证据才可以下定论。赵伯陶于是回去查阅《词源》与《辞海》,但没有查到"小水"的词条,他又找来刚刚出版的《汉语大辞典》来参考,里面收录有"小水"一词,其可解释为:"中医学用以称小便。"一切豁然,"小水"即"人尿"之义。原先断句"吃小水果"是不够妥当的,与原文意义相悖。

需要提到的是对待学术研究,周振甫也是如此。他习惯于大量地占有材料,实实在在地进行探索,不发推测妄语。在《嵇康为什么被杀》一文中,周振甫先是梳理了各类史书、各大学者对嵇康被杀原因的分析,然后结合《嵇康集》《晋书·赵至传》《世说新语》《晋纪》等书中的记载进行综合分析,最后得出"嵇康被杀是吕安给他的信,要推翻司马氏政权,跟钟会诬陷他要帮助毋丘俭反对司马氏一致而造成的"的可靠结论,刘勰、萧统、干宝、范文澜等古今学者都被嵇绍蒙蔽了。这种严谨认真、一丝不苟的工作态度正是一个编辑、一个学者所应该具有并大力提倡的。周振甫总是谦虚地说自己除了编辑工作,只是做些文史方面的普及性工作,写些通俗性的文字,其实他在高深的学术研究方面也是很有成就的,早期出版的《严复思想述评》和相关文章,七八十年代以后陆续在权威的《历史研究》《文学评论》《文学遗产》《中国语文》等期刊发表的论文,《中国修辞学史》《中国文章学史》等专著,无不资料翔实,角度新颖,多有创见,为学林所重。显而易见,没有深厚的学养,没有专精的研究,要想在学术普及方面做出大的成就也是不可能的。博与专、浅与深、普及与提高、大众化与专业化其实是相辅相成、互相促进的。

勤奋刻苦、敬业奉献的编辑职业精神

周振甫是"编辑学者化"的典范,也是"编辑型学者"的代表。编辑工作与学术研究、编审书稿与个人著述紧密结合、互相促进。光《周振甫文集》收录的作品就有600多万字。他去世之后,仍有《洛阳伽蓝记校释今译》(2001)、《诗经译注》(2002)、《陶渊明和他的诗赋》(2006)、《〈史记〉集评》(2010)、《诗词例话全编》(2010)等遗著陆续整理出版。马克思说过在科学上是没有平坦的大路可走的,只有在崎岖小路的攀登上不畏劳苦的人,才有希望到达光辉的顶点。诚如伟人之言,勤奋好学、刻苦钻研,这是周振甫能在编辑、学术两方面都取得巨大成就的前提条件。

亲人和同事在忆起周振甫时,最大的感慨就是他睡觉少。女婿徐名翠回忆道："在我们的印象中，父亲是一个不睡觉的人。住在一起的时候，我们很少知道父亲是什么时候睡下、什么时候起床的。总看见的一个景象是，他一动不动地坐在书桌前的硬木凳上，伏案写作。"按照周夫人的说法，周振甫每天晚上九点睡觉，夜里两点起床，打开台灯开始看书写作，到早上五点多稍微眯一会。然后吃过早餐就去出版社上班。中青社年轻同事林君雄发现这位老资格的编辑中午不睡午觉，也不在院子里看下棋，而是喜欢到图书馆或报刊资料室看东西。中华书局同事柴剑虹和周振甫在访问韩国时住一个房间，凌晨醒来发现他不在床上，起身一找，见周振甫居然坐在卫生间里看书。长期跟周振甫共事的金韵铮被问到周振甫有什么特点时，他毫不犹豫地说："他（周振甫）一生除了看书就是写文章。"即使在下放潢川干校的日子里，周振甫仍然保持着读书学习的习惯。在如此"劳其筋骨、空乏其身"的日子里，大部分人都是身体的劳累战胜了精神的需要，"平时劳动完了大家就聊天、闲逛，也不愿意去学习了，甚至好多人把带来的书都扔了"。闷热的夏天，好多人收工吃完晚饭都穿上衣服，抹上防蚊药水，摇起大蒲扇，乘凉聊天去了，周振甫却不一样，收拾妥当后就留在屋里看书写字。蚊虫实在太多，疯狂进攻的时候，他就躲进蚊帐里手执一书，安然自若。寒冷的冬天，北风呼啸，周振甫住的土坯房，四处漏风，他就穿上棉衣，围着被子，依然手不释卷。一生勤奋刻苦的研读让周振甫具备了异常扎实的文史功力，为他专业性的文史图书编辑工作奠定了基础。他认为，"（古代的）编辑工作相当于现在的编辑、学术研究工作，离开了学术研究工作，无法做好编辑工作"，"我国古代最大的编辑工作，都是极为被人看重的，是用当时的第一流学者和专家来做的。当时的编辑是同学术研究、学术著作结合的，有关的学术著作成为编辑工作的一部分。编辑工作同研究和学术著作不是截然分开的"。当学术编辑，如果自己不懂学术，不研究学问，审稿

晚年伏案写作的周振甫先生

编稿就发现不了问题，即便偶尔发现问题，也会无从措手。有了一流的学问，编辑工作质量自然也是一流的。周振甫编辑的每一书稿都会帮助作者核对引文资料，将发现的问题和自己的认识无保留地提供给作者，对原稿论述欠周之处多有补苴罅漏，尽自己最大的努力提高书稿质量。许多书稿如《汉文学史纲要》、《李太白全集》、《先秦寓言选释》、《中国文学史》(钱基博著)经过他的匡谬、补缺、润色之后面貌全新，增色不少。

编辑有点类似"跑龙套"的工作，整天围着别人的书稿"打转转""补洞洞"，一部书稿从选题到出版成书，整个流程编辑都是要负责的，"一部书稿，从拟定选题，约稿，到稿子写成，经过审稿……还要送外审，再退修，复审，批准，发稿，稿子发到出版部还要排队，到送交排字房，还要排队，等排出来又要校对，三校签字"。别小看了这些细屑的工作，俗话说小洞不补，大了二尺五。尤其是书报刊等大众读物，一旦编辑把关不严，轻率失职，其中的错误就会被广泛流散，造成谬种流传，甚至闹笑话。例如有一本书的作者是高亨先生，由于编校工作的疏忽结果被排成了高享,虽然是小小的错误,但却非常刺眼。因此,周振甫从不觉得编辑的"跑龙套"是无关紧要的事,也不羡慕图书作者炫目照人的主角荣光,他在长期的编辑工作中形成了"为作者跑龙套"的责任感和服务意识,养成了"为他人作嫁"的气度。所以周振甫编辑的书,除了由专门负责校对的同志校正以外,他自己还要校几遍,大到观点、材料,小到一则注释、一个标点都不疏漏,直到认为没有错误为止,他经常说:"校对很重要,校对除了由校对同志校正外,编辑也要校;有时很普通的错字,校时会滑过去。所以除了校原稿外,还要通读,通读时会把普通的错字读出来。"除了坐在办公桌前面"补洞洞",做些文字处理的工作之外,编辑还要应对其他的一些问题,"一个跑龙套角色,他的待遇不如专家,他的工作却可能比专家还麻烦些、沉重些"。特别是在五六十年代那种特殊的社会环境下,政治气候的变化常会导致编辑工作的异动,已经编好的书籍经常被放弃,束之高阁,乃至拆版焚毁。周振甫担任《先秦寓言选释》一书的责任编辑时,特地邀请中国作家协会文学所的所长公木担任编注工作,并从读者的角度出发,在寓言的挑选、字词的注释、思想大义的解读等方面为这本书提了不少有建设性的意见,使得书稿更加完善,更加符合接受者的兴趣。但就在图书快要进入印刷厂的时候,作者之一的公木被划成了右派,这本书不能出版。眼看着凝聚了作者心血和思想的文字无法付梓,无法与读者见面,周振甫心急如焚,他四处奔走,向出版社领导、主管部门说明情况,并向公木建议不署他的名字,由其合作者朱靖华单独署名。在周振甫的努力之下,《先秦寓言选释》才得以顺利出版。

周振甫创作过一首题为《扶锄》的五言诗,以植树为喻,表明了自己对于编辑出版工作的观点和态度:

西山栽幼树,扶锄事抚育。幼桐比娇女,明艳照人目,抽芽耀朱丹,红妆被绮縠。幼松如男儿,苗壮立山麓,仰首望高峰,临风不甘伏。扁柏挺然立,少小何肃穆,已见傲霜枝,丝叶抽新绿。洋槐若顽童,有刺牵衣服。幼橡尚柔弱,翠叶如新沐。下锄恐伤株,株伤如剜肉;锄重恐伤根,根伤害心腹;兢兢保姆心,庶几称顾复。

泰山其颓,哲人其萎,而风范长存。周振甫用自己的编辑实践和编研业绩,确证了一个职业编辑人所具有的精神境界和学术根底。这位一辈子连编辑室主任都没有当过的普通编辑实实在在是既平凡又伟大,他获得编辑出版界的最高奖韬奋出版奖(首届)可谓水到渠成、实至名归。周振甫作为当代中国学者型编辑的样板和典范,其长遗风范将永远地散发着光芒,启发并激励着后辈编辑出版人沿着他的足迹创造中国出版事业的新辉煌。

(本文在写作过程中参考和学习了张世林主编《想念周振甫》、中国出版工作者协会编《我与开明》中的部分篇什,特此表示谢忱。)

陈　原

我读陈原

胡守文

陈原(1918—2004)，广东新会人。中共党员。中国语言学家，著名编辑家和出版家，世界语专家。1949年后，历任中国国际书店副经理，三联书店编辑室主任，人民出版社副总编辑，文化部出版局副局长，商务印书馆总编辑兼总经理、顾问，国家语言文字工作委员会副主任、主任，中国社会科学院语言文字应用研究所所长，中国出版工作者协会第一、第二届副主席，中华全国世界语协会副理事长，世界控制论、信息论、系统论学会(TAKIS)国际理事会副主席，国际科学院(AIS)最高评议会委员。

作为著名的出版家，主持过大型辞书和"汉译世界学术名著丛书"等大型出版工程，创办并主持了在业内有重要影响的《读书》杂志。长期从事编辑之余的写作和翻译，涉足文学、艺术、音乐、历史、地理、语言学等诸多学术领域，著作几可等身。其在出版界、学术界、文化界的广泛影响，长久不衰。

我不认识陈原老,但其名如雷贯耳。

在我跨入出版业的当口,他已基本完成了自己叱咤风云的出版生涯。更多地了解到他,是缘由种种故事和传说。

他是一座山,一座需要仰视的山;他又是一部书,一部可以打开阅读,合上沉思的书。

书　人

"书人",这是我对陈原老最初的认知。认知,从他在《读书》杂志的"人与书"专栏开始。

作为书人,陈原老能写。他认为做编辑,应"从练笔开始",并且身体力行。范用先生曾赞誉他为"写杂文的高手",更准确地说,他是一位写通俗文章的高手。

他的能写,体现在数量上。几十部著作,几近可用"著作等身"来形容。他为写作《世界地理十六讲》,曾住在一破庙里,"为了省钱不吃早饭";为准备《语言与社会生活》一书的写作,他曾"写下四卷语文笔记,凡百万余言";即使在医院病床上,他仍"胡乱写下二十余册笔记"。其著述之勤,可见一斑。更让人赞叹的,是他笔力雄健背后折射出的学术视野和学养。他的写作,文体多样。杂记、笔记、指南、词汇、漫录、教程,缤纷杂陈;所涉学科有语言学、外语、地理、计算机、音乐、历史、国际政治、编辑学等不一而足。"写"得"杂",符合他关于编辑第一位是杂,第二位是专的一贯主张。

作为书人,陈原老会说。他的会说,不在滔滔不绝,长篇大论,而是一种散淡、机智、丰富、深邃和谈笑之间不经意的流露。方厚枢先生记录下他在1980年一次辞书工作会议上的开幕发言,"我今天先讲一段官话,然后讲一段空话,最后再讲一段废话",方说,其实这是一个最为精彩的讲话,半小时全场八次大笑和鼓掌。面对"四人帮"对辞书工作曾经的干扰和加害,他高调宣布"我现在又来复辟"了。对于出版工作,他有一个很生动的比喻,"出版怎么干?想来挺复杂,其实也简单。新闻是关注'现在进行时',出版则要更多地关注'过去时'和'将来时'。干出版,就是要'盯住前人,想着后人'。所谓'盯住前人',就是要重视传承古今中外前人也包括今人的文化成果;所谓'想着后人',就是要想着你的出版能给后人留下什么"。这种生动贴切的比喻和一针见血的指陈,使陈原老的"说"显得极有厚度和分量。

而更让我折服的,是他在日常工作中、谈笑间所表现出的那种通透、圆融、坚持、洒脱和别开生面。他在辞典会上引用了外国一位院士的话说,"谁要是犯了错误,最好就罚他去编词典",接着即兴发挥,"词典不是人编的",略作停顿,"是圣人编的",立马赢得如雷掌声。

陈原老是一天生的乐天派性格。曾任商务印书馆总经理的杨德炎同志生前曾在多个场合绘声绘色地给我们讲了不少。陈原老有一句话,叫"烦恼对我只有五分钟,五分钟以后全部扔掉,该干什么干什么"。在他,真的把烦恼全部扔掉了。他曾留给总编室一封封口的信,叮嘱等自己身后再打开。商务的同志曾百般猜测过这封信的内容,希望是陈原老"治国经邦"的真传,但当他去世后打开一看,竟是一个简短的嘱托:"丧事从简,不要开追悼会。"最后一句是"有事问小杨",即当时在商务主政的德炎同志。这是他当年飞鸿"不如归,不如归",劝其回国就职的爱将。如此凝重的嘱托,竟也带有陈氏一贯的散淡风格。他的会说,会表现,表现得那么随意、得体、含蓄而处变不惊,形成了陈原老让人折服的人格魅力。他不是演员,但他对同行、作者、读者的感召力、凝聚力、号召力是巨大的。

作为书人,陈原老有点子。他写书,译书,编书,出书,自然积累了和书有关的许多经验。

陈原主持的"汉译世界学术名著丛书"影响了几代学人,为学术发展贡献良多

他善于抓"工程"。"文革"刚刚结束的1977年,陈原老受命主持《辞源》的修订工作。他有一篇"划清词典工作中的若干是非界限"的讲话,针对当时词典编辑工作中仍然残留的"阶级斗争为纲"的诸多表现和主张,痛批"四人帮"的"帮八股"在词典编撰中的三点特征:"一、言之无物,又臭又长;二、穿靴戴帽,千篇一律;三、弄虚作假,欺骗读者。"为词典的编撰廓清了思想迷雾。词典编撰工作由于跨省协作,有大量的矛盾和问题需要沟通协调解决,陈原老不辞辛劳,细致入微,以高超的工作艺术完成了任务。此后,他又将商务"汉译世界学术名著丛书"的庞大出版工程扛在肩上,以开放的胸怀和战略家的胆略谋篇布局,致使这一商务的品牌大放异彩。

他敢于抓风格和个性。他亲手创办了名刊《读书》,强调"可否……写一篇文章,从材料出发,讲马恩如何有主义,无成见,博览群书,从不知

陈原非常重视图书的学术价值,赵元任著作的出版即是一例

有禁区,且不做书的奴隶"。行文力戒"应该"二字;不能用"武器的批判"待人;文章要让人"看了嫌短"。他自己为此身体力行20余年。

他有眼力,敢担当。《赵元任年谱》曾使商务的编辑踌躇和犯难。到了陈原老手中,却看到了稿件不同于一般年谱的可贵之处以及出版的价值。正是由于他高超的品鉴力,不光《赵元任年谱》得以出版,他还主动承担了20卷本数千万字的《赵元任全集》的编辑工作,终于使这一世界著名语言学家的鸿篇巨制问世。而陈原老为此所写的7 000余字的序文,则将自己的文化情结和追求,表露无遗。

书　　痴

陈原老曾在一次国际会议上以一口流利的世界语发言赢得与会者赞叹与掌声。有人说,陈原"才高八斗","像一本百科全书"。这样的学养从哪里来?他的秘书回答:"陈老做学问如同走进一间硕大无比的大屋,兴趣盎然,一间房一间房走进去,又走出来。"

兴趣,是陈原老做学问的首要秘笈,亦使他成为"一个在书海浮沉的求知者"。兴趣当然不能凭空产生,它必然缘于某种特定的目的。陈原老的外语好,他说,"学习外国语的目的,是要把握一种武器",因为在现代的中国,"有介绍新思潮的任务"。他从政治角度钻研中国地理,亦是缘于想从经济地理角度,讲明中国半封建半殖民地的性质。至于其晚年致力于语言学的学习研究,则是为了对抗"四人帮"的文化蛮横。

正是基于这样一种知识分子的先进觉悟和理思,他博览群书,求知若渴。我们从他写作主题的变化,可看出他随着时代前进的步伐,不断调整自己学习方向的轨迹。

他把写作和读书结合起来。凡写作前,必做深入的研读准备。他为写作《世界地理十六讲》而记有大量读书笔记;为写作《语言与社会生活》,亦有百万余言。就在他担任出版局局长卧病在床时,仍然"偷闲细读了好些中外史籍,所记数十本笔记成为他日后写作的珍贵准备"。

他把审稿和读书结合起来。在出版社任职,使他的阅读有得天独厚的条件。许多文化名人、学术大家的作品,审读本身,就是一个欣赏和吸取的过程。20世纪50年代中期,出版社开展1949年以前学术著作的选择重印,陈原老是逐本审读精选;三大部百余万字的《韬奋文集》,他亦是逐字读完,并写出详尽的出版意见。有许多阅读,是他"用节假日和工余的深夜间进行"的。他甚至把病房亦当作自己的"书房",认定"有精灵在那儿,是一个很激励生活的地方"。他把自己在病床上写的东西,汇成一本《我的小屋,我的梦》出版。诚如他说,这是他"在最后一间小屋做的一个最美丽的梦"。

陈原老十分欣赏生活中"迷"的状态。他在演讲中曾举过世界级芭蕾舞大师雷克那夫一句名言:"从六岁起,我就嫁了舞蹈。我就像一个天主教神父,没有权利再结婚了。"他说,这叫"舞迷"。由此引申,陈原老在评谷林文中这样形容书迷:"书迷者,仿佛是为书而生,为书而死,为书而受难的天下第一号傻瓜。"

陈原老自己就是一典型的书迷。不,说他是书迷还不够。他对书迷到发痴的地步,是一典型的书痴。

他提炼和创造了一个名词，叫"闻书"。他引用普希金的一句话在《界外人语》中："我环视书店中百千本书籍，我承认绝大多数我没有看过。但是，我从不打算把它们清除掉，万一什么时候我会看这本或那本呢？买书是一种乐趣，这跟读书的乐趣不一样。一页一页地翻看，一页一页去'闻'它，这本身就是一种幸福。"陈原老这样"闻"过多少书，不知道，只知道他因在书店翻检太久，被疑为"三只手"而有被搜包的滑稽经历。

陈原老有"失书记""得书记""焚书记""偷书记"等文章，记叙自己和书的种种不解之缘。"得书记"，记叙了20世纪60年代初，自己迷上鸦片战争史时，急欲寻购英文版《中国百科全书》而不得。一个偶然机会，他从国子监的旧书堆中，不期然翻出，兴奋地直呼："哎哟，我的天！"

他在"焚书记"开篇，兜头一句"乐莫胜似焚书"，直是让人摸不着头脑。原来是在"文革"中干校生活后期，林彪出逃，有关林的一切宣传资料包括图书要统统烧掉。他当时是个小小的干校文职秘书，正是负责这个。于是，他备了一个大盆当焚书炉，"每天，白天，晚上，深夜，我在愉快地劳动着，我把一张一张林彪的相片，一篇一篇'亲密战友'的恶言，包括那篇'政变经'，都投到火盆里，看着它们化为灰烬……心中顿时充满了阳光"。

他不光爱书、迷书、痴书，他还做书、出书。"迷"和"痴"真的是贯穿了他整个一生。其道德操守及其丰富的文化内涵，已从某种程度上超越了职业，成为陈原老的一种境界。而他作为业界的一个文化符号，在今天，是否已成绝唱了呢？

书　　官

把陈原老称为"书官"，这是我为之制造的一个新词儿。可以理解为管书的官儿，被书管的官儿。前一句好理解。他当过出版局局长，当过商务的总经理兼总编辑，在这些书籍的出版行当执掌帅印，当然是管书的官儿啦。但后一句就需要琢磨琢磨。被书管的官儿？这还是官儿吗？如果是，又是怎样的一个官儿呢？

首先，他懂行，是个出版的行家、专家。20 世纪 50 年代他在人民出版社工作时，主持起草过编辑管理制度。其中的"审稿十条"，至今仍为中国出版业的重要编辑经验，并成为编辑学研究的基本内容和原则。尤其为人称道的，是他从自身翻译实践中得来的"译事八戒"。诸如：1. 认真学汉语，学好汉语。2. 认真学外语，学好外语。3. 借助大量工具书，会查会用，常查常用。不过分相信自己的记忆力。……6. 不避谈自己所不熟知的事物。……8. 宁可在原稿上多改几遍，也不可在校样上涂改——尊重别人。……这种经验总结，平实而扎实，有用且管用，毫无哗众取宠和故作深沉姿态，一如他憨厚可爱的模样。

他会牵"牛鼻子"。《读书》杂志当年创刊时，陈原老是主编。新杂志定位，他一言九鼎：要做成一本和书有关的思想性刊物。新杂志应该有怎样的"刊风"？他说：不作纪念日的应景文章，不求签名题字，反对书评八股。他顶着极大压力，呼吁"读书无禁区"。连《读书》杂志都有了像他一般的铮铮铁骨！

其次，他是个学者，是学者型专家。他所涉足的学科领域，虽不能说门门精通，但语言学、外语、音乐、地理，甚至某一门类的科学常识都是他的长项。他喜欢音乐，常常邀约人来一同欣赏，由此竟能写出西方古典音乐欣赏的专著。一本谈熵的作品，竟也能极精致地表述出自己作为一个书人安身立命的准则。他巧妙地从科学角度切入，有点像故意王顾左右而言他，实则对编辑进行着新的世界观和方法论的布道与启迪。

陈原老将自己对语言学的精深研究和编辑出版工作紧密联系。他在自己的散文里戏称自己的东西是"三不似，四不像"，即既不是散文，

陈原一生著述等身,创作了数十部著作

也不是杂文,也不是议论文;不像文学家,也不像翻译家。是什么?就是陈原体,短小、轻松、丰富、诙谐,信手拈来皆成文章。他就是一位出版家,他坚持让自己的风格影响到权力所及的范围,要求书籍序文"一定要有学术气氛",要求行文的平实和平等……他将维特根斯坦警句式的哲学文章写法引入自己的写作,使《总编辑断想》一书别开生面。这是一种普罗大众观念和人文情怀的自然流露。

陈原老还是一位颇具头脑的出版战略家,有着敏锐的政治嗅觉。他有一本名叫《隧道的尽头是光明抑或光明的尽头是隧道》的书。起这样一个别致的书名不是矫情。据说20世纪90年代初东欧剧变时,他曾夜不能寐,食不甘味,写下过一篇长文追忆战后欧洲的复兴。我们由此似乎看到他忧伤、焦虑面容背后那不死的灵魂和信念。

他在《总编辑断想》一书中,选取了一幅意味深长的插图。图中文字这样写道:"最初的一步(始)和最后的一步(终)对于决策者来说至关重要。"所谓"最初"和"最后"的决策,不就是我们编辑工作中所说的"把关"吗?哦,在陈原老看来,这种"把关",不光是一个简单的"守土有责",甚至主要的还不是"守土有责",而是能高屋建瓴地谋划和策动,是一种文化责任和历史职责的勇敢担当。

"书和人和我,献给你"——这是陈原老在《书和人和我》一书扉页上的作者献词。真的,翻开出版于1996年他的《黄昏人语》,他仍是那样地牵肠挂肚于出版,似乎只有在和书和人有关的一切话题中,他才能找到生命的归属,他才会有与生命同步的节奏与快感。

行文到此,我的脑海中突然蹦出两句话:"专业水准,文化声望!"我已不记得它的发明权属谁,但送给陈原老不正十分贴切吗?在整个出版业转企的今天,文化企业多么需要像陈原老这样具有职业经理人素质的领军人物!然而,在风起云涌的产业上市热潮中,文化为资本铺路,社长正在被董事长的称谓取代,有多少后来者还能记起陈原这位出版老人呢?

陈原老是"千丈之松",起码在中国的书业界应作如是观。已故德炎同志生前说过一句话:"回忆陈原,时间永远是不够的。"是啊,回忆陈原,短短几页纸也是永远不够的。就此打住吧。

范 用

卓尔不群的出版家

叶 芳

范用(1923—2010),出版家。1923年出生于江苏镇江。1937年抗日战争全面爆发,镇江告急,范用中断学业去武汉投奔舅公。三个月后,舅公去世,15岁的范用被读书生活出版社的经理收留,成了一名练习生。1939年,年仅16岁的范用加入了中国共产党。

1939年,范用被派往重庆。1941年皖南事变,范用赴桂林用"新光书店"招牌重建桂林分社。三年后,日本人打到桂林,范用又回到重庆。1946年,被调往上海。在上海的三年时间,党组织派范用调查国民党的书店、印刷厂、出版社的情况,陈毅率领的第三野战军解放上海时,就按调查的材料去接收。1949年8月,范用被调至北平的中宣部出版委员会。离休前,范用曾任人民出版社副总编辑、副社长,并于1985年兼任三联书店总经理。

20世纪80年代初,范用敏锐地察觉到中国当时缺少两种刊物:一是交流和搜集全国社科信息、反映新观念的杂志,一是推荐和评介好书,有分析地传播新观念的杂志。于是他倡议创办了《新华文摘》《读书》这两本中国一流的刊物。以后刮起的"文摘风",开风气之先者,正是范用。他还出版了《傅雷家书》《随想录》等一大批在中国图书发展史上占有重要地位的经典图书。

2010年，当范用先生去世的消息传出后，由此引起的震动和悲伤超乎寻常，这不禁使人深思是什么使他在出版人和读者心目中具有如此崇高的地位？他是怎样一个人？

范用生前拒绝了许多荣誉，有时候他简直是鄙视这些荣誉。但是人们清楚地知道，优秀的出版人在作者和读者心目中代表着出版领域的最高水准，即使这些人一生没有得过任何奖掖，但他精心营造的事业却能长存于世。

20世纪30年代范用投身革命既是偶然也是必然。经营上的失败导致了家庭悲剧性的后果——父亲以自杀逃避了人生。此后范用失去了继续上私塾"跟随父亲与父亲一起喝早茶享用包子、肴肉的机会"。他似乎比一般人更早地具有人生悟性。1936年，镇江穆源小学老师沙鹿鸣借给范用看《革命文豪高尔基》，这是韬奋先生亲自改编的书。虽然这部厚厚的书有些地方对小学五年级的范用来说仍觉艰涩难懂，但他看得津津有味。书中开头的一段话："物质环境支配人的力量诚然是很大的，但是人对于环境——无论是怎样黑暗的环境——的奋斗，排除万难永不妥协的奋斗，也能不致为环境所压倒，所湮没。"范用后来回忆说，这段话对他的一生产生了重要的影响。

1937年日本人在上海的武装行动促使范用随同外婆从镇江去汉口的舅公家避难。当时的革命者租用的是范用舅公的房屋，范用从此与书店结缘。家庭变故、国家面临的危难使范用接触到了一些一心改变中国的知识分子，他们是那个时代最优秀最有代表性的知识分子。20世纪30年代他们一方面办书店、办刊物和搞出版，为中国的改天换地吸引更多的年轻人，另一方面为新中国积极准备思想和精神资源。在那个年代,书店工作既有利于宣传各种思想观点,又有利于培养坚定的革命意志。范用后来说,那时"我如饥似渴,不管高中低兼容并蓄,只要能够满足我的读书愿望,统统看,上了瘾。在30年代年轻人都很苦闷,只好到书本里去寻找答案……"他自小培养的阅读兴趣、朦胧的反抗意识以及生活所迫决定了此后他一生的选择。

心怀理想进入出版业

在读书生活书店当学徒的范用虽然年轻,读书口味却很杂,十几岁的时候他已经接触包括艾思奇的《大众哲学》、《胡适文集》、陈独秀的《实庵自传》、蒋介石的《西安半月记》、《韦尔斯自传》、纪德的《从苏联归来》,甚至包括希特勒的《我的奋斗》等作品。按范用的话说:"这是一个有书读,而且让你读书,允许你读各种书的地方。"

从1938年开始的这段经历使范用从单纯的文学青年渐渐成长为优秀的书店和出版经营者,成长为敏于思、善于行并积累了丰富的思想资源和知识储备,从书店中成长起来的出版家。在书店他目睹了斯诺的《西行漫记》、《鲁迅全集》和马克思的《资本论》的出版。不仅受到严格的政治训练,同时也培养了一丝不苟的工作精神,他在文章中说他曾经因寄书挪用一张读者寄来的邮票被批评,终生难忘。20世纪30年代共产党作为一个精神上圣洁、思想坚定的群体吸引了范用及一大批出版同路人。范用在《给毛主席买书》一文中详细描述了他在书店办理读者邮购时兼任给延安寄书报杂志的美差,他说这项工作甚至也包括"搜集章回体旧小说"和大批字典,"虽然这批字典随叶挺、博古乘坐的飞机撞到黑茶山上一起遇难,没有运到延安"。他退休以后,看到出版的变化,比较他从事出版的乐趣时说：

> 在那个时候我能读到"三联"的书，是一种幸福。我常常想我们的下一代，在读书方面也能够有这种幸福还是别的什么？世上还有不平事；富了不完全等于文明；愚昧落后还是难治的顽症……我们做出版工作的要多想想这一类的问题。

革命工作的风险锻炼了范用的意志，但长期激发他工作热情的却是一种更有持续性的求知、求真的兴趣。他说自己"爱看书，并非为做学问，只为求点知识，还有就是欣赏文学作品，有时也只是为了消遣"。这样轻描淡写的描述似乎暗示着未来的范用将是一个把为他人作嫁衣看作高于自己创作的人，一个更多是在出版领域展示独特创造力的出版家。用巴金的话说是"愿化作泥土留在先行者的温暖的脚印中"。

确实，检索范用从20世纪30年代起留下的文字，大多是迄今无法准确统计的大批与无数优秀作家的往来信函和工作札记。他的一生有清晰的走向：在读书生活书店他接触了无数优秀的作品，从事最基础的邮购、打包、运输、刻字、设计、编辑、印务和宣传工作，逐渐加深对出版的深刻理解，在他周围汇集了越来越多的出版资源。因此中华人民共和国成立后他一度成为最接近文化工作高层的出版家，田家英、李锐、胡愈之等都是他在出版过程中熟悉并建立了亲密关系的中共高级干部。毛泽东曾在接见外宾的时候说，可以在王府井书店买到《蒋介石言论集》和《赫鲁晓夫言论集》。因此范用所在的人民出版社承担了《蒋介石言论集》的出版工作，于是他向中宣部提出三条建议：

一、从各出版社借调一批熟悉民国时期资料、能够编辑《蒋介石言论集》的编辑；

二、向全国几个大图书馆借用蒋介石言论著作；

三、向港台购买有关资料,邮局免检。

这三条看似简单,却需要出版家的眼光和魄力才能做到。在出版《蒋介石言论集》的同时范用自然而然地想到"多了解一点外国的出书情况,不至于闭塞"。由此萌发了利用有限的出版空隙,出版更多翻译图书的愿望。范用将拟定翻译出版的书以"现代史料刊印社"名义出版,内部发行。他在一篇文章中谈到这段有趣的经历:

> 因为封面是灰色书面纸印的,这批书被称为"灰皮书"。第一本印出的是赫鲁晓夫——《大策略家》,接着又印了南斯拉夫德热拉斯的《新阶级》。最近牧惠在《灰皮书,曾记否?》一文中说德热拉斯在苏联解体三十年前就能做出如此准确的判断,我倒是觉得不应当仅仅是一本"供内部参考"的灰皮书,很应该把它再次印行,供更多的人见识。

他回忆:

> 多年来我养成一个读书习惯,越是有问题的书,尽可能找来读一读,不信邪,一样不怕中邪。

当时决定组织印行这些"异类"读物,需要的不仅是挑选作品的眼光,更需要对出版价值的认定和敢于冒险的精神。这样做后来也导致范用在"文革"出版禁锢时期受到严厉的指责和批判;但这一举动无疑是为当时沉闷的文化空间开辟了一扇不大却引人注目的天窗。

出版有长远价值的图书始终是范用一生的不懈追求。对于什么是真正好品质的出版物,范用从来有自己明确的判断。他说,"书没有绝对好的或绝对坏的。好书坏书要看了以后自己判断。人都是有智慧的,要相信自己有判断的能力,这种判断能力要靠长期读书养成,读得多了,有了比较,渐渐就有判断能力"。

"没品位,没价值的书,千万别出",这与范用自己拥有充裕的出版资源和坚定的出版信仰有关。由此他所长期联系和建立的读者资源库囊括了现代文学发展中几乎绝大部分我们熟知的顶级作家和学者,所以夏衍说"范用出的书,是文人给文人看的书"。这是一项非常高的评价。

范用的判断力来自他将自己长期读书形成的良好品位与丰富的作者资源的紧密结合,将出版

范用在研讨会上

品质作为一种自觉的责任来担当,他在世时人们就已经意识到,范用等真正的出版家的独创性工作延续了1949年后三联书店的品牌价值。

这样的出版家是特殊的有个性的人物。当年的许多优秀出版人都具有文学艺术等多方面的才艺,范用也是如此,他的气质更接近一个文学艺术家。著名的作家端木蕻良曾经感叹"范用年甫十六,余曾嘱其从事文艺创作"。小学时范用就在老师的鼓励下在报纸上发表文章;甚至两次有机会差点成为演员。他一辈子喜爱诗歌、唱歌和美术设计。他写的许多小文章,具有真正的大家风范:风格精炼雅致,通篇没有多余的字,没有任何赘余。他的文字具有一种独特的精致而幽默的感染力,堪称出版家写作之精粹。收录在《泥土脚印》一书中的名篇《最忆儿时吃食》《花生·豆腐·蚕豆·茶》《喝酒》《茶馆》,收录在《我爱穆源》中的许多篇章都精妙不已,过目难忘。

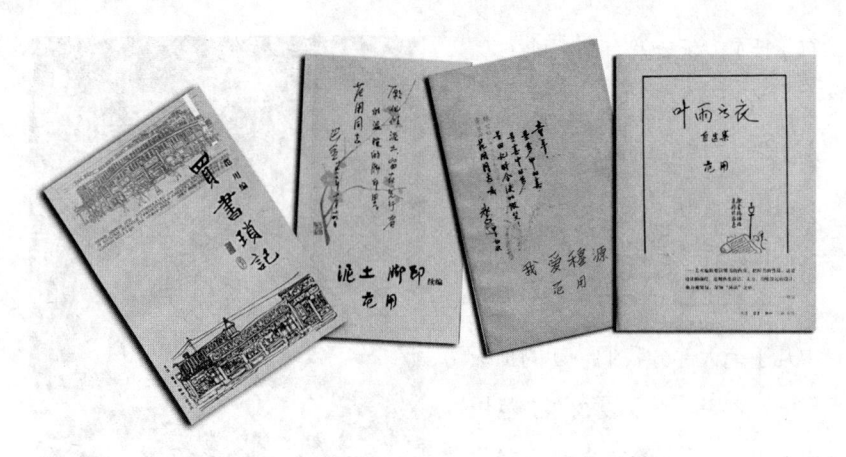

范用编、著的部分著作

但是，范用在退休前很少写作，他发表的作品绝大多数是在退休后的约稿。他在世时经历的时代变化如此之大，联系读者、作者的事务如此繁杂，使他在从事出版之余根本无暇他顾。但是正如著名的《读书》杂志编辑吴彬所说，"范老板在出版界创造堪称辉煌的历史时，并不是单打独斗，他处于一个志同道合的群体之中"。这个群体名单太长，以至于根本无法在本文中一一开列。

"文革"后期，人民出版社以三联书店名义出版的白皮书格外吸引读者，在这些不得不以内部参考图书之名出版的图书中，人们首先看到的是一批苏联解冻时期的小说，描绘的是阳光灿烂的社会主义国家里阴云密布的现实以及早已在东欧等国家开始的对于革命的反思性著作。无论世事如何艰难，范用从没有放弃过他的出版理想。他的理想与中国千千万万优秀的作家及创作理想的关系从没有被彻底割裂过，他后来极力促成的《史事与回忆——郑超麟晚年文选》《陈独秀传》，都表明了他的政治责任感和坚定信念。1979年范用积极参与创办的《新华文摘》和《读书》，是那个时代最有力量和最有格调的文化期刊。范用先生在《读书》创刊号上将李洪林的《打破读书禁区》改成《读书无禁区》,并作为头条发表,是文化界再次觉醒的一个标志性作为,在当时需要极大的勇气。

改革开放初期,当第一批台湾和香港同行和作者来到大陆时,范用很快与他们建立了密切的关系,范用说:

> 我接待台湾来的客人,他们提到"先总统"蒋介石,我说我看过他的《苏俄在中国》,他们提到"现总统"蒋经国,我说我看过他的《风雨中的宁静》。来客大吃一惊:你在大陆还能看到台湾的书?我说我们知书识礼。

范用晚年回顾自己因出版而遭受的批判看上去非常有趣:

> 不区分鲜花毒草,依靠资产阶级办社,设计封面要读者一见钟情,传播知识,出丛书,注重装帧设计,迁就作家,为读者服务,为学术研究服务,斥政治读物为剪刀糨糊书……

这里有"文革""极左"思潮对他故意的曲解诬陷,其实很多观念在今天看来都是出版人应效法的。

不仅如此,范用是第一流的学者作家长期的朋友和出版顾问,范用主持一套文人书话的出版,作者阵列、出版的要求之高令人咂舌:

> 《西谛书话》,封面请叶圣陶先生题写书名,叶老对我的请求从不拒绝。这一本和唐弢的《晦庵书话》,请钱君匋先生设计,使这套书有个好的开头,这也遂了愿。至于内封面,则采用同一格式,印作者原稿手迹。这也费点力,叶灵凤《读书随笔》,从香港找来一张《香港书录》的目次原稿。《西谛书话》找到了一张郑振铎先生《漫步书林》的目录原稿。其他黄裳、谢国桢、杨宪益、陈原、曹聚仁、冯亦代、杜渐、赵家璧书话集,都承作者本人题签,或由家属提供。

1995年前后,作者与范用先生在北京东城区针线胡同附近的南馆公园门口合影

在20世纪90年代前后人文色彩强烈的时代,上述文学艺术大家都视范用为知己,范用视他们为出版的最宝贵的无形资产。他们之间的交情充满了范用一生的闲暇时光。在范用的作品和书信中这样的故事比比皆是。最有趣的是,范用曾经与毛泽东的秘书田家英有密切交往,但范用是一个对书无比珍爱的人,他一辈子借书给别人总不那么情愿,但对田家英有点无奈:

> 我有一套《艺林丛录》,六本,是大公报《艺林》副刊文章汇编。他很喜欢,借去看了一两年,老不还我。我跟他要,他没办法了才给我。我发现每一本书上他都盖有图章"家英曾读"。家英爱书如命。……所以我印了个藏书票,上面画一个书架,有个空档在那儿,等着书回来。边上有一句话"愿此书亦如倦鸟归巢"。我把书票贴在喜爱的每一本书上。

书痴至此,范用的朋友方成为此画有一张范用抱巨大的书本不肯放手的漫画。而范用自己则说:

> 我在出版社,接待过好多位鸿儒,作家,学者,画家。王世襄、费孝通、黎澍、王芸生、萧乾、吴祖光、冯亦代、黄苗子、郁风、黄宗江、卞之琳、吴甲丰、戈宝权、梅朵、方成、姜德明⋯⋯人民文学出版社韦君宜、严文井、孟超、李季、许觉民、绿原⋯⋯香港三联送来的咖啡正好用来招待客人。

而许多人,如叶浅予、丁聪沈俊夫妇、黄苗子郁风夫妇、杨宪益戴乃迭夫妇、龚子仿、孟浪等在健康的时候一直是范用必不可少的"饭友"。范用对这些有着卓越思想和创造力的朋友一直眷顾终身,他曾经耿耿于怀,唯恐他比他这些珍贵的朋友晚离开人世。这样的情感与范用在出版事业上用心至深相关。有一则故事可以解读他对朋友的忠诚。1942—1943年期间抗日战争正处于胶着状态,范用受银行经理聂叙伦之托保管八本聂耳日记,聂叙伦原想请诗人洪遒考虑写作聂耳传记,因日寇沿湘桂路西侵,担心珍贵的日记丢失,范用和同事连夜将日记抄送一份,因此保全了聂耳的全部日记。直到中华人民共和国后范用到北京把珍贵的手抄手稿完整地送给"音协"孙慎,要不是范用的用心,恐怕我们今天根本见不到聂耳的日记。因此1985年人民音乐出版社出版《聂耳全集》,得以收入聂耳全部日记。

范用不仅是一个出版上非常难得的行家里手,而且也是一个极富个性的出版人,他对出版要求的严格近乎苛刻:

> 一九九八年我把郑老前前后后写的回忆录,以及《论陈独秀》、《马克思主义在二十世纪》,加上诗词《玉尹残集》、诗词近作汇编三卷《史事与回忆——郑超麟晚年文选》数十万言交香港天地图书公

司出版。为编此书,全稿我阅读了三遍:第一遍为初读,第二遍为编选,第三遍是看排印清样。

这样的工作态度和精神,今天最好的编辑也可能望尘莫及。范用"是在出版社学习,在出版社成长;不仅读书,而且学习做人做事"。而巴金的《随想录》精装合订本于1987年在三联书店出版的时候,不仅增补了以前在香港被删掉的重要文章和段落,而且整个版式、封面和包封都是由范用亲自设计的。他在三联书店的时候创造了一种朴素而简洁的图书装帧风格,这些书从内而外有一种庄重、清新、简约的美,只要是读书人一看书的装帧就可以辨认出是三联图书。

1999年范用在一封信中说:

> 叶圣陶、钱君匋、庞薰琹先生已作古,三联再也不可能请到这几位前辈、名家了。他们的遗墨遗作,不也是出版社的可贵资源(有形或无形)?轻易废弃,未免可惜。

今天,我们对纯真的理想的信仰和追求真理知识的兴趣似在各种干扰下,已经变得淡漠和模糊,出版面临着前所未有的挑战。也许是预见到这样一种情况的出现,在范用晚年生活变得寂静的那几年,他越来越

范用亲自设计装帧、版式的部分图书,其风格恬淡雅致,深得文化人好评

把自己仅有的一点精力投入关注自己小时候读书的镇江穆源小学,他变得越来越怀旧。他在文章中带着忧伤说:"唯有童年,才是我的圣经之地,白纸一张,尚未污染,最可怀念。"或许,进入一个新的世纪的时候,他更多寄希望于未来?在他的母校,抗战的烟火毁灭了校舍,但当年包括范用等几十名学生所树立的纪念塔仍在,在塔上仍留着穆源小学黄校长的一段话:

……要知,母校固将偕此塔永垂万古,而诸生前途事业,抑能若如塔之巍峨矗立于人群中。斯乃诸校董殷切之望,亦为我诸教师之托也,是为记。

范用无疑实现了他老师的寄望,这并非是为了与后辈形成鲜明的对照,但我们可以从中得到意味深长的启示。

刘振强

难能可贵的文化出版典范

贺圣遂

刘振强(1930—2017)，中国当代著名出版家，台湾三民书局、东大出版公司、弘雅图书公司创办人。刘振强的出版经历充满传奇色彩，和前辈出版家、商务印书馆的王云五一样，他年少失学，并没有接受过正规教育，一生之深厚知识与高尚修养，几乎全部仰赖自学修得。自1953年创立三民书局，刘振强的生命就与三民融为一体，所思所想俱围绕三民和出版，一刻未曾分离，即便是在三民书局合伙人撤资离开的艰难岁月，他对三民的情感和对出版的信念也未曾有过丝毫动摇。刘振强为中华文化赓续数十年如一日默默耕耘，虽成就不凡，却不事张扬，赢得海内外文化界的尊敬。他待作者甚厚，出于对他本人及三民书局的信赖，许多著名学者和作家都将一流的著作交由三民书局出版，如钱穆、谢冰莹、毛子水、邹鲁、唐君毅、萨孟武、吴相湘、成中英、林海音、潘重规、苏雪林、牟宗三、叶嘉莹、余光中、刘绍铭、林文月、韦政通、许倬云、汪荣祖、葛兆光、南方朔、龚鹏程、严歌苓、止庵、虹影、邱华栋、张新颖……都曾有重要著作在三民出版。在他的主持下，三民书局陆续推出了《大辞典》、"三民文库"、"三民丛刊"、"沧海丛刊"、"古籍今注新译丛书"、"国学大丛书"、"文明丛书"、"大雅丛刊"、"文苑丛书"等蜚声士林的高品质著作，产生了极大影响；他亦曾斥资打造"汉字字库"，以图彰显汉字之神韵，承继传统文化之风采。

2010年9月，我赴台参加第六届海峡两岸图书交易会，其间应邀拜会了台湾三民书局董事长刘振强先生。虽是匆匆晤面，刘先生和三民书局近60年的风雨创业路，以及他本人对优秀文化的热爱、坚守乃至其将毕生精力贡献于出版事业的激情与执着，却无不给我留下深刻印象。自台北返沪后，每每念及，敬意盈于心间，久久不能忘怀。在我看来，刘先生近一个甲子的出版经历，代表了一代出版人的理想和风范，堪称当代中国难能可贵的文化出版典范。

1949年，19岁的刘振强只身赴台。他先在台湾一家著名的出版公司服务，因诚实厚道、聪明伶俐而深受文化人的青睐。在与著名学者傅斯年的交往中，傅斯年深为其好学精神及热诚品格所感动，鼓励他"自立门户"。1953年，23岁的他从台北衡阳路一爿售书小店——会同两位同道共创三民书局(三民，乃"三个小民"之意)——起步，开始了以己之力"闯荡"书业的漫漫征途。在曲折艰苦的创业过程中，两位朋友先后撤出股份，唯有他本人矢志不渝，奋然前行。在他的主持下，历经58载的苦心经营，至2011年三民书局业已发展成出书逾九千种、员工达400余人，在

三民书局位于台北市复兴北路386号的文化大楼

邀请知名学者在三民书局文化大楼演讲，刘先生端坐恭听（前排左一）

台北重庆南路和复兴北路拥有两座出版大楼并开办了两家子公司（东大出版公司、弘雅图书公司）的现代化大型出版企业，并以其琳琅满目的高品质出版物而蜚声士林，享誉华文世界。

刘先生对中国传统文化充满敬意，三民书局也因此具有浓浓的中华文化特色。从他个人经历方面讲，刘先生赴台后，孑然一身，分文皆无，仰赖一位老婆婆接济，始在台湾逐步立足。在此后的日子里，他一直将老婆婆视为母亲一般赡养，尤其是公司经营日益走上正轨后，更是极尽孝道，直至老人仙逝。以传统文化立身并严格律己的刘先生不仅在人生的道路上赢得越来越多文化人的信任、推重与青睐，也使得三民书局有着鲜明的刘振强先生的个人风格。在三民书局，每一位新员工甫进公司，刘先生都会单独约见，向其概述三民的创业经历和文化追求，随即详细地询问其家庭状况。当然，也会直截了当地向新员工明示三民书局的

"三项纪律"——不赌博、不贪污、不说谎。在公司内部,刘先生嘱属下称已"先生",从不让职员称呼其"董事长",他以为"董事长"头衔太商业、太严肃且开玩笑说"董事长有不懂事"之嫌,而"先生"则让人感觉相互如处于大家庭中,会心生温暖,彼此关系因之更融洽。三民书局为每位员工提供一日两餐,数十年来,刘先生与员工同桌共餐,无话不谈,以长者身份赢得下属爱戴。学者逯耀东、周玉山著文指出,"刘先生与三民、三民与刘先生已凝为一体,他的经营与领导方式,可说是现代化的中国管理模式,这种如家庭般的融洽气氛,是他开创精神的持续"。诚哉斯言。

喜谈文化、钟情文化的刘先生,更是一个敏于行的实践家。三民书局有两项大工程最为世人瞩目,赢得文化界交口称赞:一为《大辞典》项目;一为"汉字字库"工程。《大辞典》的编纂,始于1971年,迄于1985年,前后历经14载,聘请专家及参与的工作人员逾200人,铸字6万余个,用铅超过70吨,创造了当代出版史的奇迹。在内容方面,刘先生要求《大辞典》务必做到知识精准。为实现此目标,不仅购置了《四库全书》《四部备要》等大型丛书以备查核,还与台湾各大图书馆协商,影印大量馆藏善本,作为《大辞典》引用之第一手资料。按刘先生的说法,以往辞典解释字条、词条,大量使用第二手资料,且很少注明出处,以讹传讹现象较为普遍,也不利于读者检索文献的原始出处。《大辞典》则尽最大可能提供第一手资料并注明资料原始来源,解决了以往辞书存在的弊端。字词的解释也请专家一而再、再而三地多次斟酌和重写(稿酬亦同时多次支付),务求精准。《大辞典》共收字15 106个、词127 430条,皇皇三巨册,内容涵盖古今,荟萃中西,是中国大陆以外最翔实、最权威的中文大型辞书之一。在图书印制工艺方面,三民更是花了大量精力与巨额资本,刘先生之文化出版追求在此过程中彰显无遗。当时,台湾出版业印书所用大都是日制铜模。在主持编纂《大辞典》的过程中，刘先生发现，日本铜版汉字仅一万余字，远远不能满足《大辞典》用字需求，即使是现有的日制汉字，结构也不够精美。于是他期望通过自制字模，摆脱依赖日方现状，丰富汉字字模，彰显汉字之美。为此他聘用大量美术人员，一字一字撰写，为求精美，许多字多次重写，直至满意为止。此后出版的三民版《大辞典》以佛典形式设计装帧，异常精美典雅。承印的日本印厂提出以优惠500万日元条件要求在书上印上日厂名称，刘先生想到此书印制过程中日商前倨后恭的表现，断然拒绝。据刘先生本人讲，为编《大辞典》花去了数亿元，按照当时市场价格，可以在重庆南路购买两幢大楼。但在他看来，一部《大辞典》虽耗费无数人力与资本，但却可以嘉惠学林，传之久远，对中华文化的传播做出独有的贡献，这是多少幢大楼也换不来的。编撰出版《大辞典》不仅显示了刘先生"为求完美、不怕麻烦"的编辑精神（台湾学人黄俊郎语），更体现了他文化至上的出版追求。

三民书局位于台北市重庆南路一段61号的门市部

在出版业运用计算机排版系统后，因《大辞典》铸字模的经历，刘先生于1988年又开始了"汉字字库"数字化这一系统工程。刘先生认为，"汉字的最大特色，是一字一形，每个字虽由基本的部首偏旁组合，但同

三民书局门市部的内部楼面

样的偏旁部首,组合之间,倚轻倚重,或大或小,就有不同的安排,不宜用电脑拼字一律订死",而且,电脑拼字远远不能满足致力于学术出版的三民书局的实际需求(三民书局于中国传统文化方面着力甚多,出版了大量中国古代文化典籍及相关研究著作,常常会用到平时少用、电脑字库中不存在的异体字、古体字)。因此之故,三民依托当时《大辞典》铸字经验,每年延请近百名专业人员撰写能够体现"中国汉字美感"的字体。经过15年的不懈努力,2003年,三民终于完成了由楷体、黑体、仿宋、长仿宋、明体、小篆六套字体组成的汉字字库。其中,以明体字最多,有7万余字。这些汉字同样是精益求精,凡是觉得架构不合理、视觉不美观的,均推倒重写,仅仅7万多字的明体就先后重写了十几遍。在撰写汉字的同时,三民又组织技术工程专家,开发了一套相应的计算机排版软件,将数十万字的汉字字库运用到三民书局的出版活动中。在研发"汉字字库"的10余年中,关心"造字"进展,成了他每日功课,以致"做梦都在想怎么写好字"。这一设计,为用无穷,是一项重要的文化贡献。

刘先生坦言,多少年来,虽梦里依稀念故乡(刘先生广东籍,长于上海),但却一次也没有回过大陆,数十年间,心中所思所念唯有"出版"二字。三民书局成立之初,他即与几位股东约定"五不可"——不可向公司推荐私人,不可向公司借钱,不可要求公司作保,不可干涉公司业务,盈利转为资本,不可要求分配利润。自创办以来,三民书局从一株幼苗成长为参天大树,经营规模和利润回报亦非常可观,但作为公司的董事长,数十年来,他没有从公司拿过一分红利,所有应得均归为公司发展之资本。在用人方面,唯才是用,不用私人,所有进三民工作的员工都必须通过考试。他本人不烟、不酒,从来没有将公司的资源消耗在个人享受上。相反,对于工作上进、家境困难的员工多有扶助(如他曾赠送一套住房给一位多年任劳任怨、勤奋工作的员工),许多人因此也心系三民,直至退休。曾任职台湾师范大学、交通大学,被称为"中国式管理之父"的台湾著名管理学家曾仕强教授认为,三民书局"规模相当庞大,却能够亲如一家人。大学之道的精髓,振强先生早已充分发挥";他是"令人钦佩的儒商","让人心仪的文化巨人"。刘先生颇具中国儒家特色的管理方式不禁让我想起一则故事:20世纪50年代末,兰登书屋的年轻编辑罗伯特·卢米斯正为购买一套价值8 000美元的公寓一筹莫展时,兰登书屋的两位创办人贝内特·瑟夫和唐纳德·克劳弗尔得知情况后,毫不犹豫赠予他一张8 000美元的支票。此后50年,卢米斯一直效力于兰登书屋,成为美国当代出版史上赫赫有名的杰出编辑,通过自身努力为兰登书屋增添了诸多辉煌。此种得人善举,我辈徒羡没得效法。

刘先生待作者甚厚,20世纪80年代就给出一字一元的稿酬;许多作者,稿件未交,数万元的预付支票已经奉上,且从不催稿……著名出版家、教育家王云五先生的学生——台湾著名史学家王寿南曾回忆,当年刘先生约他撰写一部《隋唐史》(王曾在政治大学讲授隋唐史10余年,但因治学严谨,一直积累资料,迟迟未动笔),王寿南正在犹豫不决之际,刘先生已奉上一张10万元台币的支票作为预付金,并说书稿完成后再按字数结算。在同一篇文章中,王寿南谈道:"出版公司领导人的才能和性格,都会直接影响公司的成败,才能方面最重要的是对市场的了解、未来趋势的判断和圆融的人际关系,性格方面最重要的是气魄、果断。具有这些才能和性格的领导人,方能让公司走上成功之路。"以我与刘先生接触和交往的感受,他当之无愧是有气魄、果断敏行的出版家。也正是因为这样的缘由,在众多著名学人的心目中,他的出版成就,实在是堪与王云五、陆费逵等前辈出版家相媲美。因为有刘先生这样的"出版领袖人物",三民书局也赢得了遍布海内外的名家学者。钱穆、李泽厚、韦政通、成中英、汪荣祖、葛兆光……在刘先生看来,出版是一项可以终身奉献的事业,它联通古今,会通中外,对于人类知识积累和学术传承肩负极其重要的责任,能为这样的文化工作牺牲一己之利,于个体而言,不仅没有损失,相反却是难得的机缘。正是因为有这样的信念,他毕生念兹在兹,百折不挠,一往无前。他的追求赢得无数赞誉:台湾学者王洪钧说:"我个人所知有限,但就接触所及,对前后两位出版家,便怀着极大敬意。一为已故我国出版业巨擘王云五先生,一为三民书局创办人,现任董事长刘振强先生。"台湾学者郑贞铭也说:"在出版人中,我印象最深的是王云五老师与刘先生,我认为他们为出版界所做的努力与吹起的知识号角,正是台湾社会欣欣向荣的知识动力。"在传播学者石永宽看来,刘先生"平凡中藏伟大的精神,默默耕耘,只求为学人、为知识分子服务,以出版提供知识的贡献";而台湾学者孙振干脆称之为"文化界的侠士"。大陆著名出版家董秀玉先生以为:"在台湾众多我所尊敬的同行中,刘先生是一个很特别的人","他的书,他的事业发展,就是出版人的追求和理念的写照"。

三民书局在刘先生的主持下,出版了许多广受赞誉的文化精品,尤其是在高品质丛书出版方面,更是取得了令人瞩目的大成就。"三民文库"收录了老一辈文化人的文史著作数百部,钱穆、谢冰莹、毛子水、邹鲁、唐君毅、萨孟武、吴相湘、成中英、林海音等名家均有一部或多部作品编入文库,在精英文化层有良好的口碑和很大的影响;"三民丛刊"除了收入潘重规、苏雪林、牟宗三、叶嘉莹、余光中、刘绍铭、林文月等老一代文化人著作外,更是吸收了诸多中生代的文化名家,南方朔、龚鹏程、严歌苓、止庵、虹影、邱华栋、张新颖等均为丛刊撰稿;相比以上两大丛书,"沧海丛刊"更是涵盖了国学、史地、哲学、语文、艺术、社会科学及应用科学(此系三民书局对此丛书的分类)等多个学科门类,规模也更为庞大;为了使中国传统文化得到更好传承,便于一般读者接受,三民书局在

三民书局出版的图书

2010年,大陆出版代表团访问三民书局,刘振强董事长会见到访的人民出版社社长黄书元(右三)、东方出版中心总经理祝君波(左四)及本文作者(左三)

刘先生的倡导下,邀请学界名家精心撰写了"古籍今注新译丛书",涵盖了中国古典文化中的哲学、文学、历史、军事、政治、教育、地志、宗教等经典文献,将古拗的古代语言精译成雅驯的现代汉语,为古典文化的普及起到巨大的推动作用。此外,三民书局还出版了"国学大丛书""文明丛书""大雅丛刊""文苑丛书"等广受赞誉的高品质丛书,这些三民的"丛刊""丛书"构成了一道亮丽的文化风景线,为中华文化增添了绚烂的光彩。

刘振强先生直至暮年,仍执着于自己的出版理想,着实令人羡慕。由此我又想到欧美众多出版人和著名编辑,如加斯东·伽利玛、阿尔班·米歇尔、翁泽尔德等人,无不是在其岗位上工作至暮年甚而终命。他们以其个人才华,使自己的出版社延续了辉煌,也为本国的出版业增添了更多的光辉。优秀的出版人可以终其一生从事自己喜欢的职业,从某种程度上讲,这好像是一种世界通例。读阿尔·西尔弗曼《黄金时代:美国书业风云录》,此类声迹,载有多是。刘先生及其一生的书业经历,足以使他和三民书局在中国出版业乃至世界出版业青史留名。

钟叔河

自己的点子和音色

陈明晓

钟叔河(1931—),湖南平江人,中国当代出版家。1949年8月,高中毕业的钟叔河考入"新干班",进入《新湖南报》工作。1957年,在《新湖南报》的"反右"斗争中,钟叔河被开除公职,送劳动教养。1970年,又获"现行反革命"罪,被判处十年有期徒刑,发配到茶陵湖南省第三劳改队劳改,1979年3月才得释放,进入湖南人民出版社工作。

尽管前半生坎坷重重,但钟叔河始终坚持阅读,博览群书,深刻思考。中国怎样才能成为一个现代化国家的问题,始终萦绕在他心头。长时间的积累,在1980年后喷薄而出。当时,国内教育逐渐恢复秩序,解除了思想禁锢的人们对书籍的需求猛烈增长,沉寂了数十年的学者和出版从业者们也有沉甸甸的成果急欲发表,我国的出版业进入了一段黄金时期。在此背景下,钟叔河先是就职湖南人民出版社,开始了"走向世界丛书"的出版工作,迅速获得广泛声誉。而后,岳麓书社成立,钟叔河担任总编辑。周作人文集(包括《知堂书话》《知堂序跋》《周作人集外文》以及《自己的园地》等周作人自编文集)、曾国藩家书系列、"凤凰丛书"、"古典名著普及文库"等相继出版,为80年代出版界贡献了累累硕果。

钟叔河1931年生人，而他作为出版人的生涯1980年才开始，又于1989年早早离开编辑岗位。因此，他从事出版的岁月并不长，但就在这短短十年中，他奏了一曲又一曲动人的乐章，有高歌，有小调，做出的成绩，比很多人几十年来得还要出色，留下了久久不息的回响。

一

20世纪80年代的出版成就，与其早年学习经历不无关系。

钟叔河的父亲是维新学堂的外课生，算是有些家学。抗战时，本该进小学的钟叔河回到湖南平江乡下的老家，在那里完成了小学和初中阶段的学习。这是钟叔河培养阅读兴趣的重要时期，两位老师是他的引路者。国文老师选了很多优秀作家（如许地山、鲁迅、冰心等）的好文章，地理老师原是在北京读书的大学生，抗战爆发后回乡教书，他使钟叔河爱上了大自然。

如果从1980年正式进入出版行业回溯，钟叔河从业前的读书经历比大多数编辑都要漫长。其间，他遇到了一颗又一颗"结缘豆"。钟叔河用"结缘豆"形容他和周作人作品的因缘，但实际上，他的事业和人生得益远不止这一颗"结缘豆"。

在平江，无人教授又无新书可读时，钟叔河就自己找书来读，偶然间读到了周作人《卖汽水的人》、《金鱼、鹦鹉、叭儿狗》（节录自《看云集·金鱼》）、《故乡的野菜》等文，颇觉有味，便牢牢记住课本中"作者介绍"里列举的作品，一见到就想方设法找来读。

抗战胜利后，钟叔河到省城长沙读高中，这期间读了不少外国文学、社科名著，同时积极参与学生运动，还为此挂彩，留下伤疤。1949年8

月,满腔热血的钟叔河提前告别学生生活,考入"新干班",进入《新湖南报》工作。这时的钟叔河常与朱正(原湖南人民出版社总编辑——编者注)一起到古旧书店找书读书。他读书涉猎的范围相当广泛,从古到今,从中到西,从文史到科学,几乎无书不读,思想的宽度和深度早已经历了蜕变。也是这时,他接触到了早期知识分子对西方的记述,这是他厚积而成"走向世界丛书"的开端。

1957年,在《新湖南报》的"反右"斗争中,钟叔河因言论不慎被错划为右派,送劳动教养。对此,他不愿接受,申请回家自谋生活。一介书生,曾做过仓库搬运工,拖板车卖苦力,也曾帮人刻印制讲义的钢版,绘机械图,制作教学挂图,还曾做过木模工。

这期间的种种艰苦不言而喻,但对钟叔河来说,在另一层面上却柳暗花明。用他的话来说:"我拣了一个'便宜',从一九五七年到一九七九年这二十多年中,我无须遵功令文章、按模式思想,而尽可以在劳动的余暇'自由'地思考中国的过去和未来,有时也能搜集和整理一些材料。"就这样,在谋生之余,他时常出入旧书店,继续广博地读书,深刻地思考,扎实地研究,做了充足的积累工作。他坚信,一个国家,一个民族,不可能永远与世隔绝,因此,他始终做着"走向世界"的准备。他所读的周作人的书,差不多都是这段时间买到的,甚至还有偶遇一册良友版的精装《苦竹杂记》,立刻卖掉头上戴的呢帽转而买书的佳话。众多史籍,包括"走向世界丛书"中的许多清人笔记,也是这个时期读的。

毕竟身处泥淖,要说钟叔河全不在意,那也不是事实。而与周作人的偶然交往,给了他莫大的鼓励与宽慰。钟叔河曾与好友张志浩共读《希腊的神与英雄》,因为对书中译名有疑问而去信出版社,才知道译者周遐寿即周作人。1963年,钟叔河效仿张志浩给周作人写信。他在信中说,周作人文章的真价值乃在"诚实的态度:对自己,对生活,对艺术,对人生,对自己和别人的国家,对人类的今天和未来,都能够诚实地,冷静地,然而又是积极地去看,去讲,去想,去写。……先生对于我们这五千年古国,几十兆人民,无望无告的妇人小子,爱心是深沉的,忧愤是强烈的,病根是看得清的,药方也是开得对的"。回信很快寄到,信中有诗"诚心期法施,一喝或及半。但得有人看,投石非所憾",还附有周作人题赠的《伊索寓言》和所写的条幅。自此,每日大劳筋骨,自称"引车卖浆者流"的钟叔河大受鼓舞,后来,他在原打算写给《周作人散文全集》的序言中说道:"这位从五四新潮中走过来的老者,居然认为我这个三十来岁的木模工还能懂得他的文章,我怎能不怀着知己之感,努力去理解他的'誓愿',让'诚心期法施'的气力不至于东风吹马耳般地白白浪费呢?"

厄运至此远不到终点,1970 年,钟叔河因"污蔑攻击无产阶级文化大革命",获"现行反革命"罪,被判处十年有期徒刑,发配到茶陵湖南省

1979 年 3 月钟叔河(左)出狱后与朱正(中)、张志浩(右)重聚

第三劳改队劳改,1979年3月才得释放。劳改时期,尽管书籍的来源更加困难,但钟叔河从未停止思考,依然勤学不辍。其间,他逐渐把兴趣集中于历史,阅读了大量史籍。在绘图室一位青年工人的帮助下,他甚至得以通读《二十四史》。与他一起服刑的还有朱正,"走向世界丛书"中的许多内容,他都同朱正讨论过。也正是朱正,在他平反后,将他从机械工程师的道路上拉回来,推荐他去了湖南人民出版社做编辑。从此,机械行业少了个人才,出版行业却升起一颗明星。

二

生年近50,却遭遇了20余年的坎坷。或许正应了那句"祸兮福之所倚"的老话,这20余年的遭际,不仅没有打垮他,反而成就了他。中国怎样才能成为一个现代化国家的问题,始终萦绕在他心头。改革开放初期,教育逐渐恢复秩序,一批禁书解禁,知识分子们求学若渴,书店里的书常常销售一空,"书荒"一时蔓延开来。钟叔河便兜着这20年来在困窘中喝的一肚子墨水,在走出牢房后很快便迈大步"走向世界"。

这是钟叔河在书业打响的第一炮。这一策划动议于1980年,计划出版100册,但最初得到的反应颇为冷淡,尤其不赞成他一下子印这么多种。钟叔河辩称这些书拆开来看有些并不怎么精彩,搜集在一起,才能彰显独特的价值。这一想法得到当时湖南省出版局领导的支持,得以施行下去。钟叔河的动作很快,1980年8月"走向世界丛书"的第一种《环游地球新录》问世,1981年最多,共出版了12册,至1983年,在湖南人民出版社一共出版了20册,共计27种。在这当口,岳麓书社成立,钟叔河被调去做总编辑,这套书也被带去,于1984至1986年间出版了10大册合订本,共计36种。

这套丛书是中国人在近代由东方走向西方的实录,体裁上涵盖游记、日记、考察报告、随感、回忆录等多种形式,是研究中国近代文化、思想、社会、经济、中外关系的重要资料。开列丛书的作者姓名或记述对象,可以看见他们的身份各不相同:有承担公务前去出使或考察的官员,如李鸿章、载泽、曾纪泽、郭嵩焘、黄遵宪等;也有自发前往游历的知识分子、实业家和其他个人,如康有为、梁启超、王韬、林鍼、罗森等;还有一些人多次游历海外,其间还发生了身份的变化,如张德彝,起初是同文馆英文班学生,写了《航海述奇》,后来则作为使团成员出使各国,著有《欧美环游记》和《随使法国记》。在《随使法国记》中,张德彝甚至亲历

"走向世界丛书"部分初版本

钟叔河　自己的点子和音色

了巴黎公社运动。另外值得一提的还有钱单士厘的《癸卯旅行记》,这是其中唯一由女性写作的游记。他们游历的因由各异,但不约而同地在见识到了完全不同于本国的宪政律法、社会文化、风土人情后将之记录下来,甚至与本国的情况进行对照思考,为本国的去路寻找方向。

一直以来,这类著作地位尴尬,说是新书,偏偏是古籍的样貌,说是古籍,偏偏内容与常见的古籍大相径庭,于是往往被读者忽略,散落在茫茫书海之中。要在书海中将这些书择取出来,就如披沙拣金。钟叔河前后过手了300多种手稿、刻本等,终于精选出了100种,计划分为三辑出版,这30余种不过是开头而已。

"走向世界丛书"出版后,钟叔河陆续将他们寄给一些文化界的故旧师友。《新湖南报》老社长李锐就是其中之一。经由李锐,这套书陆续为曾彦修、黎澍、李普等所知,又经由他们为更多学术界人士所知,很快就收获了极大的反响。

1981年3月17日,即有吴德铎《我国最早的一部访美游记》发表,其他书评陆续见诸报端。钱锺书在看到这套书后,给钟叔河去信,说:"章实斋论史学,于刘子玄所谓三长中独重识;弟读尊编,即倾倒兄之卓识明见,而博采穷搜之学力又足以相副。"于是委托董秀玉约钟叔河见面,从此结下多年情谊。萧乾、黎澍以及外国专家白霞等人,都在信中表示了赞赏。在同业者那里,赞誉之声也不绝于耳。李侃在信中把"走向世界丛书"称为"内容并不新奇的当代'奇书'","读'总序'及'文与其人'诸文后,感佩之情不能自已"。戴文葆于1981年发表长书评,称这套书"足以启迪我们对于往事和前路的畅想"。他将这部书目为中国第四次走向世界的浪潮前期的一部分记录,还从编辑者的眼光出发,体察到了钟叔河所做的大量版本择取、手稿访求、字句校勘、译文订正、图片选刊等工作。国务院古籍整理出版规划小组召开一次小组会议时,组长李一氓甚至提议特邀钟叔河作为正式代表参加,当时省级出版社得以参加会议的只有他一人。李一氓充分肯定了这套书在评传、要点加注、人名译名简释等方面的编辑经验。

在"走向世界丛书"每一种书前,都有一篇钟叔河亲撰的叙论,这些叙论很快被各路方家注意到,纷纷建议他辑印成册。李一氓也有此提议,还为上海人民出版社出版的《从东方到西方——走向世界丛书叙论集》作了序。在此基础上,钟叔河完成了40万字的专著《走向世界——近代中国知识分子考察西方的历史》,由中华书局出版,钱锺书为之作序。这也奠定了钟叔河出版家、编辑家之外的学者身份。

"走向世界丛书"的两种"副产品"

诞生于改革开放初期的"走向世界丛书"在当时可以说是意义非凡。它绝不仅是西学东渐的一时之史。作为晚清士人的出国笔记,它展现了近代中国人从闭关锁国到走向世界的历程,展现了中国人开眼看世界,认识到自身不足的过程,它是过去的历史对当下的照观,从一个独特的领域对改革开放产生了良好的作用,对促进思想解放,推动现代化进程有很大的影响。王一方回忆,"那时还不时兴幕后炒作,这套历史旧籍,引起学界、思想家如此的聚焦,在近二十年出版界亦堪称奇观"。

1989年,钟叔河离开岳麓书社,"走向世界丛书"的出版停滞。直到2008年10月,岳麓书社才重新推出精装修订本,仍是10册36种。又过了8年,续编出版,前后历经30余年,这套书终成全帙。

三

"走向世界丛书"停滞的时候,钟叔河做起了周作人文集。这是钟叔河出版生涯的另一个重要贡献。改革开放以前,周作人作品的印行与学者对他的研究几乎是停滞的,他在中国现代文学史与思想史上曾经的重要地位湮没不彰。钟叔河还在岳麓书社的时候,就策划了周作人作品的出版工作,他先从《知堂书话》《知堂序跋》和《知堂杂诗抄》做起,出版了一些周作人自编文集,以及陈子善所编的两册《知堂集外文》。此后又做了《知堂谈吃》与《儿童杂事诗图笺释》。但真正比较完整的周作人文集,出版历程比"走向世界丛书"要更曲折些。

《知堂书话》是1949年后大陆第一部署"周作人著"的新书,一问世便受到了关注,胡洪侠、张清主编的《1978—2008私人阅读史》中,《知堂书话》作为对个人影响较大的书籍被三次提及。赵普光认为此书奠定了周作人书话家的地位,"开创了当代文坛为近现代作家编辑整理书话集的先河"。然而,当时湖南省出版系统的人对出版周作人始终有疑虑。《知堂书话》和《自己的园地》等书刚面世时,一位领导当面说:"钟叔河!你出周作人,要适可而止啊!"

最终,湖南省仍是拿到了出版周作人的批文。黄裳1991年给钟叔河的信中说:"去冬乔木来沪,一次谈天,谈及周作人,他自称为'护法'。

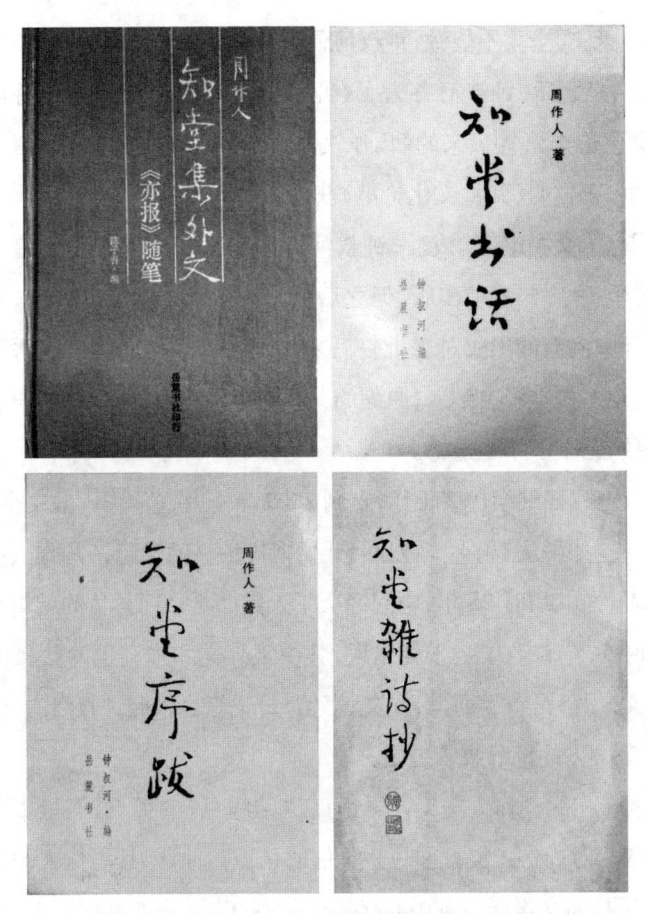

岳麓书社在周作人自编文集外出版的周作人文集

并告当年吾兄呈请重刊周书事,最后到他那里,他不顾别人反对批准的。"但这个批文是有条件的,"说钟某人是一个认真负责的编辑(大意),如果由他来编,周作人的书是可以出一点的,但是不能够出全集、文集,只有抗战前和解放后的文章可以出"。

尽管如此,钟叔河仍然遭到了一些人的批判。1989年,钟叔河离开岳麓书社,从此退居二线,只能专心编写未竟的鸿篇。

依照批文,全集不能做,钟叔河便改做《周作人文类编》。得知胡乔木的"护法"之后,钟叔河寄去了《儿童杂事诗图笺释》,附信称想出版《知堂文化论集》(即后来的《周作人文类编》),胡乔木很快回信,说"谢谢你寄书,祝你的《知堂文化论集》获得成功"。

《周作人文类编》编成后,钟叔河遵照安排将书稿交给湖南文艺出版社,定于1993年底前出版,但之后便石沉大海,直到1998年,湖南文艺出版社拿到新闻出版总署批复后才匆匆付印。然而时间过去了好几年,新发现的佚文没有纳入,原编的一些错误没有修订,很多情况也与设想不一致,留下了不少遗憾。

钟叔河只好继续伏案工作,直到2009年4月,《周作人散文全编》才最终出版。如果从1984年钟叔河开始搜集资料时算起,《周作人散文全集》的编纂总共历时25年,中间经历了无数曲折。而具体的编辑校订工作则历时5年,修改了上千处错误,其中集外文和未刊稿的数量大大超过集内文,很多是首次面世,译文、书信、日记等也依照钟叔河的标准,将"散文"范围内的部分收录进去。

执着于出版周作人文集,虽然有着"结缘豆"的关系,但根本上还是源于钟叔河对周作人文章和思想价值的认识。他认为,周作人的著作文章是"五四"新文学新思潮中有代表性的存在,无论肯定或否定,都无法绕开。"人归人,文归文","周作人其人的是非功过是另一问题,其书的主要内容是对传统文化和国民性进行反思,对中国—西方和中国—日本的文化历史进行比较研究,今之读者却不可不读"。此外,他肯定周作人散文作为"美文"的价值,即具有"自己的文句与思想","爱智者追求的是理想和智慧,亦即是真和美,而能以冷静明智的态度出之,发而为文,在'诗与真实'两方面都能显示出动人的力量,这便是周作人高出别的散文作者的原因"。

四

担任岳麓书社总编辑时,钟叔河总想努力显示"自己的点子和音色",在选印古籍、旧书时尽量做出自己的特色。这其中最有影响的当属曾国藩著作。1982年,钟叔河参加国务院古籍整理出版规划小组会议。会议期间,钟叔河得知古籍整理出版规划中只列入了《曾文正公全集》影印刻本,立刻提出意见,甚至从北京图书馆搬来众多资料,力陈编纂新全集的必要性。1984年,调任岳麓书社后,钟叔河安排唐浩明担任《曾国藩全集》的责编,后来的"曾国藩热",滥觞或许便在此。1985年10月,《曾国藩全集·家书》两卷率先出版,随后便招致不少反对,有人在报上发文,称"如此《家书》有何益",有人写材料寄到北京,说钟叔河钟爱汉奸,出了曾国藩又出周作人。但钟叔河认为:"这两个人是绕不开的,要了解晚清的政治和文化,你就绕不开曾国藩;要了解'五四新文化'和新文学,就绕不开周作人,他们是客观的存在。如何评价他们,是研究者的事;我不是研究者,我只是一个出版者,只提供资料。""面对'三千年未有之变局',要么赶快实现现代化,跟上世界潮流,要么就是被世界潮流抛弃。在这个关键的时候,曾国藩作为传统文化的总代表,是值得深入研究的。……而且,越是研究曾国藩,就越是可以发觉,连曾国藩这样有作为、有能力的人物都无法挽救旧体制的崩溃,那只能说这个旧体制的确到了不能不崩溃的时候,这能够更深刻地说明旧中国必须改变。"

钟叔河认为"书应该走到读者中间去",文化应该为更多的人服务。为此,他采用的方法不是大张旗鼓地宣传,而是在增强书籍的易读性、可读性的同时降低定价,让书籍更易被读者选择,也更负担得起。回忆在岳麓书社的时光,杨向群说道:"不同读者对象的书,用怎样的编辑包装形式、怎样的宣传途径、怎样的发行方式,钟先生皆通盘谋划,事必躬亲。"这类书的代表就有"古典名著普及文库"。"古典名著普及文库"曾在1988年的《文汇读书周报》上刊登宣传文字,称要使广大读者"以最少的钱,买最好的书"。这套书从20世纪80年代人们读书成风,但收入不高的实际出发,通过缩小字号的方式降低成本,下调定价,成功获得了读者青睐,为古典文学的普及做了很大贡献。

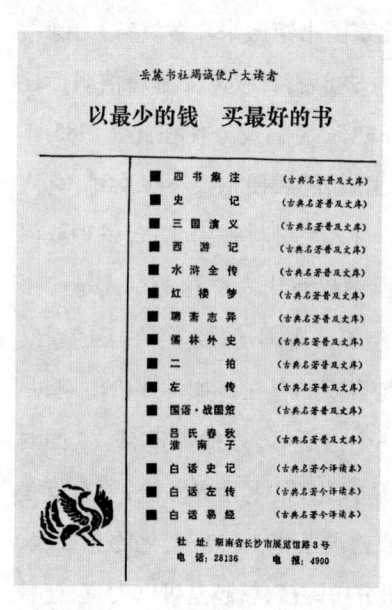

"古典名著普及文库"书后的广告

钟叔河还主持了"凤凰丛书"的出版,这套丛书"专刊旧籍,不收新作",收集了1911年至1949年间出版的有文化积累意义和学术参考价值的旧书,包括海内外关于中国、中国人、中国文化的研究著作、记述等,涉及文化史、自然史、民俗学、中外交通史各方面,注重的是"史的价值和文的趣味",作者有钱穆、朱光潜、林语堂等。此外,钟叔河主事岳麓书社期间,还有"风土丛书""明清小品选刊""旧籍重刊""旧译重刊"一系列丰富文化市场的丛书,与当时整个文化市场形成了共振,为读者带去了一批批好书。

五

与众多成就斐然的出版家相比,钟叔河有些不同。天性禀赋和个人的出身经历,造就了他独特的个性与理想追求,使得他对于事业的着力点也与其他出版家有所差异。可以说,相对于"出版家"的身份,他的"编辑家"身份同样昭彰。他的一生,在编辑上倾注了大量的热情。除了策划以外,他亲自编纂、搜集佚文、点校,参与校对、索引制作、装帧设计等具体环节。在离休之后,为了能安心编书,他谢绝续聘,回到家中,埋头于周作人文集与"走向世界丛书"等倾注他一生热情的事业。

这些工作,在《儿童杂事诗笺释》的编辑上有集中体现。这是周作人和丰子恺两位大家诗书画合璧的作品,钟叔河除编集外,对每首诗都进行了笺释。关于"笺释",钟叔河有自己的独到做法。他在《笺释后记》中说:"我向不主张用摘抄字典辞书的方法替古诗文'作注',反对代替读者去查工具书。"对于工具书中没有的字词,如儿童杂事诗中涉及的诸多民俗史和文化史范畴的内容,钟叔河采用了"以周注周"的方法,"首先从周氏本人一生'用散文写下来'的数百万言著作中找材料,并旁及其他,地方文献、野记杂书、故老言谈、友朋通信,都在采辑之列"。这样,一方面确保笺释的内容与周作人原意贴合,另一方面采集读者难以见到或难以整理的资料,使笺释内容更为全面。

本书先后多次再版,早前题名《周作人丰子恺儿童杂事诗图笺释》,后改为《儿童杂事诗笺释》。每个版本,钟叔河都在装帧设计上付出了诸多心力。前三版影印周作人1966年的写本,并将《亦报》刊载的锌版图放大为一页放在旁边,后面跟随着钟叔河的笺释。安徽大学出版社版改弦易辙,采用锁线精装。内文增添较多,诗、注、笺释全部改为简体横排,从前往后排印,又取1954年写本影印,从后往前排印,作为附录,以保存周作人写本原貌,让读者进行观赏对比。丰子恺图则按《亦报》原刊大小排印,保证图片质量。最新的海豚出版社版,则笺释又有较大增订,且影印了1950年和1966年两件自抄本手迹,更为珍贵。值得注意的是,早前的版本,正文诗一页,图一页,笺释两页,每篇都恰好四页;安徽版将原诗并注用印刷体横排于左页左上方,手迹竖排于右上方,笺释与插图混排于下,每首诗恰好是翻开书本的左右两页;到了海豚版,由于增订较多,则图一页,原诗并笺释两页,满版排定,其中机心令人赞叹。

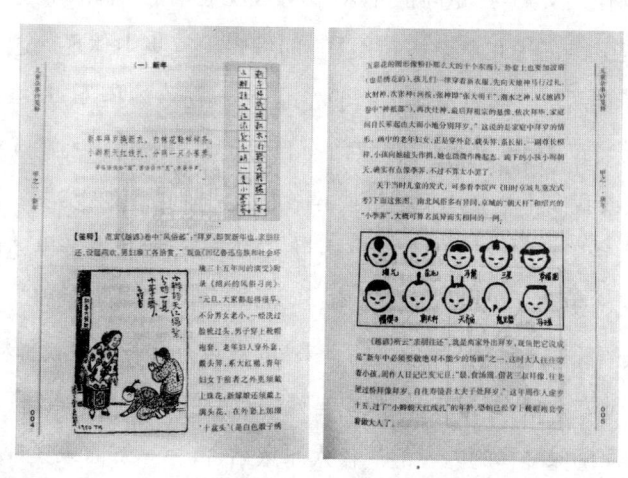

儿童杂事诗——安徽版书影

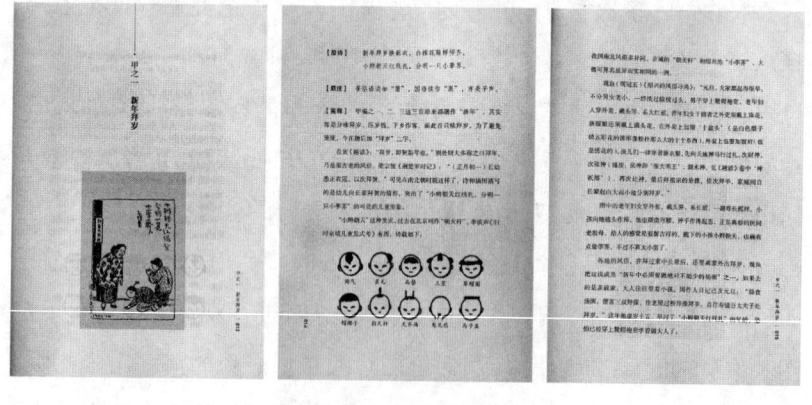

儿童杂事诗——海豚版书影

此外，钟叔河十分注重版本校勘工作。这种做法始于"走向世界丛书"，贯穿了钟叔河的整个编辑生涯。"走向世界丛书"精择版本，精心校勘，对旧本的错字、误译尽量做了校改，列出校记，许多旧译名则添加注释说明。对周作人自编文集，钟叔河放弃了影印原本的做法，选择较好的本子进行校订，并将《校订记》附在文后，以便对照。后续的《周作人文类编》《周作人散文全集》等，无不全面校订，尽量改正所据原本的舛错，使文章内容更为精审，消除阅读障碍，同时注出校订之处，作为参考，与读者共同商榷。《周作人散文全集》的责编陈亮在《书与人——写在〈周作人散文全集〉出版前》中说到，对出版社的近万张的校样，钟叔河"从头至尾一页页地校阅过两遍，有些卷次他看过三遍以上"，并提出许多新的问题，有改动的地方还贴上手制的浮签，用彩笔写明问题所在，以免遗漏。

为图书制作一个便利、精准的索引也是钟叔河一贯的追求。这项工作同样肇始于"走向世界丛书"，岳麓版周作人自编文集延续，到《周作人散文全集》已成为一大亮点。该书为每篇文章编制了一个五位数的代码，印在每篇文章的书口上方，翻阅时一目了然。单独成册的《索引》由鄢琨操刀，近60万字，包含了全集篇目索引，自编文集篇目索引，主题分类索引，人名索引，书名、篇章名、报刊名索引，笔名、发表报刊名索引六种。其中全集篇目索引方便读者按"题"索骥；自编文集索引可以帮助还原自编文集的面目；主题索引与《周作人文类编》相似，比《文类编》分类更细，更为清晰；其他索引各有作用，为专门研究与周作人有关之学问的读者提供了极大方便。

这些工作如春雨润物无声，但有心人自然看在眼里。1981年发表于《人民日报》，署名楚天高的书评称"走向世界丛书"编辑很在行，萧乾则称"倘若要我开一门'编辑艺术'课，我首要选的范本就是这套《走向世界丛书》"。

六

钟叔河的一生苦难有之,但作为一个真正的知识分子,即使在泥潭中,他也从未停止思考着祖国的命运和人类的前途。他的出版生涯虽短,但做出的工作,必定会在中国当代出版史上留下重重的一笔。他始终认为,出版者也应有自己的思想,要将自己的思想融入编辑的职业生涯之中,通过"述而不作"的方式表达出来。他曾自述:"当编辑也好,写文章也好,总得对社会关心,对人文有兴趣,那就得有一点自己的精神,有一点自己的想法。""我做编辑,也只编我想要编的书。编曾国藩、周作人的书……最后出来,就是我的编辑作品,我通过它来宣传我要宣传的思想,推动我要做的事业",这个事业就是"帮助人们了解历史和文化,了解自己的昨天和今天,思考自己的明天",从而为中国的发展和现代化尽自己的力量。

钟叔河一生的三大主要成就"走向世界丛书"、周作人文集系列和曾国藩系列,都是为了完整表述自己的思想而出的。曾国藩作为一位传统知识分子,代表了最正统的儒家思想,他的政治生涯即是以中国传统思想的正面力量寻找中国在世界重新屹立之途的过程。周作人是新文化运动的杰出代表之一,是从"五四"走出来的真正的现代知识分子之一,他熟悉西方文明的源流古希腊的文化与近代以来日本社会思潮和文学艺术的剧烈变化,并依仗着深厚的旧学功底,吸取了传统文化中反主流、反正统的那部分思想精华,从而将中国放置在整个世界以及古往今来之中,思考中国文化现代化的路径,具有现代启蒙的意义。而"走向世界丛书"则选取了中国人最早接触到西方文明乃至世界文明写下的记录,不仅展现了中西文化交流的历史,更勾勒了中国士大夫及知识分子在走向世界、了解西方直到向西方学习、寻求现代化途径的过程中发生的思想变化。这三大出版成就形成了一个思考中国文化现代化的大"十"字格局：一横是"走向世界丛书"所代表的西方文明与东方文明（中国文化传统）之间的关系；一纵是曾国藩代表的正统儒家思想与周作人思想中非正统的国故组合而成的中国传统文化，展示的是中国文化转型过程中现代文化与传统文化的撞击和关联，这样一种文化变化、交融、更新的大格局，显示了钟叔河作为一个当代知识分子的大视野和大文化结构。

辑 二

雷克拉姆

雷克拉姆出版社的故事

丁 甲

安东·菲利普·雷克拉姆(Anton Philipp Reclam,1807—1896),德国出版家。1828年雷克拉姆在德国著名的书城莱比锡创办了雷克拉姆出版社。雷克拉姆出身出版世家,父亲卡尔·亨利希·雷克拉姆已是莱比锡书籍出版业的名人。自创立以来,雷克拉姆以其包罗万象的"万有书库"(Universal-Bibliothek)享誉世界。该系列旨在打造能让普通读者群体接受的低价位的文学经典,让世界名著走进普通家庭的书房。19世纪末,雷克拉姆鼎盛之时,出版书目超过5 000种,将大量的各国文学作品译介给德语读者。"一战"的浩劫过后,雷克拉姆迅速恢复,重新成为当时现代派德语文学新星们的最高舞台,茨威格、霍夫曼斯塔尔、施尼茨勒、豪普特曼乃至托马斯·曼,在生涯早期都得到了雷克拉姆的赏识和推介。如今的雷克拉姆虽不及19世纪、20世纪之交的辉煌顶点,但仍在德语世界的工薪阶层和学生群体中备受推崇,其一直贯彻的低成本、高质量的原则使其成为出版史上佳话。

在当今的德语中,"Reclam"几乎成了有价值而又廉价的书的同义词。人们信任它,不管是专业学者还是业余读者,都愿意将它的书目作为个人阅读的书单。简洁明快的装帧风格,内容又有着专业的品质保障,这样的出版物,从19世纪以来引领着世人从"藏书"走向"阅读"的历程,以至于几乎整个德语文化界都受其影响。用出版社早期员工流传的一句话说,在那个时代(指19世纪初的德国),这种角色,即便没有雷克拉姆出版社,也会有其他同道者争相扮演。这与出版行业的整体发展、印刷技术的升级,以及资本流通、社会阶层变化等诸多因素都息息相关。

雷克拉姆出版社的创始人安东·菲利普·雷克拉姆,出身于一个商人世家,祖上可追溯到17世纪法国萨沃耶地区一个胡格诺派家庭。安东的父亲卡尔·亨利希·雷克拉姆放弃了父辈经营珠宝的事业,举家迁到普鲁士,之后又来到萨克森,来到当时德语世界最重要的文化之都,已在欧洲大陆知识文化界享有"书城"美誉的莱比锡。

安东·雷克拉姆继承了父亲经营的书籍贸易。起初他们不过是拥有几家不大的书店,他们为莱比锡书商引介法文书籍,同时也从法语区直接进货,在自己的书店零售。当时的莱比锡,除了德文书以外,各种外文书籍亦有广泛的消费群体。1828年,安东抓准商机,由专营法文书,转而开始引荐其他语种图书,包括意大利文、英文、俄文、捷克文等,同时也经售一些拉丁文、希腊文的稀见版。当年,安东将家庭经营的书店搬迁至"Grimmaische"大街,地处莱比锡书商云集的中心地带,掷重金购置一座办公楼,取名"文学博物馆"(Literarisches Museum),以其丰富的藏书聚集人气,成为莱比锡的人文沙龙。青年时期的托马斯·曼曾是这儿的读者,他后来写道:"他(1828年安东·雷克拉姆年仅21岁)是怎样的一个纯精神的孩子,这所谓的文学博物馆不仅仅是一座博物馆,而是充满无限生命力的精神场所,是阅读、讨论、批判的地方,所有的思维活动都在此展开,美丽的莱比锡的所有虚伪或虔敬的、传统的或叛逆的、作家或者普通民众,都只需花一点钱,便可来此阅读德文或者外文的各种报刊,也可以使用大借阅室里所有的书籍,畅快地思考。"

一年后,安东购置了印刷机器,并将"文学博物馆"更名为"文学博物馆出版社"。不久又更名为"安东·菲利普·雷克拉姆出版社"。1830年,雷克拉姆出版社正式开始运营,就此关闭了阅览室和图书借阅服务。但这并不意味着之前在这里聚集的政治、人文热情,就此流散到别处。相反,出版社头几年经营乏善可陈,倒是出版社主人和他的许多知识分子朋友共同主导的一系列政治活动,吸引了其他更早在莱比锡立足的书商和文化圈的注意。

当时,莱比锡人是1830年波兰民族起义最主要的支持者之一,是相关政治活动的中心。1831年,名望更大的布洛克豪斯出版社率先组建了一个由文化机构和知识分子组成的"支持波兰民族解放联盟",他们发行报刊和宣传册,许多知识分子在出版社旗下的杂志上撰文讨论时局。雷克拉姆是"联盟"中最活跃的一员。直到半个多世纪之后,它以自己的出版影响享誉世界之时,人们仍然没有忘记,它的创始人一开始就给自己做了定位:知识和教育的先驱,政治和公民生活的批判者和向导。

雷克拉姆在政治上的活跃,很快引来了远在维也纳的哈布斯堡家族权贵的不满。19世纪50年代,哈布斯堡家族决定全面封禁雷克拉姆的出版物在奥地利发行,尤其是声震一时的杂志《莱比锡火车头》(Leipxiger Locomotive),这是德语世界第一份售价低廉的政治期刊(廉价

"文学博物馆"

雷克拉姆出版社

也成为这个出版社自始至终最重要的关键词),奥托·冯·科文在回忆录中将其评价为"没有其他任何一份政治刊物,在反抗权威、树立公民自由言论方面比它的影响更大"。除了撰文的作者群本身的影响力之外,主编威廉·亚历山大·赫尔德的个人影响也不可忽视。同时,"廉价"这一对于任何出版物而言最至高无上的也是最便捷的推销手段,使得它很快成为德语世界读者最多的刊物。

　　读者群体的壮大,很快带来了多重的影响力。仅仅是发刊之后的 6 个月,杂志发行量已超过 2 万。然而好景不长,在第 25 期刊物发行之际,雷克拉姆便不得不宣布停止发行。他们最终向权威低了头。主编威廉·赫尔德也被取消了在莱比锡的合法居留权。从 1815 年维也纳和会重新确立欧洲秩序,到 1848 年革命,这 30 多年在法国和英国被称作"修复时期"(Restoration),在德国被称作"彼得迈尔时期"(Biedermeier)或"三月革命前时期"(Vormärz)。这是欧洲政治界和文化界无比动乱的时期,是浪漫派退出舞台,现实主义、实证派逐渐重新掌权的时代,是政治权威重新对自由主义实行压制的时代。雷克拉姆出版社和它的《莱比锡火车头》也从一个侧面完整地反映了这个时期欧洲大陆知识分子的政治活动。

　　1867 年,也就是出版社成立的第 37 个年头,一个德语出版史上重要的事件,改变了这个原本经营惨淡的小出版商的命运。是年 11 月 9 日,一项关于文学遗产和版权的法律正式通过并开始施行:任何一位德语作家,在去世 30 年之后,其作品版权将不再属于他个人或家族,而属于全人类。1934 年,这个 30 年被延长至 50 年,而在 1965 年又增至 70 年。对于当时云集莱比锡的书商们而言,德语文学史上,迄今为止最为群星闪耀、最为丰富多彩的时期——从"狂飙突进"和魏玛古典主义到耶拿浪漫派甚至晚期浪漫派,或者简言之"歌德时代"——的绝大多数作者笔下的文字，一时间全部变成了世人可以共享的财产，这意味着，任何出版社都可以合法地印刷、经营这些作品。

雷克拉姆出版社抓住了机会，很快出版了全套的歌德文集、席勒文集，并由此正式建立起"万有书库"，而其中1868年出版的《浮士德》全集，直到20世纪中叶，仍是德语学界最受欢迎的版本之一。当时，莱比锡有超过200家重要出版商，初版书籍的首次印数平均为750册，而雷克拉姆当年的《浮士德》第一卷，首印就有5 000册，不到两周就售罄，于是很快又印了5 000册，又在两个月内售完。于是第三次印了接近1万册。一家出版社，同一本书在三个月内卖掉2万册，这在当时几乎是天文数字。而这不过是雷克拉姆出版社之后半个多世纪辉煌业绩的一个开端。

《浮士德》的成功，并没有让雷克拉姆忘记之前经营"世界文学"的传统。到1870年，出版社销量前三位的分别是《浮士德》的两卷和莱辛的《智者纳坦》，紧随其后排在第四位的是莎士比亚的《罗密欧与朱丽叶》。早在启蒙时期，就有不少德语学者开始系统地翻译莎士比亚，到了"狂飙突进"时期和德国浪漫派那里，翻译莎士比亚成为一种潮流，一种知识挑战，甚至是一种让人着迷的再创作。除莎士比亚之外，拉辛、莫里哀、高乃依、塞万提斯、普希金也很畅销，甚至荷马、维吉尔、埃斯库罗斯、奥维德等古希腊罗马的古典作品也开始热卖。这其中最大的读者群，除了学生、教师和相关学者，则是大量所谓"新兴中产阶级"的普通工人。正像同时期维多利亚英国的工人们争相阅读狄更斯的精彩故事，德语区的商人和工人们也在工作之余以阅读小说作为消遣。不同的是，由于雷克拉姆这类出版社的存在，这些读者比同辈的英国读者更多地涉猎其他语言的文学，更有一些"世界文学"的视野。而这种实践中的"世

19 世纪下半叶出版的平价希腊文学经典作品

界文学",和歌德早在半个多世纪前提出的"Weltliteratur"观念遥相呼应。

1869 年,雷克拉姆出版了卡尔·马里亚·韦伯的歌剧《普列乔沙》的唱词,开始涉足音乐出版。自启蒙时期以来,音乐书籍始终是莱比锡各大书商重点争夺的领域。在 19 世纪中叶,维也纳、巴黎、柏林、伦敦等工业都市作为音乐家活动中心的重要性已远远超过有着巴赫和门德尔松传统的莱比锡。然而在音乐书籍出版领域,莱比锡始终处于最中心的位置。而这一地位,直到东德时期的末期(20 世纪 80 年代)才彻底丧失。

1873 年,雷克拉姆翻译出版了《贝奥武甫》《古德伦》等中世纪史诗,出版社开始着手中世纪文本的整合编辑工作。雷克拉姆现今的书目中,中世纪作品已多达 400 余部;1877 年又出版了全套柏拉图对话集,以及康德的"三大批判",雷克拉姆开始涉足哲学书界;1878 年,出版社迎来了出版第一千种图书的时刻;1882 年,开始出版法学书籍。到 1896 年,出版社创始人安东去世之时,"万有书库"已经拥有超过 3 000 种书目,编辑部和印刷部门共有超过 200 名员工,并在莱比锡书商最密集的

"出版业区"（Graphischer Viertel）地区拥有两处共计 1.5 万平方米的办公楼。在世纪之交的欧洲文化之都莱比锡,雷克拉姆出版社已经在文化界享有盛名。20 世纪初,连托马斯·曼都公开宣称,自己最大的希望,就是今后自己的文字能进入雷克拉姆的"万有书库"。这是一代文豪对一个出版商的品位和定位最有力的肯定。

1896 年 1 月,雷克拉姆出版社的创始人安东·雷克拉姆平静地离开人世,享年 88 岁。长子弗雷德里希·亨利希·雷克拉姆继承父业,接管了"万有书库"的全部业务。安东去世之时,"万有书库"已在近 30 年内出版了超过 3 700 多种书目,在他生命的最后 30 年里,他和儿子亨利希一起为"万有书库"做出了巨大的努力和贡献,曾在德语学界闻名一时的《世界历史大人物百科全书》对亨利希有如此评价:"这个杰出的男人,是德国精神在革命与修正、唯心主义与唯物主义的对立中存在的典型,他是他那个时代的古腾堡;他带领人们以全新的方式进入古老的精神世界,未来几代人的命运将由他改变。"

进入 20 世纪,刚从"万有书库"的成功之中获得在书城稳定地位的雷克拉姆出版社,很快在半个世纪之内,接连经历了三次灾难。灾难之后,进入五六十年代,19 世纪那个在书城莱比锡艰难求生存的致力于"传播文学,继承伟大文化传统"的中小型出版社,早已面目全非,它搬迁到了位于西德的斯图加特,现如今,两德合并 20 多年之后的今天,在莱比锡它的诞生之地,已经很难找寻它的踪迹。

1914 年它迎来了第一次灾难。这一年是充满悖论的一年,"一战"爆发使得"万有书库"的出版品种较前一年有大幅缩减,战争导致人力资源缺乏,通货膨胀,使得出版社运营困难重重。但与此同时,一大批新的经典作者进入他们的视野,而且瓦格纳的全部作品版权保护期已过,音乐作品是"万有书库"的一个重要领域,他们又有了新的业务。

然而 1917 年,在德国大规模发生的通货膨胀最终给雷克拉姆带来了无法承受的经济压力,创办 50 年来他们首次调整了"万有书库"的书价,起先是 25 芬尼,随后是 50 芬尼,然后更多。到 1918 年战争结束时,"万有书库"已经被迫经历了七次价格上调,这在半个多世纪以来奉行"以廉价书传播文化"观念的雷克拉姆家族看来,几乎是无法承受的打击。

1933 年纳粹上台,这是它的第二次浩劫。为了继续生存,雷克拉姆不得不将许多犹太名字从刚刚整理完毕的书目中划去。奥尔巴赫、海涅、施尼茨勒、奥尔海默、亨利希·曼、斯蒂芬·茨威格,这些文化史上永远不可能被抹去的名字,却在纳粹统治下的德国,从各大出版社的书目中被粗暴地抹去。原先"为了国家公民的知识和教育"原则被"为了元首"所取代,很快在雷克拉姆出版了一套"元首语录"。这是在专制和独裁恐怖下,几乎所有出版商都经历过的劫难。

1935 年,托马斯·曼逃亡瑞士之前,他在几封信中嘱咐友人将他收藏的雷克拉姆书籍保存好,一部分通过安全渠道寄往了瑞士,另一些则保存在费舍尔出版社一些值得信赖的朋友那里。一部分重要的犹太作者的书籍,就这样得以躲过焚尸灭迹般的销毁。然而这只是一小部分,更多的则流于消亡。

1943—1945 年间,盟军对德国的大轰炸是它的第三次毁灭。仅在 1943 年 12 月的一次对莱比锡的空袭中,雷克拉姆出版社大楼几乎被完全炸平,资料库和档案室里的 7 500 多种书目被彻底焚毁。三代人的努力化为灰烬。1945 年战争结束时,莱比锡地处苏联红军占领的东德,在战火中残存的出版社为苏联军方接管。

"雷克拉姆从不向各种新鲜的野蛮妥协,它总是在浩劫之后换一种面貌继续在文明中存在下去,即使是在 1945 年之后,即使是远离了精神故乡,承担着政治割裂,它仍旧存在了下去。"一位编辑在雷克拉姆的150周年纪念仪式上如是说。

作家斯蒂芬·赫尔姆林在1978年写道:"当我回首过去30年的所有出版社的作为和影响之时,我必须承认,没有哪一家能够比新雷克拉姆出版社做得更多……如此简单,如此严肃,如此纯粹:他们没有一本坏的书,没有任何一次不负责任的出版,他们承担的是人文和人性的继承与发扬,是知识和品位的重新确立。他们做得太多了,太多了。"

1914、1933、1939,这是三个对当时所有的出版社和文化机构都几乎带来毁灭的年份。无数出版商和作家选择了流亡或者逃避。雷克拉姆则加入了另外一方阵营,他们选择了坚守。他们从一开始就选择了坚守。

那些经受同样灾难的出版社:因泽尔、费舍尔、韦伯,没有哪一家在战争期间比雷克拉姆经历更少的困难和打击,然而它们总有办法生存下来。它们面对独裁权威,不得不妥协一些,但它们不曾忘记自己的原则和尊严:大量的反纳粹文学、流亡文学,甚至直接诉诸民主和自由主义政治的书籍亦由它们印刷出来,在欧洲大陆被占领地区知识分子中间传播。即便在战时,莱比锡和柏林等一些大城市,仍有一些新的出版社建立起来。比如1945年在柏林建立的"人民与科学出版社",同年在莱比锡创办的"书与人民出版社"。

在1945年,莱比锡仍有超过300家出版社,到1948年,只有其中的37家获得了它们重建所需的运营执照。盟军推翻了旧的独裁,苏联带来了新的极权,美国对东德出版社的毁灭不负责任,也没有重建的义务,但美方同时却采取一系列鼓励措施,将书城莱比锡大批出版界人士引向西方。大批出版商打点行囊去了法兰克福,去了西柏林,去了斯图加特,去了慕尼黑。雷克拉姆也是其中一员。

如今的雷克拉姆总部坐落于斯图加特,至今它仍旧不断为自己具有150年历史的"万有书库"增添新的书目。如今的读者们,有着无以计数的新的选择,信息爆炸的时代,雷克拉姆和其他的出版社则又面临了全新的危机和挑战,而这种危机属于所有纸质书出版社。

我第一次认识雷克拉姆的"万有书库"时,除了联想到另一家德语出版社苏尔坎普的"彩虹系列"外,更联想到在中文出版界,商务印书馆成套出版的"汉译世界学术名著丛书"。翻阅资料,得知商务印书馆早在一个世纪以前就出版了整理国文经典的"万有文库"。没有直接证据表明这两套书库的源起是否来自雷克拉姆的启发,然而在日本的另一家举世闻名的出版社,旗下的"岩波文库"的创立,则是直接来自雷克拉姆的影响,这家出版社便是日文出版界最负盛名的岩波书店。

1927年,岩波书店创始人岩波茂雄直接以雷克拉姆的"万有书库"为蓝本,推出了日文版的"世界书库",出版社由世纪初主要出版日文和东方经典,转而开始出版大量的西文经典学术书籍的日文译著。我国20世纪二三十年代于日本留学的知识分子,无一不受到这套文库的影响。

在20世纪六七十年代的日本,或者在现今的中国大陆,这种"万有书库"的概念,已经改变了许多青年读者的阅读方式和思维方式。他们在拓宽眼界的同时,放慢了思考的节奏,放下了急功近利的浮躁,丢开了一切外在于阅读本身的目的或利益,他们沉浸在这一堵堵的"彩虹墙"里观察这个世界,观察这个社会,或者之前的某个社会。他们比较,同时看着未来。

雷克拉姆出版社获得的成功、遭遇的劫难,书城莱比锡的兴衰,整

雷克拉姆出版社万有书库全集"彩虹墙"

个德国、整个民族两个世纪来的知识分子们，他们活跃过，逃亡过，整个文化史的地图——那个不曾有过的德意志疆界——不断变更：波西米亚或许如今属于捷克，19世纪末却是德语区的文化重镇；西里西亚如今属于多国交界，而在启蒙时期（甚至更早）它是德意志文化中心之一；哥尼斯堡如今远属别国，却不能遮盖它在康德时期辉煌的历史。文化的疆界不同于现今的地理与政治疆界，它内在于整个文化史进程之中。

按规模，雷克拉姆只能算是"中小型出版商"，而如今的德国出版界，已经形成了几个大的传媒出版集团。一些重要的出版社，如费舍尔、布洛克豪斯都隶属于一些集团。雷克拉姆所幸不是，它一直独立。它虽然曾多次向权威低头，但它的延续至今，便是它最终极的原则和尊严。翻阅很多关于出版社和雷克拉姆家族的资料，都没有找到介绍家族中任何一位成员的资产、物质生活或是与出版社收入相关的记录。留下来的只是几代出版家与文化人交往的佳话，他们如何与赫尔曼·黑塞讨论小说，或者与雨果·冯·霍夫曼斯塔尔商谈出版事宜，这些故事拼凑起来就像"文学博物馆",供人们品读与讨论。他们从室外的喧腾中脱身出来,坐在一堵"彩虹墙"边上,消磨一整个下午。

这是一个出版社为一个时代所能做的全部:让更多的人坐到这堵墙旁边来,听听这堵五颜六色的墙有什么好说的。

绥 青

为书籍的一生

汪家明

绥青(1851—1934)，帝俄时代极具传奇色彩的出版家。他14岁从乡下来到莫斯科，原打算到皮货商那儿学生意，因无位置，暂时到沙拉波夫的书铺帮工、学徒，由此进入出版业。他进入书铺后很快成了骨干。他负责经营小石印厂，重金聘请好的画工，结果他印的图画漂亮好看，十分畅销。他善于选购市场写手拿来的稿子，并指导他们将普希金、果戈理的小说改编为通俗故事。后来他独自开书店、当老板。1883年他组建了图书出版股份公司。他认为图书经营之道是：非常有趣＋非常便宜。靠这两条，他很快在市场上站住脚。一个偶然的机会改变了他的命运：1884年作家列夫·托尔斯泰的追随者成立了一家出版社，出版面向平民的有益图书，他们请绥青承担出版、发行业务。在和一大批作家的交往过程中，他认识到出版不只是做生意，也关乎"文化"，书店的任务是为平民服务，把平民造就成读者。他改造了农民普遍使用的历书，把内容编得丰富又实用，每年销出600多万册。后来他在多种类图书的出版中都进行了开创性的工作：他将世界公认的经典童话引进俄国，还出版重头书《军事百科全书》《托尔斯泰全集》等。1914年他出版的图书占当年全俄国所有出版物的四分之一以上。晚年时他写了一本回忆录，于1922年交给苏维埃出版局，直到1934年他去世后才出版。

《为书籍的一生》是俄国近世出版家绥青的自述。绥青只在乡村小学读过三年书,他不会写严格的自传,只是晚年记下了一些往事片段。作家富曼诺夫(小说《恰巴耶夫》的作者)读了这些片段后说:"它的内容太有趣了,哪怕是用来写一部小说都行。"书稿1922年交给苏维埃出版局,但直到1934年绥青去世后才出版。1963年生活·读书·新知三联书店出版了中文译本。

为书籍度过一生并非绥青个人的选择。他14岁从乡下来到莫斯科,原打算到皮货商那儿学生意,因无位置,暂且到沙拉波夫开的书铺打杂帮工,由此进入出版业。这是1866年9月的事情。

《为书籍的一生》俄文原版封面

沙拉波夫做图书买卖,是继承哥哥的事业,偶尔做起来的,因此对这一行不大考究。他自己主要做皮货交易,还做古旧神像买卖,请熟练的画师加工神像,请古董内行裱糊整新神像,卖给莫斯科爱好古物的顾客。书铺则主要经营印制粗劣的宗教或伦理内容的木版年画,供乡下人在年节时挂;再就是一些市场写手拼凑的惊险故事、恐怖小说以及圆梦书、尺牍大全、歌曲本,也有一些传统童话如《鲍瓦王子》等,供穷人消遣。沙拉波夫把这些画和书批发给一些沿街叫卖的小贩或小贩团体的老板。他不是一个出版商,只是一个中间人。

小绥青一边做擦鞋、洗碗、挑水、买菜的杂务,一边跟着师傅们学做书画贩卖业务。他勤快肯干,机灵忠厚,很得老板喜欢,几年后成为书铺的骨干。到他25岁时,已经不满足别人供给的书画质量,打算自己投资开办一家石印厂,全部设备需7 000卢布。他多年积蓄也不过4 000卢布。其余3 000卢布,老板同意为他担保。有了自己的印刷机,他开始改进图画的印制质量,印刷大画家瓦斯涅佐夫等人的画;他可以自由选购市场写手们拿来的稿子,指导他们如何将普希金、果戈理的小说改编为通俗故事,他还出版《娜塔尔卡·波尔塔芙卡》一类的小说;俄土战争时期,他刊印军事地图和战役画图。也就是说,他可以自己给自己供货,而不是只能从那些低劣的印刷品里选购。他的印刷品印得漂亮,内容新颖,销路大开。他不满足已有的成果,聘请最优秀的画师和第一流的匠人,"从来不跟他们讲什么价钱,只是向他们要求最高的质量",而他自己则"注意着市场上的情形,煞费苦心地研究一般人的趣味"。1882年,在全俄工业展览会上,绥青展示了第一台俄国自制的印刷机,参观展会的沙皇和皇后亲眼看到皇室的画像是怎样印制出来的,甚为赞赏。绥青的印刷品在展会上获得奖章,进一步提高了知名度。他的工作和生活一帆风顺。没有子女的沙拉波夫拿他当亲生儿子对待,打算把书铺传给他,后来又支持他独自开店当老板。1883年,他个人的书铺开张,并于同年与另外三人一起组建了"绥青图书出版股份公司",固定资本7.5万卢布。他总结了17年图书出版的经营之道,"它们是非常有趣的","它们是非常便宜的"。有了这两条,就能在市场站住脚。

事业成功的同时,绥青也深知沙皇时代俄罗斯图书市场上的种种缺陷,其中重要的一点就是,"我们离真正的文学很远",但如果没有特殊变故,他会像他的老板沙拉波夫一样,用心经营通俗读物,兼做一些其他买卖,安然度过一生。一件偶然的事改变了他,使他的图书从市场写手的通俗故事一步跨向列夫·托尔斯泰,从此与真正的作家和文学联系在一起,进入主流文化和时代前沿。

1884年底,列夫·托尔斯泰的追随者们成立了一家"媒介出版社",目的是面向平民,用有益且价格便宜的书籍取代流行的、有害的读物。他们动员了作家列斯科夫、迦尔洵、奥斯特洛夫斯基、谢德林、柯罗连科、契诃夫和画家克拉姆斯科依、列宾、苏里科夫一起工作。出版社的负责人切尔特科夫希望找一家可信赖、负责任、印制质量高的出版商合作,而绥青图书出版股份公司是当时声望最著的出版商。他恰巧认识绥青的一位朋友,就找绥青商量请他承担出版发行业务。切尔特科夫提出,大多数图书的第一版都免付稿酬,再版时付酬标准也不应超过给平民出版的廉价书的稿酬,这样,这些书的售价可以不高于通俗的小书。当时出版这样的书是不寻常的:印装漂亮,配有一流的插图,售价低廉;不以营利为目的,而是在履行一种神圣的义务。绥青欣然同意合作。

绥青和媒介出版社合作了整整15年。其间,列夫·托尔斯泰常常指导编辑、印刷和销售工作。他喜欢到书铺里看望绥青,喜欢和聚集在那儿的各地来的书贩子们谈话。他穿着农民的衣服,书贩子们不知道是在和谁谈话,当听到他问生意如何时,就回答说:"怎么着,你也要学这一行吗?你老了,老大爷,太晚了……"列夫·托尔斯泰听了哈哈大笑。绥青特辟了一个部门,专门推销列夫·托尔斯泰的著作。剧本《黑暗的势力》一年竟销售了100多万册。

除了在书铺接待列夫·托尔斯泰,绥青还常陪切尔特科夫去见其他作家。他和契诃夫、高尔基成了好朋友。在与这些作家交往的过程中,他渐渐懂得了,出版不仅关乎"生意",而且关乎"文化";书铺不仅是为"读者"服务,而且主要是为"平民"服务——"读者"是现成的,"平民"却需要出版人去造就成"读者"。他的眼界宽了、见识高了。他发现历书和年历几乎是当时农民的唯一读物,他们根据历书思考,利用历书学习,从历书里汲取知识,作为他们生活的指导。而旧时的历书内容陈旧、枯燥，甚至有害，绥青便有心编辑出版新的历书和年历，里面将有各种各样新鲜的文化、生活知识，是一本包罗万象的参考资讯手册和百科全书。比如，历书里要有圣徒纪念日、火车站名称、农产品售价、医疗秃癣的药方、俄国国家制度等。为了出版历书，他整整筹备了五年，专门从国外订购特制的轮转印刷机和其他配套的设备，因为历书的印量将空前巨大，而且必须在短时间内完成。每年的历书出版时，绥青总是在其中附印一条简短的启事，向读者征求意见，请他们指出历书中的缺点，提出好的建议，以便在下一年时修订。结果编辑们收到了千万封来信。经过一次一次的修订，绥青版的历书内容越来越丰富，越来越实用，受到读者极大欢迎，每年销量达600多万册。除了出版《俄国通用历书》，绥青还尝试出版每日撕一页的年历。为此，他向列夫·托尔斯泰请教。列夫·托尔斯泰很欣赏他的主意，推荐了一位著名作家帮助他做编辑工作。结果，这种手撕年历的销量超过历书，每年达800万册，可以装满差不多一千节车厢！

绥青出版的历书

绥青几乎在所有的图书门类出版中都是开创者。他改革儿童读物，将普希金、茹科夫斯基的童话配以精彩的插图出版，将世界公认的经典童话引进到俄国，低价销售，使许多穷人的孩子也买得起；他发现俄国图书市场缺乏小学买得起的教学挂图，就投资这项事业，出版了《俄国历史图解》《人种挂图》《海洋和陆地的分布》《植物学画册》《周游俄国》等。《俄国历史图解》使用了巡回展览派画家克拉姆斯科依、玛可夫斯基、彼罗夫、苏里柯夫、列宾等的画作，获得极大成功；他以巨大的爱国热情出版十九卷本的《军事百科全书》,有上百人参加了撰写、编辑和出版工作,为此在彼得堡设立了专门的编辑部、排字车间、绘画室和制版工厂,前后用了五年时间,投入300多万卢布。可惜的是,由于陆军部长作梗,这部巨著未能在军队里发行,没有起到应有的巨大作用。这是绥青出版事业中最伤心的事情之一。他还编印了《平民百科全书》《儿童百科全书》;在废除农奴制、农奴解放

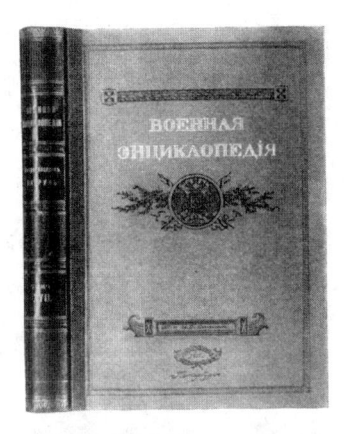

绥青出版的《军事百科全书》

五十周年的纪念日和第一次卫国战争百年纪念日,绥青发起出版纪念版图书;除了图书,他也出版杂志和报纸(《俄罗斯言论报》)……他组织编纂标准的文选课本,推动学校教育革新;列夫·托尔斯泰去世后,他接受了出版《列夫·托尔斯泰全集》的工作,廉价销售了一万套精装本,十万套平装本,从中没有赚钱。他说:"我们都受到了列夫·尼古拉耶维奇的好处,如果现在不响应遗产继承人的呼吁,那可是一种忘恩负义的行为。"

作为优秀的出版家,绥青在出版的其他环节也有创造和革新。他总结自己成功的秘诀之一是:出书的时候,不应当孤零零地出,而应一套一套以丛书的形式出。单独出的书,即使题材十分有趣,也容易湮没在浩如烟海的图书中……他非常重视图书推广工作,在出书的同时出版了各种书目,如《平民应当读些什么书》《成年人读的书》等。这些书目成为图书馆采配员、销售中间商、教师和其他许多人喜爱的参考材料……他特别重视图书的装帧设计,曾对朋友说:"我想邀请最优秀的画家来参加这项工作,想邀请最富有主动精神的画师设计价廉和耐久的封面。"

绥青的一生证明了一个道理：人由时代造就。时代需要伟人，就必然有伟人出现。绥青跻身出版业的那一年，陀思妥耶夫斯基发表《罪与罚》，托尔斯泰的《战争与和平》正在杂志上连载；而此前五年，沙皇颁布废除农奴制的法令；此前两年，车尔尼雪夫斯基被流放西伯利亚；此前六年，契诃夫出生；此后两年，高尔基出生。这是一个大时代，一个黑暗和辉煌交织的时代，一个改朝换代前阵痛的时代。

在俄国近世出版史上，绥青无疑是个大人物，他的工作的价值，怎样评价都不为过。他是首屈一指的出版家，不但作家、学者和读者了解他、尊敬他，连沙皇和海军大臣、圣教局总监、出版总署署长都知道他、熟悉他。他是一位拓荒者。他最好地履行了出版家的责任，把优秀的文化产品以最恰当的方式传达给尽可能多的读者（以亿万计）。"他给人们敞开了通向书籍的大门。"据1914年的统计数字，绥青公司出版的图书占当年全俄国所有出版物的四分之一以上。人们称他为"书的友人""文字的传播者"。当时的著名教育家屠路波夫说："他使人民接近了真正的书。他具体实现了俄国优秀知识分子的崇高志向——把有益于身心的精神食粮供应给人民。"另一位教育家认为"绥青是图书出版业中的一位艺术家"。高尔基评价绥青出版的书是"对俄国社会的重大贡献"。然而这样一些巨大的成就，这样一份辉煌的事业，却起始于一个乡下少年被偶然改变的打工安排，起始于切尔特科夫恰巧与绥青共同认识一个人。

细想一下，偶然里也有必然。绥青有做生意的天分。他打小讨人喜欢，对任何工作都有一种发自内心的兴趣，总是充满热情；他做人老实厚道，不张扬，不好高骛远，但一旦看准就勇往直前；他有灵活的头脑和钻研的精神，能够切合实际地随机应变，能敏感地注意到新鲜有益的事物。一些重大决策和看上去十分复杂困难的事情，在他那儿似乎都变得轻松和简单。在长达50年的出版生涯中,他甚至没有经受什么大的曲折,即使是沙皇的书报检查官也很少对他过分刁难。他的人生梦想和追求很单纯,无非是"要让人民有买得起、看得懂的、思想健康和内容有益的书。要使书变成农民的朋友,变成跟他们接近的东西";"把昂贵的书的售价减低,把廉价的书的质量提高"。还在他刚刚建立自己的出版公司时,就懂得招聘最优秀的画工和第一流的匠人,"从来不跟他们讲什么价钱"……这些简单的梦想和追求,即便在今天的中国,也令人肃然起敬。这就是他之所以成为大出版家的必然。

第一次读《为书籍的一生》已是25年前的事情。15年前我写列夫·托尔斯泰传记《灵魂酷旅》,此书是参考资料之一。后来我认识了三联书店的老领导范用先生,这本书的中文版就是在他手里出版的。在他那里还见到了本书的俄文原版。后来我调入三联书店工作,查阅资料得知,"为书籍的一生"这个书名是范用建议的,译者原先拟定的题目是"把生命献给书"。范用的经历与绥青的故事惊人地相似:同样15岁进

范用藏《为书籍的一生》三联书店1963年版扉页

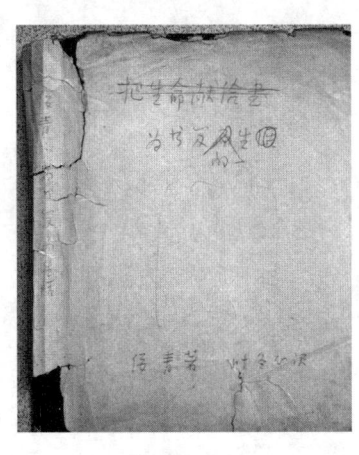

范用修改书名

入出版业;同样生活在一个黑暗与辉煌交织的时代;同样靠自学和勤奋成就一份大事业;同样在出版实践中结识许多作家学者并成为好朋友;同样有为普通大众出版价廉质良的图书的梦想和追求;同样重视新书书目和装帧设计;同样出版了一批有开创意义的好书和刊物,如《傅雷家书》《随想录》《读书》《新华文摘》等;还有一点——同样是"为书籍的一生"。

野间清治

"杂志王"野间清治

李长声

野间清治(1878—1938),出版事业家。1900年毕业于群马县立师范学校,曾做过小学、中学教师,1907年任东京帝国大学法科大学职员。1909年创立大日本雄辩会,1911年创办讲谈社,出版《雄辩》《讲谈俱乐部》等杂志。1924年创刊杂志《国王》,以"有趣、有益"的编辑方针获得大众支持,销量突破百万册,借此合并成立大日本雄辩会讲谈社。1930年就任报知新闻社社长。创办九种杂志,20世纪30年代甚至占日本杂志发行量的七成。娱乐与修养兼备的"讲谈社文化"对民众的思想意识有很大影响。著有《我的半生》等。

讲谈社是日本出版业的龙头老大，甚至有"私设文部省"之称。1909年创业，2019年5月有员工932人（1896年创业的新潮社为352人，1913年创业的岩波书店为140人，1923年创业的文艺春秋为349人），2018年度销售额为1 204亿日元。

日本历来有一个说法："讲谈社文化"是大众的，"岩波文化"属于精英。

讲谈社的大众性源于创始人野间清治，其一生清晰地映现日本近代出版业开创与发展的轨迹。

一

野间清治生于1878年，长野县人。母亲叫文，是没有城郭的小藩饭野藩（在今千叶县富津市）武术教头的长女，文（汉文）武双全。父亲野间好雄是教头的徒弟，比母亲小十岁，是母亲的第三任丈夫。夫妻二人游走各地卖艺。走到群马县新宿村（今桐生市新宿），定居开武馆，终不成功。有人出于同情，聘他们为小学校教员。父亲身材高大，为人豁达，但除了剑道，别无长技，薪水三元，而母亲人长得好，字也写得好，薪水三元五十钱。生了清治和妹妹保以后二人被解聘，营生艰难。父亲做起了字画生意，但没有鉴别真伪的眼力，经常卖给人赝品。债主上门，他哈哈一笑：钱都喝酒了，没办法偿还。眼看母亲累死累活，村人才没有赶走他们。

明治维新后，没落的士族把重耀门楣的希望寄托在儿子身上。很多小孩子念完四年的初小之后不再念，但父母拼命供清治继续读高小，并且上私塾学汉文和英语。清治擅长相扑、赛跑、游泳，是个孩子王。福泽谕吉在《劝学》一书中把欧美"speech"一词译作"演说"。日本明治时代（1868—1912）历时约45年，前半段发生了自由民权运动，盛行演说，甚至被年轻人当作出人头地的手段。小学生清治也在老师的支持下开会辩论"牛和马哪个更有用""可否让学生扫除"什么的。老师的夸奖使他对演说更加热衷。

老师对清治还有一个影响。学生不喜欢音乐课，老师就诱惑：好好唱，下半堂课讲故事。讲的是曲亭马琴的"读本"（通俗小说）《南总里见八犬传》，清治听得入迷。小学毕业后，从邻家借来书，读了讲给妹妹和近邻儿童听。后来给公司员工讲，他们惊讶老东家的水平不次于专门吃这碗饭的"讲谈师"。

1872年颁布学制，"自今以后，一般之人民（华、士族，农工商，妇女子）必期以邑无不学之户，家无不学之人"。评论家、小说家伊藤整在《日本文坛史》中记述："明治2年（1869年）开办小学校，同年把昌平黉（江户幕府的学校，以儒学为主）改为大学，明治3年（1870年）开办中学校。此后普通教育和中等学校、高等学校级的私塾或私立学校的普及，到了明治20年（1887年）前后出现了效果，报纸杂志的读者逐渐增加。印刷术普及产生很多报纸，报社自己拥有了活版印刷机。取代封建时代的武士，新知识阶级形成。这个新读者层与江户时代借助假名文字读绣像读物的读者层不同，他们是目睹西洋文明的流入，并且以此来讨论新政治的多少有批判力的读者。新读者群非常希望看到新文学、新评论，形成出版业理应繁盛的必然基础。"杂志兴盛，看杂志、吸外国烟成为时尚。野间清治还在当孩子王，却已经是新读者层的一员。

新潟县有个木材商的儿子，叫大桥佐平，在家乡做什么都失败，便来到东京，打算搞杂志发行。征求儿子的意见，这儿子就是翻译《西洋立志篇》的中村正直,他建议老爹搞文摘。大桥开办"博文馆",当时无著作权之说,随便摘录各种报刊的论说报道,荟萃一册,1887年出版《日本大家论集》。当时杂志卖1 000册就不得了,《日本大家论集》一印3 000,重印了四次,销售万余册。又接连出版《日本之女学》《日本之商人》《日本之法律》《日本之少年》,统统是文摘,正中读者喜欢浅而博的下怀,无不受欢迎。回想一下中国"文革"后的80年代初,也风起读者文摘之类的取巧刊物,就不难想象一百多年前日本近代出版业黎明时的情景。

1894年日本对大清帝国开战,给博文馆乃至整个出版业带来大机遇。博文馆出版杂志《日清战争实记》,率先用照相铜版,廉价多销,印数多达30余万册。博文馆发展成一大出版社,和全国各地有实力的书店签约,形成以杂志为主的全国销售网。大桥佐平的次子省吾接过其岳父开办的博文馆旁系公司东京堂,经营书店之外,又开拓中盘业务。博文馆的全国销售网只卖自家的货色,而东京堂也经销其他出版社的书刊,变成一大中盘商,乃至左右出版业。省吾带头要求铁道部门不问距离,运费均一,使杂志平等地普及全国。

1896年春天,野间清治入学群马县立寻常师范学校。师范学校不收学费,学生大都是贫家子弟。读四年本科,毕业可以当小学教员。清治不想当教师,志向是政治家或者军人,高人一等。他开始练剑道,因为有家传,很快无敌于学校,甚至能战胜警察选手。他还喜爱听名人演说,热心地模仿语调、态度、姿势,经常把就寝的同学叫起来,跟他到深夜食堂里听他慷慨陈词,征求意见。

1900年5月清治以倒数第三名的成绩从师范学校毕业,到母校的小学校当教师。两年后,进东京帝国大学文科大学的第一临时教员养成所国语汉文科,两年毕业有资格当中学教师。养成所成立"泮水会",以联络师生感情,清治站起来演说四五十分钟,大谈其意义,感动了英语教员松永武雄。他也是帝大法科大学和文科大学的书记长（主管事务），此后对清治宠爱有加。问清治毕业去哪里，回答：不管远近，到薪水最高的地方去。在松永关照下，远赴薪水最高的冲绳，任县立中学的国语汉文教师。三个月后给友人写信：学校盛行击剑，也是他的最爱，天天都劈劈啪啪，没人强过他。课堂上大讲"八犬传"，学生认为他是好老师。

政治家德田球一是冲绳人。冲绳原称琉球，球一的意思是琉球第一人。他参与组建日本共产党，以违反治安维持法的罪名被捕，坐牢18年。日本战败后出狱，重建日本共产党，亡命并客死在中国。1947年出版《狱中十八年》，书中写到了野间清治，有云："琉球这地方，中学老师几乎都是从外边来的，特别轻蔑琉球人，我们就团结反抗。那些老师都

今日的讲谈社

是通过马马虎虎的选考南漂到琉球,质量差,高等师范学校出来的,十五六人当中有二三人,如果是大学毕业,来了就当上首席或校长。记得在他们当中也特别差的是后来当讲谈社社长的野间清治。他是我中学一年时的汉文老师,但几乎不懂汉文。课堂上净是讲石童丸故事、讲谈、浪曲之类的东西。"

野间清治在冲绳三年半,吃喝玩乐结识了县府官吏,被提拔为县视学。28岁时,县立中学的校长从老家德岛给他介绍了未婚妻,叫服部左卫,比清治小五岁,是师范学校毕业的才女,当小学教师。服部左卫到冲绳后,二人举行了婚礼。婚宴上清治接到松永武雄的电报,叫他赶快回东京,有了个肥缺:东京帝大法科大学的首席书记。犹豫了一番,清治携"眼里的世界第一美人"绕道德岛回东京。这是1907年。清治的薪水是45元,左卫当小学教师,薪水25元,但是在冲绳花天酒地欠下上千元的债,每月偿还三五十元,只好住月租三元的陋屋。二人想办法挣钱,给大学抄写古籍,一页三文钱,天天抄到深夜,一年还上了一半欠债。生活略有余裕,搬到了租金九元的住房。

野间清治本人对自己的放荡并不在意,可能还有点沾沾自喜。1922年口述"我的半生",听得奉他为神明的编辑如炸雷贯耳。讲谈社首脑为社长讳,况且他还写过《修养杂话》《荣光之路》什么的,被当作道德的化身。创办了《文艺春秋》杂志以及出版社的小说家菊池宽,他儿子被问到谁是日本最伟大的人,回答说是野间清治。14年后(1936年)《我的半生》终于付梓问世,被大加粉饰。

二

富国强兵,日本跻身于列强行列,但大众忍受增税与征兵之苦,却没

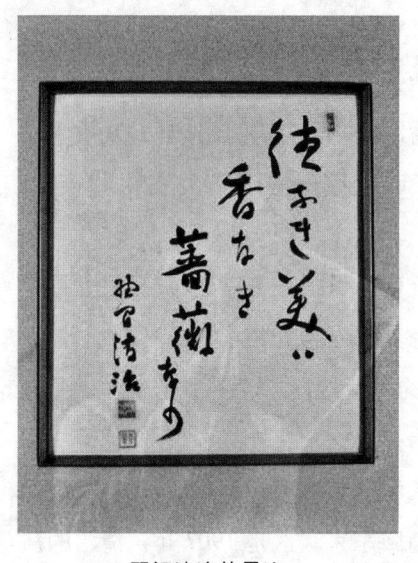

野间清治的墨迹

有得到什么好处,怒不可遏。社会上再度掀起演说热,1909年帝大法科大学联谊会"绿会"也成立辩论部。这一年野间清治长子出生,取名野间恒。虽然日子过得很拮据,清治却把家搬到本乡区的团子坂,房租12元。他只是个做事务的书记,手里没有教授,也没有学生,辩论部能够把刊行杂志的事交给他,恐怕全在于这所大房子,足以当编辑部。这里就成为讲谈社的发祥地。杂志叫《雄辩》,就是把演说速记下来,编辑、付印、发行。

清治曾在墙上写下"抓名乎,抓钱乎,最好两样一起抓",但这时他只有野心没有钱。四处找出版社合作,哪家都拒绝。在公众电话簿上发现大日本图书公司,找上门游说,竟得到慨允。固然他的热忱可感,却只怕更由于该公司想借以拉拢一大批作者。双方签约,野间清治编辑,大日本图书公司承担一切费用。编辑费千册30元。他在家门口立起了一块招牌:大日本雄辩会。

《雄辩》创刊号于1910年2月11日发刊。发刊词有这样的说辞:雄辩衰则正义衰,雄辩是人世之光,不被雄辩引导的社会舆论必腐败,不知崇拜雄辩的国民必是无为之民。初印6 000册当日售罄,最终印数达1.4万册。当时清治的薪水是65元,编辑费420元向洪水一样涌进他怀中。后续四期的印数都超过1万册。三个月后发生"大逆事件",以企图暗杀明治天皇的罪名逮捕了很多社会主义者、无政府主义者,其中幸德秋水等12人被处死。当时山县有朋(后来出任过首相)建言:社会主义是往天赋神圣之国体与民族道德之根本投炸弹的东西,必须设法尽全力根绝。为此,牺牲言论学问之自由也应该取缔集会、结社、演说、著作。参与《雄辩》创刊的鹤见祐辅回忆:今天说来当时有点激进思想的青年都买来读。热衷于辩论的青年多有反政府倾向。《雄辩》被当局误认为"鼓吹危险思想的杂志",销路减半。

有意思的是,使野间清治走出困境的也是山县有朋的建言。他认为根绝社会主义的第一要义在于完善国民教育的普及,必须排除个人主义,涵养稳健的思想、国民道德。这种国民教育是学校以外的社会教育,也就是通俗教育。文部大臣强调,维新前的忠孝节义或劝善惩恶的稗史小说、忠勇义烈或孝子节妇的讲谈等对于固有的道德教育很有用。所谓"讲谈",类似我国说评书,拿来当教育民众的工具再好不过了。清治敏感地察觉这一点,在《我的半生》中回忆:跟通常的学校教育不同,必须搞一般大众的通俗教育。为此,他做出了各种计划,其中最重要的问题是对于一般大众该如何促进立宪的、爱国的教育。把很多讲谈的内容做成读物,不就是教育民众的绝佳资料吗?读了它,一般大众能得到精神慰藉,并修身养性,培养读书能力、文章能力、常识以及其他种种东西。

一个叫望月茂的年轻人发现人们在车上读报纸,读的并不是论说,而是讲谈似的小说(似不妨比作我国的章回小说),文艺杂志卖不掉,但是以讲谈和落语(单口相声)为主的增刊却畅销。于是,望月茂找野间清治商谈出杂志,当即拍板,卖3 000册就不亏。这回清治不找出版社合作,自力出版。大日本图书公司告诫:现在你在大学上班,还编辑《雄辩》,已经够难了。而且,虽然已经有编辑经验,但出版的其他业务一无所知。大日本图书公司决定把《雄辩》无偿转让,让清治拿它练手,搞好了再创办新杂志。清治为得到《雄辩》而高兴,却仍执意出版新杂志。

《雄辩》编辑们对大日本雄辩会出讲谈、浪曲之类的低级杂志大加反对，于是门口"大日本雄辩会"的牌子旁边又挂出一块牌子：讲谈社。

这当口野间清治次子夭折。清治借不到钱，找不到印刷厂，岂但新杂志《讲谈俱乐部》，连《雄辩》的发行也陷入困境。走投无路时伸手救助的是妹夫，他在乡里开纺织厂。左卫拿出全部退职金，临时教员养成所的学友也出钱支持。以预付定金为条件，秀英舍（今大日本印刷）接受印刷。当时是寄销，通常杂志三个月，唯创刊号半年以后退货。《讲谈俱乐部》印了1万册，半年后书店开始把卖不掉的杂志退回来，清治写道：退货累累，洪水一般还不知持续到什么时候，各房间都被"洪水"淹没了。退货如山，遮挡了光线，家里为之昏暗，人心也昏暗。结果只卖出1 800册，秀英舍不给印第二期。博文馆印刷厂应允，也只答应印一期。第三期委托一家小印刷厂。印数一减再减，第五期印7 000册。清治想一攫千金，又投身股市，却接连失败，负债上万元。

望月走人，请来渊田忠良当编辑主任，他能把清治的想法充分体现在杂志上。明治天皇死，改元大正，《讲谈俱乐部》也时来运转。这时出现了竞争对手，创刊《讲谈世界》。大正2年（1913年）新年号《讲谈俱乐部》增加卷首折页画，获得好评，重印了四次。此后印数不断增加，达到1.3万册，《讲谈世界》望洋兴叹。野间清治取得经验：对手杂志卖几千册，未必已方就减少那么多，有竞争杂志也是一个宣传。对杂志经营有了信心，便辞去大学的职务，专心致力于出版。

三

讲谈由讲谈师表演，速记的人记录下来，编辑成杂志发行。大正初年浪曲流行，抢了讲谈、落语的生意，讲谈师斥之为低俗。一个叫今村次郎的讲谈师要求《讲谈俱乐部》不刊登浪曲,由他独自提供讲谈落语。野间清治表示不能交出编辑权,今村便威胁要组成反讲谈社联盟,不给《讲谈俱乐部》说书。清治断然应对:宁肯收摊也决不屈从。48 名讲谈师联名在《讲谈世界》发告示:《讲谈俱乐部》违反我等讲谈师的意思,誓约不再为它表演。与之对抗,清治在各大报发广告,并散发几十万张传单,缕述原委,预告《讲谈俱乐部》将焕然一新,刊登"新讲谈"。

《我的半生》中写道:杂志刊登的讲谈为什么引起一般大众的兴趣呢?虽然它多少有冗漫、夸张之处,但首先是因为用平易的通俗语言来表现,谁都容易读,容易懂,还有一种特别的传统趣味。我们想到了取代这些讲谈的内容。擅长文学的小说家或传记作家巧妙地采取讲谈的样式和题材,也能写出和讲谈同样有趣的故事;有造诣的历史家、文艺家应该也有很多人能把讲谈师讲的故事写得更有趣。这些人若创作出比历来的东西更有趣,而且有品位、有新鲜感的新讲谈、新落语,必定受社会各界欢迎。

于是,野间清治委托还默默无闻的文人和记者写"新讲谈",他们当中有后来创作出杰作《大菩萨岭》的中里介山、行旅小说第一人长谷川伸。不是在曲艺场记录"说的语言",而是压根儿用"写的语言"来表现,消除了历来讲谈的冗漫,有细致的心理描写和情景描写,使读者耳目一新。"新讲谈"大受欢迎,读书民众化,由受过教育的少数人普及到未受教育的大众。野间清治确信,只要是满足大众需要的东西,多么大印数的图书或杂志将来都可以产生。《讲谈俱乐部》的销量剧增到 1.9 万册。

大野孙平是大桥佐平小姨子的长子(和著名作家山冈庄八也能搭上远亲),自 1913 年负责四大中盘商之首的东京堂。杂志的铁路运输价格与报纸同样低廉,而且达到了一定的印数,销路稳定。图书则不然,一本一个局面，难以把握。可是，零售店竞相减价，乱象丛生，大野主导推行定价销售制，不许压价竞争。1917年东京堂经销杂志有515种。大野的经商理念以杂志为中心，赞同野间清治对杂志的执着，多年以极低的利息借钱给他，拯救了陷入经营危机的讲谈社。大野还支持清治创刊《少年俱乐部》。

1909年增田义一统领的实业之日本社实行自由退货制，书店可以把卖不掉的杂志退货。大野的定价销售制和增田的自由退货制给大正日本带来了杂志时代。这两项革命性制度至今仍然是日本出版流通的两大支柱，当初却都为销售杂志制定，可见杂志是日本出版业的底色。

新杂志《少年俱乐部》印数3.5万册，将近一半被退货，好在《讲谈俱乐部》印数逐月增加，突破3万册，填补《少年俱乐部》和《雄辩》的亏空。接着又创刊《趣味俱乐部》。这个杂志卖得很便宜，目的是用作宣传。野间清治极重视宣传，有钱就要做。他认为宣传没损失，大力宣传才能做出便宜的东西，才能便宜地销售。宣传费拉低成本，这就是清治的逻辑。宣传也不择手段：雇人走街串巷叮叮咚咚地宣传，被斥为低级；在筷子的纸袋上打杂志广告；在报纸版面的缝隙间插入三行广告；也敢做整版广告，震惊社会。

在此期间，清治说动了师范学校的同学赤石喜平于1917年辞去小学校职务，进讲谈社负责广告业务。他不徇私情，只看哪家报价便宜，于是博报堂取代了天天上门陪清治下棋的东亚通讯社。1918年桥本求入社，后来任《国王》主编，1919年笛木悌治入社，后来任《幼年俱乐部》主编。当时员工有25人，其中七人是少年社员，也就是学徒。出版四种杂志：《雄辩》《讲谈俱乐部》《少年俱乐部》《趣味俱乐部》。创业以来出版图书约70种。某晚，清治把七个学徒和两个女佣叫过来，谆谆教导："日本人从维新时开始把学问估计得过高，现在必须纠正这个错误。你们没上过高校，也不曾深造，但只要用心，无论怎样都会变优秀。从实际工作中能学来人所需要的东西，这就叫'实学'。真正懂得了'实学'的价值，努力去做，就一定能立世，不，能成为更了不起的人。"笛木从乡下来东京，打算在讲谈社暂栖身，然后上大学，但听了清治的话，安心在讲谈社工作了60年。

1921年加藤谦一入社。他本来是青森县的小学教师，为提高学生的读解能力，订购杂志给学生传阅，但孩子们不感兴趣，因为内容跟他们的生活无关。于是自己划钢板，油印自己编写的故事，看见孩子们那么喜爱，不禁想去东京搞儿童杂志。但出版社只聘用帝大或早稻田毕业的，对地方师范毕业生看不上眼。来东京三年，朋友让他去试试讲谈社。于是死乞白赖，写了一纸"为何要辞去小学教师当杂志记者"，终于被录用。入社一个来月，划钢板写了一纸议案。清治读到了，决然任命他连面都没见过的新员工为《少年俱乐部》主编。加藤就任时该杂志发行6万册，第二年销量明显增加，三年后达到30万册。

四

大正天皇在位15年，这期间政治、社会、文化各方面大致呈现民主主义、自由主义的倾向与思潮，大众文化、消费文化勃兴，日本战败后史学家称之为"大正民主主义运动"。中央公论社1887年创刊的《中央公论》充当了时代潮流的根据地，主编是泷田樗阴，政论主将是提倡民本主义的吉野作造，他当过袁世凯家的家庭教师，后执教东大。"大正民主"的结果是惧怕社会主义运动的当局1925年出笼了治安维持法，对言论、思想的自由大加蹂躏，快步走向了侵略战争。

"大正民主"结束，"修养主义"行时。明治、大正年间倡导者是新渡户稻造，1926年末改元昭和，野间清治独领风骚。所谓"修养"，即修身养性。像改革开放后中国人的动力是让一部分人先富起来一样，明治年间的资本主义动力是"立身出世主义"，实现的途径已不同于幕末志士，基本靠学而优则仕。1918年义务教育就学率为100%，升入初中的比率，1925年男生为19.8%，女生为14.1%。由于贫穷，不能踏上立身出世（出人头地）之路的年轻人当然满怀怨恨。1935年讲谈社出版清治的《世间杂话》，他的修养主义是这样的：只是小学毕业，未必上中学，也能了不起。能了不起的人，上不上中学都能了不起。上不上并不那么成问题。不是才智，而是看其人的品性如何。古人告诫，出人头地的路不在远处，就在鼻子底下。在仰用掸子、俯用抹布之间。吃饭、待客、办事、传话、行礼，变得了不起的路也在这些之间。诸君，一天一天集成一月、一年、一生，让"那一天"了不起！这就是他用来训练讲谈社学徒的。这时学徒有20来个，分成两组，轮流在清治家服侍，在出版社工作。有详细的规则，诸如进入挂着清治像的房间，要像见到他本人一样恭敬地行礼；

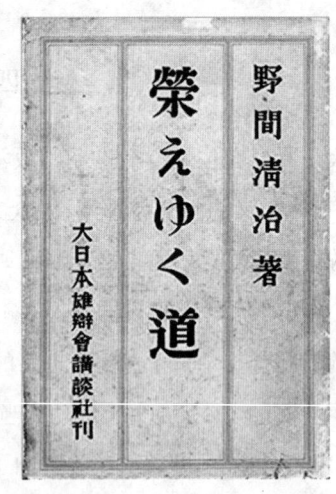

野间清治的著作

门前趿拉板散乱,要弯腰摆整齐。清治的修养主义情怀奠定了"讲谈社文化"的思想根基,昭和初期也浸透到庶民的内心深处。

问题来了,清治的独生子野间恒也将小学毕业,上不上中学？交给社里的几位骨干讨论,基本意见是继续读书,读到大学毕业。只有一个人,就是那个被清治教导不用上学的笛木,主张不必再读了。清治说,笛木的意见深得吾心。清治培养学徒们,意在缔造近卫军,日后辅佐唯一的接班人。"我的孩子只有恒,你们要把他当兄弟。"恒不需要学历,他要做"人格上的统合象征",不能变成脱离这些人的高学历精英。

1921 年野间清治用 50 万元在东京的音羽买下一处大宅院,占地 6 500 坪,建筑 255 坪(一坪约 3.3 平方米)。从护国寺门前到江户川桥一带叫音羽,如今在护国寺站下车,地下有专用出入口直通气派宏大的讲谈社大楼。因地命名,讲谈社统率的出版集团叫音羽集团,而与之抗衡的小学馆和集英社坐落在一桥那里,叫一桥集团。清治在音羽宅邸里建了一座剑道馆,聘用师傅教练儿子和一群学徒。野间恒被严加训练,成长为武艺高强的年轻剑客。

五

1923 年 9 月 1 日中午发生关东大地震,死亡十万人。当时,《妇人公论》主编岛中雄作正在七楼进行面试,招募新记者。《妇人公论》是中央公论社(今中央公论新社)1916 年创刊的杂志,比《中央公论》晚,两刊都迄今犹存。此时野间清治在豪宅里,觉得房屋像醉汉一样摇晃,脚下的地面震动,好似骑在暴怒的巨兽背上,眼看就要被抖落。大震灾几乎毁灭出版业。博文馆总店、东京堂焚毁,实业之日本社被烧得连一支笔一张纸都没有了,有社员认定不可能复兴,逃回了老家。大野孙平

1914 年促成的东京杂志组合(今日本杂志协会)在野间家开会,商定"到 10 月 1 日为止,不以任何形式刊行报道大震灾的杂志"。

讲谈社只倒塌了退货仓库,房屋完好,也无人受伤,逃过一劫,人们感叹"野间总是很幸运"。他决定把原定 12 月创刊的杂志《国王》推迟一年,出版单行本《大正大震灾大火灾》,为天下提供比报纸更精细的报道,不然,"如此场合,没有一个人做出这种计划,是出版行业的耻辱,也无颜面对外国"。清治约画家横山大观绘制封面,请戒严司令提供受灾地图和照片,找报纸记者新妻莞撰写报道,十多天付印。杂志组合的人发现劫余的印刷厂所有机器都在印讲谈社的东西,大为愤怒,但讲谈社说,印的是书,不是杂志。众口一声,谴责讲谈社耍滑头。

初版 20 万册,但发行渠道成问题。指望东京堂发行 10 万册,但处于灾难中,东京堂只应承 2 000 册。当时杂志零售店和图书零售店的比例是十比三,这个"三"里又近半兼营书刊,图书销售网远不如杂志。讲谈社盘算的是利用杂志的流通渠道来大量销售这本书。出于利益的伙伴关系,大野孙平为讲谈社打破惯例,同意用杂志销售网发行图书。这是日本出版流通史上划时代的事件,专卖杂志的零售店也卖图书了,从此各种店一律变成了"本屋"(书店)。欧美杂志销售通常走报纸渠道,而日本将杂志和图书一条道流通,形成了独有的特色。

铁路运输还是个问题。杂志可以用报纸包装,堆积在车厢里,但图书必须用木箱捆扎,逐箱称重计价,这样,发送 20 万册需要一两个月的工夫,况且震灾之后也找不来木箱或者制造木箱的材料。清治派人找鹤见祐辅通融,他当年是东京帝大法科大学的学生雄辩家,也参与创刊《雄辩》,如今任铁道省总务科长。鹤见点头,像杂志一样简易包装,按图书计价。

10 月 1 日发售,清治坚信"大卖"。人们遭遇了前所未有的大震灾,急切想知道究竟,争相购读。20万册转瞬间售罄,最后增印到40万册。这本书救活了中盘商,救活了书店,虽然扮演了大发国难财的角色,但以此为契机,讲谈社终于在出版界取得了领导地位。

文艺评论家木村毅在《讲谈社五十年历程》一书里指出:《大正大震灾大火灾》以美谈哀话为重点编辑,看不见清治对关东大震灾中虐杀朝鲜人的日本社会阴暗部分的关注。自序所说的"可怕的流言蜚语使市民昂奋已极的神经焦躁,以至于拿起武器自卫",更是把虐杀朝鲜人正当化。

1924年末杂志《国王》问世,454页,印数50万册,史无前例;当时印数最多的是1917年创刊的《主妇之友》,25万册。秀英舍为《国王》增建厂房,购入新活字和轮转机。王子造纸厂高管两度出国,进口新的抄纸机。讲谈社的学徒们倾巢出动,穿着衣襟透染"大日本雄辩会讲谈社"字号的外褂奔赴各地书店,登门推销,临行前清治亲自教他们怎么说。接连在大报上做广告,发售当天还给6 000家书店拍电报。最终增刷到62万册,卖掉58万册。1927年新年号发行120万册,日本出版史上杂志第一次突破百万。《国王》的畅销使讲谈社一跃而成"杂志王"。恐怕同业皆有打倒之心,因为讲谈社垮掉一种杂志,他们就能有几种杂志得以存活。

六

1919年山本实彦兴创办改造社,刊行《改造》。偏重于文学,印数2万册,连出了三期,大半被退货,只好做收摊之想。但编辑请社长靠边站,完全交给他们编一期试试。第四期以"劳动问题、社会主义"为内容,3万册两天就卖光。此后变成比《中央公论》更左的综合杂志。顺风满帆，却被一场地震烧光了房屋、印刷机以及80万册图书。挽狂澜于既倒，高薪聘编辑，700人里录用一人，叫藤川晴夫。他献了一策：书都烧光了，那些刊行文学全集的，都乘机卖高价，连研究人员都买不起，应该薄利多销才是。筹划一番，决定出一套《现代日本文学全集》，每卷定价一元钱。出师须有名，打出广告：我社断行出版大革命，把特权阶级的艺术解放给全体民众。采取预订方式，先交最后一卷的订金。人们正处于书荒中，预订多达23万，顿时就不愁出版资金了。自1926年末，一月出一卷，计63卷。改造社的"元本"引发了持续四五年的全集出版热，各出版社竞相出版形形色色的全集多达百余种，造成出版业量产模式。蜗居里摆一套全集成为居家标配，大大提高日本人的审美水准。被收入全集的文人们先富起来，接踵去海外旅行了。

有两家出版社没有抢上槽，错过了这波全集出版热，那就是岩波书店和讲谈社。岩波茂雄比野间清治小三岁。1913年，茂雄在东京的神田开了一家旧书店，请夏目漱石题写了"岩波书店"。翌年漱石又慨允茂雄印行他的小说《心》，这就是岩波出版之始，逐渐形成了知识精英层及其预备军支持的"岩波文化"。茂雄和清治从天生性格到人生追求各不相同，出版路数自然也各异，但是从文化来说，两个社互补，不可偏废。岩波书店做大做强靠的是出版《漱石全集》，而讲谈社主打杂志。

茂雄本想搞一套"世界文学全集"，却被新潮社抢先出版了《世界文学全集》，而且比改造社的《现代日本文学全集》更成功。茂雄便指责用预购来束缚读者是不当的，并想起学生时代爱读的德国雷克拉姆文库、英国卡塞尔文库，照葫芦画瓢，筹划"岩波文库"。岩波的作者们认为这个文库漫无体系，而且廉价会减少他们的版税，大加反对。1927年推出夏目漱石的《心》等31种廉价文库本，大受欢迎。全集热只是热闹一时，而"岩波文库"创建了一种出版形态，至今不衰。

野间清治呢？1928年出版《讲谈全集》（12卷）、《修养全集》（12卷），价格低廉。算计各卷卖100万册，可书店叫苦，因为比一般小说厚，增加了由书店负担的运费。名古屋、大阪的书店兴趣缺乏，结果两套全集都没有卖掉一半，不得不盖了几个仓库装退货。大量生产、大量宣传、大量销售的路线受挫。清治在《我的半生》中叹息：给天下提供这两种好书，家家户户买一套，让日本所有同胞都变成有修养的人，有道德的人，有日本精神大和魂的人。不只是卖全集，而是在弘扬"道德"，弘扬"义理人情"，弘扬"仁义礼智"，弘扬"忠孝"，向天下散发幸福。

1929年发生世界大萧条，受其影响，《国王》杂志销量也下跌。

七

讲谈社的出版方针是有趣而有益，《国王》畅销建立起霸权，因时而异，方针变成"为世为人"，更明白地说，就是"杂志报国"。随着企业巨大化，便和国家权力的距离越来越近，逐渐一体化。文部省偏重智育，讲

野间清治口述及社史

谈社自主承担了德育,以致由提倡平民主义转向鼓吹帝国主义的德富苏峰称赞它是"私设文部省"。

木村毅指出:讲谈社既没有《中央公论》和《改造》两大杂志推动知识阶级那样的指导力量,也没有被称作"哲学的岩波"和"文学的新潮"一般的招牌。协助父亲大桥佐平创办博文馆的大桥新太郎投身出版业,创刊杂志《文艺俱乐部》《太阳》《少年世界》,1902年当选为众议院议员,建立了出版、印刷、流通的联合企业,一时间成为出版业名流。实业之日本社社长增田义一创刊《妇女世界》《日本少年》《少女之友》等杂志,1912年当选众议院议员。野间清治却被视为暴发户,未能在社会上提高身价。

当时的社会认识是报纸为天下公器,而杂志唯利是图。皇室不邀请"杂志王"赏菊或赏樱。倘若是"报纸王",那可就大不一样。关东大震灾,具有60年历史的《报知新闻》陷入绝地,敦请野间清治当社长。此时讲谈社大约有员工250人,另有学徒200人,而报知新闻社仅东京员工就多达千人。清治已抓了满把的钱,现在有机会抓名,赔钱也在所不惜,1930年就任,路线依然是修养主义:不要光写渎职、盗窃、抢劫、失业等阴暗面,更多地写善行美谈。与其谴责资本家的横暴,不如写优良资本家的做法,这才是为世为人。

八

1938年10月16日,野间清治因急性狭心症猝死,享年61岁。葬礼在讲谈社讲堂举行,18 000人送殡,从护国寺到江户川桥的道路为之堵塞。

野间恒接班,就任第二代社长,但22天后病故,留下妻子陆军省军事科长的长女町尻登喜子。

野间左卫接任第三代社长。她记忆力惊人,一路陪丈夫走过来,清治好大喜功,豕奔狼突,操控他的是夫人。老员工甚至说:讲谈社的异数发展,一半,不,六成,应归功于贤内助。左卫掌权后,首先与《报知新闻》切割,接着把讲谈社改为股份公司。

野间清治一家三口的墓

1941年未亡人野间登喜子招婿,高木省一倒插门。省一毕业于东京帝大法学系,继任第四代社长,被称作"中兴之祖"。

战败后自杀的陆军大将阿南惟几的儿子惟道娶省一的独生女佐和子为妻,入赘野间家,担任第五代社长(他的弟弟当过驻中国大使)。1987年野间惟道病故,佐和子走出家庭,就任第六代社长,那一年讲谈社出版村上春树《挪威的森林》。现任第七代社长是她的儿子野间省伸,1969年出生,出版理念是创造"世界最有趣、最有益"的书。讲谈社依旧是野间家族的企业,但他们身上流的都不是野间清治的血。

加斯东·伽利玛

半个世纪的出版传奇

胡小跃

加斯东·伽利玛(Gaston Gallimard,1881—1975),1881年1月生于巴黎一个富裕的资产阶级家庭,父亲保尔是个收藏家,收藏珍本图书和绘画,业余翻译诗歌。加斯东在著名的孔多塞中学毕业后,没有接着上大学,在社会上闯荡了几年之后,成了戏剧家费尔的秘书。1907年,他在老家度假时认识普鲁斯特。

1910年,《新法兰西杂志》创办了一家出版社,聘加斯东当经理。他投了资,与纪德、施伦贝尔格成了最初的股东。由于出色的管理才能,1913年,他又被任命为旧哥伦比亚戏院经理,"一战"期间他多次考察美国,后率团赴美国巡演,宣传法国文化。1918年,加斯东创办伽利玛书店,邀请弟弟雷蒙协助管理。20世纪20年代创办众多杂志,与图书形成合力。1930年,他离婚并再婚,1933年与雷诺阿合作拍摄《包法利夫人》,由其情妇瓦伦蒂娜·泰西埃出演女主角,结果惨败。"二战"期间,他逃亡法国南部,被迫出让领导权。回巴黎后,他用巧妙的方式与纳粹周旋,以获得生存,此后陆续收购多家出版社,扩大企业规模,并设立"伽利玛音乐会"。"二战"后,在众多名作家的支持下,出版社发展迅速,创下许多名牌。20世纪60年代,年老的加斯东逐渐把权力移交给儿子克洛德。1975年去世,终年95岁。2011年,出版社门前的马路被命名为"加斯东·伽利玛路"。

伽利玛，一个如雷贯耳的姓氏，在法国无人不知，这在很大程度上要归功于一家叫伽利玛的出版社。这是法国最著名的出版社，虽然不是最大，也不是最富，但它对法国文学所做出的贡献是法国任何一家出版社都望尘莫及的。它是法国出版界的一面旗帜，一个象征，正如美国一本杂志所说，"伽利玛是法国文学的同义词"，"因为法国文学中最好的书有四分之一都是它出的"。没有伽利玛出版社，20世纪的法国文学史将会改写，法国许多作家的命运将会是另外一个样子。

出版社的创始人叫加斯东·伽利玛，1881年生于巴黎一个富裕的资产阶级家庭，父亲是收藏家，藏书，也藏画。年轻时，没有任何迹象表明加斯东这个公子哥儿日后会成为一个大出版家，他游手好闲，逛大街，追女人，爱看戏，讲排场。1918年，著名作家纪德等几个文人创办了《新法兰西杂志》，随后想搞一家出版社，与杂志社共享稿源，在经济上实行互补。办企业可不比办杂志，需要找个适合的人来经管。这时，加斯东进入了他们的视野：这个年轻人"……足以有钱，能给杂志的财务添砖加瓦；足以无私，能不计较短期利益；足以谨慎，能把此事办好；足以爱好文学，能质量第一回报第二；足以能干，能树立自己的威信；足以听话，能执行创始人其实是纪德的指示"。

正在人生道路上徘徊的加斯东欣然接受了命运的这一安排，决心抛弃优裕的生活，像他所崇拜的老一辈出

青年时代的伽利玛

版家那样，干出点名堂来。要当好出版人，尤其是文学作品的出版人，自己不一定要会写作，但必须熟悉文坛，拥有一大批优秀的作者。为了找到好作者，他订阅了许多文学杂志，潜心研究，细心分析，并以此为线索去寻找和发现。写信，这一传统的联系方式是加斯东的一大法宝，他把一天的大部分时间都花在了写信上，联系被他看中的陌生作者。在这方面，他很有天赋，他不但真诚，而且懂得写信的技巧。普鲁斯特对此印象深刻，后来曾对加斯东说："你用最简单最有效的词语驱散了我淡淡的精神痛苦，我真诚地感谢你。"

加斯东求贤若渴，心气很高，觉得所有优秀的作者都应该汇聚在他的麾下，看到名作家在别的出版社出书，他会感到耻辱。为了争取好作者，"他可以压下自己最强烈的不满，掩饰对某人的藐视，也会不惜一切代价，甚至能低声下气，忍辱负屈"。《茫茫长夜尽头》（中译本将书名译作《长夜行》——编者注）的作者塞利纳曾说："伽利玛非常富有……他可以在半年时间里让你成为本世纪最伟大的作家！……那个混蛋不想

塞利纳及其在伽利玛出版社出版的《茫茫长夜尽头》

离开我。我经常骂他,我用各种脏话骂他。"但加斯东并不介意,因为塞利纳的作品太棒了,值得。塞利纳流亡丹麦时,加斯东曾试图与他接近,遭到拒绝,但加斯东一直没有放弃。后来得知他有经纪人,便去做经纪人的思想工作:"文学界最大名鼎鼎的作家,我已经有不少。我唯一所缺的,就是塞利纳。为了得到他,该做什么我就会去做什么!"

经纪人把塞利纳的要求和条件提了出来:18%的版税,500万法郎预付金,现金支付,保留附属权利,重版他以前的所有小说……这也太离谱了,但加斯东丝毫没有犹豫,马上拿出准备好的合同,签上自己的名字,还给了一张机票,让经纪人赶快坐飞机把这一消息告诉塞利纳。

西默农比塞利纳更难打交道。加斯东经过多次努力,终于把他请到办公室里,恭敬地对他说:"我真的很希望您能成为我们的一个作者。"

"这个问题我们以后再谈。"西默农不客气地打断了他的话。

"您跟法雅尔出版社签了长期合同?"

"没有。我没有签合同。我给他们他想要的东西,但我没有跟他们签合同。我不相信没完没了的合同……"

"很好,很好,"加斯东轻声说,显然非常满意,"您把现在的事情了结之后能跟我们合作吗?"

"可以,但要看你的条件。"

"啊!那好,我们下星期找家好饭店,好好谈谈!"

"听着,伽利玛先生,"西默农语气坚决地说,"首先,我们永远不会同桌吃饭。我讨厌那种工作餐,在吃饭的时候无话不说,就是不谈工作,然后下次再约同样的工作餐。合同呢,我们在你的办公室里当着你的秘书的面讨论,门要关着,电话不接,我们要在半个小时之内谈妥一切。还有,最主要的一点,我永远不会叫你'加斯东',好像大家都这么叫你的。我也永远不会叫你'我亲爱的朋友',因为我讨厌这种说法。你给我定

1929年的伽利玛出版社

一天,定一个时间,我去你办公室,我们把什么都谈妥了。不过,以后,在这之后,如果要更换合同,那应该是你上门来找我了。"

加斯东呆如木鸡。好像还从来没有哪个作者敢这样跟他说话。尽管西默农大名鼎鼎,他还是没预料到会这样。不过,为了成大事,他不会计较作者的态度的。第二个星期,西默农回来签了"一份惊人的合同":一年六本书,条件是每本书实现的利润作者和出版商五五分成。闻所未闻!西默农坚持自己的苛刻条件,向加斯东解释说,他对书的收益做过长时间的研究,仔细地算过纸张、印刷、运输、装订和发行的费用,知道出版商最多能获利多少。他认为自己要一半的利润是有根据的。不管怎么说,要么同意,要么放弃。鉴于自己的作品的受欢迎程度,他可不愿意和随便哪个诗人享受同等待遇。合同的有效期是一年,每12个月更换一次。也就是说,加斯东要不断地派人寻找西默农签合同,因为他老是在各地旅行……但这一切都是值得的。合作持续了13年。西默农一共给了加斯东15本书,给出版社带来了巨大的效益,不但为后者赢得了殊荣,也给其带来了大批有实力的作者,聚集了人气。

"敢于选择,能够等待:这应该是所有出版人的金科玉律,但还必须有办法……能根据蛛丝马迹,捕捉信息,觉察到初入文坛的作者是否有前途。"加斯东说。一个成功的出版人,一定是个懂得判断书、判断作者的人。而小出版商和大出版家的区别,就在于后者有长远的眼光,能看到作者的未来。加斯东可以出版一本暂时卖得不好的书,因为他相信,只要作者是个真正的作家,总有一天会得到回报的。他舍得花大价钱培养作者,花时间慢慢地等待大作。果然,加缪没有让他失望,而他的宽容也让阿尔朗看到了这个出版人的不平凡,"他是本世纪最伟大的一个出版商"。相对于性格和人格魅力,判断力更多是在实践中磨炼出来的。但人是动态的,深受环境的影响,而情况又千变万化,所以加斯东在这方面也不是没有失手过,关键是犯了错误能吸取教训,及时纠正。普鲁斯特写完《追忆似水年华》第一部,曾把书稿送到伽利玛出版社。他的稿子字太大,稿子乱糟糟的,修修改改,还有一些难以理解的字符,根本无

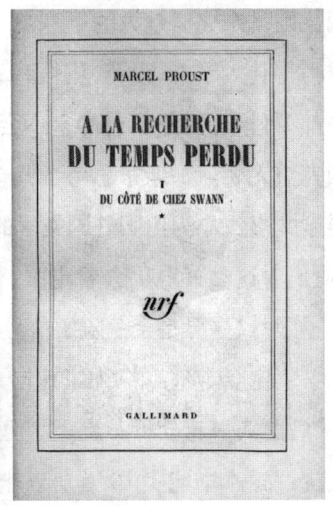

普鲁斯特及其在伽利玛出版社出版的《追忆似水年华》

法看清。纪德一边翻阅,一边叫苦连天。如果说,诸如"椎骨透明的额头"这样的描写还不曾使他震惊的话,读到整页整页描写在那些时髦者家里吃晚饭的文字时,他终于感到了厌烦,而且,普鲁斯特什么都不让删,于是纪德毫不留情地把书稿毙了,加斯东也没坚持,结果,普鲁斯特只得以自费的方式在其他出版社出版。小说出版后,好评如潮,加斯东这才意识到当时的决定太草率了,他马上去了普鲁斯特家,解释了事情的来龙去脉,表达了悔意,之后又频频给他去信,并通过各种关系去游说,终于把普鲁斯特感动了。最后,加斯东不但拿下了普鲁斯特的新作,而且把他以前的旧作也"赎"了回来。普鲁斯特没有让加斯东失望,他后来获得了龚古尔文学奖,成为20世纪法国最杰出的作家之一,他的《追忆似水年华》也成了20世纪世界文学的经典。

加斯东不光发掘本国作家的作品,也把目光瞄准了外国作家。出版社曾接到一部从英文翻译过来的美国小说,被审读委员会毙了,然而加斯东很喜欢书中的故事:女主人公斯嘉丽漂亮、虚荣、爱冲动,男主人公白瑞德则是个充满魅力的下等人。小说的内容非常丰富,佐治亚州的景色描写得让人难忘,爱情、仇恨和战争充满了全书。只是,书太厚了,翻译费都要付不少,定价也肯定不会低。而且,作者玛格丽特·米切尔在法国完全无名。加斯东思考了几个月。他的竞争对手斯多克出版社没要这本书。作为出版外国文学的主要出版社,斯多克优先得到了这本书,他们对这类书很少会看走眼,他们放弃了这本叫《飘》的小说,把它扔给了同行,这可是个危险的信号。然而,加斯东相信自己的感觉,深信这本书一定能走红。但为了保险起见,他还是让营销部主任也看看稿子,然后两人一起分析卖点。主任跟他一样,信心十足,说出的话吓了他一大跳:"这本书能卖10万册以上。""我们打赌?一顿好饭,可不能随便乱找饭店。"加斯东答道。

但另一家出版捷足先登了,已经要走了稿子。此时,加斯东的脑子里只有一个念头:追回稿子,立即出版。果然,他没有看错。书追回来出版之后,一共销了数百万册,在法国就卖了80万册。

法国的许多出版商都不喜欢跟版权代理打交道,因为代理更多是从法律和经济的角度来考虑问题的。加斯东认为,作者和出版人之间应该建立直接的关系,这种关系是没有任何东西可以代替的。当双方谈得拢合得来,意趣相投,友谊便会替代金钱关系,出版也会顺利得多。说穿了,出版这个行业,其基础是社会关系。这一点,加斯东比任何人知道得都清楚。为了不遗漏重要的稿子,他四方撒网,到处安插眼线,他把大部分时间都用在跟作者保持联系上。早上,他总是一如既往地给作者写信,这是老传统了。他的信,有时是秘书用打字机打的,但更多是他亲自用钢笔写的。他喜欢在吃饭的时候签合同,常常邀请作者吃饭,喝了一瓶好酒之后什么话都好说了。剩下的时间,如果不用跟编辑开会,不用亲自阅读有疑问的稿子,解决出版社内部的纠纷,他便去看望作者。他的脑子里总在想一个问题:这个作者有才能吗?"才能,用出版商的术语来说,就是他的肚子里有多少本书。"但如何判断?怎么猜测得到呢?嗅觉,本能。但光凭直觉是不够的,还要认真研究书稿,分析市场。所以,当他决定要看稿子时,他会真看,而不满足于"嗅"或者是粗粗地翻看。无论是批评还是"枪毙"都要具体说明原因。而且,如果作者是出版社长期的朋友或合作者,那就不能用一封打印的退稿信打发了事。意见必须客观,分析必须到位,如果作者跟他关系铁,他就越发严厉。罗歇·马丁·杜加尔向他征求关于自己的剧本《两天的假期》的意见时,就被泼了一盆"冷水":没有恭维,只有讽刺和批评。人物太做作,写法太艰涩,结构不稳定……接着是最后的判决:写得太快了。可作者写了两年多……马丁·杜加尔很沮丧,但他相信这种批评是中肯的,真诚的。

这才是最重要的。

但并不是所有的作家都能理解他的苦心,也不见得人人都能领他的情。"忘恩负义!"这是加斯东常说的一句话,也是他写得最多的一句话,既用来说明他与某些作家的关系,也用来说明他与出版这个行业的关系。在他的出版生涯中,什么蛮不讲理的人他都遇到过,什么委屈他都受过。他不止一次地想放弃,抛弃,退出,走人。在那些时候,他说他不过是个杂货商,如果能选择,他宁愿去开药铺或铅制品商店,然后在有空的时候,给他喜欢的人出书。当情绪真的跌到低谷时,他会想,他这辈子还不如去画画或写书,留下一件真正的作品,而不仅仅是在商业上获得成功。这时,他的朋友们就知道他的抑郁症又犯了——好在这样的时候并不多。

其实,加斯东的天性是很乐观的。"在任何一种行业里,两个人都可以互相沟通。出版界为什么就不能呢?"他把这个原始而有效的原则当作是自己的行事准则。一切都可以考虑,可以商量。如果所有的作者都像普鲁斯特那样,他的出版生涯将多么快乐!当然,普鲁斯特也有他的麻烦之处,必须在晚上去拜访他,因为他白天要睡觉。他在小事上纠缠不清,常常到了最后一刻还要改句子。布勒东读他的长条校样都快读疯了,布勒东是由于缺钱才接受这一枯燥乏味的工作。不过,在加斯东看来,那是天才的表现。那个大作家具有一种常人所没有的天赋,所以显得与众不同。

加斯东为人很随和,没有时间观念,但在付工资给版税方面并不是很大方。矛盾的是,他会给他喜欢的作家,给他所相信的作品以不成比例的数额,那是因为对方的人格魅力战胜了他。他也会付钱给一些什么都没干的人,只想着也许有朝一日能用上这个人,能让自己在需要的时候,到处都有帮手和触角。他不会让任何人难堪,尤其是当着第三者的面。如果别人犯了错，往往是他先道歉。在饭店里，当一个侍应把酒洒在了桌布上，他会先道歉，免得让侍应受老板的责骂。当印刷厂的校对没看出差错时，他总是说：不知道我遇到这种情况会不会也看不出来……

是的，这个人很宽容，所以有他在场，人们就不会受到羞辱，除非别人踩到了他的脚。他喜欢汽车，所有的汽车，用来开，而不是用来炫耀。他喜欢讲排场，喜欢精致的生活，喜欢丰富多彩的生活，但穿衣服会一直穿到衣服破了洞掉了丝，然后换上另一件同样的衣服。毛衣的袖子磨了个洞，他却不让换。他穿着雨衣，蓝色的粗呢上衣穿了好多年，公文包已经过时，雨衣也同样……这是一个没有癖好的男人，只喜欢书、戏剧和女人。他有他的生活习惯，嘴里总是叼着高卢牌香烟，钢笔里总是灌满了蓝墨水。

为了捍卫自己的文学和他所喜爱的作家，他在晚年退出一线工作之后，仍会在每周二的下午五点去参加审读委员会的例会。他着装依

退休后的伽利玛

旧——蝴蝶结,深蓝色的衣服笔挺,但眼镜的镜片难以遮住他疲惫的目光。他的声音有点沙哑了,不过他很少插话,想让大家尽量把他忘了,因为他已经把权力交给了儿子克洛德。他很清醒,知道自己的优点和弱点。他记忆力还好,但并非天天如此,所以下午才去办公室,司机在固定的时间来接他。他把最好的时间留给他的朋友、作者与合伙人。

他不喜欢回忆,只对持久的、重要的、能留给后世的东西感兴趣。他完全忘记了自己迈过的沟沟坎坎。错误,他当然犯过,而且不少,但结果是一份在世界上独一无二、普遍得到承认的书目,法国的大作家、大作品几乎尽收其中。

有什么遗憾吗?有些漏网之鱼,还有几个好作者没能拉到社里来,于连·格拉克、弗朗索瓦·莫里亚克……他很希望他们能到他的出版社里来出书,不是为了荣耀,而是想"补齐"书目。他既想这样圆满地画上句号,也想让他的作者们获得更多的荣誉。要知道,自出版社创办到他1975年去世,法国得了11次诺贝尔文学奖,其中有6次是他的作者荣获的。他出版的书还获得过27次龚古尔奖、18次法兰西学院小说大奖、12次联合奖、7次美第奇奖、10次勒诺多奖、17次菲米娜奖……

岩波茂雄

岩波茂雄和他的岩波书店

李长声

岩波茂雄(1881—1946),1881年8月出生在长野县中农之家,读中学时父亲病故,继为户主,帮母亲务农。18岁,不顾族人反对,用母亲为他筹措的旅费、学费,毅然赴东京读书。受校友自杀的影响,苦恼于人生问题,彷徨数年,1905年考入东京帝国大学哲学科(选修生)。毕业后当教师四年余。1913年开办旧书店,由妻子取名为岩波书店。得到夏目漱石赏识,1913年让他出版自己的小说《心》,从此进入出版业。出版《漱石全集》、"哲学丛书"、"科学丛书"等,奠定了出版基础,引领日本出版近代化。先后推出"岩波文库""岩波新书",开创了两种基本的出版形态,使读书从知识人群普及到一般市民。为人诚信,身边集合了很多文学家、学者,构筑了独具特色的出版文化,被称作"岩波文化"。认为日本文化的源头在中国,对日本发动的侵略战争持批判态度。1940年设立"风树会"(会名取自《韩诗外传》的"树欲静而风不止,子欲养而亲不待",这是茂雄的座右铭),资助学生、学者。创刊《世界》,60多年来始终是公共图书馆、大学图书馆的必备刊物,而今也几乎是仅存的左派言论阵地。1945年当选为贵族院多额纳税者议员,翌年获得文化勋章,同年病故。传记有终生友人安倍能成著《岩波茂雄传》、女婿小林勇著《惜栎庄主人》。

漱石与岩波

岩波书店的招牌是文豪夏目漱石题写的。

漱石有一个门生叫安倍能成,跟岩波茂雄是同学好友。他把茂雄领进夏目家的门,请这位当时最流行的小说家题写店名。漱石写来写去,总觉得不满意;茂雄乘他不备,揣起了几张带回去,从中挑出四个字,拼凑成"岩波书店"。漱石却仍然在家里奋力挥毫,得知后大怒。不过,对岩波茂雄这个正义汉他倒是颇有些好感。

大学毕业后,茂雄在东京的神田女学校执教三年多,教授英语、国语、西洋史以及汉文,但薪水不高。他说,自己当时充满了理想,对学校的经营方针不够满意,也曾想办个私塾,但又觉得自己连信仰也没有,还是离开只会误人子弟的教育界为好。茂雄早就向往在富士山麓晴耕雨读,可是才30来岁,过田园生活为时尚早,应该先过一把市民生活。起初打算卖干鱼什么的,但机缘巧合,神田一带发生火灾,被烧毁的古旧书店尚文堂重建,在店旁又加盖了一栋二层楼,茂雄便决定租下开一爿旧书店。日本有一个说法:办出版社最容易,有一张桌子一部电话就可以;恐怕办旧书店多少难一点,起码需要有店面,但也无须大本钱,用不着长年积累经验,况且迄今的生活与书本有缘,也让人觉得不生疏,易于起步。茂雄不顾族中长辈耍大刀阻拦,卖掉乡下出租的地,正赶上好年景,得钱8 000日元,充作第一桶金。除了置备书架、请客送礼,用7 000日元买书。神田警察署迟迟不批准,于是找警察厅当科长的老同学,第二天巡警颠颠送来了许可证。

学校开完送别会,茂雄就直奔批发集市趸买旧书,用大板车咣当

1916年元旦,岩波书店创立时的岩波茂雄(前排右二)家族及店员

咣当拉回来。封建时代人分四等,士(武士)农工商,商人被排在末位,但茂雄认为,尽可能廉价地为人提供必需品,满足人们的需要,经商未必就卑贱,而且比官吏或教员自由独立。1913年8月,岩波书店在神田南神保町开业,茂雄32岁。在开张告示上摘抄了一些古今东西的格言,"桃李不言,下自成蹊","生活简素、情操高尚"(华兹华斯)云云。

安倍能成为岩波茂雄立传,于1957年出版,其中写道:茂雄是缺点很不少的乡巴佬,却又是少见的了不得的家伙,旧书"正札贩卖"尽显他这种本色。开店伊始,店内挂了一个牌子:厉行正札贩卖。神田一带多中国留学生,又贴上一条中文:言无二价。当时经商习惯是虚标其价,买卖双方讨价还价,甚至能砍价一半,而茂雄极为厌恶虚伪,也从不瞻前顾后,开张就叛逆因袭,一鸣惊人,当然也惹得旧书行讨厌,笑他维持不了三个月或半年。如今中国人来游,被告诫购物不要砍价,这种明码实价的风气或许即始自岩波书店。

岩波茂雄是否当初就志在出版，不得而知，但旧书店开了正好一年，1914年8月，夏目漱石的小说《心》在报纸上连载完，他恳请让他来出版。这种话在常人看来太贸然，真有点不知天高地厚，要知道，漱石的书历来由春阳堂、大仓书店这两家大出版社印行。然而，茂雄就这么敢想敢做，而且，漱石居然答应了。不料，许诺的话音一落，茂雄接着说：不过，请先生借给我出版费用。更出人意料的是，漱石说：那就算我自费出版吧。我自己装帧，岩波出。一切经费我负担，赚了钱夏目家和岩波书店分。

茂雄要出最好的书。据漱石夫人回忆：他是理想主义者，什么都要用最好的，做非常出色的东西。好东西当然没有错，但那就要定价贵，到头来卖不出去，末了就必然受损。所以漱石说，像你那样清一色用好东西划不来，封面好，纸张就差点，纸好外函就再俭约点，想办法这么做书。虽然豁出了本钱，但一点不考虑这是商品，结果不就分文不赚吗？虽然

夏目漱石（1867—1916）　　《漱石全集》，大正十三年（1924）版

漱石每次见面都责备,岩波却一根筋,非做漂亮的书不可。据说漱石把"满铁"股票都搭上了。

9月,《心》由岩波书店出版。也可说是合作出书吧,第一枪就奠定了出版事业的基础。茂雄搬来一个三尺见方的炕桌,以表感激。漱石把炕桌好一顿贬损,茂雄说:既然这么说,我就拿回去吧。漱石说:那倒不必了。周围的人大笑。此后,漱石又自费与岩波书店合作出版了《玻璃窗中》(也是漱石亲手装帧)、《道草》。不过,书后开列了春阳堂和大仓书店出版的漱石书目,标明:上记诸书请到敝店小卖部购读,价格便宜。看来起初还得为人家卖书,也算是出书卖书两不误。

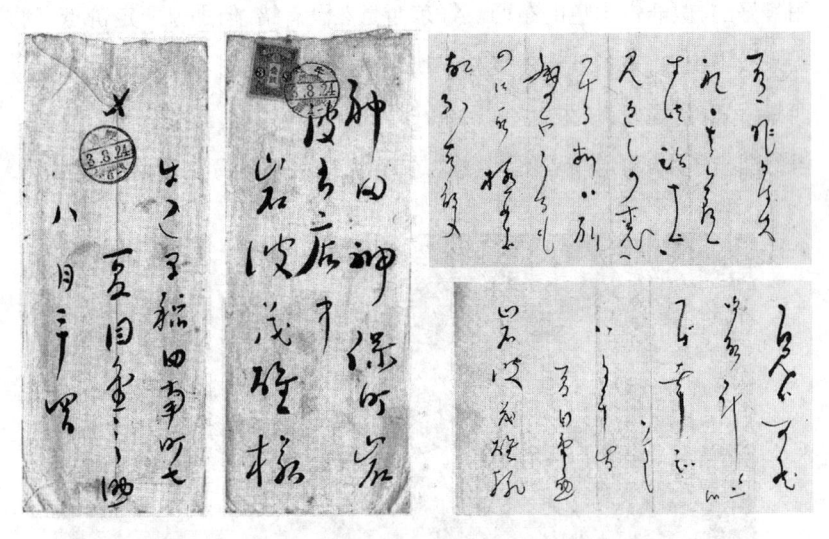

夏目漱石写给岩波茂雄的信

夏目漱石胃不好,应邀参加婚礼,夫人没看住,大嚼油炸花生米,宿疾发作,半个多月后的1916年12月9日病逝。门生好友聚集漱石家,其间有岩波茂雄。他去解手,传来了漱石涅槃的乱哄哄声音,竟过于紧张,失足陷进便池里,野上丰一郎(能乐研究家,小说家野上弥生子的丈夫)听见叫声,把他救出来。漱石的大弟子内田百闲也在随笔《漱石先生临终记》给茂雄记了一笔,但现场笼罩在哀戚中,没人注意他一身臭气吧。门生们筹划出版漱石全集。茂雄攘臂道,为了日本,为了夏目家,由他出最好。漱石夫人同意。按说由岩波书店担纲是相当无理的,但好像春阳堂也没有挑战这个大选题的胆识。其实茂雄心里也没数,只是坚守信诚,页数大大超出也绝不变动预订的书价。销路异乎寻常地好。《漱石全集》使岩波书店走向成功,并成为镇店产品,隔些年头便重编出版(茂雄生前出过五次)。而且在形成岩波文化上,漱石的这群门生发挥了非常大的作用。

30 年后岩波茂雄回顾：我开始做生意,说来是谋求隐居于市井,过一种责任小、不费心的舒畅生活,兴业的情绪是非常消极的。多少为日本文化做贡献,有助于学术振兴云云,当初并没有这种抱负。青年时代苦恼的人生问题毕竟是死生的问题,到了这般年纪,我还是没有值得对人谈的信念。不过,只要不否定生,不受人照应就一天也活不了,所以尽量不给人添麻烦,身边小小的义务也尽可能忠实地履行,销售也好,出版也好,我只是在此事上时时留心而已。这种生活态度得到了今日这样的结果。

"哲 学 丛 书"

岩波茂雄生在长野县农家,野生野长,16 岁那年父亲去世。19 岁,得到母亲同意,但是怕亲族反对,悄悄离家去东京求学。友人送他,吟诵了"男儿立志出乡关"。1903 年,茂雄 23 岁,有一个比他低一年的同学,叫藤村操,在华严泷自杀。年轻人单纯因自杀而留名青史,大概此人是独一份。藤村是夏目漱石的学生,死前两天漱石曾批评他,不想学习就不要来上课,所以漱石为他的死自责。后来藤村妹妹和安倍能成结婚,漱石也参加喜筵。藤村操削掉树皮,写下遗言,有云:悠悠哉天壤,辽辽哉古今,万有之真相唯一言以蔽之,曰不可解。内容空洞,但汉文调朗朗上口,"人生不可解"一语甚至在社会上流行开来。哲学兮兮的郁闷对于年轻人是一种时髦,并形成时代风潮。茂雄也正在和安倍等学友思考人生是什么,我从哪里来、往哪里去等问题,几分做作,几分认真。他认为藤村操的最后也就是他们所憧憬的目标,放弃学业,一个人到孤岛上念天地悠悠怆然涕下去了。母亲来找他,安倍能成在所撰《岩波茂雄传》中记为早晨,但茂雄本人说是风雨之夜,大概记忆总是被诗化,于是被母亲劝说一夜,结束了40天的静思。25岁考上东京帝国大学哲学科(准本科),三年毕业。

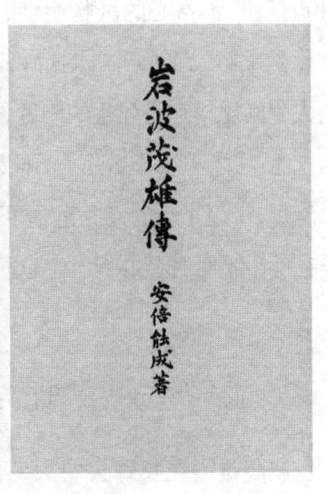

安倍能成(1883—1966)　　安倍能成《岩波茂雄传》

作为知识青年,茂雄属于这样的一群,而且是一个典型:对国家或社会不显示任何积极性、行动性,自顾自郁闷,一味地煽动个性的无力叛逆,模模糊糊地怀疑而彷徨。正是这一群人的佼佼者后来从知性与感性造成了日本知识层的近代性格,其实也就是岩波文化的实质。

从个人情怀与时代环境两方面,茂雄出版"哲学丛书"都顺理成章。自1915年,两年间出版12种,如《认识论》《哲学概论》《逻辑学》《宗教哲学》《美学》,茂雄说:我国思想界处于混乱时代,这种混乱在于哲学的贫困,出版这套丛书的目的是普及哲学的一般知识。实际上这套书才可算是岩波书店真正意义上的"处女出版"。内容基本是启蒙的、翻译的,给学生亦即知识阶层以巨大影响,以至造成了哲学书以及哲学的流行,岩波书店也以此赢得"哲学书肆"之称,奠定了出版的基本路数与特色。丛书的三位编者是茂雄高中以来的挚友,作者全部是东京帝国大学哲学科毕业的新进。起初以为卖1 000册就不错了,却意外地畅销,其中《逻辑学》到茂雄去世之年(1946),印数达18万册。三木清上高中时读了这套丛书,对新康德派哲学大感兴趣,日后由茂雄资助,赴德国留学三年。

中国谈编辑,忽而杂家,忽而专家,而今似乎更得是博士、硕士才够格。岩波书店大掌柜小林勇谈岩波茂雄,这么说:在出版社工作的人都未必有各种知识,倒不如看作是什么也不懂的人聚堆。或许有人要疑惑,那出版的书怎么选择呢?问题就在于出版人的人品。出版人必须谦虚、诚实,不可忘记用心当一个有益于社会进步的人,不能追求利益。只要遵守这些基本条件,纵然自己没有知识学识,也会有人帮助。要是还具有引出优秀人物的意见并付诸实践的能力,那就在一切领域都会得到出色的顾问朋友。茂雄是具备这些条件的人。

在出版选题上,岩波茂雄一向是独断专行,至于有没有销路,那是另一个问题。最后决策他也会跟智囊们商量,求教于方家。他的方针是尽可能出好书,有益于世。甚至在学者当中有这样的传说:从岩波出书有窍门——内容确实好,即使出书卖不出去,那么,岩波也一定会出版。小林勇写道:茂雄的直觉特别好。说得好听点,具有看透真实价值的能力。那些书并不是他一本本都读了，理解、感服、看中才出版。很多是根据别人对作者的介绍来判断。自己所尊敬的人推荐，几乎无条件地接受。对于自来稿也是凭直觉自己判断，但必定指示编辑找谁请教。仓田百三卧病乡间，把《出家及其弟子》的稿子送到岩波书店，请求出版，这本书使他一举成名。不过，初版800册是自费出版，后来才变成岩波出版，销行15万册，又收入"岩波文库"。罗曼·罗兰为此书法译本作序。

茂雄总在忙，起早贪黑，出来进去，小林勇说，没见过他伏案读书、查账，琐碎的工作、经营的细节都交给手下人处理，他的主要工作就是跟作者打交道。他敬重作者，不等作者送上门，登门找作者。尽管出版社位居一流，初次见作者，哪怕是年轻人，他也必定托人从中介绍。派编辑初次走访作者，一定要其带上茂雄本人的名片，并亲笔写上请拨冗接见编辑部某某。

1923年发生关东大地震，出版社麇集的东京几成废墟，出现书荒，在经济不景气当中唯出版独秀。为纪念蔡锷，梁启超创办松坡图书馆，

1953年的岩波书店

惜栎庄，庄名即取自左侧的栎树。岩波茂雄常在此招待作者

1924年曾购藏岩波书店出版的哲学、历史、文学、社会、心理图书。但翌年，退货堆满了仓库，让茂雄也感叹空前不景气。这一时期岩波出版倾向于经济问题、社会问题，但尊重作为文化根底的哲学，努力普及科学知识，不失"哲学书肆"本色。"哲学丛书"不断重印，支撑岩波书店度过不景气岁月。

1941年岩波茂雄在温泉乡热海建了一栋别墅，因要求设计者不要砍原有的栎树，便取名为惜栎。茂雄还说过，樗栎是无用之材，像我一样。他在这里待客，好多作家曾住宿写作。有"国民辞书"之称的《广

岩波茂雄在惜栎庄（大约1942年）

辞苑》也在此编写；文学家丸谷才一说过：若没有《广辞苑》，恐怕战后日本社会就大不一样，会太不方便吧。

1946年2月茂雄荣获战后第一批文化勋章，他本想不要，但说是已经决定了。这时安倍能成当上文部大臣，所以风传他推荐了茂雄，其实是前任大臣决定的。茂雄在《朝日新闻》发表谈话，说："好书是靠作家、校订者、印刷者等合力出世的，是思想家、艺术家的余光，我不过是应其时而忠实地传送的一个投递员。"两个月后茂雄在惜栎庄因脑溢血去世，享年64岁。

2010年惜栎庄出售，所幸买主是当今畅销小说家佐伯泰英，他要修复保存，说：岩波茂雄是惜栎庄主人，他是惜栎庄的看守人。

"岩波文库"

关东大地震后，经济不景气，改造社濒于破产，社长山本实彦孤注一掷，1926年秋推出《现代日本文学全集》。通常一册定价10日元，他只要一日元，但必须先交订金，称为元本。订数竟多达28万，空手套到了白狼。岩波茂雄当然也跟进，打算出版《世界文学全集》，不料被新潮社捷足先登。本来新潮社社长佐藤义亮认为改造社那么贱卖是找死，但一看人家起死回生，立马挂帅，连广告词也亲自动笔，计38卷，印数58万，也大获成功。出版社竞起效仿，蔚然形成了元本时代，作家获利丰厚，接踵出国去旅行。

茂雄焦躁，和智囊商量，制定了好些选题，却总是被其他社抢先上市，看来怎么也赶不上元本这趟车。茂雄想起当年读书时流行的雷克拉姆文库，这是德国的雷克拉姆出版社1867年推出的，夏目漱石即这一年出生，本来叫"万有书库"，19世纪90年代引进日本。所谓文库，通常指一种以普及为目的的出版样式，便携而价廉，又叫文库本。1903年富山房模仿英国的"卡塞尔文库"（Cassell National Library）出版过"袖珍名著文库"。还有出版社出过"赤木丛书"，价格便宜，但寿命很短。茂雄决意搞"岩波文库"，在元本风潮中抢占市场。

这个选题需要一个百科全书式的人物来策划，真所谓说曹操、曹操到，三木清在京都郁郁不得志，此时来东京当教授，他的老师西田几多郎也给茂雄写信，说三木光靠教授的薪水度日维艰，请予以援助。茂雄派小林勇拜访三木。无论问什么，三木都能够当即回答，学识之深、之广，而且之新，几乎把小林魅住了。三木对前辈硕学也了如指掌，敢于月旦评。对自然科学不置喙，只是从整体上概观。茂雄也赏识三木的才学，倾听建言，甚至言听计从，反过来说也就是利用三木。但广泛征求意见，一些人认为这个选题欠缺体系，而且书价订得低，难以持久。茂雄解释：品种多了以后自成体系；意在普及古典，靠重印长销赢利。后来多家出版社跟着搞文库，虽各有侧重，但作为丛书，基本都不成体系，也可说是文库的特色吧。

小林勇《惜栎庄主人——岩波茂雄传》

三木清和小林勇年龄相仿，意气相投，一个策划，一个付诸实施，"岩波文库"于 1927 年 7 月问世。第一批书目有 31 种，如夏目漱石的《心》、幸田露伴的《五重塔》、托尔斯泰的《战争与和平》、柏拉图的《苏格拉底的申辩》、昂利·彭加勒的《科学与方法》。出版说明中写道：希冀真理被万众追求，艺术被万众热爱。过去为愚昧民众，学问艺术被封闭在最狭小的殿堂里，如今从特权阶级的垄断夺回知识与美，常常是进

柏拉图《苏格拉底的申辩》《克里同》二种（"岩波文库"1967年版）

取民众的切实要求。"岩波文库"因应这一要求，并受此鼓励而诞生。这就是让有生命的不朽的书从少数人的书斋和研究室解放，遍布街头，与民众为伍。

这个出版说明是一篇名文，由哲学家三木清撰写，茂雄添加了一段：近来大量生产、预订出版流行，那种宣传广告疯狂一时，但全集编辑没有周全的准备，典籍翻译缺少虔敬的态度，而且不分册卖，把几十册强加给读者，限制了读者的自由。"岩波文库"以雷克拉姆文库为样板，遍及古今东西，不问文艺、哲学、社会科学、自然科学等种类，以极其简易的形式逐步刊行万众应必读的真正有古典价值的书。

茂雄后来还写道："岩波文库"以普及古今东西的古典为使命。往往有作者自以为谦虚，要求出版，说放在文库里也可以，但是我尊重爱护文库，即使给他出单行本，也不放进文库。可是，文库这一出版形式后来被用得越来越滥，几乎只是以价廉为手段招徕读者了，连"岩波文库"当中，不值得收入的书也日见其多。1939年岩波书店大景气，资金充足，几乎没有退货，便乘机采取包销制，以至于今。逛书店常见一架子"岩波文库"，那其实是书店不能退货的缘故，只好长年摆在那儿待沽。小店怕赔本，不下订单，架上就没有岩波的书。小说家林芙美子称赞"岩波文库"："至于装帧，我最喜欢的是'岩波文库'。小型，装帧单纯，携带便利，尤其是活字和纸张实在是漂亮。"装订简素但结实，经得起长年摆放，虽然有一点变色。传闻编辑送来新出厂的样本，茂雄啪地摔到地上，看看结实不结实。这就是他对读者的忠实。正因为结实，过几遍手也如

岩波茂雄回顾出版 30 年

初,旧书店能确保货源,这行当才得以繁盛。

岩波出版《漱石全集》也预订,所以茂雄指责元本的预订方式不免是五十步笑百步。打着正义的旗号发泄郁闷、嫉妒与反感,朋友们可以一笑了之,但有些人便抓住他的自相矛盾反讥为伪善。好在对"岩波文库"的反响很热烈,读者来信甚至说:把自己的教养全寄托于"岩波文库"。茂雄感动而得意,说是当出版商太好了。

有人说,日本文化缺少国民共同的基础,因为日本有两种文化,即岩波文化与讲谈社文化——岩波书店的教养书籍所代表的文化,读者为少数文化人;讲谈社以娱乐为中心的书刊所代表的文化,被大多数人接受,二者如阳春白雪与下里巴人,互不相通。讲谈社文化以读者为本,而岩波文化重视作者,不媚读者。但"岩波文库",以及 1938 年开创的另一种出版形态"岩波新书",都属于文化普及,为男女老少所爱读,未必局限于知识阶层。古典普及的程度直接反映一国文化的水准。茂雄有生之年"岩波文库"出书 1 497 种,现今已将近 6 000 种。诚如其言:"不同于投机一时的东西,吾人要倾注微力,忍受一切牺牲,使之永久地持续发展。"

珀金斯

天才编辑

周百义

麦克斯韦尔·埃瓦茨·珀金斯（Maxwell Evarts Perkins, 1884—1947），1884年9月20日出生在纽约曼哈顿，1907年毕业于哈佛大学。在大学主修经济学，但亦师从著名文学老师查尔斯·汤森德·科普兰，为其职业生涯做准备，在《纽约时报》做了一段时间记者之后，1910年开始在查尔斯·斯克里布纳出版公司的广告部工作。当编辑时，珀金斯力排众议，买下了菲茨杰拉德处女作的版权，此后，他开始与多位重量级作家合作，包括海明威、拉德纳、罗林斯、考德威尔，尤其是沃尔夫等多位备受瞩目的作家。他在斯克里布纳出版公司工作了36年，直到生命的最后一刻。

一位出版社编辑,离开这个世界30年后,还有人惦记着他——美国传记作家司各特·伯格将他的事迹写成《天才的编辑:麦克斯·珀金斯与一个文学时代》一书,然后译介到世界各国。在他逝世70年之际,剧作家约翰·洛根将他的一生搬上了荧屏,根据传记改编的电影《天才捕手》在世界各国放映。这位主人公,就是美国查尔斯·斯克里布纳出版公司资深编辑麦克斯韦尔·埃瓦茨·珀金斯。

作为一位出版社编辑,尽管岁月流逝,仍能被这么多人惦记,真是出版界的奇迹和莫大光荣!珀金斯能一直活在读者的心中,是因为他相继发现和培养了F.司各特·菲茨杰拉德、托马斯·沃尔夫、欧内斯特·海明威等美国新一代优秀青年作家。编辑的生命,是与书紧紧联系在一起的。书比人长寿,作为责任编辑,他先后编辑出版了菲茨杰拉德的《人间天堂》《了不起的盖茨比》,沃尔夫的《天使,望故乡》《时间与河流》,海明威的《太阳照常升起》《永别了,武器》《丧钟为谁而鸣》等作品。这些作品奠定了作家在现代美国文学史上的地位,使他们成为20世纪20年代"爵士时代"的发言人和"迷惘的一代"的先驱作家,海明威则成为美国精神的象征。珀金斯在查尔斯·斯克里布纳出版公司工作了36年,直到去世。正如在《天才的编辑》一书中所说:"在此期间,没有一家出版社的编辑能像他那样发现这么多才华横溢的作家,出版他们的作品。"

一

珀金斯读到菲茨杰拉德的《浪漫的自我主义者》的时候,这部书稿已经在斯克里布纳出版公司的各个编辑部里转了一大圈。这部书稿是出版公司的老作者沙恩·莱斯利推荐的。书稿中既有短篇小说,也有诗歌和小品文,充其量是一部大杂烩。编辑部里没有一位编辑看好这位无名作者的书稿,但因为是熟人推荐的,大家只能例行公事地翻一翻。但珀金斯却对这位年轻的菲茨杰拉德中尉的第一部作品给予了很高的评价:"我们已经有很长一段时间没有收到写得这么有活力的小说书稿了。"珀金斯在退稿信中这样评价这部小说。虽然珀金斯的这些用语是编辑退稿时的一些例行客套话,但却使这位普林斯顿大学毕业的菲茨杰拉德中尉备受鼓舞。他用了六个星期的时间修改这部小说,当珀金斯接到菲茨杰拉德寄来的修改稿后,很高兴地发现相比上一稿小说已大有改进。他郑重地将稿件送交编辑部讨论,但还是被老编辑们否决了。珀金斯不甘心,他认为这本描写一代美国年轻人精神面貌的小说有其与众不同之处。为了证明自己的判断正确,他将菲茨杰拉德的小说寄给了两家竞争对手。这时,他心里十分矛盾:他既希望这两家出版公司能看出作品的潜在价值,证明他的判断是对的,但又担心他们真的会接受书稿。但是,这两家出版公司未做任何评价就将书稿退给了珀金斯。

看来小说还是存在一些不足之处,珀金斯与菲茨杰拉德做了一次长谈,提出了详细的修改意见:将第一人称改为第三人称,将作者与所写的事件拉开距离,保留原有生机勃勃的材料的同时,重新组织平衡情节。菲茨杰拉德用了几个月的时间,几乎是重新写了一部姐妹篇。他将书名修改为《人间天堂》,并对自己修改过的作品充满了信心。

珀金斯决心将菲茨杰拉德经大幅度修改后的作品再次提交给编辑部讨论。果不其然,出版公司总编辑、美国很有声望的评论家布劳内尔断言这部作品"轻浮"。

珀金斯不同意总编辑的意见,他认为作品写出了这一代人的所思所想,具有生机和力量。面对老板斯克里布纳所强调的"不能出版没有文学价值的作品"的原则,他反复声明如果不采用菲茨杰拉德这部有特色、有新意的作品的危害性。他甚至放出狠话:"如果我们拒绝菲茨杰拉德这样的作者,我将对出版失去任何兴趣。"珀金斯的弦外之音,就是如果不采用这部书稿,他将会离开公司。

查尔斯·斯克里布纳见珀金斯的态度如此坚决,便按照惯例在编辑部内对书稿进行投票。表决后,虽然新老编辑的票数不相上下,但他还是同意让珀金斯一试。

菲茨杰拉德的第一部长篇小说《人间天堂》出版后果然没有辜负珀金斯的期望,销售势如破竹,评论家广泛关注。菲茨杰拉德成了这一代青年作家的领袖,他所塑造出的文学形象,是"一战"后"迷惘的一代"的美国年轻人复杂精神生活的写照。于是,《人间天堂》成了这个时代的一面旗帜,飘扬在美国文学的上空。社会学家马克·沙利文在《我们的时代》一书中写道,菲茨杰拉德这本书"所创造的分野就算不能说创造了一代人,也可以当之无愧地说它让全世界关注一代新人"。

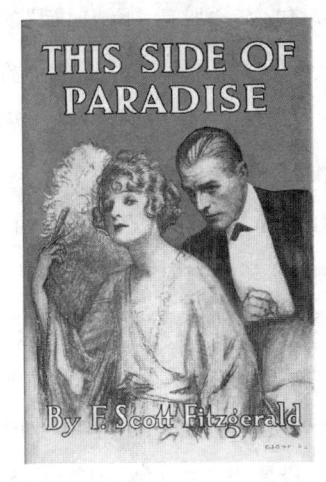

1920年斯克里布纳出版公司《人间天堂》初版书影

《了不起的盖茨比》书影

于是,珀金斯成了菲茨杰拉德最为亲密的合作伙伴。不过,菲茨杰拉德虽因《人间天堂》一炮走红,但第二部作品《美与孽》销售却并不看好。菲茨杰拉德撰写第三部长篇小说《了不起的盖茨比》时,珀金斯不敢大意,为菲茨杰拉德的新作提出详尽的修改意见:从整体构思到情节结构、人物形象的塑造,到具体的细节,再到书名,双方反复讨论沟通。与此同时,珀金斯还成了他的"财务监管人"。菲茨杰拉德是一个不知节俭为何物、财务支出毫无计划的酒鬼,再多的钱到了他那里也都被挥霍一空。珀金斯的任务之一就是不断地为菲茨杰拉德预支稿费,不断地为他筹划费用,好在这种全方位的服务很快得到了回报,菲茨杰拉德为他介绍了人在法国的美国青年欧内斯特·海明威。

珀金斯从海明威在法国出版的短篇小说集《在我们的时代里》一眼看出了作者的"写作具有一种特别的气质"。情节简短,句子简洁、有力、生动,是他在过去的文学作品中从未看到过的一种独特的风格。但是,当珀金斯开始与海明威合作的时候,在公司内又出现了与当初出版菲茨杰拉德处女作一样的情景:人们对包含着"脏话、下流对话"的海明威作品产生了分歧。在老板查尔斯·斯克里布纳看来,"出版下流东西对他而言不是可想象的",保护出版公司品牌是"重中之重"的大事。尽管,鉴于上次出版菲茨杰拉德作品的教训,他已私下征求了小说家、法官格兰特的意见,大家都认为海明威的作品是一部有特点的好东西,但无论如何,他不会允许"他出的书里出现粗俗亵渎的内容"。果不其然,在编辑部的会议上围绕海明威的作品能否出版争论十分激烈,珀金斯极力肯定这部作品独特的艺术价值,并认为"这是争取年轻作家的关键一步"。他强调,如果我们将海明威的稿件退掉,那么给读者和业内的印象,就只有"极端保守"这一个评价了。投票表决的时候,年轻编辑们都捏着一把汗。但珀金斯坚定有力的陈述,使作品以微弱多数票胜出。当然,最后海明威还是听取了珀金斯的意见,在校样中将作品里比较"粗俗"的,"只关心下半身"的字句做了适当的删改,并且,写了一个漂亮的卷首语。

《太阳照常升起》出版后虽然在读者中产生了完全不同,甚至截然相反的看法,但该书鲜明的艺术特色,却使海明威的声望和影响到了一个新的高度。海明威如一颗新星,冉冉升起在美国文学的上空。

二

为什么36岁的珀金斯对24岁的青年作者菲茨杰拉德的小说寄予如此高的厚望,甚至不惜向老板斯克里布纳发出要辞职的通牒呢?为什么他对海明威的作品一眼就看出其中独特的文学价值及与众不同的艺术风格呢?其实,上述种种都缘于珀金斯对"一战"后美国社会"迷惘的一代"的年轻人的了解,缘于他不满足公司陈陈相因、中规中矩的出版风格,缘于他对于文学的热爱,缘于他的审美趣味与鉴赏能力。

珀金斯本来喜欢文学,是很有可能走上文学创作道路的,但他在哈佛大学读的却是经济系。其实,选择读他讨厌的经济学专业,用他自己的话说,其目的是为了"磨炼自律心"。他一方面努力学习经济学知识,另一方面参加他最喜欢的坎里布奇文学俱乐部的活动。他担任校园文学杂志《哈佛之声》的编辑,并且自己动手写作一些随笔发表,业余还给一所女子进修学校上作文课,赢得了一些年轻女孩"迷离"的眼神。以优异的成绩在哈佛大学毕业后,他先在《纽约时报》当记者,采写社会新闻,又到斯克里布纳出版公司求职,做广告经理。这段工作经历培养了他的新闻敏感性和市场意识,所以他对20世纪20年代美国文学的发展现状和斯克里布纳出版公司目前出版方针的利弊得失了如指掌。他以发现新人为己任,是那种能用全新语言"道出战后世界新价值观的人"。

沃尔夫是珀金斯发现和培养的第三个重要的作家。沃尔夫是文学经纪人博伊德介绍认识的。但是,当珀金斯接到沃尔夫那部长达几十万字、杂乱无章的处女作长篇小说《啊,失去的》手稿时,虽然认为开头和其中的一些片段有闪光之处,但要达到出版水平,还有很远的路要走。

首先,也是最重要的,要对小说的结构进行彻底的调整,删除一些不必要的段落,然后进行组合。这些修改意见往往是珀金斯先提出来,两个人讨论、争执,然后再共同认定删除。先是整段整段地删,后来是一个字一个字斟酌着删。对于珀金斯认为人物形象不够丰满的地方,沃尔夫回到公寓去继续补写新的内容。最后,是书名——从弥尔顿的诗歌《利西达斯》中找出一段短语,确定为《天使,望故乡》。

沃尔夫的经纪人博伊德看了修改后的书稿后,一直坚信如果没有天才的珀金斯,人们就会永远不知道世界上还有个作家沃尔夫。以至于她曾写信问珀金斯:"你自己为什么不写作呢?我觉得你的写作水平会远高于现在大多数写作者。"珀金斯回答说:"因为我是编辑。"所以,"他自愿把自己的想法提供给那些既有时间又愿意投入单本书写作的作者,以此来宣泄被自己压抑的写作欲望"。正因他具有一定的写作水平与鉴赏能力,对待作者的稿子,他一眼就会看出其中的不足和瑕疵。在珀金斯的编辑生涯中,他向秘书口授了成千上万封给作者的信。这些与作者讨论作品的信件,凝结了珀金斯对文学的思考。收到他的信的很多作家都认为,珀金斯谈起文学能比任何作家都谈得更好。

三

珀金斯出版了极有争议的菲茨杰拉德的作品,为斯克里布纳出版公司带来了声誉，出版了海明威的代表作之一《太阳照常升起》，丰富了美国文学乃至世界文学的审美内涵。虽然取得了这些成就，珀金斯始终认为，作品是属于作者的，编辑只是激励和成就了作者，展示了作者的才华。在编辑活动中，不能要求作者一味地听从编辑的教导，否则，"假如我的判断真的让你在关键之处听从了我，我会感到羞耻，因为一个作家，无论如何，必须说出自己的声音"。

正是秉持这个编辑原则，海明威在珀金斯的帮助下，不断地奉献出风格独特、具有鲜明个性色彩的《永别了，武器》《丧钟为谁而鸣》等优秀的长篇小说。

1935年1月，珀金斯与海明威在佛罗里达州

1940年，斯克里布纳出版公司《丧钟为谁而鸣》初版书影

海明威在创作过程中，容易过度修改，矫枉过正。如《永别了，武器》的某些部分他写过五十遍。珀金斯说："当作者要破坏他作品的本色时，这就是编辑介入的时机。但别介入得太早，一刻都不能早。"如他及时地阻止海明威对《太阳照常升起》的过度修改，保持了作品的特色。

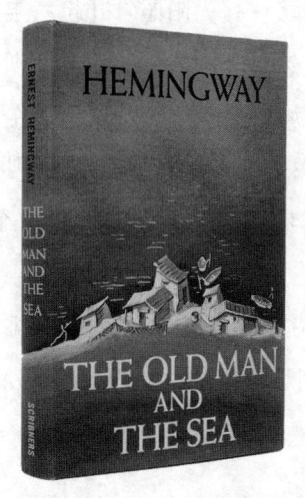

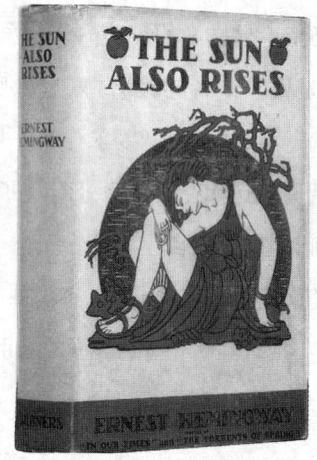

1952年，斯克里布纳出版公司《老人与海》初版书影

1926年，斯克里布纳出版公司《太阳照常升起》初版书影

但他也会花数百个小时在"丛林般的夏夜"辛苦工作，帮沃尔夫编辑《时间与河流》，列下了几百条很具体的修改意见。为了一个细节一个章节，两个人彻夜讨论、争执。以至于后来有人怀疑此书不是沃尔夫本人写的，而是沃尔夫与珀金斯合作的产物。但珀金斯一直认为，"作品是作者本人的"，"编辑最多是作者的仆人……不要试图把编辑个人的观点强加于作者，也不要把他的风格变得不像他自己"。

四

"献给麦克斯韦尔·埃瓦茨·珀金斯：一位杰出的编辑，一个勇敢、诚实的人，他坚持与本书作者度过苦涩、无望和疑虑的日子，让作者在绝望之时也不放弃。"

沃尔夫瞒着珀金斯，坚持在《时间与河流》的扉页上印上这段献词。

在电影《天才捕手》中，曾经有一个细节，有两个人向珀金斯的办公室抬去了三个长长的木箱。箱子里，是沃尔夫杂乱无章的长篇小说的初稿。围绕这部书稿，珀金斯牺牲了自己的休息时间，整整忙碌了两年，才编辑完了这部长篇巨著。其间，珀金斯与沃尔夫围绕这部一百多万字的超长作品，讨论、争执、妥协，直到让双方都满意。小说出版后，获得了巨大的成功。其实，当珀金斯接到这部书稿时，正如沃尔夫自己后来在《一部小说的故事》中所言："它还没有达到出版或者可以阅读的程度。"

站在《时间与河流》书稿旁修改稿件的沃尔夫

1935年，斯克里布纳出版公司《时间与河流》初版书影

1929年，斯克里布纳出版公司《天使，望故乡》初版书影

| 珀金斯　天才编辑 |

第一遍修改时立即要做的事：

1. 开头的场景中把那个富人写得老一点，现在更像个中年人。
2. 把提到以前的书和成功的地方删掉。
3. 用所有的对话，把监狱和搜捕的场景写充分。
4. 把"轮盘上的人"和"阿拉伯罕·琼斯"里的素材用到第一年在城市和大学的场景里。

…………

这份珀金斯随手写在沃尔夫小说提纲上的修改意见，共有 15 条之多。大到作品结构，小到细节，珀金斯为沃尔夫的这部作品倾注了自己的心血，提供了沃尔夫所"欠缺的客观和洞见"。但是，小说获得巨大成功之后，因为误会，也因为沃尔夫性格中的某些缺陷，沃尔夫离开了斯克里布纳出版公司，并没有像海明威和菲茨杰拉德那样一直将作品留在斯克里布纳出版。沃尔夫离开前后，两人之间也曾有过些许的不快，珀金斯一度感到十分伤感，但是，两人很快就恢复了当初的友谊。沃尔夫离开不到一年的时间，就邀请珀金斯出庭当证人，帮助他打赢了与经纪人的官司。而且，在 38 岁的沃尔夫去世前一年，他写了一封带有歉意的长信给珀金斯，并写下遗嘱，指定珀金斯成为他的遗嘱执行人。尽管，面对沃尔夫比较难缠的家人，面对沃

工作中的珀金斯

尔夫留下的未出版的草稿，担当遗嘱执行人会有很多的事要做，并且会带来很大的麻烦，但珀金斯觉得这是沃尔夫对自己的信任，自己没有任何理由推脱。他帮助整理沃尔夫留在哈珀出版社的所有书稿，直到全部顺利出版。

珀金斯与作者的关系，正如美国道尔布戴出版公司总编辑肯尼思·D.麦考米克评价珀金斯时所说："他会帮助他们确定作品的结构；给书起标题，构思情节；他可以是心理分析师、失恋者的顾问、婚姻法律师、职业规划师，或者放款人。"正是这种全方位的保姆式、朋友式的服务，珀金斯才赢得作者的信任。无论他们在创作处于高潮还是低谷，无论是写作顺利还是情绪低落的时候，珀金斯都是他们身后的那座大山，是可以憩息的港湾。连海明威这样的硬汉，也认为麦克斯是"坚实可靠的长者，一个可以求助和依靠的人"。

五

编辑发现作者和作品，通过加工修改，编辑校对，装帧设计，使其成为出版物，在现代出版流程中，编辑还不能说是完成了使命。如何让更多的读者了解这本书，放大作者的价值，这既是出版公司经营的手段，也是巩固与作者友谊、留住作者的途径。珀金斯经手编辑的每一本书出版后，他都会向很多的作者和评论家推荐新作，向他们寄送样书，请他们写书评。在20世纪20年代，书评家的好评对于图书的销售是至关重要的一环。海明威的长篇小说《太阳照常升起》出版后，出版公司和海明威做了大量的宣传工作，让读者了解这本书的文学价值，结果销量直线上升。原来出版过海明威作品的博尼与利弗莱特出版社的一位合伙人找到他，希望海明威回到他们出版社继续合作，并允诺支付"大笔预付金"。海明威则直截了当地告诉他,这件事情免谈,他对斯克里布纳百分之百地满意。他满意的主要因素,是珀金斯为编辑此书而做出的努力以及为此书所做的"铺天盖地"的广告宣传。而在此之前,海明威的图书很多出版公司都不愿出版,现在海明威获得了前所未有的荣誉。他将《老人与海》题献给珀金斯,以表对他的敬意。而菲茨杰拉德一生的所有作品都在珀金斯所在的斯克里布纳出版公司出版,他认为珀金斯是"我们共同的父亲"。正如他写给珀金斯的信中所说:"作为年轻人,虽然我不能完全赞同你们的某些出版理念,但你和斯克里布纳的为人,以及我在那里一直能感受到的严谨、客气和虚心,还有你们对我的作品的礼遇——如果我可以这样说的话——都远远足以弥补我们的差异。"

西尔维亚·毕奇

"为乔伊斯工作，
所有的乐趣都是我的"

姜 华

西尔维亚·毕奇(Sylvia Beach, 1887—1962)，书商、出版人。出生于美国巴尔的摩，成长于普林斯顿，在巴黎度过大半生时光。1911年在巴黎开办莎士比亚书店，聚集了欧美国家一大批引领时代潮流的作家、学者、艺术家，安德烈·纪德、安德烈·莫洛亚、罗伯特·麦卡蒙、格特鲁德·斯坦因、舍伍德·安德森、司各特·菲茨杰拉德、欧内斯特·海明威等，都是她的座上宾。其中，当然也包括20世纪最伟大的小说家詹姆斯·乔伊斯。作为出版家的毕奇，一生只出版过三部作品《尤利西斯》(1922)、《一诗一便士》(1927)、《我们有关〈创作中的作品〉之从无到有化虚为实之考察》(1929)，皆为乔伊斯之作。她突破英美两国多个出版商"舍弃"《尤利西斯》，以非凡的勇气，克服种种困难，于1922年出版了该书，成为出版业永久的传奇。"二战"期间曾被纳粹逮捕入狱，莎士比亚书店歇业。1962年逝于巴黎。

一

丹尼斯·西尔弗曼，美国纽约卡车司机联合会下属基金会的一位基金管理人，同时也是一位图书珍本商人。1986年，他花费3.5万美元的大价钱购入一册《尤利西斯》初版本——这本书是乔伊斯亲笔签名送给编辑其作品的美国《小评论》杂志编辑玛格丽特·安德森的，是100本精装签名本之中的第3号（《尤利西斯》首印1 000本，其中750本普通纸张印刷，售价150法郎；150本直纹版画纸印刷，售价250法郎；100本荷兰手工制印刷，作者亲自签名，售价350法郎），可谓弥足珍贵。5年后，丹尼斯·西尔弗曼以13.5万美元的价格将其售出，大赚了一笔。可是过了短短11年，《尤利西斯》第二版小规模印制的100本中的一本，在珍本书市场上却售出了46万美元的高价。数十年来，《尤利西斯》不仅是国际珍本书市场上的"宠儿"，也是文学史、出版史上最令人津津乐道和引人注目的奇迹之一。自1922年出版之后，《尤利西斯》就在全世界范围内享有越来越隆的盛名，被认为是20世纪最伟大的文学作品之一。催生这部杰作、为这一切奇迹创造坚实基础的是身在法国巴黎的一名美国年轻姑娘——西尔维亚·毕奇。那一年，她35岁！

1922年莎士比亚书店版《尤利西斯》

二

西尔维亚·毕奇并非典型意义上的出版人,因为她一生出版的作品寥寥可数。从其自传中我们可以发现,她大概只出版过三本书,分别是《尤利西斯》《一诗一便士》《我们有关〈创作中的作品〉之从无到有化虚为实之考察》,这三本书都是乔伊斯的作品。但其文化活动、书业经历和为乔伊斯出书的过程无不昭示了一位优秀出版家应该具备的卓越品质。

毕奇首先是一位出色的书商,她1887年出生于美国巴尔的摩,父亲是新泽西普林斯顿的长老会牧师,母亲是出生于印度的美国人,受过完整的中学教育。父母的文化素养,尤其是父亲的文化素养与社交圈子(其父教区中有三位美国总统和一众文化名流,毕奇家与这些家庭都有交往),培养了毕奇对阅读的热爱和文化的憧憬,这影响了毕奇一生的

毕奇在莎士比亚书店　　莎士比亚书店内景

1939年，毕奇在莎士比亚书店

行事与追求。尤为重要的是，在毕奇14岁时，父母带她在巴黎生活了几年，她和热爱法国的父母一样，迷恋上了法国文学，以至于一度想在纽约开办一家法文书店，专售自己崇敬的法国作家的作品。开书店的梦想一直存在着，她觉得这是适合于自己的理想生活，为此，她在19岁的时候，就曾向美国出版家本·许布希询问如何开书店（许布希是知名出版人，曾在美国出版乔伊斯作品《一个青年艺术家的肖像》）。理想终于实现，1917年毕奇去了巴黎，通过她的朋友莫尼耶认识了瓦莱里、儒勒、罗曼、安德烈·纪德、瓦莱里·拉尔博、莱昂-保尔·法尔格、安德烈·莫洛亚等法国知名作家。1919年11月19日，毕奇的"莎士比亚书店"开张了。那是第一次世界大战刚刚结束不久，一个美国人出现在了巴黎的文化地图上。在炮声隆隆的日子里，战争在一定程度上阻隔了文化的传播，美国与欧洲国家的文化交流受到很大影响。再加上战后的岁月，人们的精神亟需充实,莎士比亚书店的出现可谓正当其时。书店成立后,主要销售英美作家的作品,但很快成为各国作家雅集之所,罗伯特·麦卡蒙、格特鲁德·斯坦因、舍伍德·安德森等一大批美国当代杰出作家成为莎士比亚书店的常客,当然,其中还包括大名鼎鼎的司各特·菲茨杰拉德和欧内斯特·海明威。杰出的出版家都是文化活动家,他们周围往往能够聚集一批引领时代潮流的作家、学者、艺术家,并能够以自己的活动能力将他们的才华激发出来。他们是文化的中介,有参与文化活动的热情,同时又有能力赢得杰出作者们的信任,相应的就能获得比常人多得多的机会。这是优秀出版家的重要品质之一,西尔维亚·毕奇身上无疑体现了这一点。毕奇的好朋友、法国作家尚松说:"西尔维亚就像一只传播花粉的蜜蜂,她让各方来的不同的作家进行交流,她将英国、美国、爱尔兰和法国的作家们紧密地结合在一起,功效要远远胜过四国大使。"

爱尔兰作家詹姆斯·乔伊斯在1920年的一次聚会上第一次与毕奇谋面,之后他很快就成了莎士比亚书店的常客。乔伊斯是20世纪世界文学中最有成就的作家之一,也是最命途多舛的一位。他一生颠沛流离,曾经在爱尔兰、英国、法国、意大利、瑞士等多个城市辗转居住。当同时代的同样出生于爱尔兰的文学家叶芝和贝克特先后于1923年和1969年获得诺贝尔奖时,乔伊斯却与诺奖失之交臂——"他因为作

1920年,毕奇与乔伊斯在巴黎

品里面充满晦涩猥琐的字眼而始终被排斥在诺贝尔的殿堂之外","是20世纪诺贝尔文学奖的最大遗珠之一"。乔伊斯显然不是一位文运畅达的作家，与后世享有的盛名和受到的无上推崇不同，在20世纪初期，乔伊斯在文学界的处境是备受争议，而在出版界的遭遇则更加凄惨，其代表性的几部作品的出版无不充满曲折，屡遭被退稿的命运。他的第一部作品《室内乐》经历了3次退稿，等待3年才出版，《都柏林人》的出版则花了10年时光，《一个青年艺术家的肖像》从创造到出版所花去的时间更长达12年。尤其是使乔伊斯在英美文学界声名鹊起的《都柏林人》，更是遭遇22家出版社先后退稿。对于另一部杰作《一个青年艺术家的肖像》，有一家出版社则在退稿信中说："它太不着边际，缺乏形式，没有限制，而且作者又毫不遮掩地描写丑陋的事物，使用脏话；有时候它们就这样赤裸裸地被故意摆在读者面前，实在很没必要。"乔伊斯是个

毕奇与乔伊斯商谈《尤利西斯》的出版

毕奇、乔伊斯与友人在莎士比亚书店

早慧的文学天才,也是一位放荡不羁的文人。22岁的时候,他爱上了老家的一名乡下姑娘诺拉,两人逃离爱尔兰私奔国外,而直到1931年,乔伊斯39岁的时候,两人才正式结婚。诺拉没有受过什么教育,一家的生活重担都压在乔伊斯一个人身上,而乔伊斯在苏黎世、的里雅斯特等地只能以家庭教师的工作糊口,其间还要花时间撰写他那些多灾多难的文学作品。《尤利西斯》的写作大概开始于1909年或1910年,那时乔伊斯正在罗马。与其他作品的漫长写作过程相比,这部伟大小说写得更慢。1916年9月14日,在致叶芝的信中,乔伊斯写道:"我正在写另一本名叫《尤利西斯》的书,不过几年之内是写不完的。"其间,乔伊斯的生活屡遭困厄,他常常在给弟弟的书信中提及生活之不易。1916年5月起,他开始接受英国《自我主义者》主编哈里特·韦弗(Harriet Weaver)

小姐的定期资助。为了缓解生存的压力，1918年3月，《尤利西斯》开始在美国安德森主编的《小评论》和《自我主义者》上连载。但连载的命运并不比乔伊斯此前出版作品的经过更顺利。首先在美国，由于"恶习防范协会"(Society for the Suppression of Vice)和新闻检查员的干预，《尤利西斯》的连载被迫中断，《小评论》不仅被焚烧，还被告上了法庭，成为禁书。此外在英国，韦弗小姐曾经想尽

哈里特·韦弗

办法谋求出版《尤利西斯》，不仅连敢于承印此书的印刷厂都找不到，还使得此书在英国也成了禁书。

困难重重之下，1920年，乔伊斯一家来到了巴黎。走投无路之际，对乔伊斯作品情有独钟的毕奇提出，由她和莎士比亚书店来出版《尤利西斯》。这对于乔伊斯而言，是莫大的喜讯，亦是不小的心灵慰藉——十余年的心血终于有了出头之日。而对于年轻的毕奇而言，这同样是难得的机遇——以她对乔伊斯及乔伊斯作品的理解，这将是一部流芳百世的文坛巨著，作为书商，能够参与其中，实在是与有荣焉。在出版史上，凭借自身人脉寻找成名成家的优秀作者，并设法将其作品推向传播的极致，创造出图书出版的奇迹，这固然是了不起的成就。但是对于优秀的出版家而言，如果我们不是锦上添花，而是雪中送炭，发现并帮助有潜力的作者摆脱困境，走出阴霾，成就一番原本并无希望的伟业，这是更值得称道的出版品质。对于毕奇来说，1920年的乔伊斯当然已声名鹊起，但也绝非炙手可热的一线作家。相反，其作品的前卫性以及在道德方面对当时社会风俗的挑战，使得他不仅不是出版界的宠儿，反而成为文坛和

出版业的烫手山芋，其作品更是被推来搡去，出版过程步履维艰。毕奇在此时此刻出手相助，除了仁心，还有她的慧眼。一流出版家最重要的就是眼光，没有披沙识金的眼光，是不能发现优秀作品的，杰出作品出版史就是出版人的发现史。简言之，独到的眼光，于芸芸众生中识人的才具，亦是优秀编辑出版人不可缺乏的品质。在毕奇、乔伊斯的文化交往圈中，从事出版活动的并非她一人，至少还有三位文化人也是出版人——埃尔金·马修斯、罗伯特·麦卡蒙、加斯东·伽利玛，比她干练机敏的也大有人在，然而抓住机会的是毕奇！这正如曾任美国斯克里布纳出版公司总编辑的布劳内尔所言："编辑百分之九十的时间所履行的职责是任何一个办公室的勤杂工也能干得好的，但是，每个月有一次，或者每半年有一次，契机出现了，没有他人，而只有你能够处理。这个时刻就用得着你所受过的全部教育和你的一切的经历，以及你生活里所有的思考。"这真是给编辑出版从业人员的金玉良言。很多时候，看似无心插柳的出版奇迹，背后极有可能是编辑出版人数十年自身"修炼"的结果。出版史上有为数众多的经典名作是屡遭退稿后才出版的，为什么那么多的编辑出版人让这样的伟大作品在眼前溜走，为什么只有少数人抓住了契机？因为这为数不多的编辑出版人正是有一种一般人没有的非凡眼力，而这眼力无疑是多年因文化的耳濡目染和执着追求所练就的。而毕奇也正是以自己的教养、经历与思考赢得了乔伊斯的信赖，也获得了《尤利西斯》的出版机会。

此外，在《尤利西斯》的出版问题上，还展现了毕奇的职业勇气。就如新闻业有新闻专业主义一样，图书出版自然也有其职业标准，它所指向的是判断一部作品优劣、是否值得出版的标准。在乔伊斯以往作品的出版问题上，出版商或者出于本身价值判断，或者出于所在国家政府政策法规、传统习俗限制，追根究底，都是出于道德风化之考量，鲜少从作品的文学性本身去衡量。《尤利西斯》在英、美两国的被禁,也都是出于道德禁锢,其实质则是对言论自由的践踏。事实上,在19世纪末20世纪初的美国,因以道德作为衡量艺术作品的首要标准,很多优秀的艺术文学作品横遭指摘,或被查禁,或被销毁,作者亦多因此蒙难。前述"恶习防范协会"的创办人科姆斯托克就曾说过:"艺术不能超越道德,道德最重要,法律则居次,承担捍卫公德的重任。当艺术有猥亵、淫秽的倾向,或有伤风化的时候,就与法律抵触。"对于将道德作为衡量文学艺术的首要标准甚至是唯一标准,以道德的名义钳制优秀文学作品出版的做法,毕奇是不以为然的,恰如毕奇在自传中所言:"对于美国作家们为了争取言论自由而进行的种种奋争,我无法亲身体验,而且,在一九一九年我的书店开张时,我也没有预见到大洋彼岸的作家们所遭受的种种打压,会让我的书店获利。我想这种打压,还有因打压而造成的恐怖气氛,是一批又一批的顾客来到我的书店的原因之一。"从这段看似平和的论述中,我们不难看出毕奇对于当时美国国内高压的文化气氛的不满,而我们也因此可以理解,"垮掉的一代"美国作家之所以将"莎士比亚书店"当作在欧洲的第二故乡和精神堡垒,与毕奇对言论自由的捍卫是密不可分的。毕奇克服困难将乔伊斯《尤利西斯》出版,恰恰是她以实际行动对以道德名义戕害言论自由的对抗。

"二战"胜利后,毕奇与海明威等友人在莎士比亚书店

获得作者信任、赢得出版图书的机会只是整个出版流程的第一步，其后的图书出版过程尤其是杰出作者的重要作品的出版过程可能会一波三折，这样那样的困难也会接踵而至，而这更是考验编辑出版人职业精神和出版智慧的环节。《尤利西斯》恰恰经历了这样的出版历程，其遭遇的困难也非一般编辑出版人所能应对。乔伊斯是个看上去温文尔雅的人，但其对自己作品的要求却是苛刻之极。其中，一个重要表现就是不厌其烦、反反复复地修改稿件。倘若这是在交稿之前，倒也无所谓，这是作者自己的事情，与编辑无关。而乔伊斯的改稿是不分交稿前后的，交稿前，反复修改，交稿后，修改的次数一点也不比交稿前少。更令毕奇感到头疼的是，《尤利西斯》要赶在乔伊斯生日前出版，而在一年多的时间里，将300多页手稿编辑成为一本书，在当时看来简直是不可能完成的任务。更何况，毕奇还面临三大不得不面对的困难：首先，乔伊

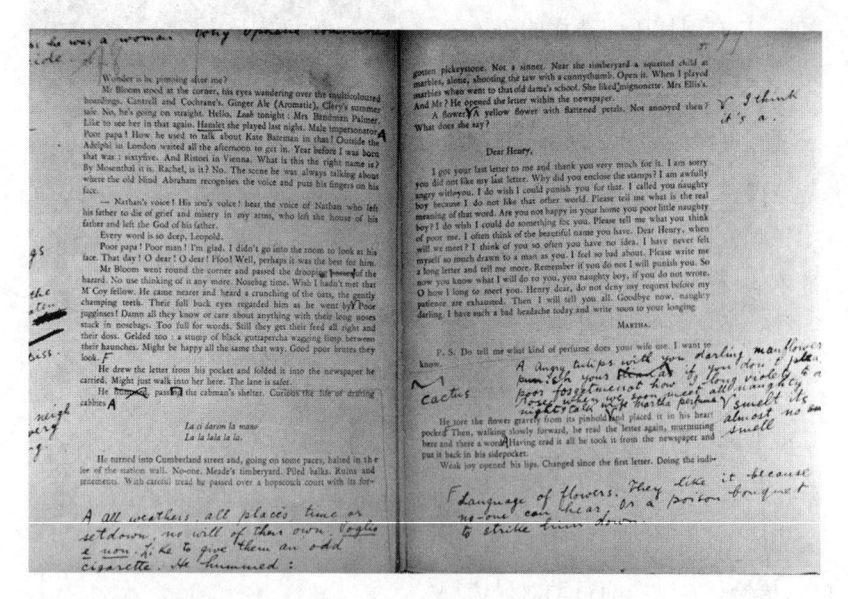

《尤利西斯》排版打印稿上，乔伊斯又做了大量修改，这给排版带来了很大困难，也增加了成本

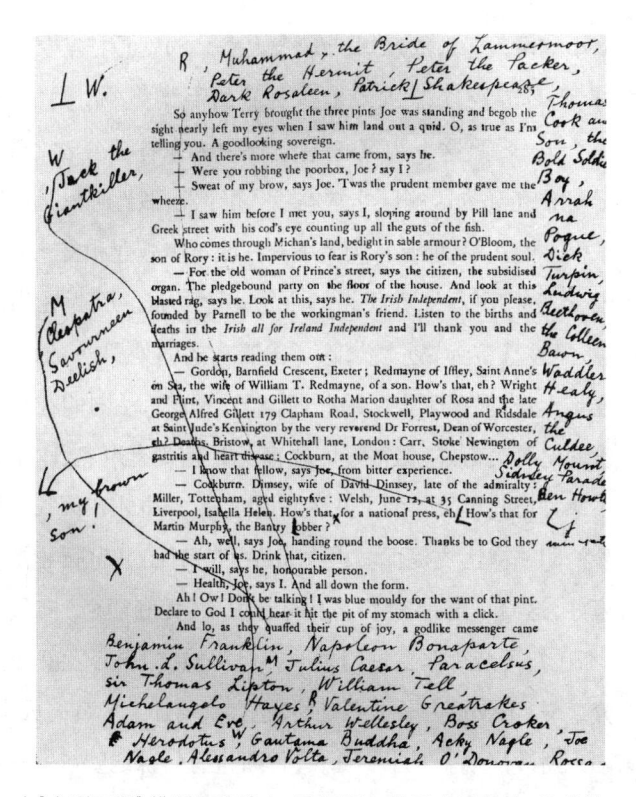

《尤利西斯》排版打印稿上,乔伊斯又做了大量修改,这给排版带来了很大困难,也增加了成本

斯是一位才华横溢的文体大家,又是语言天才,据说他掌握的语言近十种,在《尤利西斯》中,不同语言时有出现,令帮他打印手稿的文字入录者大为烦恼。困难的时候,连愿意承接这项工作的打字员都找不到——"第八位打字员曾威胁他(乔伊斯)说这文稿简直要让她跳楼自杀;至于第九位,她按过他的门铃,等他开门后,她就把已经打过字的手稿扔在地上,然后顺着大街飞跑而去,再也不见她的踪影",毕奇在其自传中写道。事实上,第九位打字员连报酬都没有要,她将手稿交给乔伊斯飞奔而去的目的只有一个——赶快摆脱这本书。乔伊斯自己也在给朋友的

书信中提到手稿录入遇到的麻烦:"最令人发愁的就是打字员。四个打字员都拒打《喀耳刻》。……现在有人把我的手稿誊抄清楚了,此人把它转给另一个人,后面这个人又把它交给别人来打。"其次,愿意承担《尤利西斯》印制工作的印刷厂非常难找。虽然该书当时只是在英国和美国连载了很小的篇幅,但其作为禁书却在欧美出版业和文艺界大名鼎鼎。在英国,很多印刷厂对乔伊斯都唯恐避之不及。因为在当时的英美,一旦出版品被认定为"违禁",除了出版商遭遇处罚外,相关的印刷厂亦会负连带责任,很多印刷厂因此而倒闭。虽然,法国的社会风气和对出版的管制比英美略好,但很多印刷商尤其是稍有声名、印工精良的印刷商都不愿意冒此风险。费了九牛二虎之力,毕奇才在第戎找到了一位愿冒风险的印刷商达戎提耶。再次是乔伊斯对图书出版非常讲究并有着个人癖好,这给毕奇带来了不小的麻烦。《尤利西斯》交稿进入排版后,乔伊斯还在不断对作品进行修改,最后添加的内容竟然比原计划扩充了三分之一,不仅花去了很多时间,也大大增加了毕奇的成本支出,一度使其陷入财政困境。对于封面,乔伊斯也有特殊的要求——必须使用希腊国旗上的两种颜色——希腊蓝和希腊白(最终的《尤利西斯》初版本正是蓝底白字)。为此,毕奇和印刷商几乎跑遍了半个欧洲,最后才在德国买到了符合乔伊斯心意的封面用纸。其实,乔伊斯对于希腊蓝的嗜好,仅仅是出于迷信——在他的母亲说要做一套衣服给他的时候,"詹姆斯说希望衣服是蓝色的,还问母亲能否同时寄一顶蓝色的毡帽过来。他非常迷信,认为蓝色对他有辟邪作用"。乔伊斯选择蓝色作为《尤利西斯》封面底色,目的也出于此。面对作者层出不穷甚至是有些非理性的过分要求,很多编辑出版人也许会与作者对抗甚至放弃了一本杰出作品。毕奇选择的是尊重作者、忠于作者,在她看来,作者是第一位的。为了出版第一流作者的伟大作品,自己遇到再大的困难也要想办法克服,遭遇作者再极端的苛刻要求,只要自己有能力有办法去解决,也要尽量满足作者的心意。只有这样,才能出版伟大的作品。正如珀金斯所言:"有两种气质使这位编辑名满天下,一是对于一好书能越过缺点看到优点,不管这些缺点如何令人沮丧;二是任凭困难再大,也能不屈不挠地去挖掘该书的潜力。"面对乔伊斯,毕奇做到了,也许她没有想过要暴得大名,但是《尤利西斯》的出版确是使她一举成名!

三

在中文的语境中,"徒"有一义是指持有某种宗教信仰的人。若以此来比喻出版业,做个不甚精确的划分,编辑出版人可以大略分为三类。(一)信利者:"好利之徒"——将图书出版仅仅看作赢利的工具,与一般企业无异。欧美出版业在20世纪60年代后风起云涌的兼并浪潮中,催生了一大批"好利之徒",不仅没有使出版业获取更多的利润,连往昔的出版辉煌也一去不返。(二)信名者:"好名之徒"——将出版业看作彰显个人名声的手段,种种行为大都是为了个人的社会声誉。英国出版人维克多·葛兰茨被认为是一位个人主义虚荣心极度膨胀的人,他一生中出版了很多数量庞大、价格低廉的政治类书籍,被认为"不是商业出版家,而是政治宣传家",他一生的格言是:"他是先知、朝圣的博士,他掌握了真理,并决心把它灌输给其他人。"与"好利之徒"偏重于赢利不同,"好名之徒"当然也看重经济回报,但他们更为在意的是自身的社会影响力和个人主义虚荣心的实现。(三)信书者:"好书之徒"——其工作着眼于图书本身,个人兴趣和爱好是其动力之源。好书之徒并非不爱名,其与好名之徒最大的区别在于,好书之徒将书本身放在第一位,而好名之徒却将名誉名声放在第一位。好书之徒的本质是文化的传播。在名与利之间,有一个文化在。在雷蒙德·威廉斯看来,文化至少应该包含三个不同的层面:一是用来描述"18世纪以来思想、精神与美学发展的一般过程";二是"表示一种特殊的生活方式",关于一个民族、一个时期、一个群体或全体人类;三是用来描述"关于知性的作品与活动"。优秀的编辑出版人很多时候将自己所从事的图书出版活动内化为一种特殊的生活方式,而这种生活方式又是与一个时代的知性文化产品的生产和传播紧密相关的。从词源上讲,"文化"又有培养、培育、种植等义,优秀的编辑出版人正是将出版看作一种培育、种植优秀文化产品的活动,编辑出版了诸多流传于世的经典作品,并在其中实现了个人价值,书写了出版业的新篇章,也促进了社会的发展和进步。

西尔维亚·毕奇正是这样一位"好书之徒":忠诚于作者,开风气之先,有自己的坚守,不为商业利益所动,亦不为名声所禁锢。和韦弗有遗产和其他经济来源不同,毕奇经营的书店是其主要经济来源,为了出版乔伊斯的书,她曾竭尽全力帮助乔伊斯,莎士比亚书店也一度成为乔伊斯的"私人银行"和"生活助理",为了弥补成本节节攀升的排版和印刷费用,她也曾向亲戚借债。在刚刚获得《尤利西斯》出版权的时候,她说过,自己可以出名了,但是当自己与乔伊斯的利益发生冲突的时候,她选择的是退出和忍让。如果她不忍让,与乔伊斯打官司,那么她会大大出名,弄不好还会获取不菲的经济回报。但她没有这么做——在她心目中,乔伊斯虽然有点过于自我,但那是天才的自我,自己付出再多,委屈再多,也是值得的——"为乔伊斯工作,所有的乐趣都是我的……所有的利润都是他的"。毕奇为了出版《尤利西斯》而付出的努力,永远值得有志于高品质出版的从业者怀念和记取。

在纸墨之间,我们艳羡莎士比亚书店的好机缘,我们钦佩莎士比亚书店主人的豪侠气,我们嫉妒她能够捞到大家都在关注却捕捉不住的

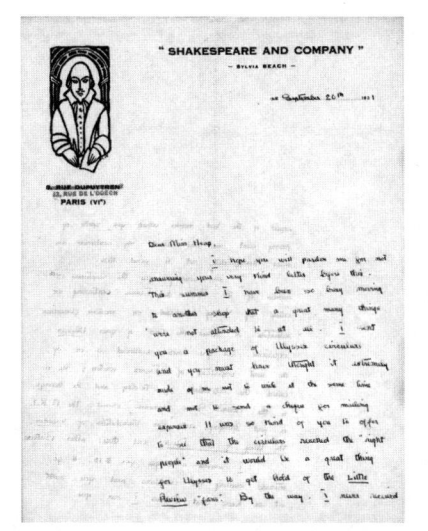

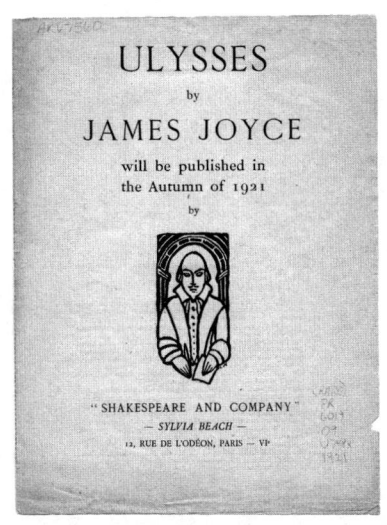

毕奇致友人简·希普（Jane Heap）的一封信，信中谈及她与乔伊斯的英国赞助人哈里特·韦弗关于在英国出版《尤利西斯》的争论

为解决《尤利西斯》出版资金不足的困境，1921年毕奇印制的一份向友人募集出版资金的计划书

"大鱼"——《尤利西斯》，我们羡慕她有一家文人雅士欢聚，汇思想精华同时又文气流溢的书店，而我们觉得距离遥远，但问题是，我们，真的像莎士比亚书店主人那样热爱书吗？

（本文在撰写中参考了詹姆斯·乔伊斯著、蒲隆译《乔伊斯文集·乔伊斯书信集》，埃德娜·奥布赖恩著、李阳译《乔伊斯》，雷蒙德·威廉斯著、刘建基译《关键词：文化与社会的词汇》，阿尔维托·曼古埃尔著、吴昌杰译《阅读史》，斯科特·伯格著、孙致礼等译《天才的编辑》，里克·杰寇斯基著、王青松译《托尔金的袍子——大作家与珍本书的故事》，西尔维亚·毕奇著、恺蒂译《莎士比亚书店》，安德烈·伯纳德著、陈荣彬译写《退稿信》。）

| 西尔维亚·毕奇 "为乔伊斯工作，所有的乐趣都是我的" | 357 |

贝内特·瑟夫
贝内特·瑟夫与兰登书屋

李庆西

贝内特·瑟夫(Bennett Cerf,1898—1971),美国杰出的出版家,兰登书屋合伙人。出生于纽约曼哈顿一个犹太家庭,1919年毕业于哥伦比亚大学,获哥伦比亚学院文学士与新闻学院文学士。早年曾任《纽约论坛报》财经记者和华尔街证券公司职员,1923年进入出版界,任博尼与利弗莱特出版社副社长。1925年开始与唐纳德·克劳弗尔合伙经营"现代文库"(Modern Library),1927年与克氏共同创立兰登书屋。1933年为名著《尤利西斯》在美国解禁发起诉讼,成为美国出版史上的重要事件。在长达40多年的出版生涯中,瑟夫与詹姆斯·乔伊斯、尤金·奥尼尔、格特鲁德·斯泰因、威廉·福克纳、司各特·菲茨杰拉德、辛克莱·刘易斯等著名作家结下了深厚友谊。他所主持的兰登书屋,从一家小型出版社逐渐发展成全美最具影响力的出版集团之一。

瑟夫还是一位颇有特色的著作家,著有随笔集《欲罢不能》、回忆录《我与兰登书屋》等。

一

贝内特·瑟夫一生的事业很顺利，自 1927 年与唐纳德·克劳弗尔合伙创立兰登书屋，及至 1970 年退休，这 40 多年间把一个每年偶尔出版几种珍藏版精装书的小出版社越做越大，逐渐发展成为美国最大的出版集团。他本人也跻身于有史以来最卓越的出版家之列。

兰登（Random），在英文里是"偶尔""率意"的意思。当初创业者选择这个词语做社名，好像并没有一种志向远大的抱负，那只是做做看的想法。倘若做不下去，瑟夫和克劳弗尔自然会很快转向别的行业，大萧条之前美国的创业机会很多，没有人会在一棵树上吊死。对于瑟夫来说，出版起初只是一份职业（一份还算喜欢的职业）。1919 年，他刚从哥伦比亚大学新闻学院毕业，在《纽约论坛报》做了几天证券专栏，很快就做砸了，于是就混在证券市场给经纪人跑腿。后来成了出版大鳄的瑟夫喜欢讲述自己早年的出版志趣，其实那些说法都不能当真。一位成功的出版人必然有一种执着的敬业精神，但是没有必要把它提升到文化抱负上去认识。

就出版业的主体构成而言，20 世纪初叶美国与中国的情形很不一样。除了传统的家族事业（那些老牌出版人多半偏于保守），新入行的出版人也绝非文化精英，美国出版界当时或是日后的一些风云人物都不是什么知名学者或是文化领袖。譬如，西蒙与舒斯特出版社的两位合伙人都是

兰登书屋的社标

瑟夫在哥伦比亚大学时的同学，那个理查德·西蒙简直不能算是什么文化人，照瑟夫的说法，此人"一年到头读的书不超过三本"。还有贺拉斯·利弗莱特，瑟夫入行之初就是投在他的门下，在瑟夫所著《我与兰登书屋》一书中，那差不多就是一个招摇造势的花花公子，还总是欠着一屁股债。创建克诺夫出版社的阿尔弗雷德·克诺夫，或许是业内最有品位的出版人了，可在别人眼里还只是一个"年轻的犹太新锐"。至于瑟夫本人，也并不具有超人一等的学识和文化理念，他这方面的情况本文后边还要说到。

然而，反观中国现代出版人，像张元济、陆费逵、王云五、邹韬奋、巴金、邵洵美……哪一个不是学富五车的大知识分子？即便创办开明书店的章锡琛，或许算不上出类拔萃

贝内特·瑟夫回忆录《我与兰登书屋》

的知识精英，至少也是高层次文化人，由开明书店主导的所谓"开明派"文化圈，囊括了郑振铎、叶圣陶、夏丏尊、匡互生、朱自清、朱光潜、丰子恺、胡愈之、周建人、王伯祥、周予同、徐调孚等众多著名作家、学者和编辑，实为当日文化教育之中坚力量。中国的现代出版可以说是文化精英们的事业，一开始就设定了改造社会的文化目标。那些文化人投身出版业不是单纯的职业选择，而是带着传播新文化的重要使命，虽说他们各自的文化意趣和政治意识可能大相径庭。

尽管处于同一时期，中美两国的历史—文化境遇却完全不同，美国

的出版业显然不需要承担某种文化重建的使命，故而出版人中间也几乎没有那种登车揽辔的文化领袖角色。在扼述贝内特·瑟夫的出版生涯之前，特意强调此中的分际是为了提示出版业自身的某些特点，以及彼者的一种职业精神。肩负文化使命的出版与相对纯粹的职业化出版之比较，或许可以作为出版史的一个研究课题，不过那不是本文所要承担的任务。面对两种截然不同的出版之道，这里很难简单地判定孰优孰劣，但是贝内特·瑟夫的经验足以表明，出版业并非天然属于文化精英的事业。尤其在一个正常社会，文化亦是庶民的权利，出版人不会将自己的事业视作争取文化领导权的手段。

二

当然不能说贝内特·瑟夫没有抱负，他自幼熟读《撒克逊劫后英雄略》，16岁就铁了心要做大亨，经商赚钱是他早年的人生理想。1915年，17岁的瑟夫入读哥伦比亚大学新闻学院。大学期间他是活跃分子，大一当过校报《旁观者》的编辑，大二又成了校刊《笑话大王》的主编，大四还入选著名学生荣誉团体ΦBK协会。他毕业时拿到了双学位——哥伦比亚学院文学士和新闻学院文学士。总之，作为名校高材生，他走上社会之前已为未来的人生做了方方面面的铺垫。

大学时期他笔头甚健，写过许多幽默小品式的东西。多年以后，他在《星期六文学评论》开设"业界风向"专栏，介绍图书和出版界状况，那个专栏从20世纪40年代初写到50年代中期，连续写了15年。自1950年起，他还同时给星期日副刊《周末》写"瑟夫看板"专栏。他的专栏有点像《读者文摘》里常见的文章套路，带点夸张的叙事，不乏美国人的幽默感,后来那些文章还结集出版了。他似乎是有些写作天赋,但是远未达到职业作家的水准。也许是上手太容易了,干脆免了冥思苦吟的工夫,他的写作缺乏某种独辟蹊径的创造力。他一生都是笑话、逸闻和绝妙双关语的爱好者,显然乐观、诙谐是其与生俱来的天性,他所缺少的也许恰是大多数严肃作家所怀有的人生痛感。

写作只是瑟夫的人生客串,多年以后他还经常客串电台(电视)嘉宾和商业演讲人。这是一个精力过人的角色,善于跟人打交道,几乎同时可以应付来自各方面的事务,他身上似乎有着无穷的动力。对于一个亲身创业的出版人来说,那种富于激情和亲和力的性格正是他日后事业成功的基石。

1923年,瑟夫大学毕业以后已在华尔街混了三四个年头,尚未混出模样,没想到出版业突然找上他了。当时还在利弗莱特出版社做发行员的理查德·西蒙打算跟马克斯·舒斯特合伙创业,便将瑟夫引荐给贺拉斯·利弗莱特,去顶替自己的位置。西蒙带他去亚冈昆饭店跟利弗莱特见面,那天的聚会显然给瑟夫留下了不可磨灭的印象。在那张著名的圆桌上,他瞥见了多萝西·帕克、罗伯特·舍伍德等文人雅士,后来那些各领风骚的年轻作家居然一个个都成了跟他的人生事业密不可分的人物。

利弗莱特出版社正缺资金,结果瑟夫以25 000美元的借款谋得了一个副社长的职位。不过,实际上他还是要从发行员做起。他在利弗莱特出版社干了两年,应该说这是瑟夫进入出版业的学徒时期,从发行渠道到作者圈子,从出版流程到业内人脉关系,要学的东西很多,起步阶段的经验积累日后将使他受用终生。贺拉斯·利弗莱特是一个具有赌徒性格的出版人,眼光敏锐,做事有胆略,却也有些华而不实,后来由于投资演艺业搞砸了,弄得血本无归。瑟夫在他门下的确学到了许多东西。譬如,用人之道,如何选中有成功潜力的人——不管是出版社员工,还是作者;譬如,怎样判断一部书稿——首先是要相信编辑的判断力。尽管利弗莱特是一个小出版社,却有着相当豪华的作者阵容:德莱塞、房龙、尤金·奥尼尔、缪塞尔·亚当斯……这在瑟夫眼前简直就是花团锦簇的一台大戏。

其实,利弗莱特最重要的资产是1917年创立的"现代文库",一套广泛收辑欧美经典作品的廉价版丛书,是模仿英国的"人人文库"(Everman's Library)而创立的,当时的书目已有上百个品种。瑟夫自己在大学期间就经常使用这套文库里的书,他深知这种已在读者圈里树立起口碑的经典名著丛书是一笔多么宝贵的财富。然而,大举进军演艺业的贺拉斯·利弗莱特此时对手头的出版项目已经有些心猿意马,尽管知道"现代文库"能够带来源源不断的重印利润,却没有给予应有的重视。

贺拉斯·利弗莱特三心二意的经营方针把瑟夫弄得心神不定。1925年春天,瑟夫决定去欧洲看一看。当时,世界出版中心还在欧洲,而英语世界的出版中心自然是英国。在去伦敦之前,他已经萌生了自己创业的念头。启程那天贺拉斯在纽约第49街的一家酒吧请饭送行,席间趁着贺拉斯大诉资金拮据,瑟夫提出由他收购"现代文库"的建议。这不仅是要挖去贺拉斯的一块心头肉,还不啻向老板挑明了他将自立门户。瑟夫并非一时心血来潮,此前他曾有过几次试探,可是一开口就被贺拉斯轰出办公室。没想到对方这回直接问起开价多少,债务缠身的贺拉斯此际已是走投无路,只得忍痛割肉。最后,双方谈定了20万美元的转让价格。

瑟夫已先后借给利弗莱特5万美元,实际上他只需再出15万就能得手了。他心里非常清楚,如果没有这笔买卖,自己先前借出的那5万也打了水漂。可是瑟夫自己拿不出 15 万美元,他想到了哥伦比亚大学时期的老同学唐纳德·克劳弗尔。于是,克劳弗尔成了合伙人,他俩每人各出 10 万美元盘下了"现代文库"。瑟夫去英国的轮船当晚十点起锚,这天下午他与利弗莱特匆匆商定了一切转让细节,并草拟了一份备忘录。

三

有了"现代文库",瑟夫和克劳弗尔的现代文库出版社就开张了。他们雇了六个员工,在西 54 街一幢高层商厦租了写字间。事实证明,瑟夫眼光确是一流,不到两年时间他们就赚回了全部投资。当然,他们首先要给"现代文库"做一番改造,剔除少量不合适的品种,列出想要添加的书目,同时对整套丛书重新做了设计。他们请来著名制版专家埃尔默·阿德勒,采用新颖装帧材料制作书衣;由德裔设计师吕西安·伯恩哈特设计了"现代文库"的著名标记(一个举着火炬飞翔的少女),由首屈一指的商业美术家洛克威尔·肯特设计了丛书扉页。尽管那些大牌设计师要价不菲,但瑟夫深知精湛的设计对于提升出版品位是至关重要的一步。20 世纪 20 年代还没有平装本,"现代文库"的装帧革命开创了一种简洁、雅致的视觉效果,如今无论从哪方面来看,当初围绕着这套丛书的装帧设计都是出版史上的经典之作。

"现代文库"书目

"现代文库"的宣传页

　　1927年,他们开始拓展出版业务。作为一个精明的出版人,瑟夫首先把目光投向收藏者喜爱的典藏本图书(Fine Press Book,或译"限量精装书")。这类限量发行的精品图书通常都是名家名作,有些还是初版本,书中配有手绘或是版画插图,装帧印刷都十分考究。如果说"现代文库"走的是廉价的平民路线,那么典藏本图书则是小众圈子里的天价宠儿——"现代文库"每种书的定价才九角五分,而典藏本上市价通常都在十几元到几十元(往往很快又会炒至上百美元),其利润空间巨大。当时英国诺萨奇出版社是出版典藏本最有名的一家出版社,为了争取成为该社在美国的代理商,瑟夫专程去了一趟英国。诺萨奇出版社的老板梅内尔告诉瑟夫,至少有25个美国出版商来巴结他,想成为他们的代理。由于生意太好做了,其实他们根本不需要代理。可是瑟夫的真诚居然打动了梅内尔,终于拿到了那份炙手可热的代理权。后来他们还成为小金鸡、螺旋、源泉、莎士比亚爱好者等多家出版社的代理商。

当年 2 月,在进军典藏本图书市场的同时,考虑到将不定期地出版"现代文库"以外的图书,瑟夫提议将出版社重新定名为兰登书屋。当时已经成为他和克劳弗尔好朋友的肯特为他们设计了兰登书屋的社标。在印有社标的"兰登书屋一号公告"的书目单上,他们骄傲地宣布兰登书屋将与诺萨奇出版社联合刊行七种限量版典藏图书,其中包括梅尔维尔的《班尼托·西兰诺》和英意对照的《神曲》等。这一年,贝内特·瑟夫的事业正式扬帆启程,当时他才 29 岁。

1928 年初,兰登书屋有了单独以自己的名义出版的第一本书,那就是伏尔泰《老实人》的典藏本——由肯特精心制作的插图版,每本书都带有肯特亲笔签名。这部仅印 1 300 册的典藏本可谓一炮打响,上市当天,标价 15 元的书马上就卖到了 45 元。瑟夫、克劳弗尔与肯特的合作堪称出版史上的一段佳话,后来肯特还给兰登书屋制作了梅尔维尔《白鲸》典藏本,同样获得极大成功。

瑟夫他们的运气不错,兰登书屋的典藏本赶上了 20 世纪 20 年代黄金时期的最后两年。1929 年股市大崩盘,使得图书收藏热骤然消退,原来售价 200 元的《福尔赛世家》初版典藏本,一下跌到 20 元,跟股市一样跌了 90%。可是经济危机并没有阻碍兰登书屋的发展势头,因为他们并非仅靠典藏本那一张牌。瑟夫在自己的回忆录里写道:

> 虽然限量精装书市场随着股市崩盘而一落千丈,我们毕竟还有"现代文库",可以出低价书,所以即便在大萧条时期,我们的日子还很好过。事实上,我们每年都向前发展一点,从来没有出现过倒退。每隔半年,我们往丛书中添加五六个新品种。出版业一向比较稳定。即便在经济过热,有钱人在旅游、夜总会、高档戏院之类的娱乐上大把挥霍的时候,书业也不会骤热。无论如何,爱书的人一般不会沉溺于

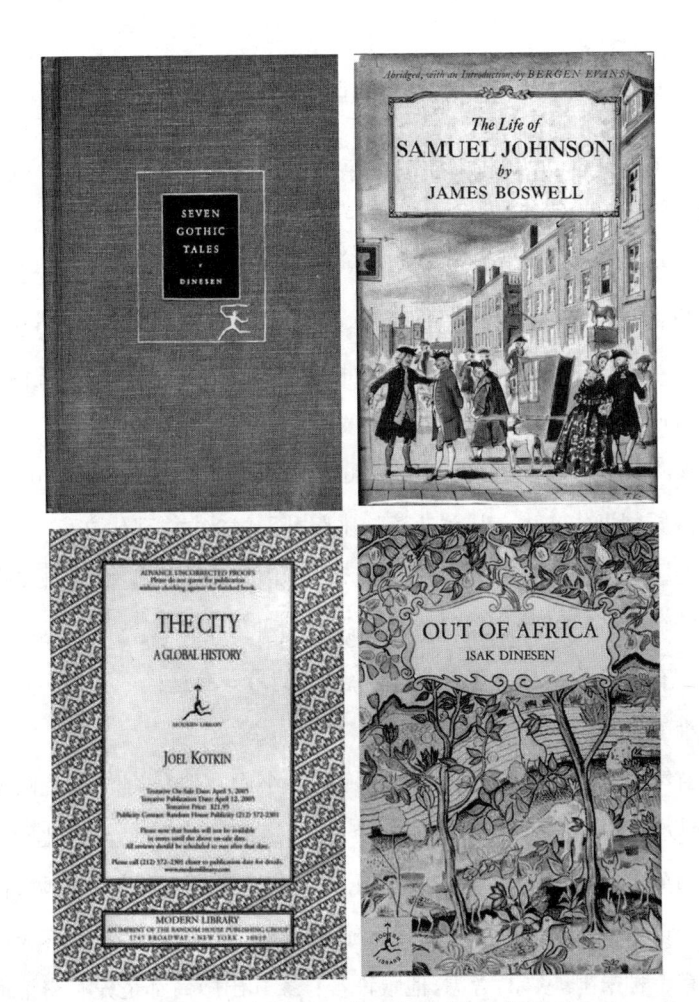

"现代文库"收入的《萨缪尔·约翰逊传》《走出非洲》等作品

无节制的投机。同理,所有行业全线崩溃时,书籍又成为一种最便宜的娱乐方式。所以,"现代文库"颇为辉煌地度过了大萧条时代。

瑟夫道出了出版业的一条黄金定律:30 年代的大萧条也好,40 年代的"二战"也好,乃至五六十年代的朝鲜战争和越南战争,20 世纪所有的大风大浪最终都成了出版业发展的驱动力。

四

一手是廉价的"现代文库",一手是高价的典藏本,从普罗大众到各路书斋玩家都一网打尽,看上去像是高低通吃的意思。然而,作为一家处于起步阶段的小出版社,兰登书屋这样做市场倒是基于某种十分合理的定位,因为无论文库本还是典藏本都是瞄准了经典作品这块市场。经典作品不像原创性作品那样需要大张旗鼓做市场推广,从广告宣传到安排作者巡回演讲那些开销不菲的繁文缛节多半可以省去,实在是一种低成本运作模式。其实,就作者资源和版权资源而言,兰登书屋当时尚未具备做原创书的实力。从利弗莱特出版社买过来的"现代文库"本身已经包含了作品使用权,而典藏本的版权使用问题则是由合作方(诺萨奇出版社等)解决的,他们自己单独出版的品种只是像《老实人》这样早已进入公有领域的作品。在创业之初,年轻的瑟夫有这样一种务实精神倒也是难能可贵。

当然,瑟夫不会长期满足于这种小打小闹。他总有一天要做原创书,所以他早就在争取作者和版权资源了。1928年春,瑟夫为此专门去了一趟英国,其实那趟欧洲之行真正的目的地是意大利佛罗伦萨,他去那儿拜访了 D. H. 劳伦斯和诺曼·道格拉斯那样的大作家。瑟夫做事往往有一种未雨绸缪的考虑,他跟许多作家和出版商都是先有交谊而后才有交易。1933年,利弗莱特去世前数月他的出版社就倒闭了。于是,那些与利弗莱特出版社签约的重要作家成了各家出版社争夺的对象,其中最大牌的就是尤金·奥尼尔了。当其他出版商还在围着奥尼尔的代理人理查德·马登团团转,瑟夫已经和奥尼尔本人握手成交。当年秋天他们就推出了奥尼尔的两部新作《啊,荒野!》和《无尽的岁月》。从这一年开始,兰登书屋在原创书领域迈开了坚实的步伐。这时候他们已经将

贝内特·瑟夫(坐者)在兰登书屋

许多重要作家揽于旗下,从前卫诗人罗宾逊·杰弗斯到畅销书作家山姆·亚当斯,等等。

瑟夫每一步都走得很稳,其行事风格一向是稳健推进,不过偶尔也会使出某种险中求胜的奇招,譬如为争取出版乔伊斯的《尤利西斯》就是一个著名案例。《尤利西斯》这部巨作曾于1918—1920年在美国《小评论》杂志连载过若干章节,因某些团体诉以"淫秽"之名被法院喝止,此后在美国一直被列为禁书。瑟夫在1932年3月做出了一个冒险的决定,要为争取该书解禁打一场官司。他做了周密的计划,先要拿到乔伊斯的授权,一旦官司赢了,他就立马将《尤利西斯》推向市场。

首先是找一位有能耐的大律师来为《尤利西斯》解禁打官司。瑟夫看中了大名鼎鼎的莫里斯·恩斯特,可兰登书屋付不起人家的天价律师费,瑟夫直截了当告诉对方:如果官司打赢了他就能够终生抽取《尤利西斯》的一部分版税。果如瑟夫所料,恩斯特一口答应。瑟夫后来跟人解释恩斯特何以甘愿跟兰登书屋共担风险——"他跟我一样喜欢出风头"。

跟律师一说好，就要跟乔伊斯签约。瑟夫飞到巴黎去跟乔伊斯见面，在塞纳河左岸的莎士比亚书店，他们谈定了一切细节，包括15%的版税率。瑟夫先给了乔伊斯1 500美金，约定《尤利西斯》若能合法出版，这笔钱就算是预付金，如果官司输了，这笔钱乔伊斯无须归还。走到这一步还是赌一把的意思，而乔伊斯一直认为他搞不定。

接下去就是进入打官司的技术层面。经验老到的恩斯特深知法官的倾向性对此案裁决至关重要，故意将诉讼时间安排在具有自由主义声誉的伍尔塞法官在纽约出庭的日子。接下去的问题是，如何让阿诺德·贝内特、埃德蒙·威尔逊等评论界大腕对《尤利西斯》的赞誉成为呈堂证供？因为当时的美国法庭不允许当庭引述外界的评论，他们便设法将那些评论文章连同一本作为证据的巴黎出版的《尤利西斯》一起进入法庭。这个颇费周折的诉讼说起来还真有些复杂，瑟夫安排自己的一位员工带着那本鼓鼓囊囊的《尤利西斯》（里边贴满了评论文章）乘船去欧洲，再携书乘船回来，故意让纽约海关查扣——这样一来，那本书既是诉讼的理由，又成了呈堂证物。

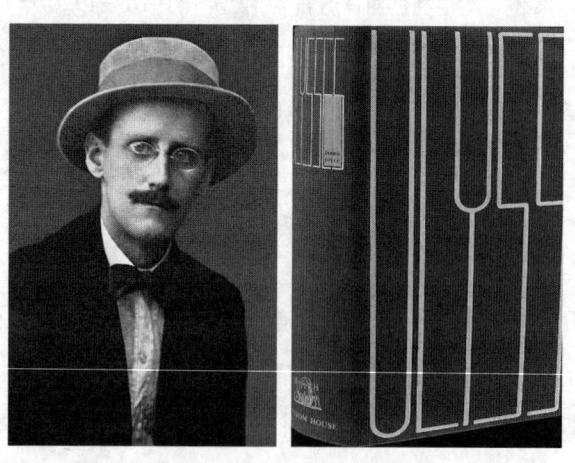

乔伊斯及其在兰登书屋出版的文学巨著《尤利西斯》

一场精心策划的诉讼前后折腾了将近两年光景,最后终于大获全胜。伍尔塞法官在那份著名的判决书上给出了结论:《尤利西斯》并非淫秽之作,而是"为了创造一种崭新的文学手法来观察、描绘人类而作出的严肃而认真的尝试"。在终审法院驳回辩方上诉后,兰登书屋很快出版了《尤利西斯》,那已是 1934 年 1 月了。这本超级畅销书不但让瑟夫赚了个盘满钵满,还使他成了全美出版界的风云人物——由于瑟夫的胆略和智慧,不仅改变了法律判决,也整个儿改变了主流社会的评价标准。

五

出版界有一句老生常谈:读者和作者乃衣食父母。其中道理甚明,只是说起来容易做起来难。读者或许是一个抽象的概念,而作者却是一个个需要直接面对的对象——尤其那些成名作家,性格中自负、傲慢乃至怪诞的因素很可能已处于膨胀状态。瑟夫刚离开利弗莱特出版社时,一个偶然的机会让他亲睹德莱塞如何耍大牌的情形。当时利弗莱特在好莱坞替德莱塞把《美国悲剧》那部小说卖了个好价钱,兴冲冲地带瑟夫去一家餐厅跟作家见面。说话间利弗莱特提起自己那份高额佣金,德莱塞居然不认账,端起一杯热腾腾的咖啡就泼到对方脸上。他先前之所以答应利弗莱特的抽成,是不相信能做成这笔交易。当德莱塞起身扬长而去,利弗莱特站在那儿拿手绢擦着身上的咖啡汁,一边跟瑟夫说:"贝内特,记住这个教训吧,每个作者都是狗娘养的!"

也许是瑟夫天生就有一副讨人喜欢的性格,他跟众多作家的交往中从未遭遇利弗莱特这般狼狈的局面。不过,他需要付出极大的诚意与耐心,有时甚至需要鞍前马后地替作家打理各种杂事。譬如,福克纳要去斯德哥尔摩领取诺贝尔文学奖,他得给人家准备好出席盛典的礼服。尽管福克纳觉得那套礼服在欧洲人面前显得老土,却还是硬要作为纪念品带回家了——那可是瑟夫租来的行头。这类有趣的小事情在瑟夫的回忆录中比比皆是。1934 年秋天,瑟夫邀请旅居巴黎的格特鲁德·斯泰因小姐回了一趟美国,结果人家一来就把他搞得疲于奔命。瑟夫写道:"我们送她去亚冈昆饭店,她马上就告诉我想见哪些人。她在纽约的两三个星期里,我成了他的奴隶。她把我像小听差一样随意使唤。"他得安排斯泰因去白宫度周末,去国家广播公司做访谈节目,去各处巡回演讲……当然,这番劳累自有回报,这以后兰登书屋就成了斯泰因所有著作的指定出版社。

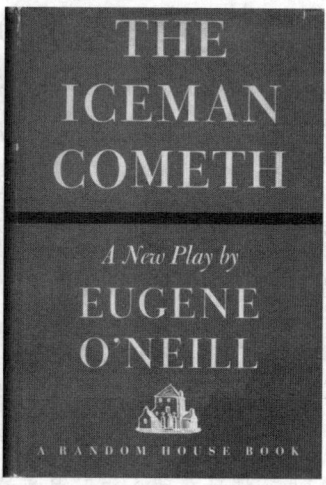

奥尼尔及其在兰登书屋出版的剧作《送冰人来了》

瑟夫与奥尼尔的交往始终有一种让他感到心旷神怡的愉悦,正如评论家马尔科姆·考利所说,奥尼尔身上自有一种罕见的特殊魅力。然而,也跟任何作家一样,奥尼尔同样需要别人去适应他。瑟夫颇有感触地说:"与任何剧作家或小说家在一起的时间中,通常有百分之六十到八十是用于谈论他的作品。显然,作家喜欢谈自己,出版人要做的事就是让他说。"好在奥尼尔的言谈总是那么吸引人,瑟夫愿意听他反反复复的讲述。一位成功的出版人跟一位伟大作家的友谊总是会留下一段佳话,瑟夫对奥尼尔遗作《进入黑夜的漫长旅程》的处理方式就是一个令人称道的事例。奥尼尔生前将那部自传性剧本的手稿托付给兰登书屋,并亲笔写下自己的要求:此书须在他去世25年之后才能出版。瑟夫把手稿锁进保险箱,打算完全按作者意愿处理。但奥尼尔去世不久,其遗孀卡罗塔要求立即出版这个剧本,否则要把剧本退还给她,因为这部手稿已是她合法继承的遗产。瑟夫不肯背叛奥尼尔的遗嘱,只得将手稿退还给卡罗塔。很快,耶鲁大学出版社就出版了这个剧本,那是一本令人瞩目的畅销书。瑟夫说:"我并不为我们在这件事上所采取的立场而感到后悔,因为我至今仍然认为,我们是对的。"

当然,认真对待作者总是会有回报。1945年,伊利诺伊州有个姑娘给兰登书屋寄来一部书稿,是写有关乱伦的故事,而作者的写作技巧显然还不足以驾驭如此复杂的主题。兰登书屋的编辑给她写了一封很长的退稿信,恳切地分析了书稿哪些部分写得好,哪些部分写得不好。显然这番诚意感动了那位作者,让她改变了对出版业的某些偏见。她向兰登书屋推荐了自己一位邻居的"非同寻常"的书稿,那就是玛丽·沃德的《蛇坑》。第二年这本书一出版就成了畅销书。瑟夫不无感慨地说:"出版的乐趣在于发现完全陌生的新人,出版它的书,然后做适当的宣传推广……看着他一夜成名。当然,这时候这个作家很可能就去了好莱坞,你从此再也看不到他了。但即便如此,整个过程还是十分刺激。"

对于挖掘新人这件事,瑟夫永远有一种孜孜不倦的劲头。早在20

世纪30年代中期他就发现了威廉·萨拉扬、巴德·舒尔博格和欧文·肖,当时他们还是毫无名气的年轻作者,兰登书屋出版了他们的处女作。说到瑟夫是怎样发现舒尔博格的,简直有些让人匪夷所思,他是从一篇关于采石工人罢工的报道中看出舒尔博格的巨大潜能,当时这个年轻人只是给达特茅斯学院的学生报纸写稿。瑟夫约他来出版社面谈,鼓励他写书。结果舒尔博格的第一部小说《山米为何奔跑》就获得了巨大成功。他后来创作的电影剧本《码头风云》是电影史上最经典的作品之一,兰登书屋出版了由他剧本改编的小说《码头》。

在"二战"最残酷的岁月里,兴起了一股以战争为主题的写作风潮。瑟夫成功地抓住了其中一些最出色的作者。珍珠港事件后,美国广播公司记者塞西尔·布朗关于远东战事的报道引起了瑟夫周围一些人的关注,瑟夫听说后马上给布朗发电报说"我们要出你的书",于是他们拿到了《从苏伊士运河到新加坡》那本热门书。稍后他们出版了一本更加畅销的《瓜岛日记》,作者特雷加斯奇斯也是一位名不见经传的战地记者。但是作者知道自己这本书的价值,委托版代准备了多份拷贝,同时送给九家出版社竞标。瑟夫接到书稿连夜读完,第二天一早就与版代签约,结果这本书成了兰登书屋有史以来首印量最高的书。

发掘新人需要的是眼光与决断力,而处理与那些大牌作家的关系则要复杂得多,其实很少有出版人能够像瑟夫那样游刃有余地周旋其间。他在需要坚持原则的时候绝不妥协,却也往往有一些不失人情味的做法。诺贝尔文学奖得主辛克莱·刘易斯后半生的所有作品都在兰登书屋出版,瑟夫有时就被他纠缠得喘不过气来。刘易斯最后一部小说《世界如此宽广》(原名《露西·杰德》)写得很糟,瑟夫就逼着他修改。那是刘易斯生命的最后两年,他去了意大利,在那儿折腾了一年多终于改写完了,其实还是没有写好。兰登书屋在他去世后迅速出版了那部遗作,

自然是恶评如潮。瑟夫在回忆录里解释说:

> 他最后的两部小说写得都很差,本不该出版,但你如何让一位曾经成功的作家在他仍然愿意写作的时候停止写作?在这些情况下评论家总是怪罪于出版者,说我们没有拒绝某个作家的这部或那部作品,反而害了他。但是每个熟悉文学世界的人都应该知道,即便我们退了某个名气很大的作家的书稿,总有别家出版社出版它,而我们也将因此破坏了我们与作家可能已经很密切的长期合作关系。

顾惜与作家的"长期合作关系",瑟夫的老派人作风充分印证了一个出版人的卓越品质,这种关系不仅仅是书稿交易,同样考验着友谊与忠诚,道德与良知。在出版人与作家的关系中,有一个始终令人困扰的财务问题,那就是作者的高额预付金。瑟夫在书里写道:

> 你经常会在付出一大笔预付金之后,没有任何回报。这是做出版的风险之一,出版人必须要有心理准备,仅兰登书屋一家出版社,大约已经损失了一百万元预付金(笔者按,这是截至20世纪60年代末的数据),因为交来的书稿没法出版,或者书稿根本没有写出来——作者拿到预付金就开溜了。多萝西·帕克临死前还拿了好几家出版社的约稿预付金,而她根本不想写。像许多作者一样,她把出版社当成了猎物。

但是作家并不都像多萝西·帕克那样无赖,被誉为"现代侦探小说之父"的达希尔·哈米特(《马耳他之鹰》的作者)晚年就主动退还兰登书屋预付的5 000美金,因为他知道自己的时间不多了。瑟夫很有感触地说:"你会碰到诚实的作者,也会碰到骗子。在这一点上,作家与其他行业的人并没有什么区别。"

六

对于一个叱咤风云的出版人来说,瑟夫的学识和艺术修养显然没有达到应有的水准。许多事例证明,他是以诚实品格和幽默天性弥补自己所有的欠缺。譬如,兰登书屋出版过格特鲁德·斯泰因的许多书,实际上瑟夫几乎看不懂这位前卫作家的东西,而且也毫不掩饰地承认这一点。在斯泰因一本新书的勒口上,印了一则瑟夫署名的"出版者告白":

这个位置通常用来简单介绍书的内容,但对这本书,我必须坦率地承认,我不知道斯泰因小姐在说什么,我连书名都看不懂。

我非常尊敬斯泰因小姐,也很喜欢出版她的书,虽然大部分时候我看不懂她的思路。斯泰因小姐告诉我,那是因为我是个笨蛋。

…………

瑟夫也曾因自己的谫陋而大出其糗。兰登书屋在出版一本关于柴可夫斯基的传记读物时,本来考虑采用插图,但所有送来的样稿都被他否定了。这时,有人出了个鬼主意作弄了他一下:

一天午后,我回到办公室,发现桌子上摆着六幅小小的素描,还有一张鲍勃(笔者按,即罗伯特·哈斯,当时因兼并而成为兰登书屋合伙人)留下的便条:"你认为这些怎样?"我匆匆看完,便穿过走廊来到鲍勃的办公室,他不在,我就写了张条子:"它们臭不可闻。"并签上我的名字放在他桌子上。鲍勃美美地报复了我一把。他迫不及待地跑来告诉我这些素描是伦勃朗画的……

因为以前瑟夫曾作弄过罗伯特·哈斯,这里故有"报复"一说。把伦勃朗的素描说成"臭不可闻",应该不是看走眼之类的说法所能解释,但瑟夫在回忆录里提到这事儿就像拿别人开涮似的。

应该指出,瑟夫这种诚实的品质同样表现在他的生意经上。1925年,瑟夫刚刚自立门户时和克劳弗尔一起去拜访阿尔弗雷德·克诺夫,对方提到"现代文库"收入威廉·赫德森《绿厦》一书侵犯了他们的版权。按说这事情跟自己无关,应该追究的是利弗莱特出版社,但是瑟夫还是愿意支付对方版税(他给出的版税率克诺夫认为很公道)。其实,这是一个很难诉讼的版权纠纷——作者是英国人,几年前刚故世,其作品在美国的版权归属并不十分明确。瑟夫这样做是给自己塑造正派出版人的形象,当然他内心确是沿循着一种公平公正的做事原则。所以,克诺夫对瑟夫印象很好,后来克诺夫还向兰登书屋提供了托马斯·曼的《魔山》、薇拉·凯瑟的《大主教之死》、纪德的《伪币制造者》等名作的版权。

1930年,兰登书屋的书开始入选"每月之书"俱乐部的批销书目,按约定俱乐部选中某本书都要先预付一笔保证金。当时"每月之书"还刚起步,他们为兰登书屋的《白鲸》开出的保证金是 5 000 美元。可是过了一个星期,俱乐部觉得原先约定的保证金数额太少,又寄来一张 5 000

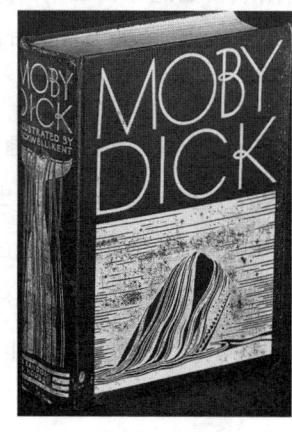

兰登书屋版《白鲸》及其作者赫尔曼·梅尔维尔

美元的支票。信守合约的瑟夫执意退回支票,结果人家又将支票寄来,他们再退回去……双方如此谦让的情形根本不像是在做生意,最后他们在餐桌上解决了问题,那额外的 5 000 美元两家对半分,一顿饭吃下来彼此像是成了生死之交。瑟夫说:"在人们公平公正时,每个人做事都很顺利。这是我一生遵循的信条。如果你赚了钱,要让别人也赚……如果你能把事情办得人人都得到好处,这才是理想的生意经。"

除了诚实、诚信,出版人最重要的品质就是维护言论自由的信念。也许,瑟夫为《尤利西斯》在美国解禁所作的一切努力足以证明他有这份担当,不过《尤利西斯》只是艺术上的越情违俗,并不涉及政治问题。真正让瑟夫感到头痛的是埃兹拉·庞德,这位大诗人"二战"期间在罗马电台发表法西斯言论,已被美国人视为叛国者。1942 年,兰登书屋请了两位著名诗人编选《英美著名诗选》,为是否选入庞德的诗歌,他们内部有过激烈争辩,当时由于瑟夫坚持"政治正确"的干预,庞德被排除在外。然而,该书编选者和几乎所有的重要评论家都反对瑟夫的做法,认为这种因人废文的政治审查完全违背了出版自由的社会准则。好在瑟夫非常善于根据相反意见去矫正自己的偏狭,他向编选者道歉,随后在该书第二次印刷时就补入了庞德的作品。

瑟夫本质上是一个心怀宽广的人,无论政治立场还是文化趣味,他本人都算是自由主义者。然而,20 世纪 50 年代初兰登书屋偏偏出版了惠特克·钱伯斯关于希斯案的《作证》一书。起初,由于钱伯斯在国会非美活动调查委员会指控阿尔杰·希斯(希斯案后来成为麦卡锡法案的导火索),瑟夫对这位作者相当反感,但是读了书稿,发觉写得非常好。他还广泛听取身边左翼和右翼朋友们的意见,最后得出结论是,"应该出版这本书,让读者自己去判断"。自由主义者在政治上通常是中间偏左,故而兰登书屋被许多人认为是左派出版社,但事实上他们并不拒绝来自保守主义立场的东西,在出版了《作证》之后,他们又推出唐·怀特海的《联邦调查局故事》,那是一本官方认可的书,作者被获准大量使用FBI的秘密档案。显然,瑟夫认为读者(公众)有权知悉官方做了什么,以及他们想说什么。

与女作家安·兰德的交往最能说明瑟夫那种价值中立态度。兰德喜欢在小说中表现所谓"理性的利己主义"的哲学理论,此前她在别的出版社出版的小说《源泉》引起很大争议。在瑟夫看来,她那套惊世骇俗的政治哲学观是"不正常的"(这大概只是一个委婉的说法)。而她恰恰听人说兰登书屋是站在左派一边的,不会出她的书。可是瑟夫却告诉她:"兰德小姐,如果我们出版您的书,请放心,没人会审查您。请放手写吧,至少写写小说,我们都会出版,不管我们是不是赞同书的内容。"1957年,兰登书屋出版了她的《阿特拉斯耸耸肩》,一个虚构的美国版"国进民退"的故事。她在小说中想象,由于企业家开始集体罢工,美国的经济乃至整个社会怎样走向崩溃,而政府趁势接管了大批产业,施以更加严格的控制……尽管评论界一片骂声,美国人还就喜欢读这样的东西,这书首印10万册立刻告罄,后来一印再印,至今还颇有市场。1991年《纽约时报》书讯专栏的一项国内读者调查表明,《阿特拉斯耸耸肩》竟被列为有史以来影响力仅次于《圣经》的书籍。

瑟夫并非没有自己的眼光,但他知道不能以自己的喜恶决定出版什么和不出版什么,也从来不以自己的见解去影响读者与作者。终其一生,他恪守自由主义的出版信念和公平公正的做事原则。从1959年兰登书屋成为上市公司开始(翌年又兼并了克诺夫出版社),它就成了真正的大出版社,作为掌控这样一家巨无霸文化产业的社会名人，瑟夫从来没有梦想过自己要成为某种文化领袖，他知道恺撒跟上帝不会是一个角色。

（文中所引贝内特·瑟夫言论均出自人民文学出版社2007年版《我与兰登书屋》一书。感谢该书中文版权持有人上海九久读书人文化有限公司和译者彭伦先生慨允笔者引述其中的文字。）

艾伦·莱恩

明心见性：真正出版人的造就和养成

张　宏

艾伦·莱恩（Allen Lane，1902—1970），原名艾伦·莱恩·威廉姆斯，1902年9月21日出生于英国德文郡的布里斯托，少年时在布里斯托文法学校求学。16岁时艾伦·莱恩到伦敦进入其舅舅约翰·莱恩创办的鲍德莱·海德出版社工作。1925年约翰·莱恩死后他出任该出版社执行总编，后又拥有了这家家族出版公司四分之三以上的股份。1934年艾伦·莱恩产生了出版低价优质平装本小说的设想。因在出版詹姆斯·乔伊斯的《尤利西斯》一书问题上与董事会成员产生矛盾，1936年莱恩离开鲍德莱·海德出版社，成立了企鹅书屋。企鹅平装本系列出版后大获成功，莱恩先后将出版内容扩展到其他领域，1940年推出了儿童非小说绘本海雀图画书系列，1945年推出了企鹅古典系列。1960年，企鹅书屋出版了D. H. 劳伦斯的全本《查泰莱夫人的情人》，因《淫秽作品法案》而遭到诉讼，但最后被判决无罪，成为英国文学史和出版史上轰动一时的事件。1962年艾伦·莱恩被英国女王伊丽莎白二世授封为爵士。60年代中后期莱恩被诊断出患了肠癌，被迫退休。1970年7月7日艾伦·莱恩于英国米德尔赛克斯郡的诺斯伍德去世。

动笔写作此文之前,对于什么是一名真正的出版人,或者说对于做一名真正的出版人需要具备怎样的特质,笔者一直没有做过严肃的思考。有时候根据自己20余年的出版工作体验以及偶尔在给新入职员工进行所谓的培训时零碎提及的若干简单归纳,大致会觉得一名能够最终有所建树的出版人应该具有这样一些特质:他应该是个文化人,喜爱并且懂得阅读,更懂得如何去养成读者的文化智慧;他应该对出版以及图书拥有一般读者和作者所没有的似火热情;他应该具有一双慧眼,能够识别作品的内容价值和商业价值,从而在给人们提供真正的阅读内容时给自己的出版机构带来生存和发展所必需的利润;他还应该是个性情中人,充满激情,敢于冒风险;他应该尊重别人,善于利用一切合理的资源,为自身的事业发展获取正义的支撑;当然,他更应该是一个公民,铁肩担道义,将出版当作启迪民智、开化愚昧、推进社会进步与文明传承的有效途径;等等。

  回过头去看上面这些罗列出来的条件时,笔者自己几乎被吓坏了:这些近乎是对一名出版大家或者出版圣贤所做的描述了。在出版业日渐浮躁和短视,在出版社生存环境因为网络和数字技术的冲击,因为阅读的碎片化和浅平化,因为业态变化和激烈竞争而日益恶化的现实下,出版人几乎都被码洋化了,他们都在为着码洋的升跌而情绪起伏。真正能够坚守出版的文化操守和阅读使命的,放眼望去,能有几人?笔者忽然想起了曾被誉为法国出版之父的著名出版家罗贝尔·拉封曾经说过的一句令众多出版人深省的话:"出版工作最大的好处是什么也得不到。出版业是赌博业。"从字面上看,这难道便是对当下的出版和出版业乃至出版人的写照?

不过笔者暂不作如是观。拉封本人于1941年创建了自己的拉封出版社,此后一直到去世,毕生都在从事出版工作,据称总共出版了一万多种图书,在法国出版业有着举足轻重的地位,而且他"一生中最值得骄傲的是,他的孩子全部选择了出版业",他自己对工作中取得的成就也"问心无愧",既然如此,他的话的深意在何处呢?我们还是应该回到对真正的出版人所应具备的品质的讨论上来。这里,笔者试图通过自己所掌握的资料和了解来看看一名英国乃至国际出版史上不世出的出版大家,通过他作为一名出版人的造就和养成,或许我们能够归纳出几点真正的出版人应有的特质来。我们解析的对象,便是蜚声国际出版界的英国企鹅书屋的创始人艾伦·莱恩爵士。

企鹅公司的标志:一只可爱的小企鹅。70多年来,它在欧美出版界引领风骚,也深得读者喜爱

企鹅书屋创办70周年时出版的一套纪念版平装本

关于此公可说的话题极多,迄今为止英国已出版多种他的传记以及无数关于他的报道和文章。他是20世纪英国出版业的一个传奇,同时作为一名出版人,他的名字又跟20世纪英国文学史乃至西方文学史密切关联在一起。他所创办的企鹅书屋以及那只可爱的为全世界读者和出版人所熟知的小企鹅同样也已经成为出版业的传奇。他当年一手策划并推出的企鹅平装本系列及其成功的故事更成为国际出版研究的经

典案例。2005年,企鹅集团在庆祝70岁生日那年击败了英国各个行业的知名品牌而成为英国国家品牌。这一切,都源于这位莱恩先生。

1902年9月21日,艾伦·莱恩出生于英国德文郡布里斯托,是威廉姆斯家四个孩子中的长子。他出生的时代,正是英国出版业日趋繁荣的时代。他的父亲姓威廉姆斯,莱恩是他母亲的娘家姓。根据英国记者兼作家、《企鹅特别报告——艾伦·莱恩的生平与时代》一书作者杰里米·刘易斯所述,艾伦·莱恩本来跟出版是无缘的。按照当时的家族规矩,长大后他应该是子承父业去从事殡葬业工作的。他的表舅约翰·莱恩在伦敦开了家名叫鲍德莱·海德的出版社。约翰·莱恩没有子嗣,于是跟艾伦的父母商议把他过继给自己,并作为进入出版社工作的条件,把艾伦原来的姓氏改成了莱恩。1919年4月,年仅16岁的艾伦·莱恩离开其就读的布里斯托文法学校(在学校读书时他是个淘气鬼,学业自然也并不怎样)来到伦敦,进入鲍德莱·海德出版社工作,从此开始了他长达50余年的出版生涯,直到他于1970年7月7日去世。

一个连高中都没有毕业的人,按照现在学历至上的用人标准是完全会被排斥在出版这项专业工作之外的,但艾伦·莱恩机缘巧合,最终成为一名国际出版巨人。从其进入出版业的经历来看,家族成员的安排和引导自然成为最重要的起因,他没有选择便进入了出版业。但从一名16岁懵懂少年到成为伟大的出版人却应该还有其他很多养成的基因。

与当今动辄端出"我爸是某某"的某些二代大不相同的是,艾伦·莱恩并没有因为自己鲍德莱·海德出版社的继承人的身份而受到任何特殊的照顾。他首先是以学徒身份进入出版社的,刚开始干的工作便是在办公室里打杂跑腿。"少年莱恩被要求从最底层开始学习业务。他在办公室跑腿,做各种杂务,担任打包工,以及配书工(按照书店订单从书架上找出图书配好)。这些学会后才进入版税与财务结算部。一段时间后,他开始跟印刷厂、装订厂、制版厂和纸商打交道,他对这一行业务的了解得到了进一步提升。不过他真正开始理解出版是在获准外出处理业务,先是跟着约翰舅舅,后来是独自一个人,去拜访伦敦以及郊区的书店之后。"这是刘易斯对艾伦·莱恩进入出版社工作初期经历的描述。后来艾伦·莱恩又被指派担任了鲍德莱·海德出版社的销售代表,负责跑市场,从书店或者批发商那里获取订单。这个阶段,他努力熟记自己出版社出版的各类图书,同时还去熟悉其他出版社出版的书,从而做到了知己知彼,能够精明地判断出哪些书适合或者不适合某些书店或者读者,取得了明显的销售成效。他认为当时伦敦的大多数书店都很无趣,但却对书商们非常了解。当然,莱恩本人穿着得体,能说会道,颇善交际,能够"顺利地从书商们手里获得订单"。

艾伦·莱恩在其出版职业生涯初期的以上经历其实可以说明这样一个出版人养成的基本要求或者过程:出版业的任何一名新入职人员,无论其出身和所受教育背景如何,从最基层的工作做起,接受最为完整的、全面的业务训练是以后发展的基石。对于书和出版业务的感觉,的确需要从类似于校对、配书、售书等具体而实在的事情开始培养。当一名出版

青年莱恩

人真正理解了一本书从创作到到达读者手里原来是那么不容易的一件事，在这过程中一本好书以及围绕其所做的营销工作是多么重要，他才能将自己的感悟融入今后的出版业务工作中。而那些无法体悟到这些的人，即便从业出版一生，也终将平平而过，止步于谋生层面而已。术业有专攻，沉下心来，放下自己虚妄的一点自尊，拿出自己的热忱，像艾伦·莱恩那样学习这个行业的专业和业务知识技能，这是成为一名真正出版人的基础品质和修炼。

艾伦·莱恩在进入鲍德莱·海德出版社后通过自己的学习以及当时出版业发展提供的机遇，渐渐地崭露头角，也逐步地进入了出版社的核心业务层。但由于年轻以及经验不足，他在处理出版业务过程中也有过折戟沉沙的教训，自然也受到了来自出版社里其他经理们的压力。不过在这些事件里还是可以看出艾伦·莱恩的冒险精神以及对自己判断的坚持。在他后来离开鲍德莱·海德出版社创立自己的企鹅书屋前纷争很大的两件事上就可以看出这点。

1925年艾伦·莱恩的舅舅去世，他作为家族股份的继承人很快升任为鲍德莱·海德出版社的执行主编。1926年11月该公司出版了一本被认为是根据一名匿名外交官的日记整理而成的回忆录《密室私语》。书的整理者名叫赫斯基斯·皮尔森，当时在文坛上刚开始露脸。而出版社指派莱恩负责该书的出版和联系事宜。莱恩仅读了一半的书稿就决定出版此书。书稿内容涉及了列宁、墨索里尼、丘吉尔、已故沙皇以及小说家亨利·詹姆斯等一大批政界和文学界名人。当时英国公众热衷于读名人的回忆录，出版该书显然会给出版社带来良好的市场回报。问题是，在跟整理者联络和签约过程中，莱恩始终没能当面见到那位"日记作者外交官"，仅凭书稿整理者皮尔森的一面之词来确认其存在，而皮尔森则一直以对日记作者姓名保密作为出版的条件。书最后出版了,当天便受到了《每日邮报》等报纸的猛烈抨击。书中所涉及的许多社会名流如丘吉尔等都纷纷发表声明,否认书中所述。鲍德莱·海德出版社的董事和经理们质询皮尔森,要求他提供日记的真正作者的名字。最终该书被确认为伪作,内容均是假造,出版社被迫收回已经发到书店的《密室私语》,声誉大损。而在接下来跟皮尔森所打的官司中,出版社败诉,后来还被迫赔偿对方近500英镑的版税和"精神损失费"。在此过程中莱恩遭到了同事的责备,承受了巨大的压力。但他显然并未从自己的失败冒险中吸取教训。

1936年涉及另一本书的出版风波促使艾伦·莱恩离开鲍德莱·海德出版社去创办自己的出版社,从此国际出版业便有了一只可爱而成功的企鹅。引发这个事件的那本书便是世界文学史上鼎鼎大名的意识流小说《尤利西斯》。詹姆斯·乔伊斯于1914年开始创作该小说,三年后完成初稿,并接触一些出版社希望能够出版。但鉴于其内容问题和表现形式,受当时英国的出版物内容审查制度影响,多家出版社均避之不及,唯恐出版后惹上官司。1922年该书的未删节本由法国一家先锋派书局出版,引起轰动。但按照1876年出台的海关强制检查法案,从法国寄往英国的这本书均可被没收和销毁。该书在美国海关也遭到了查禁。1932年,美国地区法院和巡回上诉法院均判该书可以发行,兰登书屋出版的美国版便畅行无阻。该书在英国的出版则大费周章。1929年莱恩跟乔伊斯在巴黎见过面,兰登书屋决定在美国出版该书时莱恩也正好在纽约。莱恩的大胆与谨慎促使他采取了一定的步骤进行该书的出版工作。但他的行为遭到了同事们的强烈反对,担心出版社会因为该书而再次卷入官司。当时的英国内务大臣、警方以及检察机构都对该书虎视眈眈。莱恩力排众议,于1936年5月跟乔伊斯签订了出版合同。同年10月,《尤利西斯》的第一个英国版本正式出版,当时只印了1 000本,定价为 5 基尼（约合 8 英镑 9 先令），比较贵。第二年出版了一个更便宜的平装本，十分畅销，为当时财务状况已经十分糟糕的鲍德莱·海德出版社带来宝贵的收益。可惜那个时候，因不满其他股东和经理们的保守，所谓道不同不相为谋，莱恩已经跟该公司分道扬镳，经营起自己的企鹅书屋了。

从这两个出版事件（以及后来在出版史和文学史上都留下浓墨重彩的莱恩的企鹅书屋因出版 D. H. 劳伦斯的《查泰莱夫人的情人》而涉讼等）来看，虽不能说莱恩具有特别独到的眼光，但他的冒险精神赋予了他的出版生涯斑斓的色彩。因此我们可以说，作为一名真正的出版人，应该拥有对市场需求以及选题价值敏锐而果敢的判断能力。出版因为其商业行为属性，图书产品的成败得失是件十分难以预料的事，内容价值、市场表现均存在非扬则抑的风险，这让出版人的决策行为具有了很多不确定性。尽管如此，一名熟稔出版业务知识，对市场和读者需求有着深切而积极了解，自身对出版内容具有独到见解和判断，同时又能甘冒风险坚持自己立场的出版人，如果能够审时度势，抓住机会，虽然难免会出现一些失败或者挫折，这样的出版人必定能够创造出真正的出版价值来，并且会因此而被作者、读者乃至同代或者后世同行所敬仰和肯定。莱恩没有受过高等教育，自己也从来不承认自己是具有文学天赋的人。但很明显，他的冒险精神足以让他名垂国际出版史，甚至在文学史上也可大大写上一笔。

然而仅有这些品质还并不能够完全表明一名成功的出版人的造就和养成。真正的出版人似乎还应该具备一些其他的特质。比如创意灵感，比如对阅读和营造并扩大阅读阶层的热情，比如对创造新的出版物市场的把握和判断力。这些在艾伦·莱恩创办企鹅图书品牌及创建企鹅书屋、出版企鹅平装本系列的过程中表现得淋漓尽致。

20世纪30年代的英国，购买图书的主体人群还是有钱人和读书界，普通工薪收入阶层的阅读主要依赖办理图书馆阅读卡等进行借阅。原因只有一个，就是当时的图书定价都比较高，出版社热衷于出版动辄数英镑一本的硬皮本精装书或者限量印刷版本，相对便宜的适合广大普通读者阅读的平装本图书非常少。阅读不应该是件奢侈的事。莱恩在他的前期出版生涯中一定考虑过这件事。对利润的追求没错，但如何通过出版优质价廉的图书来赢得市场获取利润却是一个未被涉及的商业模式。这里便不得不讲一下企鹅平装本系列的出版商业理念最初的来历，这也是艾伦·莱恩最为众多报纸、传记作者乃至企鹅公司的介绍所津津乐道的一个传奇。

据说，1934年的某个周末，莱恩去德文郡拜访他的老朋友、著名侦探小说作家阿加莎·克里斯蒂。返程时他在埃克塞特火车站站台上转了一圈，希望能够买本书什么的带到火车上阅读（尽管莱恩自称受教育程度不高，只是名出版商，但其实他的阅读面很广，阅读量更是不小。热爱阅读，应该也是一名真正的出版人的应有之道）。但是在书摊上莱恩看到的除了一些流行杂志就是再版的维多利亚时代小说，当代小说阙如。他感到非常吃惊。就在那一刻，我们有无数个理由相信，十余年的出版工作经验和积累给艾伦·莱恩带来了灵感，并从此诞生了一项改变图书出版形态并影响了图书市场和大众阅读的创意。他策划设想，为什么出版社不能出版一些定价合理且质量上乘的当代小说和其他文学作品呢？这些平装简装本应当便宜到甚至可以放进自动售货机里销售的地步，当然也能在传统书店、火车站书摊乃至烟草商店进行销售。由此他决定自己开展这项出版新业务，并为这项新业务寻找一个"既高贵典雅又活泼可爱"的标识。他和同事讨论时，正在旁边打字的秘书随口建议说不妨用企鹅作为标识。莱恩立刻接受了这个建议，并派手下去伦敦

"企鹅丛书"收了阿加莎·克里斯蒂、乔治·奥威尔、E. M. 福斯特等欧美一流作家的作品

动物园画一些企鹅的写生图。一只可爱的企鹅标识从此来到人间。莱恩策划的第一套企鹅平装本图书于 1935 年夏季问世,其中包含了海明威、安德烈·莫洛亚(法国著名传记作家)和阿加莎·克里斯蒂等人的作品,定价是每本 6 便士,相当于当时的一包烟钱。一场阅读革命开始了,公众改变了对图书的看法,那只小企鹅陪伴着那些文学名作走进了千家万户,滋养了无数读者,也给莱恩和企鹅书屋带来了巨大的利润。1936 年莱恩的企鹅书屋正式独立。12 个月内,企鹅平装本的销量达到了 300 万册。

莱恩的创造性,对于阅读的热情,对于创造新市场的敏锐,他所有关于出版的灵感,都在企鹅平装本和企鹅品牌的策划构建中一览无余。其中最为伟大的一点,就是他对于推进和扩大阅读的贡献。阅读是出版最终赖以生存和发展的终极基点。真正的出版人应该热爱阅读,创造阅读,增进大众对于阅读的兴趣。莱恩真是以自己的创意实现了这一点。这也印证了他所说的这么一段话:

"在所有相关人员中,我第一个承认,这个系列的出现并无运气可言。不过如果我的设想是对的,并且这些企鹅图书确实会将借书人转变

莱恩在企鹅公司办公室

为买书人的话,我觉得自己也算是为那些在过去的岁月里致力于书店的繁荣、促进图书销售的人们尽了绵薄之力。""我们相信,在这个国度,有一大批公众需要低价的好书,我们为此事业而竭尽所能。"

很明显,莱恩的这番话里还表达出了一名真正的出版人所具有的致力于增进出版业繁荣的宽广胸怀。他已经跳出了单纯地为自己的出版企业谋求发展的狭隘思维,创立了一种革命性的出版模式,成了一名所有出版人中的出版人,一名具有更加宽阔视野和胸襟、为一个行业进行思考和实践的伟大出版家。

莱恩的职业生涯中发生的另一件事或许也可表明,一名出版人在出版的经济追求和文化道义担当之间还应该摆正自己的位置,做出正确的价值判断。20世纪60年代初,时任企鹅总编的戈德温批准接受出版了法国著名漫画家西耐的漫画作品集《大屠杀》。该漫画集中的作品把对罗马天主教会的讽刺与性感低俗的图画结合在一起,过多地用了色情渲染形式来表达作者的观点。该书曾引发企鹅不少编辑的不安,莱恩本人觉得"那些图太恶心了",甚至在书出版前夕专门召开董事会讨论是否中止该书的出版。在戈德温的坚持下书最后还是正式出版了。《大屠杀》上市后引发了宗教人士和众多读者的抗议,社会反响强烈,虽然销售不错,但却引起了众多书店的反感。最终,莱恩以其特有的方式对该书及其责任者进行了处理:在某个冬日夜晚,他带人到仓库将库存的该书全部搬走,传说那些书不是被他烧掉了就是被埋在了他的农庄里某处;而随后不久,主要责任者企鹅总编辑戈德温便被董事会辞退。出版人的文化责任担当从此事件可见一斑。

莱恩身上还存有其他作为一名真正的出版人所应该具备的特质。比如,他爱结交朋友(像阿加莎·克里斯蒂等文学界名流都是他终身的朋友),善于交际(他自进入出版业后结识了一大批当时的作家和文学名流,从而为他后来的出版业务带来了源源不断的出版资源),关注社会现实,服务国家利益(比如随着第二次世界大战迫近,企鹅出版了《希特勒想要什么?》等畅销书;大战期间,企鹅出版的《飞机识别手册》成为平民和军队用来识别敌机的畅销读物;企鹅还创办了军人读者俱乐部,为战时士兵提供阅读服务和精神慰藉等),等等。他以自己独到的理念和出版商业精神缔造了企鹅书屋这座出版大厦。所有这些,我们认为,都应该是一名真正的有担当有责任感的出版人理所当然具备的品性,并且最终都应该体现在其所从事事业里的出版品质。

至此,我们或许已经大体能够解读罗贝尔·拉封那句话的深刻含义了。一名真正的出版人,他所从事的出版工作,最大的好处是什么也得不到,可大凡能够得到的,却是对自身乃至对读者公众最有价值的德性和修养,以及高尚品质的养成。在开展出版业务过程中所作的赌博,应该是真正的出版人对自己的考验,考验自己能否明白出版的真谛,能否了解出版对于知识和文化、对于人的教养的伟大意义,考验自己是否能够因投身于这项事业而最终获得人性的涅槃。

明心见性,这便是最终一名真正的出版人的造就和养成。这应该是我们从艾伦·莱恩,从张元济、王云五等中外伟大出版家身上得到的启迪。

照片由德国苏尔坎普出版社
(Suhrkamp Verlag Berlin)
提供

翁泽尔德

世纪出版家

马文韬

西格弗里德·翁泽尔德(Siegfried Unseld,1924—2002),1947年进入图宾根大学学习德国语言文学、哲学和图书馆学,1951年完成研究赫尔曼·黑塞的论文,获博士学位。遵照堪称其精神之父的作家黑塞的建议,志在从事出版事业的翁泽尔德1952年进入苏尔坎普出版社,1959年彼得·苏尔坎普去世,他继任主持出版社的工作。上任不久他便通过出版"彩虹系列""苏尔坎普书库"推出了一批年轻作家,与该社原有作家一起组成了德国当代文学和社科领域的前卫队伍,奠定了苏尔坎普在德国出版界的重要地位。"彩虹系列"驱散了"二战"后德国普遍存在的精神彷徨,"苏尔坎普书库"集中了德国和世界文学的思想精英,成为名副其实的20世纪文学和思想精品集散地。1963年翁泽尔德兼任岛屿出版社领导。1981年创立德国古典作家出版社。1990年接管犹太出版社。苏尔坎普出版社已从一个现、当代文学出版社发展成为一个门类齐全的、具有权威性的德国文学和社科出版社。

翁泽尔德曾获得许多荣誉和奖项,如法兰克福市歌德奖章(1977)、联邦德国大十字勋章(1979)、达姆施塔德市里卡达·胡赫奖(1984)、法兰克福歌德大学名誉博士(1985)等等。主要著作有《作家和出版人》《赫尔曼·黑塞,作品及其影响》《歌德与出版商》等。

一位出版社老板的逝世能惊动一个国家,参加追悼会的除数十名国内外著名学者、作家外,还有地方、政府部门乃至国家最高首脑。媒体悼念文章把他的名字同他的国家并列,人们把他开始主持这家出版社的1959年,视为原联邦德国真正的诞生之年,认为他的去世才是这个国家真正的结束,他对这个国家的影响远远超过该国的某些总理和总统。这个人就是德国苏尔坎普出版社老板西格弗里德·翁泽尔德。

苏尔坎普出版社成立于1950年,创立者彼得·苏尔坎普原来供职于费舍尔出版社,在纳粹统治时期主持、拯救了这家出版社,"二战"后与流亡归来的出版社老板发生矛盾,为防止两位法西斯主义受害者之间矛盾激化,该出版社签约作家自由表决他们的归属,48位作家中的33位跟随苏尔坎普来到由他新创立的苏尔坎普出版社,其中有1946年获诺贝尔文学奖的赫尔曼·黑塞,还有贝托尔特·布莱希特和马格斯·弗里施等;英国作家萧伯纳表示他在德国出书只找苏尔坎普。尽管如此,新成立的出版社面临的形势依然严峻,当时读书界的热点不是上述作家,而是费舍尔出版社的卡夫卡和托马斯·曼,罗沃尔特出版社的萨特、海明威,以及基彭豪尔-维奇出版社的伯尔。就在这个时候,在图宾根大学以黑塞的《玻璃球游戏》为博士论文题目的翁泽尔德完成了学业,深感书籍、知识对人生何等重要的这位德国南方青年,立志创办出版社从事出版事业。堪称其精神之父的黑塞建议他去帮助苏尔坎普,于是在1952年,翁泽尔德成为法兰克福苏尔坎普出版社第八位成员,1959年初苏尔坎普去世,翁泽尔德继任主持出版社全部工作。

"二战"后的德国所面临的不仅仅是房倒屋塌、瓦砾遍地、家园破碎,更可怕的是人们的绝望和麻木,是思想和认识方面出现的危机。不少人逃避到经济奇迹带来的福利中,或者从那些脱离现实的文学与戏剧中寻找慰藉。1963年,一道彩虹出现在灰暗的德国上空,这就是翁泽尔德经过充分准备出版的"苏尔坎普版图书系列"。他与图书装帧家弗莱克豪斯研究决定,这个系列的书,封皮分别用赤橙黄绿青蓝紫七个单色,封面用正楷印刷体书写书名和作者,不同颜色的书排列在书架上就组成一道彩虹,因此人们称这个系列为"彩虹系列"。系列的第一本书是布莱希特的《伽利略传》,启发人们对于人和社会、知识与进步之间关系的理性思考。凭借对时代精神脉搏的敏感和快速反应,本着反映各种流派,通过展示矛盾促进发展,把"彩虹系列"办成生动的文学思想论坛这一方针,推出了一批年轻作家,比如马丁·瓦尔泽、恩岑斯贝格、彼得·汉德克、乌韦·约翰逊、托马斯·伯恩哈德等,他们的作品打破了德国思想沉寂、精神彷徨的局面,加上该社原来的作家马格斯·弗里施、布莱希特等,组成了德国当代文学的前卫队伍,奠定了苏尔坎普作为现、当代文学

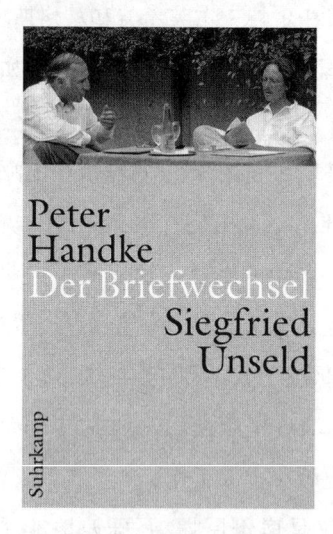

翁泽尔德与诺奖得主汉德克对话集,苏尔坎普出版社2012年版

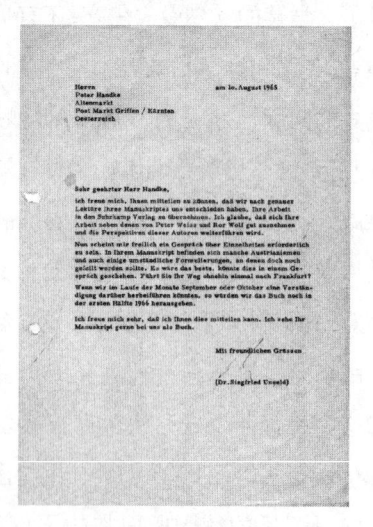

翁泽尔德致汉德克信

苏尔坎普出版的黑塞、阿多诺等人的著作

出版社在德国的重要地位。在"彩虹系列"作为展示德国文学新成就平台，推出新作家的处女作和老作家的新作的同时，翁泽尔德还致力于出版哲学、社会学、政治学和社会心理学等社科方面的力作，比如阿多诺、本雅明、维特根斯坦、马尔库塞、福柯、哈贝马斯和布卢门贝格等人阐述新思想、新认识和新精神的著作，可以装在钱包并不鼓囊的读者，尤其是年轻读者的口袋里，为这些渴望知识的人提供精神滋养。1979年"彩虹系列"第1 000本书问世，该书主编哈贝马斯邀请40—50岁的作家和理论家，以"时代的思想形势"为题发表看法，编成《民族与共和国》和《政治与文化》两卷书，出版后反响十分强烈，最初的几周就销售万册以上。1983年"彩虹系列"推出"新历史著作书库"，涉及的题目和研究方法涵盖了从经济、政治和文化，直到情感思想方式和技术史等方面的重要研究成果。关于"彩虹系列"，荷兰《德国图书报》曾评论道，联邦德国思想界哪怕是细微的变化，都可以说是苏尔坎普出版社某些书籍直接影响的产物；反过来，在德语文化中，似乎没有哪一种具有重要意义的理论不是受到"彩虹系列"的"赐福"才有所作为的。是否建立"苏尔坎普版图书系列"不是没有争议的。首先出版社的同事几乎没有人赞同此举,他们不相信这个内容超前、形式单调的系列会取得成功。该社著名作家马格斯·弗里施也担心,以低廉价格发行的这个系列最终会损害出版社的声誉。然而事情的发展表明,这个融豪华和激情于一炉的图书系列的产生,是德国口袋书的一次革命,自它诞生到 2003 年的 40 年中,已推出 2 300 多本书,销售量高达 4 000 多万册,创造了严肃文学出版社发展史上的一个奇迹。

苏尔坎普出版社另一个重要图书系列是"苏尔坎普书库"。翁泽尔德 1959 年继任该社领导后立刻着手加强这一图书系列的建设,他更加明确和丰富了这个系列的主导思想:书库不随波逐流,选择的作品不一定是该作家最有名的,但一定是最富个性的作品,是经过过滤的现代的感觉和意识、认识和思想。书库为渴望知识的读者和爱好文学的朋友提供了一座拥有现代文学和现代思想经典作品的图书馆。经常出现在这里的德语作家有伯恩哈德、汉德克、布莱希特、弗里施、黑塞、里尔克、马丁·瓦尔泽、阿多诺、本雅明、维特根斯坦、诺·埃利亚斯等,其他国家的作家有乔伊斯、普鲁斯特、福克纳、海明威、萧伯纳、聂鲁达等。书库的每一本书的出版都引起了读书界的浓厚兴趣,比如第 200 本《都柏林人》(乔伊斯)、第 300 本《我的信念》(黑塞)、第 400 本《阅读的日子》(普鲁斯特)。而第 500 本《青年时代》再次将沉寂多年的作家科彭推到了前台,有评论员说只要科彭决心开口讲话,德国文学就活跃起来。弗里施的《技术人》、魏斯的《告别父母》、伯恩哈德的《习惯的力量》,这些书名本身就是某些时代特征的标志。第 900 本《故事选》(马丁·瓦尔泽)中说,"有一些故事现实不让它们发生,因为现实在故事里变得过分清楚。这样的故事就非要讲述不可,通过讲述也许会迫使现实承认:是的,这就是我"。

翁泽尔德及其主持出版的苏尔坎普"彩虹系列"
（照片由苏尔坎普出版社提供）

翁泽尔德坚持以质量为标准的选书原则，以有益于社会进步为出版宗旨，经过长期努力终于把德国和世界文学界与思想界的精英集中在这里，使书库成为名副其实的20世纪世界文学和社科书籍经典图书馆。在今天的德国几乎没有哪一个知识分子在思想上没有受益于苏尔坎普出版社的书，他们或者感谢黑塞让他们懂得青春，布莱希特教他们认识世界，弗里施让他们明白生活的意义，或者心怀崇敬，因为本雅明教他们阅读，马尔库塞教他们思想，布卢门贝格教他们知识。也许有的人感到不快甚至于恼怒，因为他们似乎摆脱不了阿多诺、卢曼和哈贝马斯那紧密又结实的论证链条。

好书得有好的形象、好的包装。20世纪50年代初，翁泽尔德在一家书店里听到店老板抱怨"苏尔坎普书库"首批六种书卖不动。他奇怪，黑塞的《东方行》、布莱希特的《家庭格言》，这些名家名作怎么会无人问津呢？原来这批书的封面设计很不醒目，深颜色的封面上，书名、作者和出版社均采用不工整的草体书写。翁泽尔德于1959年在全面加强书库的建设时，决定为书库设计新封面。他与设计家弗莱克豪斯的合作便从这时开始，按照新的设计，一条横贯封皮的粗线把封面分成正方形和长方形两个部分。上面正方形里写作者和书名，下面长方形里印上出版社的名字，字体均用正楷印刷体，整个封面突出简单、实用、明确的特点，透露出理性和现代性，适用于书库的任何一部书，多本书放在书架上，可以明显看到一条横线把书连接起来。从此这些所谓"线上书"强烈地吸引着读者的注意力。上述两个系列的封面设计，为苏尔坎普出版社树立了独特的、高品位的视觉形象，也使整个德国书业的图书装帧发生了深刻变化。

除上面提到的"彩虹系列""苏尔坎普书库"外，后来又建立了"口袋书系列"，在此期间也归翁泽尔德领导的岛屿出版社开创"口袋书系列"，1979年在这些系列的基础上成立了苏尔坎普口袋书出版社。1981年苏尔坎普创立了德国古典作家出版社，专门出版中世纪以来的德国经典文学作品以及哲学、历史、政治和艺术方面的著作，由一流专家和学者从原版选编并撰写反映最新研究成果的评注，已出版包括39卷歌德全集、10卷莱辛全集在内的众多经典作品。这个重大举措使这家现、当代文学出版社朝着一个门类齐全的、权威的德国文学和社科出版社的方向迈进。

苏尔坎普出版社在翁泽尔德领导下迅速发展，1968年搬迁进坐落在菩提树大街的办公大楼，工作人员比建社初期增长了20倍，营业额由1959年的80万马克增长到今天的一个亿。设施简朴的，被工作人员以及样书、书稿挤得仿佛要爆炸的苏尔坎普办公楼与法兰克福现代化国际机场、雄伟壮观的德意志银行大楼一样，是法兰克福城市的标志。这个规模并不大的出版社却是获奖大户,出版社签约作家中获诺贝尔文学奖的有12名,获德国最高文学奖毕希纳文学奖的有20多名。世界各国文学和思想理论的精品几乎都汇集在这里。例如,文学方面,从荷兰的诺特波姆到秘鲁的略萨,从匈牙利的凯尔特兹到墨西哥的帕斯,从以色列的欧茨到中国的沈从文,翁泽尔德的出版传奇永在续写。

在写书—出书—读书这个链条上,出版社这个中间环节如何把握与前者和后者之间的关系至关重要。对于一个出版社来说重要的不是出版个别的书,而是推出一位作家,并关注他的全部创作。这是翁泽尔德出版思想的核心。翁泽尔德在他题为《作者和出版人》一书中着重强调文学归根到底是文学家的造物,杰出的作家常常跟他们那独特的作品一样脾气古怪,他们要求很多而对自己却很放纵,他们需要给以特别的关爱和呵护,整个出版社的工作都必须建立在这种认识上。寻找、发现和培养有才华的文学新人,联系和帮助有成就的作家学者是一个文学出版社的根本任务。有了作家才有作品,才有读者。这是一个非常简单

翁泽尔德作品《作家和出版人》

的道理,然而国内外并不是所有的出版社都懂得这个道理,或者虽然懂得而为眼前的利益不愿付诸实践。翁泽尔德本身也是一位作者,他编写了关于歌德、黑塞和布莱希特等作家的书,他发表的关于作家和他的出版人的书使他在1984年获得彼得—胡赫文学奖。他热爱书,发现一本好书时往往激动得溢美之词不断,甚至瞬间忘记了自己作为出版者的身份。"他没有成为作家是作家的幸福,"赖希-拉尼茨基说,"因为他们因

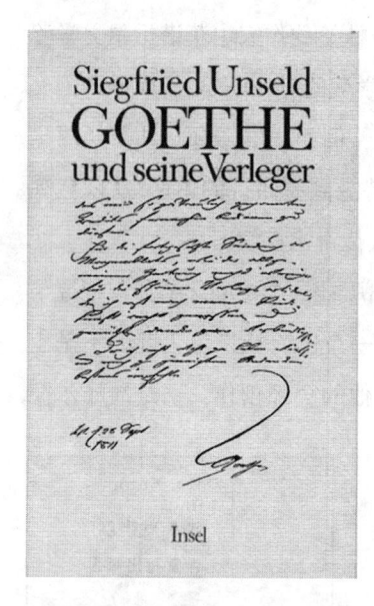

此拥有一位天才的、理解和爱护他们的出版家。"翁泽尔德对文学新人的发现和培养闻名于出版界,特别是托马斯·伯恩哈德和乌韦·约翰逊这两人,都是属于来无先兆、去无踪迹的天才,在德语文学史上这样的作家还有毕希纳、罗伯特·瓦尔泽和策兰,他们也许不是最好的,但却是最富有个性的,他们的为人和他们的作品都是如此。约翰逊寄给出版社的小说《关于雅各布的猜测》令翁泽尔德感到耳目一新,他惊喜地发现这个只有 25 岁的年轻人文笔不俗。果然这本书受到评

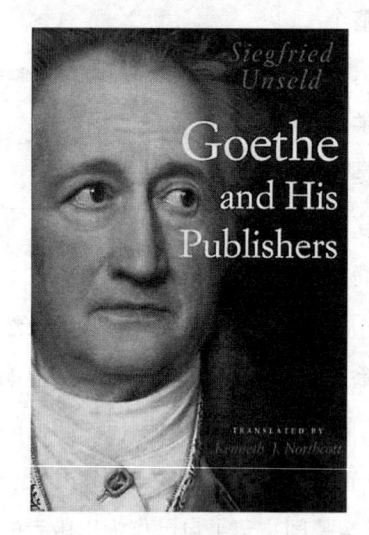

翁泽尔德作品《歌德与出版商》德文版,岛屿出版社 1991 年版

《歌德与出版商》英文版,芝加哥大学出版社 1996 年版

《歌德与出版商》中文版

论界异乎寻常的欢迎,他被称为"两个德国的作家""前途无量的文学新人"。但是约翰逊不久就陷入创作危机,十几年里无法完成《一年里的日子》(四部曲)。翁泽尔德耐心地等待着,给他资料让他编书,使他既有经济来源又能与读者保持联系。约翰逊没有辜负翁泽尔德的帮助和期望,在去世前,完成了这部被誉为可与《布登布洛克一家》相比的世纪之作。

20世纪前期的小说家、散文作家罗伯特·瓦尔泽在世时就不得志,去世后近20年里几乎被人忘记,是翁泽尔德长达17年的努力终于争取到出版协议,1978年作为纪念作家诞辰的礼物出版了一套精装的12卷的全集,作品中流露出的焦虑不安和忧郁迷惘使人们认识了这位本来应属于卡夫卡、里尔克和黑塞行列的作家。

翁泽尔德对策兰的认识再一次证明了他的远见卓识。60年代中期开始,虽然人们的思想活跃起来,但还是不能对策兰那晦涩难懂的诗歌发生兴趣,当翁泽尔德提出要与该作家签约时,几乎全体编辑都表示反对。1967年这位诗人终于走进了苏尔坎普出版社。从此他为世界诗坛所关注,成为一位改变了人们头脑中诗歌概念的、20世纪最重要的德语诗人。

翁泽尔德对思想文化发展倾向的准确、敏锐的感觉还体现在他对哲学家恩斯特·布洛赫的认识。还在20世纪50年代,他就发现当时在民主德国教哲学的这位教授是后来人们所称谓的既是西方的也是东方的"异教徒",当有些出版社决定要争取布洛赫时,翁泽尔德口袋里已经装着为作者出版全集的协议,以至于布洛赫后来在信中称翁泽尔德为"亲爱的胜利者"。

对那些曾经或者仍然蜚声文坛的老作家,翁泽尔德敬佩而又坦诚,既关爱又不放弃要求。他敢于对五六十年代颇负盛名的文艺理论家彼得·斯宗迪的专著《试论悲剧性》提出批评,作家愉快地接受了他直率、客观而又深刻的意见。60年代初,在与举世闻名的剧坛奇才贝克特讨论出版德文版文集时产生意见分歧,翁泽尔德坚决反对作者删除某些材料,使贝克特长时间沉默不语,其法国出版人惊吓得颤抖起来,怀疑翁泽尔德是个外星人。有几年贝克特称患有思维瘫痪再也不能写作,翁泽尔德激动地告诉贝克特,治好他的毛病唯一有效的药方就是写作,再写作。看着他挥舞拳头的样子贝克特笑了。

如果说翁泽尔德对作者表现出同事般的理解、朋友般的真诚和慈父般的严厉,那么对读者他则坚持关心、引导和培养。翁泽尔德既热爱书和出版事业,同时又不乏商人的精明和经营管理才能,一个出版社拥有好作者好书头等重要,但这还不是一切,还必须拥有市场和读者。他的"彩虹系列"就是要以口袋书的形式和低廉的价位争取知识分子,尤其是把青年学生作为销售对象,吸引和培养他们成为苏尔坎普稳定牢固的读者群体。苏尔坎普出版社与读者沟通的主要手段一方面是图文并茂的一年两期的新书介绍和出版社周年纪念专刊,还有几乎每本书后边都附有的作者书目和出版社有关书目,以及夹在书中的出版社新书目录折页。另一方面,他们注重书评的作用,特别重视推出名家名评,比如布莱希特评论萧伯纳,说萧是恐怖分子,但他的恐怖武器是幽默,说萧认为世界上没有什么比一个普通人平静、不容贿赂的目光更可怕,这种害怕是非常必要的。

翁泽尔德认为拥有好的作者之后,如何最大限度地开发、利用和宣传这笔财富,是好书能否最终到达广大读者手中的关键。1946年黑塞获诺贝尔文学奖,到1962年,他的书已译成20多种语言,译本达170多种。但是他一直是墙内开花墙外香的作家,关于他的144篇学术论文中有一半以上来自国外。然而翁泽尔德坚持不懈地出版和宣传黑塞,到作家诞辰一百周年的1977年,出版社的努力达到高潮:推出八卷小说礼品套装书、多种口袋书、研究作品产生过程和评论作品的书、黑塞绘画珍

本文作者和翁泽尔德及其夫人（作家贝尔凯维奇）在一起

藏本、黑塞年历书、黑塞明信片，以及举办研讨会、展览会等。不少人对苏尔坎普出版社的执着表示怀疑，但是一年下来黑塞的书销售达120万册（套）。现在苏尔坎普关于黑塞的书有一套全集，四种选集，40多种单本书。黑塞的书已译成50多种文字，全世界印刷量已超过一亿册，是20世纪读者最多的德语作家。像黑塞这样的例子很多，比如维特根斯坦，这位把哲学的目的比喻成给捕蝇瓶中的苍蝇指出路的哲学家，他的书60年代进入苏尔坎普出版社时，人们几乎看不到有成功的可能，但经过几年的出版运作，他的语言游戏就在德国广为流传。

翁泽尔德出版思想的另一重要方面，是文学出版社也要出版社科理论著作，不仅因为两个方面通过相互影响相得益彰，对建构出版社大文化背景很有必要，而且对提高出版社的思想水平，对培养读者的欣赏能力都十分有利。如果说这很可能与黑塞对翁泽尔德的影响分不开，倒不如说他深受法兰克福学派的启迪。阿多诺的社会批判是从艺术切入的，他的助手和继任者哈贝马斯，翁泽尔德的顾问，更是一位兼收并蓄的学者，他的关于社会和人生的研究涉及政治学、社会学、伦理学等诸多领域。

翁泽尔德能把一批文学和社科的精英团结在自己周围,把这些通常孤独的、以自我为中心的人吸引到他的出版社,经常在那里聚会和交流,显示了他作为出版家的胸怀和才华,这种不寻常的友谊集中地体现了苏尔坎普出版社精神,或者这就是美国文学理论家乔治·斯泰纳所说的"苏尔坎普文化",这种精神和文化里蕴藏着巨大的创造力。人们不难理解汉泽(Hanser)出版社老板米歇尔·克吕格尔对翁泽尔德由衷的羡慕:"一个出版人不仅不必追随任何时尚,而且他自己可以按照自己意愿制造时尚。"

翁泽尔德的成功改变了出版人的传统形象,他的出版社不仅在出版当代德国文学,而且在创造它;他不仅是文学出版家,而且是思想出版家。了解和研究德国文学和思想的中国人,或许不知道翁泽尔德这个名字,但是在他们的书架上绝不会没有他的出版社出的书。作为对于共和国思想史具有重大影响的人物,翁泽尔德与哈贝马斯和赖希-拉尼茨基一起获得黑森州1999年度文化大奖。

翁泽尔德在其府邸的书库

坐落在克拉腾贝格寓所兼出版社招待所的防弹地下室里,收藏着苏尔坎普所有作家的作品,假如一切其他的书籍都被毁坏,那么可以毫不夸张地说,在粉碎纳粹之后,用这个地下室的收藏可以完整地重建德国20世纪的文化和思想大厦。

罗伯特·戈特利布

生涯一蠹鱼

贾骥叶新　周丽锦

罗伯特·戈特利布(Robert Gottlieb,1931—),生于纽约。美国著名编辑、出版人和作家。他曾效力于西蒙与舒斯特出版社、克诺夫出版社达32年之久,担任出版人、总编辑。诺贝尔文学奖得主托妮·莫里森、多丽丝·莱辛、约瑟夫·海勒、约翰·契弗、约翰·勒卡雷等都是他的作者。1987—1992年,他出任《纽约客》杂志主编。如果说麦克斯韦尔·珀金斯是美国20世纪上半叶天才的编辑,那么戈特利布堪称美国20世纪下半叶最伟大的编辑。在2016年出版的《我信仰阅读》中,他回顾了自己60年的辉煌编辑生涯。

一提起美国的著名文学编辑,人们不免想起斯克里布纳出版公司的麦克斯韦尔·珀金斯,因为他的名字是和著名作家海明威、菲茨杰拉德、沃尔夫及其作品紧密相连的。回顾美国20世纪出版史,这样的编辑不乏其人,但只有罗伯特·戈特利布才称得上是珀金斯的传人。可以说自珀金斯逝世以来,戈特利布是美国出版界最著名、最具影响力的编辑。在其50年的编辑生涯中,他编辑过不下1 000本书,曾经担任过西蒙与舒斯特出版社的副总裁兼总编辑、克诺夫出版社的出版人兼总编辑,还出任过5年的《纽约客》杂志主编。因发掘约瑟夫·海勒的处女作《第二十二条军规》一举成名的他,亲手编辑过包括托妮·莫里森、V.S.奈保尔、多丽丝·莱辛、约翰·契弗、芭芭拉·塔奇曼、罗伯特·A.卡洛等著名作家的作品,也是克林顿总统、格雷厄姆夫人、凯瑟琳·赫本这样的名流自传的操刀人。

有人认为,世上有两类好编辑:一为好的责任编辑,能够帮你改正语法、纠正错字、补正资料,有如美容师一样把你鼻子上的污垢黑头全部清掉;一为好的策划编辑,能够帮你寻定写作方向、分定章节次序、确定笔调主线,有如舞台剧导演一样把你最好的表演潜力深度激发。戈特利布显然两者皆是。正如戈特利布的好友兼同事、兰登书屋前总编辑贾森·爱泼斯坦评价的那样,"他也许是在任何时代都最具天赋的编辑"。

1931—1955年:书中蠹鱼的诞生

1931年4月29日,罗伯特·A.戈特利布出生于美国纽约市曼哈顿上西区的一个中产阶级家庭。父亲查尔斯是一位律师,母亲玛莎则是位受过良好教育的老师。他曾经说过他父亲的"最大乐趣非常古怪,那就是能尽情狂欢,另外就是买很多书"。在家庭环境的熏陶下,他从小就开始大量阅读图书,据说少年时代便能每天读三四本书,还能一次持续16个小时不停地读。十几岁的时候,他一天就读完了《战争与和平》,上大学的时候他在一周内就读完了马塞尔·普鲁斯特《追忆似水年华》一书七卷中的六卷。诸如这种数字在戈特利布的阅读记录中比比皆是。戈特利布能成就自己的编辑事业、成就作家的写作事业,离不开他的这种日积月累,他甚至一度认为自己是一个致力于纯文学的人。

读书生爱,由爱变痴,少年时代与图书结下的深厚缘分决定了他一生的志向。他年仅16岁就进入哥伦比亚大学,在大学时代就开始研究《出版商周刊》的畅销书排行榜。1952年获得学士学位后,他游历英伦诸地,并在剑桥大学研究生院继续深造两年。在短暂尝试舞台导演的工作后,这位身着伍迪·艾伦式便装、不修边幅的年轻人难舍对图书的热爱,毅然返回纽约投身于图书出版业,从此以后,一位在大西洋两岸一代作家心中化身为传奇的编辑,展开了他那长达50余年、充满激情与挑战、硕果累累的辉煌生涯。

1955—1968年:西蒙与舒斯特时代——展翅高飞

刚回到纽约时,戈特利布并没有马上在出版业找到工作,而是在梅西百货公司卖贺卡,后来通过职业介绍所的帮助才得偿所愿。1955年7月,年仅24岁的戈特利布向西蒙与舒斯特出版社总编辑杰克·古德曼申请编辑助理一职。古德曼问他为什么要做编辑,戈特利布回答说:"我从没想过干别的。"古德曼非常欣赏这个自信满满的小伙子,这让他想起了当年24岁的自己刚刚进入出版业时的情景。古德曼编辑过S. T. 佩雷尔曼、詹姆斯·瑟伯、罗曼·格雷、梅尔·莱文、赫伯特·布莱克等作家的作品。靠着杰克·古德曼的支持以及同作家约瑟夫·海勒的密切合作，年轻的戈特利布在还是西蒙与舒斯特的一个小伙计时，就通过《第二十二条军规》一书而一炮走红。

1957年古德曼去世后，西蒙与舒斯特出版社长期隐藏的问题出现了。高层明争暗斗，创始人之一理查德·西蒙已经退休，另一位创始人马克斯·舒斯特也不爱管事，断层出现了。年仅26岁的戈特利布便被提升为高级编辑(senior editor)，搬进古德曼的办公室，开始接手公司中那些大牌作家书稿的编辑工作。仿佛一股清新的空气吹进这个原本暮气沉沉的公司，他开创了一个长达10年的小小"黄金时代"。没几年他就坐上了西蒙与舒斯特出版社总编辑的位置，出版了迈克尔·克莱顿的惊悚小说、约翰·勒卡雷的侦探小说、约翰·契弗的故事集等。这些作品的出版为他将来更广阔的事业打下了坚实的基础。

在西蒙与舒斯特出版社工作期间，戈特利布绝对是一个工作狂。英国乔纳森·凯普出版社的著名出版人汤姆·麦奇勒1960年出访美国，与戈特利布一见如故。他回忆说："他几乎不吃早餐，认为那是在浪费时间。"而晚饭之后，他没有别的嗜好，"通常已经上床了，靠在巨大的枕头上，忙着看一大堆手稿"。此时，戈特利布的领袖风格也逐渐形成，"办公室里的他情绪过于激动，又有点无情。当然，他手下有一帮人。他装作很尊重他们，实际上一切都由他说了算"。这种非凡的个人魅力给麦奇勒留下了深刻的印象。

1961年：《第二十二条军规》——5年打造精品

在他做编辑的第二年，戈特利布收到一份名为"*Catch-18*"的未完成书稿，作者是当时还不知名的约瑟夫·海勒。戈特利布立刻意识到这本书的文学价值,迫不及待地录用了书稿。但在临近出版时书名却出了问题。戈特利布回忆道:"当时,我们从《出版商周刊》上看到利昂·尤里斯写了一部小说叫作《米拉18》(*Mila 18*),他之前的《出埃及记》可是一本超级畅销书。除非他不知情,否则他就是偷取了我们的数字。因此,我们所有的人都陷入绝望之中,这在出版业是常事。"没有办法只好改书名,戈特利布和作者几乎试遍了所有的数字组合,但都没找到合适的。

为此,戈特利布一直很失落。有一天他躺在床上思考这件事,一整晚都没睡着。突然"22"这个数字出现在他的脑海中。于是,第二天一早就给海勒打电话,他说:"我想到了!我想到了!就叫《第二十二条军规》,它比'18'更滑稽。"

从"18"到"22",这种差异看似不值一提,但对作者和戈特利布来说却意义深远。"22"具有"18"或其他任何数字不具备的主题意义。在《第二十二条军规》中,所有的事都是成双的。尤索林两次飞越位于费拉拉的桥,他的食物两次被下毒,书中还有一章"一个目睹所有事情两次的士兵",讲的是一位自我感觉能体验所有事情两次的牧师。尤索林对快要死去的斯诺登说的是"那儿,那儿",斯诺登唯一能回答的是"我能,我能",尤索林无意中听到一个女人不断地重复着乞求道:"请不要,请不要,少校少校"。双数是一种文体工具,它能暗示事实所需的本质。没有东西是单独存在的、清晰明确的。题目由重复的数字("2"代

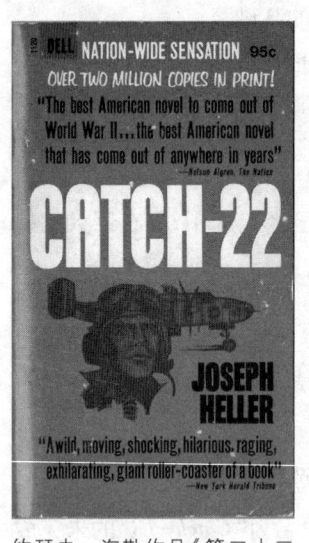

约瑟夫·海勒作品《第二十二条军规》

表双重性，又由两个"2"组成"22"）组成，传达了一种《第十八条军规》无法企及的意念，更完美地体现了这部作品的精髓。这神来之笔后来甚至成为美国文化中的流行词汇。

戈特利布为这本小说的出版倾注了很大心血。回忆起《第二十二条军规》的书稿，约瑟夫·海勒称戈特利布是一位大刀阔斧、无情的编辑，有时候大段大段地修改。迈克尔·科达是戈特利布核心团队的重要成员，以后接任戈氏成为西蒙与舒斯特出版社的总编辑。他在《因缘际会》中回忆说，该小说的手稿不停地重新打印，"打印的一块块纸片散落在戈特利布狭小办公室的每一个角落，看上去像是一幅拼图。我感觉这才是所谓的编辑工作，我渴望这样的工作"。其后，科达也成了著名的图书编辑，不能不说得益于戈特利布的言传身教。

另外，戈特利布还建议海勒不要急于出版书稿，再花两年时间进行改写，越发使这本书蒙上了一层神秘的色彩，因为从头到尾只有戈特利布和他的助手读过。戈特利布不仅是一个高明的编辑，还是一个营销高手。每次出版延后，戈特利布都巧妙地加以处理，并再次加强别人的心理预期，然后偶尔透露一两段情节，登上《巴黎评论》这一类的高级刊物，吊足了大家的胃口。1961年秋天，《第二十二条军规》一出版，就受到了各界的广泛关注。随后推出的平装版不到一年就卖出了100万册，到1974年销量高达600万册。每月一书俱乐部（Book-of-the-Month Club）也选它为主打书。与此同时，他还将此书的英国版权卖给了乔纳森·凯普出版社。这是麦奇勒为该出版社买的第一本书，也是他出版过的处女作小说中最成功的一本。最初3个月里，该出版社卖了5万册，这一销量甚至超过美国版。戈特利布特意在《纽约时报》上刊登了整版广告来祝贺彼此在大西洋两岸的成功。

这本书一版再版，被看成是黑色幽默的代表作，成为后现代主义的一部经典名作,而"第二十二条军规"也成了一个美国成语,被当成专制权势的象征。虽然之后约瑟夫·海勒还发表了很多作品,但作为处女作的《第二十二条军规》无疑是文学价值最出色的一本。而初出茅庐的编辑——戈特利布和发表处女作的作家——海勒之间的密切合作也成为文学出版史上的一段佳话。

1968—1987年:克诺夫时代——大展宏图

1968年3月1日,永不安分的戈特利布因对现状不满,带着托尼·舒尔特、尼娜·博尼等得力干将,从西蒙与舒斯特出版社转投到克诺夫出版社。克诺夫1960年合并到兰登书屋,而此时创始人阿尔弗雷德·A.克诺夫已经逐渐淡出,作家的年龄在逐渐变大,创作高峰已过,而那些为克诺夫发现精彩作品的优秀编辑也逐渐变老,后继乏人,断层出现了。戈特利布的跳槽适逢其时,在许多出版公司向他抛出橄榄枝的同时,兰登书屋开出了对手难以拒绝的诱人条件,因而如愿以偿。兰登总裁罗伯特·伯恩斯坦对戈特利布说:"别人可以给你提供一份工作,而我可以给你提供一个出版公司。如果你能来,克诺夫出版社就是你们三个的了。"兰登的老板贝内特·瑟夫也认为戈特利布是一位非常强势、有魅力的出版人,熟悉自己的业务,绝对是最佳人选。

戈特利布先是担任克诺夫的总编辑,1973年开始又担任其出版人。随之而来的不仅有对他忠心耿耿的一些老部下,还有与他关系密切的一大批顶级作家。在戈特利布网罗的知名作家里,除了约瑟夫·海勒,还有小说家托妮·莫里森(1993年诺贝尔文学奖得主)、约翰·契弗、V.S.奈保尔(2001年诺贝尔文学奖得主)、迈克尔·克莱顿、约翰·勒卡雷、玛格丽特·德拉布尔、多丽丝·莱辛(2007年诺贝尔文学奖得主)、历史学家芭芭拉·塔奇曼、安东尼·弗雷泽和罗伯特·A.卡洛（2003普利策传记奖得主），以及散文家乔纳森·夏伟、珍妮特·马尔科姆、雷纳塔·阿德勒等人。

作为全美最负盛名的出版公司，克诺夫通过出版大量高品质的图书赢得了销量和声誉的双丰收。戈特利布入主后，经过多方考虑，在保留这些优良传统的同时，又加强了商业小说和热点名人传记的出版力度，而使得出版社的经济收入更上一层楼。同时，他也达到了自己出版事业的巅峰，成为20世纪下半叶美国出版业的标志性人物。

戈特利布曾向《纽约时报》"书评版"的托尼·施瓦茨解释道：作为克诺夫的总编辑，他选择图书的原因只是基于他是否喜欢它们，而不是试图"迎合那些抽象的营销理念"。他又提到：他曾拒绝过很多具有商业潜力的图书，因为他认为它们缺乏强烈的"个人独特的声音"，而这正是克诺夫的读者群最为珍视的东西。1973年，戈特利布被任命为出版人后，夜以继日地工作，不仅在工作时间努力处理出版业务，甚至夜间和休息日的时间都被审读稿件所占据。高强度工作的结果是他将克诺夫的控制权牢牢地抓在了自己的掌心。即使这使得他显得有点独断专行，但仍有大量年轻而富有天赋的编辑被他独特的个人魅力所吸引，在他所促成的这种非正式的、集体主义色彩浓厚的氛围中勤奋工作着。

和克诺夫签约的作家们都提到，戈特利布有一种善于发现他们手稿的弱点，并总能以不同寻常的诚实与委婉劝说他们修改原稿的独特天赋。而他本人却对自己在图书出版过程中所做的巨大贡献十分谦虚低调，以非常中肯的观点来看待他的编辑角色。他认为，"一个编辑本质上从事着一种服务的工作"，为的是"帮助作者完美表达他的构思"。他对施瓦茨说："我不认为编辑是一种最具创造性的天才，那是难以企及的……人们从我身上发现的作为编辑的那些品质，譬如眼光啊、善意啊、品味啊、耐心啊,以及旺盛的精力啊什么的,这些都没什么了不起!我对这些素质反倒不看重……我其实只做了一件事,那就是保护和培育艺术家的才华。我的工作就是呵护这些美妙的天才。"

戈特利布在亲自看稿改稿的同时,还承担繁重的组织工作。在引进那些富有创造力的当代作家的同时,他还引进年轻编辑,消除内部矛盾,构建欣欣向荣的编辑群体,使大家感觉像生活在一个欢乐的大家庭里一样。曾任哈珀·柯林斯总裁的简·弗里德曼1968年进入克诺夫时只是版权部的一名录音打字员,她在此度过了她人生最重要的成长期。她回忆说,她感觉那时就像生活在梦幻世界里一样。

如鱼得水的戈特利布打造了自创始人克诺夫夫妇当政以来的又一个"黄金时代"。1984年11月,为表彰戈特利布对出版业的贡献,国际作家组织P. E. N.授予他"笔会出版人奖"(P. E. N. Publisher Awards),理由是他"为世界文学以及作家的自由和尊严所提供的特殊而长久的服务",他被褒扬说"提供了一流出版公司所应具有的标准"。

1969年:《天外来菌》——兼爱通俗

在坚持严肃文学品位的同时,戈特利布出于商业性的考虑,也不掩饰对大众文化和通俗小说的偏爱,擅长编辑这些所谓"好的烂小说"。比如他从西蒙与舒斯特出版社带来的迈克尔·克莱顿变成了超级畅销书作家,而约翰·勒卡雷也转投其门下,给克诺夫带来了滚滚财源。

有"间谍小说第一人"美名的英国畅销小说家约翰·勒卡雷1961—1968年在美国出版了5部小说,其中1964年的《冷战谍影》荣登美国文学畅销书榜第一名。戈特利布一到克诺夫,就千方百计把他招之麾下。从1972年到2009年,他在美国出版了12部间谍小说(除了最后一部在斯克里布纳出版,与克诺夫同在兰登书屋旗下)。由于其巨大的声誉和销量,光《夜班经理》(1993)一本书的北美精装书和平装书版权,克诺夫

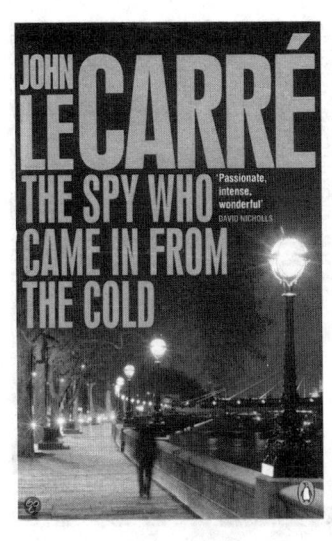

《冷战谍影》书影

就支付了 500 万美元，在当时是一个天价数字。戈特利布一直是勒卡雷的责任编辑，即使他离开克诺夫期间也不例外。勒卡雷相信戈特利布提出的意见和建议，乐于重写他的小说。他曾说过：在所有重大问题上，戈特利布总是对的。他认为戈特利布对《完美间谍》的修改真是独具慧眼，被对方删掉的那些语句仍然时时让他感到脸红。有趣的是，与勒卡雷工作时，戈特利布总是往小说里加逗号，而他总是把逗号删除，但双方互相了解对方的特点。在双方的共同努力下，《锅匠、裁缝、士兵、间谍》荣登 1974 年美国文学畅销书榜第 4 名，《模范生》是 1977 年的第 4 名，《伦敦谍影》是 1979 年的第 10 名，《鼓女》《完美间谍》是 1983 年的第 4 名，《红场谍恋》是 1989 年的第 7 名。

2008 年 11 月，被称为"科技惊悚小说之父"的美国著名畅销书作家迈克尔·克莱顿因癌症去世，享年 66 岁。他的书已被译成 36 种语言，畅销书几乎本本被好莱坞搬上银幕，在全世界拥有亿万忠实读者和影迷，而其中大家最耳熟能详的就是《侏罗纪公园》。1969 年之前，他曾经用笔名发表了几部小说，但并不成功。1969 年他用本名出版的畅销书《天外来菌》（又译《安德洛墨达品系》），卖出了电影版权，巨大的成功使他下定决心弃医从文。这部作品使他成为美国最成功的小说家之一，从此克莱顿写出了一部又一部畅销小说。而这一切与戈特利布的努力是分不开的。1968 年，经代理人琳恩·内斯比特的推荐，克莱顿将用本名发表的第一部小说《天外来菌》寄给戈特利布。戈特利布用最快的速度看完稿子后,建议他完全推倒重写。等他返工之后,戈特利布看完后又建议他重写其中一半的内容,而克莱顿也完全照办。稿子初步成型后,戈特利布又建议他在人物描写上不要太过面面俱到,使其变成纯粹的文献记录,以及作品应该客观,不带个人色彩,等等。在戈特利布的精心打造下,克莱顿逐渐形成了自己的小说特色:想象大胆,思维敏锐,叙事宏大,语言简洁;情节诡秘,悬念不断,高潮迭起,扣人心弦。商业上的成功也不在话下了。1969—1999年30年间,迈克尔·克莱顿在克诺夫出版了22本小说,为其带来了滚滚财源。有趣的是,1997年简·弗里德曼执掌哈珀·柯林斯之后,克莱顿在她的感召下于2001年转投哈珀·柯林斯。他们签订了两本图书的出版协议,预付款总额高达4 000万美元。

"科技惊悚小说之父"迈克尔·克莱顿作品《天外来菌》

1982年:《简·萨默斯日记》——慧眼识莱辛

2007年10月11日,瑞典皇家文学院宣布将诺贝尔文学奖颁发给英国女作家多丽丝·莱辛,瑞典文学院在颁奖词中,称莱辛是"女性经历的史诗作者,用怀疑主义、才华激情和预言的力量,来审视被割裂的文明"。颁奖词还提到莱辛的小说《金色笔记》,"在20世纪那些描述男性女性关系的作品中,是开创性的"。由《金色笔记》而一步步走向文坛巅峰的多丽丝·莱辛,在美国最应感激的人无疑是戈特利布。

当《金色笔记》第一次在美国出版的时候,莱辛女士仍不知名。因此，这本书只卖出了 6 000 本。"但是那是非常有效的 6 000 册，"作为该书责任编辑的戈特利布在事后接受采访时说，"正是这 6 000 册起了作用，读过它的人都被它触动，这使她在美国成了著名作家。"继《金色笔记》之后，戈特利布便成为莱辛作品与美国读者见面的桥梁，他们的友谊与合作再也不曾中断过。

20 世纪 80 年代初，多丽丝·莱辛又接连写了两部长篇小说，一是《一个好邻居的日记》，一是《假如老人能够……》。她想试试是她的名气还是她的作品在起作用，就让她的代理人匿名投给了英国伦敦的两个大出版商——乔纳森·凯普出版社和格拉纳达。两者虽然以前出版过她的许多作品，但都没有想到她是这两本手稿的真正作者，竟拒之门外。乔纳森·凯普认为书稿很不错，只是不太具有商业前景。而格拉纳达的意见则是主题"太消沉"。有趣的是，为保证这个"实验"的成功，第一本"简·萨默斯"小说投到乔纳森·凯普时，没有被送到莱辛原先的责任编辑汤姆·麦奇勒的手中，而是给了另一个位置更高的编辑。

最终，这两部书稿又被代理人转投到莱辛原先的出版商迈克尔·约瑟夫手里。迈克尔·约瑟夫决定保守秘密，冒险一试。这两本书分别于 1983 年和 1984 年出版，署名"简·萨默斯"（Jane Somers）。书皮上只是介绍说："简·萨默斯是一个著名女记者的笔名。"结果，这两本书每本只卖了 1 500 册。

当 1982 年戈特利布出访伦敦时，代理人又以同样的方式把书稿拿

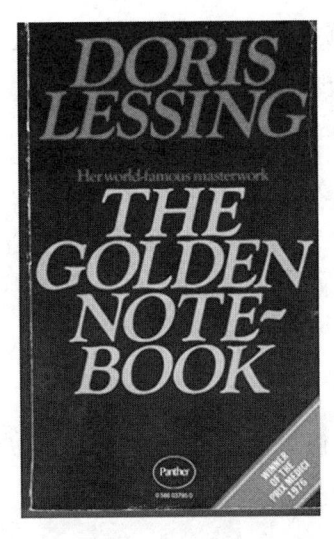

多丽丝·莱辛《金色笔记》

给他看。作为莱辛的密友,他一眼就看出真正的作者就是莱辛。他说:"我刚一读就大笑了起来,因为这个笔调对我来说太熟悉了。"戈特利布对其同事一直保守这个秘密,克诺夫把这两部小说和其他新人的作品同等对待,分别于 1983 年和 1984 年出版。因为没有作家的名字或其他著名的噱头来促销,这两本书评论寥寥,销量一般,才各自卖了 3 000 册。而以前署名莱辛的著作,光精装本的每本销量就在 15 000—30 000 册之间。而《金色笔记》当时已经卖了 90 万本。戈特利布事后评价说,这是实实在在的 3 000 册。

后来,莱辛将《一个好邻居的日记》和《假如老人能够……》这两本小说合成一册,以《简·萨默斯日记》为名交给乔纳森·凯普出版社出版,让后者尴尬万分,真相才得以大白。

1987—1992 年:《纽约客》时代——人生五味

在历尽出版界 30 年之久的风雨彩虹之后,1987 年,戈特利布又以接受《纽约客》杂志主编任命的方式震惊了美国出版界,但 5 年之后,他被老板认为"难担此任"而黯然离职。从戈特利布编辑生涯的这一艰难的转身,我们也看到一个成功的图书总编辑,并不能很好地演化为一个成功的杂志主编。天才只是在特定的区域内才发挥出夺目的光彩。老板和编辑的不满看起来对他不太公平,但这是《纽约客》,美国乃至世界上最好的杂志之一,不是别的一般杂志,既然坐在了主编这个位置上,就如同坐在火山口上,免不了被"苛求"。但不管怎么说,他也因位列《纽约客》主编的"皇家阵容"而闻名一时,不容抹杀。

在担任《纽约客》主编的同时,他还忙里偷闲,满足了自己的爱好,做了自己擅长的图书编辑工作,他认为自己并没有真正离开克诺夫。戈特利布对庸俗的工艺品有偏好,有收集女士塑料包的爱好,1988年因此还出版了一本《特别的风格:塑料包的艺术(1949—1959)》。他力劝约翰·契弗把他所写的小故事集成一本有趣的书——《约翰·契弗短篇小说选》,作者因此而获得1979年的普利策文学奖。1991年,他又一鼓作气,编辑了《约翰·契弗日记》。总之,他擅长把他的喜好和他的编辑职业紧密地结合起来。

1987年:《纽约客》——艰难的转型

成立于1925年的《纽约客》杂志由哈罗德·罗斯一手创办,作为真正的作家杂志,该刊鼓励优良的创作以及深刻的报道,有时为了坚持其高端的品位甚至不惜牺牲自己的部分读者,多年的敬业经营使得这份周刊获得了广泛的声誉和独一无二的地位。作为执掌这家杂志长达30年的总编,威廉·肖恩缔造了近乎传奇的杂志事业。在被他吸引到这份杂志里来的闪闪群星中,约翰·厄普代克、安·贝蒂、约翰·麦克菲、乔纳森·夏尔、约翰·契弗、雷切尔·卡森等著名作家赫然在列。除了敏感的文学嗅觉,肖恩更有广泛的兴趣面以及对新兴的社会政治趋势的准确把握,他将杂志塑造成了包含诗歌和短篇小说、漫画、政治报告文学、全球性问题评论、人物介绍,以及散文等诸多文学形式的兼容并蓄的思想乐园。这份涉猎广泛、内容深刻、制作精良的杂志一时间成为"舆论领袖"们人手一册的必备读物。

但是1985年《纽约客》被传媒大亨S. I.纽豪斯(此前他收购了兰登书屋)收购后,其魅力在读者和广告商中间便开始大大缩减,甚至批评之声也接连不断。一些读者指责杂志的内容越来越枯燥,而版式和封面也变得呆板和公式化。为了应对这样的不利局面,纽豪斯派出了年轻且富有朝气的出版人——史蒂芬·弗罗里奥出马,希望能依靠他来遏制广告收入的下滑态势,同时采取策略劝说已79岁高龄的肖恩退休回家,颐养天年。

纽豪斯公开宣布,肖恩将于 3 月退休,继任者是戈特利布,而不是肖恩原先选定的接班人——副主编查尔斯·麦格拉思。出于义愤,肖恩否认他曾同意在 3 月退休,郁郁寡欢的他死于 1992 年。深信肖恩被纽豪斯羞辱的《纽约客》员工们,发起了声势浩大的抗议活动。他们把矛头对准了貌似与纽豪斯一个阵营的戈特利布,包括著名作家麦克菲、贝蒂、罗杰·安吉尔、卡尔文·特里林,甚至隐居的 J. D.塞林格(《麦田守望者》的作者)在内的 150 名老搭档们起草了一封信给戈特利布,敦促他拒绝任命,并在信中重申,他们深信,只有熟悉杂志的核心成员才能使《纽约客》走向成功。但戈特利布在随后一封简短的回信中拒绝了这一要求。

入主《纽约客》后,戈特利布立即展开了对肖恩旧将的安抚工作,但在管理上却采用了比前任更为严格的方式,他变得比以前更容易让作家亲近,并让一直很受欢迎的麦格拉思担任了二把手。他将头两年的工作目标定位在让《纽约客》的老读者们安心,《纽约客》将继续以往的特色,不改初衷。这位新任的主编更喜欢设计活跃丰富并包含更多漫画风格的杂志封面,还要求将选题范围扩展得更加广泛。对于每周的"本城闲话"(Talk of the Town)栏目,他倾向于将其文化内涵覆盖在更为年轻的读者身上。此外,戈特利布减少了杂志的新闻性,同时延续了肖恩时代就开始的重视优秀原创作品的传统。他大胆聘请了一些新的评论家,包括特伦斯·拉夫荻的影评和书评、米弥·克莱默的戏剧评论、霍莉·布鲁巴赫的时尚评荐、亚当·高普尼克的艺术评论,以及康妮·布鲁克的商务评论。他还向评论界以外的人士敞开怀抱,吸收了众多优秀的知识分子参与杂志创作,包括流浪汉问题专家乔纳森·科佐尔、外交事务专员雷蒙德·邦纳和弥尔顿·维奥斯特、美国联邦储备委员会事务专家威廉·格雷德。或许这些就是戈特利布在《纽约客》中最成功的举措,但同时他也设法挽留那些在肖恩时代就签约的杰出的作家们。

《纽约时报》的观察员埃里克·佩斯在肖恩的讣告中这样说道:"戈特利布对肖恩在《纽约客》里遗留的精神遗产的保护要远远多于摒弃。"但就是因为戈特利布过于小心谨慎,生怕被人认为是破坏《纽约客》的元凶,在不知不觉中变成了走肖恩路线的"活木乃伊"。在他担任主编5年之后,《纽约客》的传统已经不再符合潮流,也吸引不了年轻读者了。到1992年夏天,《纽约客》到了垂危濒死的境地,纽豪斯又一次采取突然袭击的方式,解雇了戈特利布。

戈特利布是在日本的电视上看到了自己被解职的新闻的。继任者是原《名利场》的主编蒂娜·布朗,她使《纽约客》走上了更为时尚的路线。纽豪斯想要的是全新的《纽约客》,迪尔德丽·卡莫迪在《纽约时报》这样评论道:"很显然,戈特利布并没有实现他老板的意愿。"纽豪斯认为戈特利布没有把握住这世上再难寻的好平台,这种想法也得到了他本人的证实。戈特利布沮丧地说道:"我不想让任何人认为我受到了不公正的待遇,他(纽豪斯)对我已经极为慷慨了。"甚至很多《纽约客》的员工也对戈特利布的离去感到遗憾,"他已经得到了很多人的尊重"。

1992年至今:作家编辑两相宜

在《纽约客》工作期间,戈特利布一直担任克诺夫出版社的编辑顾问(consultant editor)。被解职后,他重返克诺夫,担任名誉总编辑(general editor at-large)一职,作为作家和编辑继续活跃着。忙碌一生的他,现在终于有时间来将自己的爱好转化成文字与读者见面了。出于对爵士乐的迷恋,他编辑了《品读爵士》一书,又因自幼以来对芭蕾舞的热爱和职务的便利，他创作了《乔治·巴兰钦——芭蕾舞之王》，以及米凯亚·巴瑞辛尼科夫和"舞蹈皇后"玛歌·芳登的传记。与此同时，戈特利布还不免技痒，编辑了《华盛顿邮报》老板凯瑟琳·格雷厄姆和美国前总统克林顿的个人传记，整理出版了《鲁雅德·吉卜林故事选集》，还与他人合编了一本《品读情诗》。20 世纪 90 年代末以来，戈特利布成为纽约芭蕾舞剧团的董事、《纽约观察家》杂志的舞蹈评论家和《纽约时报书评》的特约撰稿人。

1996 年：《品读爵士》——爱做乐事

戈特利布开始编辑《品读爵士：从 1919 年至今的自传、报告文学与评论之合集》一书，动力来自他对爵士乐那虽姗姗来迟却极其浓郁的激情。为了这本书，他收集了数百名爵士乐手的资料并阅读了几乎所有关于此流派的文章。1996 年，戈特利布在《访谈》杂志的采访中对记者英格丽·西斯奇谈道，几年前在唱片店购物时与朋友关于爵士乐手的交谈促使他开始收集爵士乐唱片。"用自我强迫的方式，我迷恋上了爵士乐。""我就像一条猎犬一样，拼命地发掘爵士乐资料，即使只是只言片语，只有一星半点的联系，我都要把他们整理出来。"

他同时也开始大量阅读已出版的爵士乐相关书籍。"那些有关爵士乐历史的图书，通通空洞无趣，丝毫不能打动读者。"他对西斯奇说道。于是，他决定自己来编辑一本"品读爵士乐"的图书。这部 1 000 多页的鸿篇巨制包含了 150 多篇摘自其他图书、杂志、报纸的文章，

戈特利布编纂《品读爵士》

还有长篇自传作品中的摘要、唱片护封上的说明文字，几乎涵盖了自 1919 年至 1996 年间所有有关爵士的话题和爵士音乐家，如比莉·郝乐迪、路易斯·阿姆斯特朗、迈尔斯·戴维斯、查理·明格斯、贝西伯爵、阿妮塔·奥黛、阿蒂、肖、莱昂内尔·汉普顿和卡伯·卡罗威等人的自传体作品。戈特利布将所有这些内容融合在一起，在他的驾驭之下重新加以整合，分成自传、报道、评论三部分，并分别为每一部分添加介绍和序言，使之成为一部思考爵士乐的佳作。

《纽约时报》书评影评人彼得·克普纽斯称《品读爵士》一书"内容丰富，思想深刻"。参与编纂的邦妮·斯莫泽斯断言："此书字字珠玑，千金难易！"弗兰克·麦康奈尔在《公益》杂志上热情地赞扬道："这不仅是我看过的最好的爵士乐图书，而且是一本第一次令人真正满意的爵士乐评选集！"他指出："入选的音乐家全都是有代表性的。"虽然市面上有着"不实用，价格高于其本身价值"等评价，但戈特利布发掘并拯救那些默默无闻音乐家的事实得到了应有的赞扬。他还认为该书"简约而不简单，缜密而妙不可言！""对于那些不知'爵士乐'为何物的读者，此书是一本不可或缺的指南……这太让人欣喜了！"

1997 年：《个人历史》——大显身手

在戈特利布回到克诺夫做名誉总编辑后，便开始致力于与格雷厄姆夫人(《华盛顿邮报》的出版人)合作，编辑她的回忆录。作为《华盛顿邮报》出版人的女儿，凯瑟琳·格雷厄姆本来致力于相夫教子，因丈夫自杀不得不被推到报业的前台，因毅然报道"水门事件"而大放异彩。这样的名人自传绝对值得接手编辑。不久，戈特利布就频频去华盛顿，与格雷厄姆夫人一起参加芭蕾舞会。曾是格雷厄姆夫人调研员的伊芙琳·斯莫尔微笑着说，戈特利布光着双脚在格雷厄姆夫人的公寓里，边走边改完稿件。虽然回忆录字字都出自格雷厄姆夫人之手，但戈特利布大胆地修改了她所写的每一句话,使该书的中心聚焦于她个人生活中有关人性的故事。最后的完稿,让读者有种与格雷厄姆夫人面对面聊天的亲切感。

《华盛顿邮报》的一些朋友建议格雷厄姆夫人书的开头应采取特殊的记叙方式,这是新闻工作者常用的手段。但是,戈特利布让她还是以她父母的婚姻和她艰难的儿时生活这些简单的内容开头。从边缘性的女儿到妻子角色,再到站在国家政治舞台中央的新闻媒体掌舵人,她这一生的轨迹令人感叹,而书中的叙述却显得简朴。1997年,该书以《个人历史》为名出版,随后成为畅销书,并获得1998年的普利策奖。

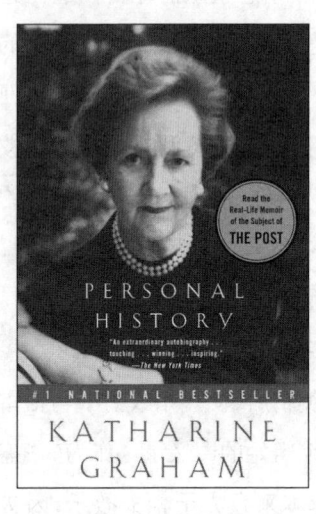

格雷厄姆夫人《个人历史》　　克林顿《我的生活》

在格雷厄姆夫人为本书撰写的序言当中,罗伯特·戈特利布和伊芙琳·斯莫尔是她重点感谢的两个人。她认为,如果没有戈特利布的帮助,她将无法完成这本自传。她说:"罗伯特·戈特利布是我在1978年最早与之谈论写作这本书的人,他从《纽约客》回到克诺夫,成为我的责

任编辑。他本着认真和严肃的态度对书稿的重复部分和前后顺序做了大刀阔斧的修改,在书稿的空栏内,我时常看到'我们不需要这些'的字样,甚至对我认为有趣的地方也予以删节,他认为那些内容对书稿并不起太大的作用。我真的对被删掉的一页又一页感到惋惜。有时,当我确认应保留的内容时,鲍勃也大度地满足了我的要求。"

2004年:《我的生活》——总统为我工作

2001年初美国总统克林顿一卸任,自传的撰写就提上了议事日程。据有关人士分析,克林顿执掌白宫八年,经历了各种各样的"故事"。经济上,他使美国经历了八年持续的繁荣;军事上,他曾出兵索马里、南联盟;而个人生活上,他和白宫女实习生莫尼卡·莱温斯基的性丑闻闹得沸沸扬扬,使他在美国国内外知名度空前。也正因为如此,人们普遍期待着克林顿的传记问世。而克诺夫出版社对他也寄予了很高的期望,预付给克林顿的版税高达1 000万美元,一举刷新了美国非小说类图书稿酬的纪录。在正式发行之前,第一版的150万册已经被预订一空。但从历次总统自传的出版来看,失败的例子比比皆是,传主拿走了巨额版税,而出版公司独吞苦果。因此,这本自传对出版公司和克林顿来说都是只能成功,不能失败。

这项编辑的重任就落到了戈特利布这个编辑老手肩上,他被克诺夫指定接受这项工作。他和克林顿并没有什么特殊交情,但是克林顿却对戈特利布编辑的格雷厄姆夫人的《个人历史》印象深刻。在刚开始接触时,克林顿告诉这位编辑,戈特利布能为他工作他感到很高兴,戈特利布则开玩笑说:"你还不了解,你是在为我工作。"对他来说,这只是又一个熟能生巧的"活儿",并不是什么了不得的大事,只是为他的编辑生涯又添了一本书的记录。

他俩的好奇心都极强,喜欢饶舌,知识广博,因此一拍即合。从一开始,戈特利布就称呼克林顿为"比尔",而不是"总统先生",而且刚开始他还向他的同事抱怨克林顿像一个聪明但不想做功课的高中生。其后,两人的关系日渐密切。当克林顿通宵工作的时候,戈特利布会带着睡衣到克林顿家里。或许正是戈特利布对雅文化和俗文化的同等热情,才使得他适合去编辑克林顿的书。因为克林顿是一个雅俗均沾的人,而戈特利布对二者同样欣赏。

作为克林顿的编辑,戈特利布对他既不偏爱,也不畏惧。从创作和编辑的角度,他比作者站得更高。他只是去掉他认为多余的部分,即使是克林顿写的东西也逃不过被删节的命运。一旦克林顿对自己成长过程中的电影、橄榄球或摇滚乐文化谈得过多,这些偏离主题的内容就会被全部删掉。最终,这位著名编辑把克林顿的 20 多本手写笔记压缩成了 957 页的传记《我的生活》。这本书随后在全世界售出 200 多万本,广受好评。

在书的前言中,克林顿由衷地向戈特利布致谢,他写道,"戈特利布是人类历史上最伟大的编辑",没有戈特利布的帮助,"这本书可能会写得是现在的两倍长,却只有现在的一半好"。克林顿还说:"与我的编辑戈特利布一起工作是件愉快的事,也是我一生中最有意义的经历之一。"戈特利布也声明说:"与克林顿总统一起工作是一种荣耀也是一种快乐,他的书令人惊奇——真实、吸引人、启示人。"

结　　语

如今,这位已入暮年的老编辑壮志不减当年,仍然笔耕不止,他从未曾真正休假过。他认为在他的生活中只有四件事情:工作、芭蕾、阅读、家庭。约翰·勒卡雷也说过,戈特里布一生有三个梦想:纽约市立芭蕾舞团、克诺夫出版社和《纽约客》杂志,而他已经实现了这些梦想。在10年前的一次采访中,戈特利布就认为在过去的40年里,自己只有10天完全没工作。他还开玩笑说:"在我的墓碑上应该写上——戈特利布,人事已尽(Robert Gottlieb, He Got It Done)。这并不一定是最高的称颂。但这绝对是我的动力——努力完成要做的事。"

(本书在写作过程中参考了迈克尔·科达《因缘际会》《畅销书的故事》,汤姆·麦奇勒《出版人:汤姆·麦奇勒回忆录》等图书。)

汤姆·麦奇勒

一位特立独行的出版家

章祖德

汤姆·麦奇勒(Tom Maschler,1933—),20世纪英国著名出版人。1933年生于德国柏林,1938年全家迁至奥地利维也纳。希特勒并吞奥地利后,身为犹太人的麦奇勒一家逃往英国。汤姆在那儿读完中学,考入牛津大学,却又放弃学业,仅揣5英镑游遍美国。此后当过导游,服过兵役,随着电影导演梦的破灭,汤姆踏入英国出版业,因出版"愤怒的青年"的论文集《宣言》而初露头角,被企鹅书屋创始人艾伦·莱恩看中,去企鹅任小说编辑助理,其间策划出版的"英国新戏剧家系列"成为企鹅的品牌。随后受聘于乔纳森·凯普出版社,开始了他事业生涯中最辉煌的阶段。在他主持下,凯普先后出版了加西亚·马尔克斯、多丽丝·莱辛、聂鲁达等十余位诺贝尔文学奖得主的作品。他还是菲利普·罗斯、库特·冯内古特、托马斯·品钦、约瑟夫·海勒、约翰·福尔斯、萨尔曼·拉什迪、伊恩·麦克尤恩、马丁·艾米斯、朱利安·巴恩斯等一大批英美当代主要作家的出版人,并一手创办了英国文坛最重要的奖项——布克奖。

汤姆·麦奇勒在出版界特立独行,性格高傲,始终是个备受争议的人物,但不论是他的朋友还是他的敌人都不得不承认,他身上有一种本能,使他在业内如鱼得水,游刃有余。报界评论说,倘若出版界没有汤姆·麦奇勒,当代英国文学将是一幅截然不同的景象。2000年英国《书商》杂志评选20世纪英国最有影响的十大人物,该刊形容入选的汤姆·麦奇勒是"英国最重要的出版人,最有创意、最富冒险精神,也最有新闻价值……他使出版业充满魅力,他为这一行业所创造的光环,至今未曾泯灭"。

2000年末,英国《书商》杂志评选20世纪英国最有影响的十大人物,该刊形容入选的汤姆·麦奇勒是"英国最重要的出版人,最有创意、最富冒险精神,也最有新闻价值。在近20年里,他使出版业充满魅力,他为这一行业所创造的光环,至今未曾泯灭"。但汤姆·麦奇勒的名字在我国业界却显得十分陌生。作为英国一家中等出版社——凯普出版社的社长,他何以能得到如此高的评价,这是值得我们好好做一番研究的。

汤姆·麦奇勒1933年生于柏林,父亲是一位小有名气的出版商,性格直率、循规蹈矩,母亲却生性浪漫、不合传统,小汤姆身上则两人的性格兼而有之。1938年,麦奇勒全家迁至奥地利维也纳;希特勒吞并奥地利后,身为犹太人的麦奇勒一家逃往英国。汤姆幼时生活清贫,6岁那年就读于一所乡村学校,4年后得到一笔助学金,得以去贵格派创办的私立寄宿学校读书。汤姆从青少年起就不是安分守己的书呆子。他12岁时整个夏天寄宿在法国农民家里学法语,暑假结束时独自从法国回到英国。中学时为了能去以色列,便直接给以色列总理本·古里安写信,要求其提供旅费,结果如愿以偿。中学毕业后考取牛津大学。当他知道自己能进这所古老的名牌大学主要是因为曾获网球和壁球冠军时,便毅然放弃学业,仅揣5

汤姆·麦奇勒的自传《出版人》

英镑(当时约合13美元)而游遍美国,还在《纽约时报》上发表了文章。回到英国后当了一段时间导游,攒了一些钱,又去军队服役,为抵制无聊的训练而宣布绝食,被送进疯人院关了一阵子。解除兵役后,他怀着电影导演梦去了意大利;在那里四处碰壁之时,邂逅了穷困潦倒的美国诗人哈罗德·诺斯。诺斯给他讲了许多文人的趣闻逸事,使汤姆对出版萌生兴趣。他回国后便应聘于安德烈·多伊奇出版社,在那儿审稿人弗朗西斯·温德姆成了他的出版启蒙老师。初入行当的汤姆·麦奇勒此时已显露出对文学作品的敏感和鉴赏能力。他无意中看到一份未曾发表的打印稿,署名为弗吉尼亚·斯蒂芬。他告诉弗朗西斯,自己被作品深深地打动了。后者称赞他有双慧眼,因为弗吉尼亚·斯蒂芬即婚后的弗吉尼亚·伍尔夫。他还认识了一个名叫科林·威尔逊的年轻人,看了他刚完成的书稿。书稿中出色的思辨和明晰的观点,汤姆·麦奇勒深受吸引,又倍感愉快。这本书便是后来使科林·威尔逊一举成名的《局外人》。但汤姆在安德烈出版社得不到重视,只是个记录印刷用纸库存的"印制经理",每周工资仅为6英镑,当他要求每周工资提高到8英镑而遭到拒绝时,便决定跳槽去一家有品位的小出版社麦吉本与基出版社担任编辑。第二次世界大战之后的英国社会与战前相比发生了很大的变化,许多中下层出身的知识分子有机会受到良好教育,但他们踏入社会后,却发现备受歧视,很难实现自己的梦想。他们不满"福利国家",不满社会不公和贫富不均,在生活中找不到自己的位置。这种愤懑与不满在一批被称为"愤怒的青年"的年轻作家的文学作品中得到充分的反映,他们一反乔伊斯、伍尔夫等大家单纯追求技巧、远离生活的创作倾向,这正好适应了战后文学发展从现代主义向现实主义转型的要求,表达了时代的心声,从而受到大众的欢迎。汤姆·麦奇勒凭着自己敏锐的嗅觉以及与这批作家思想上的共鸣,构想约请一批文学界居领军地位的年轻作家撰文，表明他们自己的观点，并通过此举影响社会和文学的发展方向。这本合集的撰稿人包括多丽丝·莱辛、肯尼思·泰勒、约翰·奥斯本和科林·威尔逊等，书名定为《宣言》。《宣言》的出版是"愤怒的青年"的一次集体呐喊。尽管这批年轻作家的政治立场和创作观点不尽相同，但该书系统地阐明了他们对社会不公正的抗议和诉求，对英国的社会和文化产生了巨大影响。该书出版后著名评论家菲利普·汤因比和西里尔·康诺利在《观察家报》和《星期日泰晤士报》分别发表热情洋溢的长篇评论。这使该书的销量达到 2 万册，对一本论文集而言，这一数字可谓非同寻常。《宣言》被译成法文、德文、意大利文、西班牙文和日文，是后人研究"愤怒的青年"的一份重要历史文献。《宣言》的出版使时年 25 岁的汤姆·麦奇勒在出版界崭露头角，媒体对他的青睐甚至招来了老板对他的妒忌。很快他进入了企鹅书屋创始人艾伦·莱恩的视线，被聘请到企鹅书屋担任小说编辑助理。

企鹅书屋以出版经典名著平装本起家，并取得极大成功，但这种出版模式并不十分符合麦奇勒标新立异的风格。他到企鹅书屋后便把注意力集中到一个特别的领域——戏剧。在麦奇勒到来之前，企鹅书屋的当代剧作目录上只有萧伯纳、克利斯托弗·弗赖伊和特伦斯·拉蒂根这些已有定评的剧作家。约翰·奥斯本的《愤怒的回顾》在伦敦舞台上连续演出 18 个月，掀起了一场戏剧革命，这些反映当代人现实生活的作品使观众耳目一新。在麦奇勒的倡议下，企鹅书屋出版了约翰·奥斯本的《愤怒的回顾》、阿诺德·韦斯克的《大麦鸡汤》、伯纳德·考普斯的《斯特普尼·格林的哈姆莱特》和多丽丝·莱辛的《每个人的旷野》。这一系列定名为"英国新戏剧家"，结果第一卷就售出了 20 万册。全系列将近 20 卷，成了企鹅书屋的一个品牌。但麦奇勒还是不甘心于企鹅的出版方式，一年半后（1960 年 5 月）一家具备文学出版传统的乔纳森·凯普出版社向他伸出了橄榄枝，这次他担当起了拥有出版发言权的文学主编角色。

按麦奇勒的说法，他是个运气颇佳的出版人。1960年，海明威在美国去世，其遗孀希望有人能把海明威年轻时在法国写的文章和当时他与朋友间的书信整理成书。这项工作阴差阳错地落在初来凯普出版社的汤姆·麦奇勒身上。他兴奋地全力以赴投入此项工作，其间他偶然发现海明威一批备选文章的清单，并据此编成一部书稿，这便是后来颇为读者称道的《流动的盛宴》。第二次世界大战后的美国文学在世界文坛上已举足轻重，凯普虽是一家以文学出版著称的英国出版社，但每年一次去美国寻找合适的文学作品已成了惯例，在麦奇勒到来之前已出版了海明威、尤金·奥尼尔和欧文·肖的作品。麦奇勒到美国的最大收获是结识了当代美国杰出的出版家西蒙与舒斯特出版公司的罗伯特·戈特利布，两人意气相投、一见如故。在戈特利布的帮助下，他用850英镑的预付金买下《第十八条军规》（后改为《第二十二条军规》），此书起先是推荐给英国另一家著名的塞克与沃伯格出版社的，却被他们以不适合英国读者口味而拒绝。《第二十二条军规》精装本在3个月内卖掉5万册，其销量甚至超过美国版，被评论界称为"英国式的成功故事"，这无疑给麦奇勒在凯普出版社的地位打下了坚固的基础，从此他在选题和经营上一发而不可收。他首次向英国读者介绍了加西亚·马尔克斯、托马斯·品钦、约瑟夫·海勒、汤姆·沃尔夫、库特·冯内古特的作品；在其主持出版社期间，多丽丝·莱辛、约翰·福尔斯、阿诺德·韦斯克、罗尔德·达尔、伊恩·麦克尤恩、朱利安·巴恩斯、马丁·艾米斯、萨尔曼·拉什迪等一大批著名作家成为凯普出版社的作者。汤姆·麦奇勒的目光没有停留在西欧和北美，他对拉丁美洲文学也情有独钟，除马尔克斯外，凯普出版社的拉美作者队伍包括奥克塔维奥·帕斯、巴勃罗·聂鲁达、博尔赫斯、阿斯图里亚斯、卡洛斯·富恩特斯、马里奥·巴尔加斯·略萨等，难怪他被富恩特斯称作"拉丁美洲文学先生"。在这长长的作者名单中，有16位是诺贝尔文学奖获得者。如此强大的阵容，不仅在英国出版史上，而且在世界出版史上，几乎也是绝无仅有的。当然，在争夺拉什迪的《撒旦诗篇》时，汤姆·麦奇勒面对作者经纪人50万英镑的开价而在竞价中败给了企鹅书屋，但也正因如此，这个幸运儿逃过一劫。

法国社会学家皮埃尔·布尔迪厄将出版社分为两大类：一类是"带动资金迅速回笼、快速淘汰图书"，另一类是"倾向长期前景……希望图书再版，以便不断吸引新的读者"。如果说上面提到的凯普出版社的纯文学类图书大多着眼于后者的话，那么汤姆·麦奇勒还做了一批属于前一类的图画书和童书，由于其构思巧妙、营销屡出奇招，出版后收到了意想不到的效果。《蝴蝶舞会和蚱蜢宴会》是一本维多利亚时代的诗体作品。汤姆·麦奇勒请诗人威廉·普洛默重写文章，并由时任企鹅书屋艺

麦奇勒编辑出版的海明威《流动的盛宴》和约瑟夫·海勒《第二十二条军规》，不仅取得了非凡的市场业绩，也为他本人带来极大声誉

60岁生日派对时与伊恩·麦克尤恩在"石子山冈"

术总监的艾伦·奥尔德里奇构思配图,然后在一家费用昂贵的意大利印务公司用特殊油墨印刷图书。《星期日泰晤士报》的彩色增刊为《蝴蝶舞会和蚱蜢宴会》做了专题,并撰写长篇评论文章。该书被誉为"新绘画革命的基石",结果销售量达30万册。凯普出版社筹划的三维立体图书《人体》,其内容和艺术想象力受到评论家们的褒扬,被认为是非小说类立体图画书中最杰出的一本,在英国销售40万册,在别国销售100多万册;该书在哥伦比亚制作,为此哥伦比亚总统特地给麦奇勒写信,感谢他对该国经济做出的贡献。汤姆·麦奇勒还用5年时间筹划了一本名为《假面舞会》的图书,其构思独特,一经推出,仅在英国就销售60万册,并在全国掀起寻宝热潮。与此同时,一家美国航空公司还开发了飞往英国的"假面舞会"之旅,棋盘游戏和拼图游戏也以此为内容,明信片、杯子、陶器制品之类的衍生产品相继推出。这股热潮持续3年之久,电视台做了专门报道。汤姆·麦奇勒促成了著名作家罗尔德·达尔与插图画家昆丁·布莱克的长期合作,该事历来为出版界所称道。他筹划的、意大利画家英诺森提画的《匹诺曹》(即《木偶奇遇记》)成为当年博洛尼亚国际儿童书展的"展会之书"。此外,汤姆·麦奇勒还尝试出版传记、画册、摄影集,乃至烹饪书和家庭实用大全,均做得风生水起,取得不俗的成绩。

第二次世界大战以来,文学奖项的作用愈来愈为人们所重视,它不仅给作家带来极大的荣誉,鼓励他们努力创作更为优秀的作品,而且在很大程度上推动了文学作品的推广、普及。一部没有获奖的作品,可能只能卖掉5 000本,但获奖后却能卖掉5万本甚至更多。受龚古尔奖的启示,经汤姆·麦奇勒的倡议和努力,一家销售阿加莎·克里斯蒂和伊恩·弗莱明作品的布克兄弟公司给予了经济资助,设立了布克奖(现已改为曼布克奖)。该奖项的评审委员会有五名评委,每年设六部候选小说,评审一共三轮,最后选出一名当年获胜者。这个奖项自1969年以来,经多年运作,现已取得极大成功,在一定程度上影响超过了他们当时仿效的龚古尔奖,对英国和英联邦国家小说的繁荣和发展起着不可低估的推动作用。

20世纪60至80年代,汤姆·麦奇勒的事业可谓如日中天。他不仅和当时几乎所有当红的欧美作家以及拉丁美洲作家有交往,而且首版了许多作家的成名作。汤姆·麦奇勒毫不隐讳地宣称:"我们有最好的作者,我们的营销最为成功,我们的书也是最好的。"在法兰克福国际书展上,凯普出版社的展位前人头攒动,来自世界各地的出版社乐意接受凯普人推荐的任何作品,因为他们知道,凯普的出版物质量无可挑剔,市场亦有保证。他取得如此骄人的成绩,使他的出版物在20世纪60至80年代成为英国出版界一道亮丽的风景,据此我们可以领略英国战后出版黄金时期的盛况。然而从1986年起,凯普出版社的财务麻烦接踵而至,到1987年,凯普出版社被卖给了美国兰登书屋。又过了10年,兰登书屋老板纽豪斯把兰登书屋连同自己控股的这家英国公司一起出售给德国贝塔斯曼集团。汤姆·麦奇勒把这场交易称为"背叛"。其实凯普出版社的改换门庭在当时也不是个案,20世纪80年代,文化界的大新闻不是旷世巨著的亮相,而是出版界一连串的整合和并购。在社会经济变动的大形势下,许多历史悠久的名社不是因此消失,就是被大型出版社吞噬而降为出版事业部,其中不乏闻名遐迩的出版机构,例如西蒙与舒斯特、麦克米伦、斯克里布纳、利特尔·布朗等。这种并购的目的是要提高效率、降低成本,不过大型集团成立后的实际效益很可能与其初衷背道而驰。

在归入兰登旗下后,汤姆·麦奇勒仍领导着凯普出版社,就在2004年他的回忆录《出版人》问世时,他写道:"人们经常问我是否退休。的确,有不少人梦想着退休生活,但我并非如此。所以,我总是回答说,自己现在干的是兼职……我认为,自己所从事的出版生涯是多么令人振奋,我无法想象自己这一经历行将结束。"眼下,麦奇勒还在从事着一项极有意义的工作。他发起了一项慈善活动,通过募捐建立了一个汽车图书馆,即用一辆二手车装载了千余册图书送往南非和赞比亚的偏僻村镇,在那儿访问当地的学校、孤儿院及艾滋病防治院,通过讲故事、宣传阅读,举行义务演出和体育比赛等形式,激发当地儿童的求知欲,提高其阅读兴趣。他认为这是一项让当地居民增长知识、扩大眼界的有效措施,能帮助他们消除贫困。他甚至认为汽车图书馆比当年倡立布克奖更有意义。

自20世纪60年代初至80年代末,汤姆·麦奇勒是英国个性最鲜明、事业最成功的文学出版家,他把乔纳森·凯普出版社打造成一流的标志性出版社。他那目空一切、特立独行的风格使他始终被认为是一个有争议的人物。即使如此,不论他的朋友还是敌人都不得不承认,他身上有一种本能,使他在业内如鱼得水、游刃有余。报界评论说,倘若出版界没有汤姆·麦奇勒,当代英国文学将是一幅截然不同的景象。

汤姆·麦奇勒之所以能取得成功,首先得益于他对图书的热爱和专注。他没有上过大学,但在中学时代他的阅读量就远远超过同龄人。成年后,他眼界开阔,阅读广泛,目力所及几乎涵盖所有战后的英美文学和拉美魔幻文学。他加入出版行业时正是英国出版业的转型期,绅士型循规蹈矩的旧式出版人正在退出历史舞台,取而代之的是新一代出版人。他们有敏锐的眼光,动作果断,不达目的决不罢休,有时甚至"老脸皮厚,与书评人、文学编辑、销售商关系密切,逢人便把样稿塞在你手中"。麦奇勒就是新一代出版人的代表——其中的佼佼者。他一旦发现他喜爱的、打动他的图书,就会不遗余力去争取,任何困难也无法阻挡他,甚至不惜冒犯别人。他在筹划《宣言》时,最初,约翰·奥斯本和多丽丝·莱辛等人对这个冒失的年轻人都不屑一顾,但在他一再的鼓动和恳求下,他们终于允诺撰稿,使初出茅庐的汤姆·麦奇勒一下子取得了具有

多丽丝·莱辛在麦奇勒位于贝德福德广场的办公室里

划时代意义的成功，他出版的许多图书现都已成为家喻户晓的名著。其实，作者们起先并不一定都心甘情愿地把作品交给他，但在他的热情和信心的影响下，最终大都被他争取了过去。

汤姆·麦奇勒的成功还应归功于他的出版理念。他很少纯粹出于商业原因来甄选书籍或作者。他说，他只想出好书，出使他感动的书；好书能感动他，他希望也能感动其他人；至于此书能否获奖，或是否会产生多大的轰动，那不是他考虑的主要方面。他强调艺术家的力量应来自艺术家的内心，这是他最注重的品质。他是个精明老到的生意人，同时也是个无可救药的理想主义者，更是个真正懂得书之价值的人，他的出版社的红火只是对他独到眼光的一个预期回报而已。凯普出版社出版加西亚·马尔克斯的作品便是体现汤姆·麦奇勒出版理念的一个典型例证。他访问古巴时看到一部名为《没人写信给上校》的短篇小说集，作者当时名不见经传，寒碜得连将稿件从墨西哥寄往阿根廷的钱都不够。但汤姆·麦奇勒认定这是本好书。当时在英国出版翻译小说是件冒险

和加西亚·马尔克斯在一起

的事，经常无利润可言，然而他对马尔克斯的作品却一反常态地一次签了五本书的合约。合同上的前四本在英国都卖得不好，但第五本成功了，这就是使加西亚·马尔克斯后来获得诺贝尔文学奖的《百年孤独》。汤姆·麦奇勒凭着对选题的眼光，更凭着他的胆识和魄力来了个咸鱼翻身。出版成名作家的成名作是每个出版人都不遗余力去争取的，但敢于出版尚不知名的"小人物"的作品，才足以显示出版人的独特眼光和气魄。当汤姆出版沃尔夫、福尔斯、品钦等人的作品时，他们在文坛上都还默默无闻。从文学史的角度看，这些作品的价值和意义肯定会在历史的长河里得到证明，但在具体出版过程中，恐怕没有一本不是在博弈——理念、眼光、勇气、智慧。因此可以说，是汤姆·麦奇勒成就了这些作家在英国文学史中的辉煌，当然，他们也成就了汤姆·麦奇勒在英国出版史中举足轻重的地位。

汤姆·麦奇勒经常把他的成功说成是运气，这只是一种俏皮的托辞，实际上他始终有着敏锐的市场嗅觉。有一次他看到宾馆里有一些信纸，纸片上满是手写的诗和素描。当他知道这是著名歌手列侬的信手涂鸦时，立刻从中捕捉到了商机。他和列侬商谈出版时，后者语带讽刺，让他觉得自己对列侬无聊之作印象深刻显得很愚蠢。但汤姆·麦奇勒相信自己的判断，对列侬反复劝说和鼓励，使其信心十足地完成了汤姆构想的作品。凭着列侬当时的声望及其诗歌字里行间的幽默和独树一帜的语言，该书在英国和美国各销售了40万册，成为超级畅销书。《裸猿》的出版是其营销成功的另一个例子。动物行为学家戴思蒙德·莫里斯是电视节目上的红人，但他的学术著作每本却卖不到4 000册。麦奇勒建议他写一本名为《裸猿》的通俗作品，但莫里斯顾虑科学家写"通俗"书是不可饶恕的罪过。但汤姆·麦奇勒始终强调大众阅读的需求，告诉他"莫里斯"就是畅销的保障。该书出版后不仅在英国吸引了大批读者，而且向多个国家（包括中国）输出版权，报刊也竞相登载，《裸猿》词条被列入《牛津大词典》，更使他们兴奋的是诺贝尔奖获得者、动物学家尼古拉斯·廷伯根写了一封长长的贺信，感谢他们向大众普及了动物行为学，对科学普及做出了重大贡献。

"裸猿三部曲"风靡世界，中文版也深受读者欢迎

汤姆·麦奇勒认为，一本书的成功是出版社内部创造的，如果内部有足够的热情，最终这热情将影响外界。他说："如果我读一本书并喜欢上这本书，我会把我的热情转达给凯普的所有同事，然后再转达给销售团队——我会把使我个人产生强烈感觉的每一本书拿到销售讨论会上——参加会议的不仅是销售人员，甚至办公室秘书和前台接待人员也参加——他们是一群爱书的人。"麦奇勒在办公室被同事形容为"一个疯狂的天才，如同失控的风车"，而麦奇勒也认为他的同事们是一个独特的团队，他们"因为成为凯普的一分子感到激动"，他们的工作场所"是一个充满刺激的地方，让你每天总也待不够。各个层面的人无须要求就夜以继日地干活——往往一连数个小时而毫不在意"。在他手下工作的人会紧张得发抖，同时又被他的情绪感染，甘愿竭尽全力地为他工

作,"这地方感觉就像一个大家庭"。有这样一支对工作充满热情、恪尽职守的队伍,出版社自然会充满魅力,难怪凯普每年举办一次的派对,作家和经纪人总是争先恐后地要求参加,由此也不难理解凯普为什么拥有那么多出版资源了。

在凯普出版社工作了40年后,汤姆·麦奇勒于2004年出版了他的回忆录《出版人》。在书中,他以生动、坦诚、幽默的笔调回顾了自己的出版生涯,其中也穿插着许多文坛逸事和书业内幕,见证了他所经历的英国出版的全盛时期。该书出版后引来不少争议和批评,主要认为他狂妄自大、名实不符。但事实证明,汤姆·麦奇勒不愧为20世纪的伟大出版家,仅凭他筹划出版《宣言》,推出十余位诺贝尔文学奖获得者的作品,发现、介绍一批在当代世界文学史中的重量级作家和创立了布克奖,他就应该被载入英国出版史册。

金无足赤,人无完人,不管你多聪明、多敏锐、多了解市场,你的决策也不可能永远正确,幸运的人只是少犯错误、少受挫折而已。汤姆·麦奇勒曾这样评价自己:"我不一定需要比他人强,但我知道我与众不同。"综观他的出版生涯,这样的自我评价是恰如其分的。汤姆·麦奇勒的经历和感受对我国当前的出版,尤其是文学出版无疑会有一定的启示作用,尤其是在当前高度市场化和日趋激烈的竞争形势下,面对我们出版业出现的种种浮躁和肤浅,我们应该,也完全可以从中吸取教益。

照片由 Micheline Pelletier 拍摄

安德烈·西弗林

出版业：向美国学习，还是从美国的错误中学习

甘　琦

安德烈·西弗林（André Schiffrin, 1935—2013），美国著名出版人。俄国犹太人后裔，1935年生于巴黎，"二战"期间随父母逃亡到美国。60年代至80年代任兰登书屋旗下万神殿出版社社长，1990年辞职，创立非营利型出版社新出版社。2013年病逝于巴黎。作为编辑，其作者含萨特、福柯、帕斯捷尔纳克、霍布斯鲍姆、乔姆斯基等。作为作者，著有《出版业——跨国公司如何接管出版业并改变我们的阅读》《词与钱》及自传《政治教育——成长在纽约和巴黎》。

那是本精装小书。灰色封面，中央一枚藏书票图案奇异，在午后的光线下呼之欲出。我忍不住从架上取下来。书名字号很小：《出版业》。翻过深灰色环衬，是更小的书名和简单的出版社标识：V。再翻，小书才通过扉页上的副标题开口说话——跨国公司如何接管出版业并改变我们的阅读。

2001年夏天，我再次赴美求学。等待开学的那段日子，我在波士顿一家书店的二楼角落消磨了不少时光。那时我不可能想到，某个下午邂逅的一本书，会和后来的生活轨迹有什么暗合。

当时我正被美国出版业标志性刊物《出版人周刊》弄得只见树木不见森林，这本书适时出现，还树于林，并带给我历史视野。它以40年的圈内人经历，描述和分析了战后美国出版业的变迁。其发现是：日益强势的综合传媒集团的商业运营结构，改变了出版的性质，抽空了传统出版业的智性价值、美学价值和社会批评功能，使出版业沦为娱乐业的附庸，从而伤害了民主。作者安德烈·西弗林不到30岁就被兰登书屋创始人贝内特·瑟夫任命为其旗下万神殿出版社社长。30年后他"率众起义"，倒戈兰登书屋，1990年创立最早的非营利出版社之一新出版社。由他引发的行业地震，从"物种意义上"重塑了美国出版业景观。

想不到5年后，我受雇于那个V字所代表的沃索出版社，在其纽约分社工作。沃索以出版左翼思想家的著作著称，卢卡奇、阿多诺、本雅明、阿尔都塞、哈贝马斯、詹姆逊、本·安德森、齐泽克等都是它的作者，这在美国具有几乎刺目的批判色彩，而我的职责，首先就是把这个思想库变成现金流，以保障沃索批判的本钱。

深秋的一天，我忽然在办公室接到一个电话，是安德烈·西弗林的助理打来的,约我与西弗林先生共进午餐。对这个意外邀请,我很难说是喜大于惊还是惊多于喜,总之领略了一个特立独行的出版人的个人风格。

其实我一到沃索上班,就在样书架上找到了《出版业》一书,发现不仅有灰色封面的精装本,还有浅绿封面的平装本,都让人爱不释手。我查过发行数据库,发现累计销量居然高达3万册,版权卖出20多个语种(中文版由机械工业出版社2004年出版)。

西弗林广受好评的著作《出版业》英文版(2001)、中文版(2004)及《词与钱》英文版(2010)

那是个雨雪交加的日子。我从办公室沿小街步行到同在纽约苏荷区的新出版社。新出版社已不在书中描述的被弃置的房子,而是占了一幢不大的旧式建筑的一层。亚裔执行主编安迪前来迎我,带我参观开放式的办公空间,一路跟人打着招呼。安德烈终于出现。他身着深色呢大衣和羊毛围巾,扣子扣得中规中矩,那种饱经世故的沉稳,与周围轻盈的风格形成反差。他个子不高,和我握手时没有笑容,几乎省略了寒暄。

在一家泰式餐厅坐定后,他拿出一本书送我,是前些年他们出版的查建英的英文书《中国波普》。看来让他感兴趣的首先是我的中国背景,说不定还有新出版社和沃索既是同道又是对手的微妙关系。沃索总部虽在伦敦,其纽约分社已运行10多年了,与新出版社在选题和作者上均有交叉。

果然,安德烈开门见山:为什么沃索会请你来?听他把"你"字毫不掩饰地加重,我不禁笑道:也许沃索请我是个错误呢。我继而简述了与沃索的渊源,当然,也毫不犹豫地省略了漫长的考察、艰苦的面试和加倍艰苦的准备。他认真听,不加评论,但气氛变得轻松起来。

接着是典型的"出版人午餐",交换信息,谈行业问题,评论彼此书目,商讨合作可能。午餐,是纽约出版圈运转的秘密动力。作者与代理人、代理人与编辑、编辑与企划、编辑与发行人,都少不了午餐档的会面,难怪业内人士日常备览的其实是《出版人午餐》,一份会员制电子周刊。

席间安德烈不时叮嘱安迪要把谁谁介绍给我,这种独立出版圈特有的同盟感,让人温暖。有意思的是,在纽约,你会发现大出版社为其大而骄傲,而小出版社为其小而自豪。

"想出什么就出什么":出版业的天真时代

转年春天,我应邀去安德烈家中拜访。

他家位于纽约上城西,老式的褐石建筑,一架窄小的专用电梯缓慢升向16层。一出电梯,赫然就是客厅,两扇大窗几乎将半个曼哈顿尽收眼底。侧面是铺向屋顶的书墙,一扇小门开在底端,一位优雅的老妇人默然进出。我读过安德烈不久前出版的自传《政治教育》,断定那就是他二十几岁在剑桥读书时倾心的英国女子。也是从那部自传中,我得知安德烈是俄国犹太人后裔,父亲雅克·西弗林是法国异军突起的七星文库创始出版人,后携七星加盟法国最有影响力的伽利玛出版社,纪德、萨特、波伏娃等巴黎左岸知识分子一度是他家常客。安德烈5岁那年，希特勒进军巴黎，他们一家开始由卡萨布兰卡辗转来到纽约，经历了比电影《卡萨布兰卡》更少浪漫更多挫折的跨国逃亡，这也是艺术家夏加尔和杜尚、经济学家赫希曼、思想家阿伦特的"出纳粹记"。历史牌局的翻转，使童年安德烈见到阿伦特与父亲在家庭聚会中一晚又一晚的交谈，也使少年安德烈和母亲一起坐进阿伦特为制衣工授课的课堂。对欧洲犹太知识难民在美国挣扎的见证，无疑影响了他的精神成长史。

这一次，我和安德烈的话题从60年代的美国万神殿出版社和兰登书屋开始。

万神殿出版社是安德烈的父亲和德国出版人科尔特·沃尔夫（母亲为德国犹太人）流亡美国后共同创办的。"科尔特是最早在德国出版卡夫卡的人，也是最早把《红楼梦》译成德文在德国出版的人，后来是万神殿把《红楼梦》从德文译成英文出版。《易经》英译本也是万神殿最先在美国出版，出版时无人问津，60年代忽然被读者接受，精装本一印过百万……"安德烈惯用一种平铺直叙的语气说话，话说出来又带几分悬念，让人想追究一番。1912年夏，29岁的卡夫卡与28岁的好友布雷德从布拉格出发去魏玛度假，途经莱比锡作短暂停留，第一天在一家风月场所落荒而逃，第二天去简陋的印厂办公室拜访25岁的沃尔夫，开始了他们即将影响20世纪欧洲文学版图的合作。同年底，沃尔夫就出版了卡夫卡的第一本书《沉思》（又译《观察》）。这部依卡夫卡提议加大了字号排版也只凑出99页的精装短篇集，销售状况令人沮丧（首印800本直到1924年卡夫卡去世时仍未售完），却丝毫未减沃尔夫继续约稿的热情。次年沃尔夫在致卡夫卡的信中首次问起那篇关于"虫"的小说，1915年如愿以偿出版了它，这就是《变形记》。此后沃尔夫在卡夫卡生前身后相继出版了《判决》（1916）、《司炉》（1916）、《乡村医生》

(1919)、《城堡》(1926)和《美国》(又译《失踪者》,1927),成为卡夫卡最重要的出版人。后世人们可以看到,至少在出版方面卡夫卡是何其幸运,而沃尔夫被安德烈称为"最早在德国出版卡夫卡的人"又是何其当之无愧(上述文字引自彼得-安德列·阿尔特:《卡夫卡传》,张荣昌译,重庆大学出版社)。

安德烈说起万神殿历史如数家珍,追问后才得知他父亲50年代初便郁郁而终,并未给他留下任何资产。60年代,万神殿出版《日瓦戈医生》大获成功之际,卖给了瑟夫于1925年创立的兰登书屋。瑟夫在买下万神殿及另一个著名文学品牌克诺夫后,加上之前以出版美国文学见长的兰登,一下拥有了覆盖整个欧洲、美国和东方文学的组合。他很高兴延续这种联盟状态,让每个分支继续做他们想做的事,不指望赚大钱。这就是兰登书屋延续到70年代末的基本格局。

血液和家族传统往往以曲折的方式延续。安德烈靠奖学金完成了耶鲁大学学业后,又到剑桥求学。为照顾母亲,他一毕业就从伦敦返回纽约,在新美国图书馆找了份助理编辑的工作。不久,万神殿要找有国际联系的年轻编辑时,选中了他。那时候他已经意识到从事出版是从事政治活动(大学期间他曾积极参与民权运动)之外介入社会的理想通道,这符合他的自我期许,于是全心投入,两年后即被任命为万神殿社长。

"那时候出版社很小,只有十几个人,但贝内特完全信任我们,想出什么出什么。我也不觉得是为兰登书屋工作,而是为万神殿工作。那时真是出版业的天堂。"

鉴于当时美国社会的主流心态仍被麦卡锡主义恐惧症控制,安德烈在出版文学作品的同时,还热衷出版"挑战性观念"。他跑回母校剑桥,一本接一本签下读书时代的偶像蒂特莫斯、托尼、希尔、霍布斯鲍姆等欧洲左翼学者和思想家。他也尝试不同文化的历史，出版了一套"反教科书系列"，"试图挑战冷战偏见下的亚洲研究"。

"当时，我曾把瑞典文的《来自一个中国村庄的报告》译成英文在美国出版，通过小村庄里每个村民的生活，让美国人第一次用中国人的眼光看共产主义的中国，而不是 CIA 报告中的中国……"

安德烈说这话的时候，我忽然想到霍布斯鲍姆在《极端的年代》里的话："这个世纪激起了人类最伟大的想象，同时也摧毁了所有美好的设想。"

谈话中，我还留意到，安德烈脑子里有本印数账："玛格丽特·杜拉斯和安妮塔·布鲁克纳的小说都成了中等规模的畅销书，君特·格拉斯的《铁皮鼓》平装本就卖得更多了。"回忆起杜拉斯访问纽约时的情景，他还记得曾跟妻子开玩笑说：你晚宴的客人名单强过任何出版社的书目。终于，他发现60年代曾一卖数十万册的乔姆斯基的书，到70年代后期逐年下降。"图书销量是无法验证却准确之极的社会变迁统计"，他意识到时代变了。

"单本核算制"：出版业的管理时代来了

时代变了，兰登书屋的所有者也变了。兰登书屋本是家族公司，按美国法律，家族公司在大股东去世后会被课以极重的遗产税，这使人们倾向于把公司变成法人，因为法人不会死。兰登书屋变成法人后，于1965年卖给美国电子业巨头美国无线电公司。60年代，出版社卖给电子公司曾风行一时，电子公司本以为会赚大钱，很快发现事与愿违后，又纷纷把买来的出版社卖掉。但买得起兰登书屋的买家并不多，直到80年代初，才遇上媒体大王纽豪斯。其时，撒切尔和里根已各自开始执政，开启了持续至今风头不减的世界范围的新自由主义时代。

"一半出于天真,一半出于无知,谁也没去调查纽豪斯买下其他公司后到底做了什么,我们只是相信,既然他拥有世界上最好的艺术品收藏,既然他能多年资助他妻子的旅游出版,无疑也会兑现他对兰登的承诺:尊重编辑权独立。因为他公开表示收购兰登不是为赚大钱,而是出于对兰登书屋文化和智性价值的仰慕。"安德烈说这话的时候,语调一如既往,我却暗自惊讶那个出版业的天真时代竟离我们这么近。

"接下来发生的是,纽豪斯的经理人开始要求每本书都要赚钱,而且要马上赚,这就是'单本核算制',即每本书都要做一个盈亏表,不赚钱的书不赚钱的系列则没有出版的必要。相应地,企业一般管理费用被要求分摊,包括万神殿认为根本不必要的昂贵办公楼和高管层巨额年薪。"

"单本核算制"不过是今天出版业习用的财务管理制度。想不到,在它最初浮出历史水面的时候,曾具有那么强烈的对抗性和象征意味。

除了管理原则的分歧外,对安德烈和他的同事来说,麻烦还在于,"政治上,纽豪斯要求我们停止出版批判性著作,而要出更多的支持右翼的书,少一点左翼的书"。

"他们当时用的就是'右翼''左翼'这个词吗?"我问。

"他们最初用的就是这个词,后来赖账了。"安德烈答道。看来这些作为政治标签的词汇具有普世的敏感。

"纽豪斯个人政治上十分保守。他让兰登书屋支付巨额预付金给纽约地产投机商唐纳德·特朗普(即前任美国总统——编者注),以及在他的电视栏目'富人和名人的生活方式'中出现的显要朋友。他支付给南希·里根300万美元预付金,显然没赚回来。他甚至签了麦卡锡同党、辩护律师罗依·柯恩,只不过书未完成后者便去世了。最后,他终于雇用了银行家出身的意大利人维塔里,取代了老兰登掌门人罗伯特·伯恩斯坦。维塔里上任后公然声称他根本没时间读书。他的确不读书。在他摩天大楼的办公室里悬挂的,不是作者像或书影,而是他的私家游艇的丽照。他用十足的反智主义突出所谓的商业果断,他认为万神殿应该砍掉三分之二的书目,裁员三分之二,只出赚钱的书……那时候,我便和我同事说:算了,让它去吧。"

万神殿编辑集体辞职,成为美国出版史上罕见的抗议行动。成百上千的万神殿作者宣布与兰登书屋解约。一张当时美联社的新闻图片里,斯特兹·特克尔正举着喇叭向公众讲话,胸前挂的大牌子上写的是"挽救我们的万神殿",他身边站着历史学家阿诺·迈尔和小说家冯内古特。

具有讽刺意味的是,那个大刀阔斧的意大利银行家毕竟壮志未酬。1998年他被解职时《纽约时报》披露的兰登书屋利润率仅有千分之一,乃至人们怀疑是校对错误。作为对比,万神殿在安德烈主持的二三十年间,销售收入从百万美元稳步上升到2 000万美元,他离职不久就有两本书获普利策奖。

"那你是否怀疑过,当时的兰登书屋仅仅是用人错误,而不是结构问题。如果当年纽豪斯雇你来操盘,会不会皆大欢喜呢?"我问。

安德烈的回答肯定而巧妙:"不如打个比方。共产党的系统有政委,指导每个业务部门。集团公司相似,财务人员就是政委,指导原则是利润最大化、风险最小化。如果诗歌赔钱,很简单,砍掉。翻译书赔钱,砍掉。慢慢地,严肃类别越砍越少。所以这是个结构问题,根源就是商业野心。"

他继续说道:"这个结构拒绝冒险,因此新作者很难获得出版。一方面,它只关注畅销书和大牌作者,导致大牌作者被过度支付。另一方面,一旦发现小出版社出版了成功的作者,就用高额预付金把他们抢到手,导致小出版社的生存空间越来越局促。你看看曼哈顿的情况就知道,幸存下来的独立出版社已屈指可数。"

"那么你认为以利润为中心的制度设计到底使出版业丧失了什么?"

"丧失了翻译——人类观念的一大部分;丧失了独立出版社——理念多元化的来源;也丧失了政治批评——布什政府上台的前两年,没有任何大公司出过一本批评伊拉克政策的书,只有小出版社出。所以,说到底,我们丧失的是民主。"

新出版社诞生:逆流中的小船

安德烈接完电话,回坐到旧沙发上:"明天去芝加哥,就是和斯特兹一起工作,完成他的回忆录(*Touch and Go: A Memoir*)。他今年95岁了。"

记得我最早读到斯特兹·特克尔的《美国人谈美国》(原书名《工作》[*Working: People Talk About What They Do All Day and How They Feel About What They Do*])时,还是80年代初,那本书是当时很多中国人了解美国的最初读物,"口述史"这个词我就是从那儿知道的。

特克尔和安德烈的合作始于40年前。当时特克尔已是美国家喻户晓的广播明星,并开始跻身电视业。但因拒绝在麦卡锡调查中提供其他左翼人士的证据,他上了黑名单,丢了节目,也丢了工作。人生最黯淡的时期,安德烈鼓动他写书。第一本是关于芝加哥的口述史《断街》,此后一发不可收,陆续写作了关于大萧条的《艰难时代》、关于"二战"经历的《劫后人语》等一系列纪实杰作,被认为开创了"民间口述史"这一体裁,《工作》销量过百万,《劫后人语》获普利策奖。特克尔把这一切归功于安德烈,他公开声明:"我之所以写口述史,从头到尾都是安德烈的主意。40年来,作为编辑和同道,他一直是指引我的光。"

斯特兹·特克尔在新出版社推出的部分著作

  安德烈自传中有张照片,是特克尔和安德烈一起工作的场景:四壁是书,桌上是书稿,地点是安德烈家,时间是 1989 年,安德烈的转折关头。

  当媒体尚未在兰登书屋的哗变中醒过神儿来,一个崭新概念的出版社诞生,业界和公众舆论为之震动,这就是新出版社。特克尔回报给安德烈有力支持——他的新作《种族》,为这个名字叫作"新"的出版社赚来最初的生存资本。

  新出版社的新,在于非营利型的投资回报模式。出版社在运营上与一般商业出版社无异,只是其利润所得要全部再投入给出版社,因此可以合法获得基金会或机构、个人的资助。安德烈说:"很多年前我就相信,应该有一种类型的出版社,不必为股票所有者赚钱。我相信总会有人做,但没想到是我。"

  非营利型出版社在美国已有多年历史,但大多隶属大学或宗教组织。一旦新出版社将之引入商业出版,一下子启发了社会的想象力,人们纷纷效法，数目和多样性有增无减，尽管绝大多数是小型乃至超小型出版社，却大大丰富了独立出版的景观。现在，新出版社每年都能得到50—100万美元的资助，加上年销售额500万美元，足以维持一个20人的小型出版社每年出版80种新书。就这样，安德烈和新出版社坚守了16年，霍布斯鲍姆、乔姆斯基等著名学者一直是它的支持者，美国特有的基金会环境也发挥了不可或缺的作用。

然而，这16年间，出版业的产业生态却在日益恶化中。大型连锁书店巴恩斯·诺布抢走了独立书店的生意，沃尔玛超市又抢走了巴恩斯·诺布的生意；以《洛杉矶时报》星期日书评版为代表的全美一半报纸的书评版都因广告不继而停刊，剩下的即便是《纽约时报》书评版，也不再具有以往的权威性；广播节目中只有国家公共广播电台对书有兴趣，电视中与书有关的节目也只有奥普拉一枝独秀，但她和她的读者只对人生话题有回应；各种与书有关的奖项，无论是美国国家图书奖、美国书评家奖，还是普利策奖、诺贝尔奖，加到一起，都赶不上奥普拉的市场号召力。唯一能给独立出版社带来上升的销售曲线、惺惺相惜的读者群乃至对未来的信心的，只剩下亚马逊和互联网。

一个无情的数据是：全美56 000家独立出版社（包括营利与非营利）生产的78%的图书品种，销售额仅占市场总额的20%。也就是说，全美图书销量的80%都来自五大跨国传媒集团旗下的大型出版社。

小的是美的，小的也是艰难的。在新出版社幸存的同时，多少小型出版社在自生自灭，而幸存者的日子又何其艰难。

可眼前这个幸存者依然精神十足。或许意识到我们的谈话已进行了很久，他取来两杯水。

曼哈顿已是黄昏。我留意到书墙上有道金色的光带，像舞台的追光，扫过密林般的书脊。安德烈说过那是他保存的出版过的每一本样书。这些样书像一段段结绳记事的编年史,保存了美国半个世纪以来出版业的信息。遥想当年,他的脚下曾是行业的大船,那船从他的父辈和整个西方知识传统中驶来,赶上六七十年代的激进时代,曾有过一番乘风逐浪的气象。其后,大船易主大潮转向,他首当其冲并断然出走,选择了小船,选择了逆流,继续他的航行,越行越孤独。转眼间,翩翩少年已是苍苍老者。

出版:精英的行业,还是众生平等的行业

其后,越来越多的事实表明,兰登书屋的早期并购仅仅是一场大戏的开头,安德烈和他的万神殿战友们所扮演的,更像是大戏中必备的叛逆英雄的角色。

21世纪开头几年,我曾追踪过国际传媒集团对美国出版业的并购案,发现这原来是个超级简单的游戏:一律是出得起大价钱的外国(德、法、澳)传媒巨头,或受困于语言局限(德语、法语市场),或受制于出身局限(澳大利亚英语市场)而渴慕北美这个全球最大的英语市场,而他们盯上的全都是一目了然的本地美女。于是,只见有数的美国最大、最好、历史最悠久的出版公司一个接一个名花有主:1925年创办的兰登书屋90年代被纽豪斯转手卖给了德国贝塔斯曼集团;1924年成立的西蒙与舒斯特出版公司先是卖给了派拉蒙集团,又随后者一起卖给了维亚康姆;1946年创办的法拉·施特劳斯及吉洛克斯出版社卖给了德国霍尔茨布林克出版集团;1819年创办的哈珀·柯林斯卖给了默多克的新闻集团……

这一轮并购重组统统是全方位的,纵向是电视、报纸、杂志、图书、互联网的立体整合,横向则是全球市场的扩张。这些跨国传媒集团都对中国市场有不同程度的进取,成绩也有胜有负。而在美国,跨国集团兵锋所至,无

不所向披靡,一路上还伴有零星的抵抗运动,令这场大戏更见悲壮。

年前刚好发生一个事件:默多克亲自延揽的哈珀·柯林斯出版社大编辑朱迪丝·里根策划了一本新书,内容是前美式橄榄球明星辛普森的虚拟自白"假如我杀了我的前妻,我会怎么杀",引发了传媒出版界的巨大抗议声浪,就连默多克旗下的福克斯电视网内部也发生了抵制播放辛普森专访的情况。迫于压力,默多克不得不公开道歉,销毁图书,解雇编辑。

与安德烈谈及此事,他惋惜地说:"哈珀·柯林斯曾是美国最好的出版社之一,它被并购后的转向也是最惊人的,几乎是180度。如果你比较它50年代到90年代的书目,会发现每个十年都会发生一次蜕变,艺术史、神学、哲学、历史书一路被抛弃,书目中越来越多短命的廉价畅销书。现在,在他们的意识里,恨不得自己属于娱乐业。事实是,朱迪丝的办公室就设在好莱坞。"

传统出版人最难忍受的,恐怕就是精英出版业变成大众娱乐业的附庸。

传统欧美出版业一向是"观念的行业",奉智性价值、审美价值、社会价值为尊,观念的先导性是其灵魂。那时的出版人相信:超前的观念一开始只能为少数人接受,因此好书不获利是理所当然的。随着时间推移,一些观念逐渐获得广泛认可,出版物中就必然会产生畅销书,其高额利润便可覆盖亏损。换言之,出版人的工作就是:发现新作者,使他们经典化,继续发现新作者。如此,以一份自给自足的生意,而能为人类整体催生和保育文化创造力和精神价值,这令出版具有非同寻常的职业满足感。由此不难解释,为什么在80年代之前两三百年的时间里,欧美出版业的年利润率只有3%—4%,甚至低于银行存款利息,而出版人仍能乐在其中。当然更不难解释,为什么出版被称作"绅士的生意",因为它的初衷就不是为了赚钱。

当出版业进入以管理为中心的时代,出版人不必再是饱读诗书的人,也不再富有高居于大众之上的启蒙使命。读者想看什么就应该提供什么,市场才是检验图书成功与否的试金石,出版业和其他行业不再有什么不同,书就是商品,追求利润天经地义。被其他行业普遍采用的管理技术,如严格划分产品类别、追求规模效益等,无一例外都该应用于图书生产,绩效考核则以盈亏表上的数字说话。如果有些书卖得多,那必然是对的。如果集团化是大势所趋,当然是只能进不能退。

"可是,当利润率压力高到10%—15%的时候,出版的性质就被彻底改变了。"安德烈断然地说。

"如今,出版集团的公司文化已经和任何公司的文化没什么不同。年轻编辑比的不再是谁能发现新作者,而是比谁能花出去高额预付金。匪夷所思的是出版业居然也崇尚起豪华宴会和豪华轿车来,一年两度的销售会甚至要到百慕大去开。贝塔斯曼的公司简报中称,贝塔斯曼总部有4 000名会计,比编辑多出许多倍。"

安德烈随即总结道:"如果说,出版业在过去十几年的变化超过了以往所有世纪的总和,一点也不夸张,尤其在英语出版业,而英语世界发生的事很快就会在世界其他地方发生。"

客厅里光线转暗,我该告辞了。我很少搜集签名,但这次,我请安德烈在我几年前买下的那本《出版业》上签字。窗外的曼哈顿已经影像模糊。半个世纪来,这个岛上的独立书店已从350家减少到30余家,剩下的还能活多久呢?转回头来,安德烈已在扉页上写下:"给Qi,我如今的出版人。"我把这当成一种老式的恭维,而时代大潮早已浩浩荡荡,淹没了这个行业曾经看重的那些细节。

送我到电梯时,安德烈似乎又想起什么,停下来,严肃地说:"若干年前,我曾想召开一个会议,和来自前共产主义国家的人讲一讲,如何从美国的错误中学习,而不是学习美国。"

见城彻

行动第一,向死而生

姜苹文

见城彻(1950—)，1950年生于静冈县清水港。幼而自卑：个子瘦小，成绩不妙。上高中之后成绩节节提升，人生开始转轨。之后，就读于庆应义塾大学。

大学毕业之后栖身专司实用书籍的"广济堂"。某次约会女友途中，偶见"公文式数学研究会"的招牌，奇而解之，策划出超级畅销书《公文式数学的秘密》，锥处囊中，崭露头角。并归纳出"原创、易懂、特异、感染"四项基本出版原则，这四项原则一直嘉惠于他。后来进入角川书店，34岁当上《月刊角川》总编辑。实际主持《月刊角川》《野性时代》，常常工作不分白天黑夜，广交、深交不少优秀作家，善缘潺潺，成绩斐然，41岁成为角川书店董事。因为角川老板涉嫌持有古柯碱事件，42岁的见城彻带领六个职员，离开角川书店，以1 000万日元创立幻冬舍。

成立首年，破天荒地在《朝日新闻》砸下3 600万日元买下全版广告，行销一口气推出的六本新书，大获成功。后来佳作迭出，经营不断再上层楼，10年时间资本额翻升4 000倍！2009年，幻冬舍已经涉足多个出版领域，被日经评为日本五大出版社之一，其余四家均为老字号。在日本出版业不断下滑，"出版大崩溃"的年代，见城彻逆势而上，成为日本"畅销书之神"，他带领的幻冬舍创造了世界出版界的奇迹。

20世纪90年代末,日本出版界营业额连续大幅下降,退书潮涌。计有万余家的出版社、印刷厂、书店相继转让、倒闭。2001年,小林一博发出《出版大崩溃》的悲鸣,日本的出版界面临空前残酷的局面。

在这样的局面中,一匹黑马奔腾而来。

1993年,42岁的见城彻以千万日元起家成立幻冬舍,拥有"无名、年轻、贫穷和天真"的"革命四条件","用不服气对抗不景气",制造了数量众多的畅销书,被称为日本的"畅销书之神"。10年时间,幻冬舍资本翻升4 000倍。2009年,幻冬舍已经涉足多个出版领域,被日经评为日本五大出版社之一,其余四家均为老字号。幻冬舍成为世界出版界的奇迹。

见城彻何许人也?

见城彻,1950年生于静冈县清水港,高中毕业后,上京就读于庆应义塾大学。属于安保世代,即日本战后60年代初第一次反《日美安保条约》的时代成长起来的。他的血液中沸腾着"革命"的因子,即使是在出版这个行业,也被认为是一个"勇于跟别人不同,敢于打破出版传统"的人。

大学毕业之后,遍投履历,进不了中意的出版社,栖身专司实用书籍的"广济堂"。某次偶见"公文式数学研究会"的招牌,奇而解之,策划出超级畅销书《公文式数学的秘密》,锥处囊中,崭露头角。并归纳出"原创、易懂、特异、感染"四项基本出版原则,这四项原则一直嘉惠于他。后来进入角川书店,主编《野性时代》与《月刊角川》,从编辑做起,一路干到董事位置,广交朋友,善缘潺潺。因为偶然的机缘,终于不甘只过平稳的日子,带领六个职员,成立幻冬舍。

见城彻的奇迹来自哪里?

幻冬舍成立后,同时上市的《五分后的世界》等六本书,奠定了其发展基础

行动第一

见城喜欢马上行动。

有天,他经过一家唱片行,听到《Sherry》这首曲子,非常感动,于是千方百计找到作者尾崎丰(日本著名歌手,当红作家。20世纪80年代,他的歌风靡日本,使其成为家喻户晓的摇滚巨星),拼命表达自己的感想。尾崎丰在静静地听完见城的话之后,竟然说:"我希望见城先生能替我出书。"见城由是打败了其他六家出版社,尾崎丰的超级畅销书顺利地由见城"接生"。

一次,他坐计程车,偶然听到了荒井由实(日本创作型歌手,词曲作家)的歌曲声,深深地为之沉醉,于是,跑遍她的演唱会,为她出散文集,想尽办法接近她。随着信任的加深,荒井由实终于自己说:"很多出版社想替我出书,但若是由见城先生负责,我愿意试试看。"

仅仅是看了《朝日新闻》上一则附加了村上龙(日本著名小说家,电影导演,其成名作《接近无限透明的蓝》,销量达350余万册,是当代日本最为畅销的小说之一)照片的报道,见城就直觉地认为,需要马上找

在办公室处理编辑出版事务

村上龙！见面的时候，又被村上龙"双眼散发着鸟类般的敏锐"所感染。这样，村上龙就与见城开始靠近、开始合作了。

行动、行动，马上行动！

这是见城成功的关键，也是见城非常感动我的地方！

马上行动，这是见城给人的最大启示。一个好的感觉，赶紧抓住；一个好的选题，赶紧操作；一个好的规划，赶紧实施。如果要先报选题，仔细讨论，上级批准，环境可能已经发生了很大的变化，"煮熟的鸭子"可能已经飞了！你的直觉告诉你了，你选择了，就全力以赴。笔者曾经咨询好几位成功的书业民营企业家，请教成功最关键的秘诀是什么？答案令人吃惊地雷同：勇敢地做！我想起乔布斯的一句话："最重要的是，勇敢地去追随自己的心灵和直觉，只有自己的心灵和直觉才知道你自己的真实想法,其他一切都是次要。"

不是每一朵鲜花都能结果,不是每一次行动都有回报。为什么见城先生的行动有速度又有效果?

首先,做自己喜欢的,自己热爱的,感动自己的。

与作者交流中,那种感动是爱的种子。无论对方怎么折磨他,爱的种子在发芽、成长。"极端地说,只要作品能令我感动,只要愿意写出来,即使对方是变态狂或杀人犯,我也愿意听从他们的摆布。相反地,若作品无法感动我的心,就算再怎么爽朗和善的家伙,我也没办法和他交往。"

人同此心,心同此理。能够感动自己的,必定在一定程度上感动别人。这不是因为责任,不是上级的指示,不是协会的要求,不是评职称的需要:"热爱"是最好的行销帮手!这种内在的感动,必定让见城在与作者沟通、在与媒体交流的过程中,传达这种感动,感染别人,互相感染,形成合力,转化为一股又一股的冲力,冲向市场之海,掀起轩然大波。

其次,"摆平"作者。

编辑与作者交流,心态一定要放平。与作者沟通、出版图书,是一种典型的商业行为。商业行为是契约行为,行为主体,应该是对等的。编辑高于作者,则可能敲诈作者;编辑低于作者,则可能赏赐于作者。"摆平"作者,这是第一步,关键的一步。

1. 从低端的服务做起,等待机会

见城曾经有好些年很少能在半夜三点前回到家,几乎每天晚上都在陪作者喝酒。文艺界生活拮据的朋友们常常聚会,喝酒吃饭,见城买单。见城说:"我认为当编辑确实酒量要好。"至此,很多人可能要感慨:没有机会当上好编辑了。能够喝酒,有利于当编辑,但是,喝酒仅仅是当好编辑的方法之一。尤其是三更半夜不归,虽然是为了工作,未必需要学习,就像东施不必效颦一样。

见城做基础性的服务,不急于求成。哪怕要等上 10 年或 20 年,自信只要能和对方密切往来,一旦信赖关系建立起来,肯定会有联手合作的机会。"不管你手中有再好的王牌,只要出手时机不对,就是毫无用处。正因为这是费尽心思、绞尽脑汁策划的王牌,所以更得留意最佳的时机。"作者被这样的编辑盯上了,真不知道是该庆祝还是感到苦恼:简直和被鲨鱼咬住了一样,想脱身,难啊!

在交往的时候,见城刻意紧紧抓住具有关键影响力的几个关键人物:每个关键人物其实都是一张大网。此外,他还掌握前途看好的数位新人。有关键人物和数位前景看好的新人做后盾,其他的核心人物不断向见城靠拢。

2. 杀手锏

见城有一个杀手锏,就是称赞作家时,能够巧妙地称赞其"最渴望被人称赞的那部分"。挠痒能够不偏不倚,射击能够百发百中,真是难以企及!这不但源于他的细心观察,还源于他早年的自卑——因为自卑,特别渴望得到别人的夸奖,甚至,为夸奖设置了很多的可能。

见城认为,"编辑必须有自卑感"。

现在,他是畅销书之神,而曾经,他是丑小鸭。

见城先生曾经因为许多原因而自卑:家里贫穷、长相不佳、体格瘦小。小学五六年级的时候,甲、乙、丙、丁、戊五个等级的成绩评量,他永远都是得"丁"。当时,他总觉得,走廊上的同学们仿佛全都在嘲笑他,为此,连下课时间也忍着不去上厕所。"正因为我年少时代经历过各种心灵创伤,如今才有能力指责别人。""依我看来,受过的精神创伤愈大,愈能说出刺激对方的言辞,同时也愈能设身处地为对方着想。"

这里,见城先生要表达的,可能是曾经自卑过很有必要,或者,曾经的自卑也是宝贵的财富。如果一个人总是很自卑,别人与他交流,一定非常疲惫——还有什么事情比扶起别人的自信更让人疲惫？在自卑的状态下，见城先生能够与那么多作者、同行勇猛地"肉搏"吗？

见城先生走过了自卑的沼泽，成功地走到了自卑的反面——自信、自强。只有高度自信，才能够发现好稿子就去争取，不怕有多少家出版社已经在谈，也不怕这个作者如何难缠。总之，见城先生是一个信心满满、希望在手的男人！其实他自己意识到了这一点。他说：我有种奇妙的自信，自认为"个人身份的见城彻"，绝对也有能力与作家或艺术家们共创崭新的未来。

从小没有自卑经历的人，大可不必因此而失落，须知，你天生的自信，能够让你平和地看待这个世界，能够让你的自信变成宽容，如同无边的虚空，温暖而舒畅地包裹保护着你和你的朋友，如同阳光编织的毯子。

3. 精神伴侣与精神医生

（1）精神伴侣

见城的名作《编辑这种病》告诉我们，编辑是种"病"，而作者则是满怀伤痛需要宣泄的人。编辑与作者，真是"有病相怜"、相互搀扶的精神伴侣。见城先生说："我合作的每个对象都会经历这样的历程，就像谈恋爱一样的过程。""编辑能坦诚至何种程度与作家交心契合，绝对是无从回避的重要课题。"精神伴侣与生活伴侣有很多相似的地方：夫妻合作，就有了爱情的结晶——下一代；编辑与作家合作，就有了精神的结晶——作品。尾崎丰等作家，还要求见城做到"专一"——当然，这也只能是阶段性可行。

心灵的契合，得失存乎一心。作者与编辑合作而构成的精神伴侣，与生活伴侣多有不同：男女欢悦，过程快乐；而编辑与作者配合，过程痛苦，结果快乐。因为作品本身，不是通过塑造典型环境中的典型人物，传达组织的声音，而是"苦闷的象征"。从某种程度上来说，编辑与作家的合作,比夫妻合作还要困难很多:精神上的东西,太微妙、太难以把握。尽管见城先生常年与不下300名知名作者交往,但是,他是非常出色的精神伴侣。看看见城先生这些著名作者的真诚表达:

幻冬舍成立时,与出版同行及友人在一起

坂本龙一(日本作曲家,凭借为电影《末代皇帝》配乐,获颁奥斯卡金像奖最佳作曲奖):"你跑到哪里去了?我好想听到你的声音哪。"

松任谷由实(即荒井由实):"如果是见城先生想替我出书,我愿意。"

林真理子(日本小说家,其作品曾获直木奖、吉川英治文学奖):"我看见你就惊慌失措,所以关于'不能爱上你'这点我办不到啊!"

在《编辑这种病》一书中,满满地记录了编辑和作家间的互动、互搏,就像演日剧一样,不眠不休,不离不弃!

(2)医生与病人

有多部著作行世的台湾著名文化人辜振丰在《编辑这种病》序言中说:如果医生能够治好病人的疾病,那身为编辑就是可以经由出版去治好作家的"创作病"。

应该说，见城先生确实是担当了医生的角色，不过，与其他的医生让伤口愈合，让情绪平和的治疗方法不同，见城先生的治疗方法，就是在适当的时候狠狠地刺激作者的情绪，假如对方曾经受过精神创伤，则在适当的时候心狠手辣地在伤口上撒盐。目的只有一个：刺激他们创作。"对创作者来说，正因为地狱才遍地黄金。""假如他们内心存在着伤口，我就朝那里开刀，即使他们百般痛苦，仍会要求他们写出来。做到这种程度，作家们才有机会将自己最真实的内在生命呈现在世人面前。"

甚至可以这样说：见城是在作者身边拿鞭子的人。拿着鞭子，把作者赶进地狱！当然，见城先生自己也因此"每天都过着磨难精神的日子"。

向 死 而 生

"每天都过着磨难精神的日子"而又没有精神高度的人，一定会崩溃！见城先生在这样的日子里，愈挫愈勇，是因为他的内心，点亮着哲学的明灯。

见城彻的成功一度成为日本出版业的热点，他也因此出版了多部谈编辑工作与个人理想的著作

1. 辩证地看待一切

见城说：我这个人只能在无聊的自我膨胀和自我厌恶，或者说优越感和自卑感的"夹缝中"才能思考。

作者所谓自我膨胀和自我厌恶的"夹缝"，或者说优越感和自卑感的"夹缝"，读者需要仔细体会一下两者的摇摆幅度。这样的"夹缝"其实是非常辽阔的。正是这样辽阔的摆动，才有巨大的震荡的空间，作品的涵盖面宽，矛盾的对立面鲜明，人生的体验丰富。这样的"夹缝"，可不是一般人做得到的：

我认为必须拥有极端矛盾的性格，才能涵盖中间的一切，增加自己的广度。

在编辑的世界里，若不能兼具诚信者与"诈骗者"的角色，便无法生存下去。

一个人感到"凡事顺利"的时候，其实是最充满危险。

辩证的好处就是，在挫折时看到光明；得意时想到悲惨。辩证思考问题，人生因而能够不偏不倚地冲锋在"中庸之道"上。

死与生，也是一种"夹缝"。

2. 黑暗中的跃进

上文提到，"对创作者来说，正因为地狱才遍地黄金"。与之相随的，是作者"黑暗中的跃进"。

见城认为泽木耕太郎（记者出身的日本小说家）的《深夜特急》是描写"黑暗中的跃进"。作品的主人公前往伦敦，从伦敦发电报给日本的朋友，表示："我没能抵达。"叔本华说："一切生命的本质就是苦恼。"马克思说，"感性的就是受苦的"，在某种意义上，人"与动物和植物一样，存在着一种受苦的、受制约、被限制的本质"。

五木宽之（日本文学家，尤擅小说和随笔。曾获直木奖）《被放逐的日子3：花落何处》第一章的标题为"走钢索的鸱鸮"。五木文学的读者都很熟悉鸱鸮。故事中的鸱鸮虽然过着日夜颠倒的生活，却是勇气与智慧的象征。鸱鸮，猫头鹰之一种。在罗马神话里，密涅瓦女神身旁的猫头鹰，只于黄昏展翅，完成其被托付的任务。五木先生以此鸟自况，"其意识深处也正热切盼望着他能振翅高飞吧"。黑格尔在说明什么是哲学的时候，一连用了七个比喻，其中的一个就是哲学是"密涅瓦的猫头鹰"，日暮展翅。这其实还说明哲学的反思必须是深沉的、自甘寂寞的。

人生，是"在黑暗中跃进"，是"黑夜里高飞"，是风雨中的航船，是昙花一现。

胜利者一无所获。

"胜利者一无所获"，海明威的名言，《编辑这种病》扉页题记上是这句话，也是见城彻至今的座右铭。"当你全力争取到胜利的时候，其他就不那么重要了。"

甚至，连胜利本身都不重要。

见城说："我们根本就是为了死亡而活着。"他有很多关于死亡的观点很值得商榷，然而，能够不断有死亡的意识，弥足珍贵。从某种意义上说，见城是一个向死而生的人！

恰如佛陀临终前说：

在一切足迹中，大象的足迹最为尊贵；

在一切正念禅中，念死最为尊贵。

附 录

作者简介

（按姓氏笔画排序）

丁　甲　斯坦福大学比较文学博士在读，研究方向为二十世纪德语、英语文学，跨媒介美学，文学与电影理论。本科期间在德国研习德语文学、哲学和艺术史，同时游历欧洲各国，开始写作旅行和阅读随笔。硕士前往苏格兰爱丁堡攻读比较文学，确立以阅读写作为职业的志向。在美攻读博士期间，除继续从事热爱的写作之外，也尝试教学工作，借助不同的平台，向不同的受众群体分享阅读思考及在亚洲、欧陆、不列颠岛和北美四地的游学经验。现阶段感兴趣的话题包括但不限于：电影诗，关于"岛屿""北方"等地理概念的文化史、旅行的文化史与旅行文学史、二十世纪文学的"抒情主义"传统等。现居美国加州湾区。

马文韬　北京大学德国语言文学系教授。曾应邀出任《世界文学》杂志顾问。1998年起被聘任为国家社科成果通讯评审专家。曾担任德国巴洛克文学格里美豪森学会理事。2007年起应邀担任奥地利托马斯·伯恩哈德基金会顾问委员会委员。主要著作有《瑞士德语文学史》等。主要译著有小说《黑白天使》《历代大师》；戏剧《纵火犯》《骂观众》《英雄广场》；诗歌《特拉克尔诗选》《傅立特诗选》，以及文学论著《歌德与席勒》等。

王一方　1958年生。医学硕士，资深编辑，医学人文学者，曾供职湖南科学技术出版社、青岛出版社、中国图书商报、华夏出版社、少年儿童出版社（上海）、上海世纪出版集团，从事编辑与出版管理工作，现为北京大学医学人文学院教授，兼任北京大学科学技术与医学史系教授。出版《编辑运作与文化建构》《韬奋：我的出版主张》《医学人文十五讲》《医学是什么》《人的医学》等书。

王建辉 1957年生。1978—1982年就读于武汉大学,1999年获华中师范大学历史所历史学博士学位。1982年进入湖北人民出版社工作,先后任编辑部副主任、主任及副总编辑,1997年后,曾先后担任湖北省新闻出版局副局长、党组副书记,湖北长江出版集团总经理(湖北省出版总社社长),湖北长江出版传媒集团公司董事长、总裁、党委书记。曾任武汉大学、华中科技大学、武汉理工大学、北京印刷学院兼职教授,中国图书评论学会副会长。1993年被评为"湖北省有突出贡献中青年专家",1994年获"首届全国优秀中青年编辑"荣誉称号,1996年获首届"全国百佳出版工作者"荣誉称号,2001年获第七届韬奋出版奖。入选中组部直管专家、中宣部"五个一批"人才,新闻出版总署全国出版行业领军人才,享受国务院政府特殊津贴。作为编辑,编辑了学术著作《闻一多全集》《中华人民通史》《中国文化的人类学破译》《中国文化的基本文献》《中国古文化的奥秘》等大批文化精品读物,这些出版物多次获得国家图书奖、中国图书奖和全国畅销书奖。作为学者,出版有《新编辑观的追求》《新出版观的探索》《出版：文化与商务》《文化的商务》《老出版人肖像》《出版与近代文明》《教育与出版》《王建辉自选集》《思想的背影》《荆楚文化》《名流随笔》等15部专著,并发表论文百多篇。

甘　琦 北京大学历史系学士、美国华盛顿大学(西雅图)国际研究硕士。北京万圣书园联合创办人。曾任香港Tom集团出版事业部出版总监、英国Verso出版社纽约分社社长,现任香港中文大学出版社社长。

叶　芳 1958年生。高中毕业下乡当农民,1981年1月毕业于杭州大学中文系。大学毕业后当过报纸编辑,经营过书店,从事过发行工作和编辑工作。1989—2004年就职于三联书店属下的企业,2000年始在北京三联书店工作。后曾任职于中央编译出版社。

叶　新　北京印刷学院新闻出版学院教授，中国传媒大学编辑出版学博士。

孙　晶　上海视觉艺术学院新媒体艺术学院副院长，网络文学研究中心主任。主要从事中国现当代文学和出版史研究及文艺评论。代表著作有《文化生活出版社与现代文学》等。

芦珊珊　1981年生。1999年进入武汉大学编辑出版学专业开始本科阶段的学习，2007年博士毕业于该校出版发行学专业，后进入时代出版传媒公司博士后工作站，现为湖北第二师范学院副教授。2015—2016年，担任美国伊利诺伊大学香槟分校图书馆与信息管理学院访问学者。在长期的出版实践、教学和科研工作中，累计在各类核心期刊发表论文近30篇，参与和主持与出版相关省部级以上课题5项。目前主要研究方向为出版历史和出版文化。

李长声　1949年生。历任出版社编辑、杂志副主编。1988年自费赴日本，一度在出版教育研究所专攻出版文化史。自励"勤工观社会，博览著文章"，为国内多种报刊撰写有关日本的随笔专栏。自称"贩日"，结集有《长声闲话》（五卷）、《李长声自选集》（三卷）、《我的日本作家们》（中国台湾）、《闲看苍蝇搓手脚》（中国香港）等。翻译日本小说《黄昏清兵卫》《隐剑孤影抄》等。

李庆西　1951年生。图书编辑、作家与文学研究者，现为《书城》杂志执行编委。著有小说集《大风歌》《不二法门》，评论和随笔集《文学的当代性》《寻找手稿》《魔法无法》《话语之径》《三国如何演义》《水浒十讲》等，另编撰《大学文学读本》（与钱理群、郜元宝合作）。

吴永贵　男，1968年10月生，安徽枞阳人，现为武汉大学珞珈特聘教授，博士生导师。主要研究近现代出版史、阅读史与阅读理论。发表论文百余篇，少量文章被《新华文摘》和《人大复印资料》转载。主要著作有《中国出版史》《民国出版史》《民国图书出版史编年》《中国期刊史（第二卷）》等。

汪家明 1953年生。18岁入伍，从事舞台美术工作；1978年入大学中文系读书，毕业后做了两年中学教师；1984年到山东画报社工作，后任总编辑；主持创建山东画报出版社，提出"一本书主义""图文并茂，高品位的通俗读物"的出版思路，策划并参与编辑了《图片中国百年史》《老照片》等图书；2002年到三联书店任副总经理、副总编辑，策划出版了"细节阅读""中学图书馆文库"等丛书，以及龙应台作品系列、《凯恩斯传》《极权主义的起源》等，并主持编辑出版Lonely Planet旅行指南系列丛书。2011年到人民美术出版社工作，曾任中国美术出版总社社长、人民美术出版社社长。1982年开始发表作品，已出版传记文学3部，散文小说选1部，书话书4部，书评及出版理论文章100余篇。

汪耀华 现任上海人民出版社《中外书摘》主编。曾任上海新华书店图书宣传科科长，上海新华书店总经理助理，上海书香文化策划有限公司总经理、董事长，上海黄浦区书香职业培训学校校长，上海书业发展研究所主任等职。主编《书业行情》《上海发行所通讯》《新华人》《全国地方版科技新书目》《上海新书报》《中外书摘》杂志。上海市书刊发行行业协会副会长兼秘书长。经济师、编审。

张　宏 博士，编审/教授，全国新闻出版行业领军人才。现任上海外国语大学所属上海外语教育出版社副总编辑，上海市版权协会会长，上海国际教育与境外教材评价服务中心理事长。主要从事出版传播与出版产业、编辑学、外语与外语教学、国际沟通与跨文化传播及知识产权等领域的研究。出版有《素描出版》《出版散论》《中国出版走出去的话语权和传播力构建》等个人专著3部，散文集《像孤独一样自在》，诗集《飘洒的自在》等2部，在内地和台湾翻译出版小说、传记等各类图书近20种，参编英汉、汉英工具书和其他图书5部，在CSSCI和中文核心类期刊发表论文40余篇，发表专栏文章300余篇。主编、策划多个中央文产资金项目和上海市文创项目。论文《媒体融合下的编辑策划：内涵、模式及其对编辑实践的影响》于2016年12月荣获第六届中华优秀出版物奖优秀出版科研论文奖，主持的"爱听外语"有声移动学习系统和WE外语智慧教育平台项目先后入选2019年度和2020年度国家新闻出版署数字出版精品项目。

陈明晓 1991年生,2015年毕业于复旦大学中文系出版专业,获硕士学位。曾供职于商务印书馆上海分馆,现任职于东方出版中心。

范　军 1961年生,湖北省荆门市人。《华中师范大学学报》主编,华中师范大学文学院二级教授、博士生导师,华中师范大学出版科学研究中心主任,国家文化产业研究中心兼职教授。曾任华中师范大学出版社总编辑、社长、董事长,华大鸿图文化发展有限责任公司董事长,兼任全国高等学校出版专业教学指导委员会委员、中国新闻史学会编辑出版研究委员会副会长、湖北省编辑学会副会长。长期致力于出版文化与产业、出版史、文化传播学的研究和教学;主持国家社科基金项目、教育部人文社会科学基金项目、科技部"十二五"国家科技支撑计划项目等;出版的主要著作有《出版文化散论》《中国出版文化史研究书录》《中国古代诗歌编辑专题研究》《中国出版文化史论稿》《中国现代书业广告二十家》《岁月书痕》《商务印书馆企业制度研究(1897—1949)》(合著)等;在CSSCI来源期刊上发表论文100余篇。研究成果获得湖北省社科优秀成果一等奖、武汉市社科优秀成果一等奖、中华优秀出版物优秀出版科研论文奖等,并有40多篇文章被《新华文摘》《人大复印报刊资料》转载摘登。曾入选第五届全国百佳出版工作者、湖北省宣传文化系统首批"五个一批"人才、第二届"湖北文化名家"、国家新闻出版总署首批全国新闻出版行业领军人才,并获首届湖北出版政府奖(人物类)、中国大学出版社首届高校出版人物奖。

金良年 1951年生。中学毕业后赴江西农村插队,1978—1982年就读于上海华东师范大学历史系,1982—1985年在华东师范大学图书馆学系就读古典文献专业,获硕士学位。毕业后任职上海古籍出版社,先后任历史编辑室副主任、主任。1995年起任上海书店出版社副总编辑,2005年起任上海书店出版社总编辑。著有《清代武英殿刻书考略》《论语译注》《孟子译注》《姓名与社会生活》《酷刑与中国社会》等。

周百义 湖北省理论家协会副主席,湖北省出版工作者协会副会长。原长江文艺出版社社长,长江出版集团总编辑。新中国六十年一百名优秀出版人物之一,第十二届韬奋出版奖获得者。

周丽锦 北京大学出版社编审,北京大学传播学博士。

周榕芳 编审,享受国务院政府特殊津贴专家,全国百佳出版工作者。1970年毕业于北京大学中文系。1981年起从事出版工作,历任大型文学期刊《百花洲》编辑、江西人民出版社文艺编辑部主任,百花洲文艺出版社社长兼总编辑,江西人民出版社社长,江西教育出版社社长兼总编辑,江西省出版集团公司副总经理、省出版总社副社长。2007年退休,曾任中国编辑学会副会长、江西省版协副主席、江西省编辑学会会长、江西省文艺学会会长等职。

胡小跃 法语译审,中国作家协会会员,中国翻译家协会专家会员,曾任出版社编辑。主要译作有《亚拉巴马之歌》《真相与传奇》《加斯东·伽利玛:半个世纪的法国出版史》《阿尔班·米歇尔:一个出版人的传奇》《午后四点》《黑蜘蛛》《主人与茶屋》《灰色的灵魂》《母猪女郎》《巴黎的忧郁》《孤独与沉思》《博斯凯诗选》《乌黛丝诗选》等。2002年被法国文化部授予"文艺骑士"称号并获勋章,2010年获第二届"傅雷翻译出版奖"。

胡守文 1951年生。1982年山西大学毕业,哲学学士;中国艺术研究院研读艺术史硕士课程结业。1982年入中国青年出版社,先后担任总编室主任,《青年文摘》主编,出版社副总编辑、社长兼党组书记,中国青年出版总社总编辑兼《中国青年》杂志社总编辑。关注出版理论,著有《社长是出版社的名片》一书。兼任中国编辑学会副会长、中国版协装帧艺术委员会主任、中国人民对外友好协会理事、中国画报协会会长。荣获国务院有突出贡献专家称号、出版界韬奋奖。

俞晓群 1956年生。出版人,专栏作家。1982年毕业于沈阳师范大学数学系,被分配到出版社工作。1997年获吉林大学哲学硕士学位。曾任辽宁教育出版社社长兼总编辑,《万象》杂志主编,辽宁出版集团副总经理,中国外文局海豚出版社社长。国务院政府特殊津贴专家。主持策划出版"中国地域文化丛书""国学丛书""书趣文丛""新世纪万有文库""海豚书馆""海豚文存"等。本人著译有《自然数中的明珠》、《数术探秘》、《数与数术札记》、《人书情未了》、《一面追风,一面追问》、《这一代的书香》、《前辈》、《蓬蒿人书语》、《那一张旧书单》、《可爱的文化人》、《精细集》、《我读故我在》、《一个人的出版史》(共三卷)、《杖乡集》、《中国出版家·王云五》、《书香故人来》、《两半斋随笔》等,写有学术论文及随笔数百篇。

姜　华　新闻学博士。牛津大学访问学者。曾任职于复旦大学出版社,从事编辑出版工作;后任华东师范大学传播学院副教授、传播学系主任;华东师范大学本科教学责任教授、出版专业硕士点负责人,硕士研究生导师、华东师范大学学位评定分委员会委员。2019年5月起,任职于复旦大学新闻学院。主要研究方向为新闻传播理论、媒介研究、当代中外出版研究。在《中国社会科学》《新闻与传播研究》《国际新闻界》《新闻大学》《新闻记者》《现代传播》等学术期刊发表论文50余篇,其中有10余篇先后被中国人民大学书刊复印资料全文转载;在《读书》《书城》等刊发学术随笔40余篇。学术研究成果曾获第二届中华优秀出版物奖优秀出版科研论文奖、全国新闻传播学研究优秀论文奖、上海市第十二届哲学社会科学优秀成果奖二等奖、第三届"全国新闻学青年学者优秀学术成果"奖。出版有《新闻文化的现代诠释》(中文简体)、《现代思潮与新闻文化》(中文繁体)。

姜革文　1966年生。1990年,广西师范大学中文系古典文学硕士毕业后,留在该校出版社当编辑;1993年初做发行,据说是国内最早进入发行的硕士。后任发行科长、副社长,探索实行民营代理制与"三元模式";2001年9月赴京兼任北京贝贝特执行董事一年;2002年9月起在南京师范大学攻读在职博士,并策划成立南京贝贝特;2007年在广西壮族自治区党委宣传部挂职一年。2009年6月起任广西师范大学出版社党委书记、副董事长、副总编。2014年6月至今任广西师范大学出版集团公司总裁。

贺圣遂　1951年生,资深出版人。1993年11月始任复旦大学出版社副社长、副总编辑,2000年9月出任复旦大学出版社社长,2009年复旦大学出版社转企改制,成立复旦大学出版社有限公司,任董事长、总编辑,且为复旦大学新闻学院兼职教授,复旦大学中文系出版专业硕士研究生导师。2015年自复旦大学出版社退休,受聘商务印书馆(上海)有限公司总经理。现为商务印书馆学术顾问。曾兼任社会职务有:2002年11月任上海编辑学会会长,2005年6月任上海出版工作者协会副主席,2006年2月任中国编辑学会副会长,2007年当选中国大学出版社协会副理事长,2011年当选上海出版协会副理事长。先后荣获上海出版人奖金奖、韬奋出版奖、中国百名优秀出版企业家、中国大学出版社首届高校出版人物奖、中国政府出版奖优秀出版人物奖。主要著述有《徐文长评传》(合著)、《中国古典诗歌欣赏辞典》(主编)、《精选原著水浒传》、《中国诗史》(合译)、《不能忘却的历史》(编)等。另有编辑出版类论文60余篇。曾主持出版章培恒、骆玉明《中国文学史》,葛兆光《中国思想史》,陈尚君《旧五代史新辑会证》等优秀著作。

贾　骥　北京红阅科技有限公司CEO、次元书馆品牌创始人,英国斯特灵大学国际出版管理硕士。

章祖德　曾任译林出版社社长、总编辑。1945年生,1966年毕业于南京大学外国语言文学系。在职期间策划出版了"外国文学名著·古典系列"、"外国文学名著·现当代系列"、"外国流行小说名篇丛书"、"世界英雄史诗丛书"、《古希腊悲剧喜剧全集》、"人文与社会译丛"、"外国名人传记译丛"等大型译丛,获多项国家级及省级图书奖,被评为全国百佳出版工作者,享受国务院政府特殊津贴。有译著近200万字,发表各类论文若干。曾任中国外国文学学会理事、中国译协理事、江苏省外国文学学会副会长、江苏省译协副会长。现为《凤凰文库》出版顾问。

章雪峰　1975年9月出生,湖北松滋人。出版人、编审,现任湖北科学技术出版社社长。已出版个人专著7部:《中国出版家·章锡琛》、《唐诗现场》、《隋唐韬略》(合著)、《一个节气一首诗》、《藏在节日里的古诗词》、《武汉留守记》、《名画中的隋唐史》。其中,《唐诗现场》《一个节气一首诗》《藏在节日里的古诗词》在台湾地区出版了繁体中文版。

曾建辉 1978年生,江西省樟树市人。2003年广西师范大学汉语言文学(基地班)学士学位,2006年获南京大学传播学硕士学位,2018年获华中师范大学文化传播学博士学位。自2006年迄今,任教于广西师范大学新闻与传播学院,2008年任讲师,2012年任副教授、硕士生导师。主要从事出版文化、出版史研究,主持国家社科基金、教育部人文社会科学青年基金、广西哲学社会科学基金等多个项目,在《中国出版》《出版与发行研究》《出版科学》等学术期刊发表论文近50篇。

温泽远 1968年生。1999年毕业于复旦大学中文系,获文学博士学位。先后任职于上海教育出版社、上海世纪出版集团、上海人民美术出版社、上海科学技术出版社,从事编辑和出版管理工作。撰有《宋辽金文注释》《贤愚经注译》等图书;在《文学评论》《中国出版》《编辑学刊》《文汇报》等报刊发表论文及短论多篇。

潘凯雄 全国政协委员,中国作协全委会委员,编审,文学评论家;复旦大学、中国政法大学等高校客座教授。曾任人民文学出版社社长、中国出版集团有限公司副总裁等职务。首届中国出版政府奖·优秀出版人物奖和韬奋优秀出版人奖获得者。全国第一批新闻出版行业领军人才。出版有多部文艺理论批评集、出版传媒研究著述和散文随笔集。

增订本后记

进入 21 世纪之后，伴随新技术的革新以及信息传播环境的急剧变动，出版业在取得诸多发展的同时，也面临不少挑战。十年之中，中国出版业的内外环境发生了很大变化：全球化脚步的加快，使我国经济、文化迅速融入世界，与之相应，伴随中外交流，中国出版业早已加入世界出版大家庭；出版改制的实施，令中国出版社逐步走上企业化的道路，日益成为市场竞争的主体；数字技术日新月异的发展，已经改变还将继续改写出版业的历史。这是机遇，也是挑战。在这样的宏观背景下，中国出版业发生了一些变化：建立起了企业架构，市场化运营成为常态，出版企业实力逐步增强；与此同时，我们也看到，企业规模和经营成效稳步增长的同时，一些支撑出版业立足的优良传统正在逐步流逝，我们曾经引以为傲的出版大师级的人物越来越少……其中，尤其值得关注的是，近些年来，书籍阅读率不高、出版业市场竞争加剧，无形之中使很多出版从业者感到迷茫。有鉴于此，我们自 2011 年筹划《出版的品质》，选取了中外有代表性的出版家 21 位，邀请出版业内有影响的出版人、学者为这些出版家"立传"——展现其优秀的出版品质、不俗的出版历程、充满趣味的不凡人生。

2012 年 9 月，《出版的品质》面世，受到出版同行和知识界的好评，先后收获 2012 年上海书展"最有影响的十本新书"（得到新华社在内数十家媒体的报道）、新华网"2012 年度中国影响力图书"、"2012 中华读书报年度图书之100佳"等荣誉。著名新闻传播学者、教育部长江学者特聘教授、复旦大学新闻学院执行院长张涛甫在评论此书时指出："出版家的品质决定出版的品质，有什么样的出版家，就有什么样的出版。出版家的高度即是一个时代出版业的高度；出版家的限度，也是一个时代思想文化的限度。""如今的出版业，正处在一个大转型的弯道上，受到资本、权力以及技术的多重挤压，出版业变得愈来愈功利、空心化、泡沫化，表面的喧哗与骚动，掩盖不住被掏空的内心。中国当下出版业何去何从？关键要看出版精英们如何表现了。为此，重申出版人的文化使命与责任担当，强调出版人的品质建塑，就显得特别急切。"也许正是以上原因，使得这本书契合了时代对出版、对高品质文化的要求，不仅在出版业内引发关注，很多出版社也将其作为新老员工的"培训教材"，而且成为国内不少高校新闻传播、编辑出版专业学生的案头书，很多高校的出版专业硕士学位点也将其作为教学参考用书。

不过，由于种种原因，2012年版《出版的品质》难免有"遗珠之憾"。今年年初，我们商议增订出版《出版的品质》，一是因为2012年版《出版的品质》虽多次重印，近几年在市场上已难觅踪迹；二是打算增选部分编辑出版家，以部分弥补当年的遗憾。本次增订，共增添九位出版家，他们是中国的章锡琛、赵家璧、周振甫、钟叔河；德国的雷克拉姆，日本的野间清治，美国的珀金斯、西尔维亚·毕奇、戈特利布。这样，增订版《出版的品质》所收录的出版家恰为30人。在增订本即将付梓之际，我们衷心感谢诸位作者的大力支持。本书作者大都有在出版业从业的经历，他们书写了中外出版业的"传奇人物"，也见证了中外出版业近几十年的急剧变动，他们对国内外出版家品格的揭示，也彰显出个人的独特关怀。从这个角度看，"出版人写出版人"，无疑更具现实感和真切性。同时，需要向读者说明的是，本书的"传主"（出版家）由两位编者商议拟定，由每位作者分别撰写。由于诸位作者经历和视野的不同,对所写出版人的理解和选择的视角也呈现出各自的独特性。最终收录本书中的各篇文章,行文风格虽有差异,但对"出版品质"的呈现则保持了统一,可谓"异中有同"。总体而言,诸篇文章汇集在一起,体现出不同时代背景、不同社会环境中优秀出版人汇集各方力量"为出版上下求索"的可贵品质。正如德国出版家翁泽尔德在《作家和出版人》中所说:"一家文学出版社在同作家打交道的过程中也定义了自身。在理想的情况下,它与作家之间是一种相互影响、相互作用的关系。"如果将"文学出版社"和"作家"换成"出版社"和"作者",这样的论断依然是成立的:作者选择出版社,彰显出自身的特色,出版社选择作者,定义自身的出版行为。但是作者和出版社之间,离不开一个中介——出版人。有什么样的出版人,就会有什么样的出版社,有什么样的出版社,就会吸引到什么样的作者!换句话说,作者、出版人、出版社,两两之间,是"相互成就"的!细心的读者通过此书一定会发现,书中所收录的30位出版家,在作者与出版社之间、在作者与社会之间,架起了一座坚实、朴素、可靠、值得信赖的桥梁,使更多的人可以沾染文化的芳芬,令他们的时代因他们的出版志业而熠熠生辉!

  出版的品质,在于文化传承、启迪思想——通过出版人的精慎工作,将一国和世界的优秀文明成果整理、出版出来,使之传之久远、传布广泛,造福社会。张元济如此,以"学者态度"与"工匠精神"整理、校勘、编辑出版《辞通》《二十五史》《二十五史补编》《文心雕龙注》等大部头古典文史著作的周振甫亦如此。章锡琛以开明精神开辟新文化、新文学的出版新领域,不仅开启民智,亦为一代青年人的成长提供了文化滋养,从另一个角度诠释了出版传承、传播新思想、新文化造福社会的真谛。出版的品质,在于把握时代脉动、文化潮流,以敏锐眼光发现社会需求、以出版实践滋养公众精神。20世纪30年代，赵家璧策划出版"一角丛书"，初期丛书滞销，时值"九·一八"事变，他敏锐意识到民众渴望了解东北局势，迅速约请胡愈之撰写了《东北事变之国际观》，不仅该书一时洛阳纸贵，还推动"一角丛书"走向辉煌。出版的品质，在于回应时代命题和挑战，服务国家与社会。20世纪八九十年代，中国改革开放，迅速融入世界，开眼看世界、寻求富强之路成为时代命题。钟叔河主持出版的"走向世界丛书""曾国藩全集"等，正是以出版服务国家、社会与公众的典范之作。

《出版的品质》所收录的出版家，最早的生活于19世纪，最近的活跃于20世纪下半叶、21世纪初，大多数的出版家则是在20世纪书写了各自的辉煌，他们都是传统出版业的佼佼者。随着新技术的发展，数字出版活动已融入人们的精神生活，近十年来，中外出版界也涌现出不少谙熟技术、精于数字出版与传播活动的出版人，他们的作为同样值得尊敬。我们认为，无论传统出版，还是数字出版，其内在的出版品质是一致的。数字传播时代，亦需要精益求精的出版精神和一丝不苟的出版态度。在这个信息泛化的时代，海量信息滚滚而来，读者应接不暇，历史学家爱森斯坦所谓的"书籍的固化"功能，在这个时代的价值，不仅不会降低，其作用必将因信息的泛滥和良莠不齐而更加凸显。新一代的数字出版家，也一定是追求出版品质的文化内容的提升者。本书的出发点，并非将前辈出版人的所作所为当作当下出版业必须遵循的不二法门，而是想通过对前辈出版品质的钩沉与总结，为当下及未来的出版业，提供一种历史的、经验层面的参考。当下及未来出版业的发展，面临新的问题和挑战，历史的经验固然需要借鉴，但不同时代的出版新问题，终究需要相应时代的出版人来面对和解决。因此，我们期待，在不久的将来，能够有一部与《出版的品质》并驾齐驱、以数字出版人为"传主"的《数字出版的品质》！

增订本的出版，要感谢商务印书馆上海分馆总编辑鲍静静女士的大力支持，她对出版的热爱、对编辑细节的精益求精，令人感动。另外，值得一提的是，本书初版于复旦大学出版社，不经意间，近十年的时光已悄然而去，距离复旦大学出版社成立并出版第一本书也四十年了。如今，我们已离开复旦大学出版社数年，本书增订出版，也算是对过往种种的一个纪念吧！

编者

2020年6月初稿

2021年7月二稿

图书在版编目(CIP)数据

出版的品质 / 贺圣遂,姜华主编. —增订本. —北京：商务印书馆,2021
ISBN 978-7-100-19850-9

Ⅰ.①出… Ⅱ.①贺… ②姜… Ⅲ.①出版家-列传-世界 Ⅳ.①K815.42

中国版本图书馆 CIP 数据核字(2021)第 070869 号

权利保留，侵权必究。

出版的品质（增订本）
贺圣遂　姜　华　主编

商 务 印 书 馆 出 版
(北京王府井大街36号　邮政编码100710)
商 务 印 书 馆 发 行
山 东 临 沂 新 华 印 刷 物 流
集 团 有 限 责 任 公 司 印 制
ISBN 978-7-100-19850-9

2021年11月第1版　　　开本 890×1240　1/32
2021年11月第1次印刷　印张 15⅝
定价：68.00元